달섬 세계고전

8

플럼번

포셋의 소설들

There Is Confusion (1924)

Plum Bun: A Novel Without a Moral (1928)

The Chinaberry Tree: A Novel of American Life (1931)

Comedy: American Style (1933)

제시 레드먼 포셋

Plum Bun: A Novel Without a Moral

플럼번

박재영 옮김

달섬

목차

일러두기

1. 이 번역서의 기준 판본은 Jessie Redmon Fauset, *Plum Bun: A Novel Without a Moral* (New York: Frederick A. Stokes, 1928)이다.
2. 본문의 각주는 옮긴이가 덧붙인 것이다.

아버지 레드먼 포셋, 어머니 애나 포셋께

시장으로 시장으로

플럼번을 사러 간다

다시 집으로 다시 집으로

시장 일은 끝났다*

---

* 〈시장으로 시장으로〉라는 전래 동요

주요 인물

안젤라 머레이	백인 외모의 유색인
버지니아(지니) 머레이	안젤라의 동생, 흑인
주니어스(주운) 머레이	안젤라의 아버지, 흑인
매티 머레이	안젤라의 어머니, 백인 외모의 유색인
매슈 헨슨	안젤라의 고향 친구, 흑인 남자
로저 필딩	안젤라의 남자 친구, 백인
앤서니 크로스	안젤라의 급우, 백인 외모의 스페인계 남자
레이첼 포웰	안젤라의 급우, 흑인 여자
마사 버든	안젤라의 급우, 백인 여자
폴렛 리스터	안젤라의 급우, 자유주의자, 백인 여자
랄프 애쉴리	안젤라의 친구, 백인 남자

집

1장

길을 따라가 보아도 오팔가에는 순정품 보석이 없다. 단지 모조품뿐이다. 잘 빠진 모조품도 아니다. 지루한 제퍼슨가부터, 옥스퍼드가 북부에 자리 잡은 우중충하고 칙칙한 시장까지 얌전히 뻗은 이 길. 폭이 좁고, 주목할 만한 것은 없다. 마음이 가는 것도 없다. 신기한 일도, 관심을 끄는 것도, 고급스러움도, 눈에 띄게 퇴락한 곳도 없다. 길의 용도는 나름 분명하다. 가식 없는 작은 집들이 늘어선, 가식 없는 작은 길. 이 길에는 대부분 가식 없는 작은 사람들이 산다.

3층 높이의 주거용 건물들에는 예의상 방이라고 부르는 여섯 개의 상자가 있다. '응접실', 난쟁이 다이닝룸, 그보다 넓은 주방. 그 위로는 집 너비만큼 쭉 펴져 있기에 커 보이는 앞쪽 침실이 있고, 그림자만 있는 것 같은 욕실, 뒤쪽 침실. 뒤쪽 침실에는 창이 있다. 처량하고 협소한 뒷마당이 내려다보이기에 이 창은 절망적이다. 그리고 이 침실들 위로 비슷하게 생긴 침실이 두 개 더 있다.

이 중 한 집에는 아버지와 어머니와 두 딸이 살았다. 두 세대가 한 집에 사는 가정에서 흔히 그렇듯, 여기서도 세대 간에 상반되고 균형을 잃은 감정들이 서로 부딪혔다. 부유한 가정에서는 꿈을 이룬 어른 세대가 꿈에 압도당한 젊은 세대를 마주한다. 어른들은 젊은이들의 무기력함과 무표정한 무관심이 탐탁지 않다. 젊은이들은 아버지들이 모든 것을 정복해 버렸기에 더 이상 정복할 세상이 없다고 투덜댄다. 하지만 오팔가의 집들에서는 이런 미묘한 갈등이 거의 없다. 대신 보다 직접적이고 현실적인 대조가 보인다. 어른들이 이룬 꿈은 끊임없이 절망하는 젊은이들에게 그저 빛 좋은 개살구다.

머레이 집안도 이 단계로 나아가고 있었다. 가족 중 누구도 이런 변화가 오리라는 것을 예상하지 못했을 것이다. 가난과 노숙에 익숙한 주니어스와 매티 머레이 부부에게 오팔가의 작은 집이란 야망의 클라이맥스를 의미했다. 하지만 딸 안젤라에게는 화려한 나비의 날개를 꽁꽁 옭아맨 칙칙하고 조잡한 번데기 같은 곳이었다. 주니어스와 매티가 극복한 어려움이나 상거래를 배우던 고달픈 경험, 보잘것없는 돈을 모으려고 눈물 나게 고생한 얘기들은 〈일리아드〉의 서사 2탄을 만들었을지도 모른다. 그러나 안젤라에게는 그저 무슨 일이 있어도 피하고 싶은 삶의 묘사일 뿐이었다. 세상 어딘가에는 널찍한 중앙대로, 휘황찬란한 주택들, 세련되고 우아한 실존으로 이끄는 길이 있었다. 안젤라는 이런 길을 찾아, 자주 드나들고 싶었다. 일찍부터 그녀는 삶의 좋은 것들이 불공평하게 분배된다는 것을 깨달았다. 착한 일을 한다고 항상 보상받는 것이 아니었다. 고된 노동이 반드시 적절한 보수를 받는 것이 아니었다. 어떤 뜻밖의 재주, 대단한 외적 미모, 보통 이상의 체력, 흩어지지 않는 집중력, 인간의 삶을 지배하는 특정한 힘에 의해 무작위로 주어지는 재능들, 이것들이 바로 빛을 발하고 기분 좋은 실존으로 이어지는 자질들이었다.

안젤라는 고상한 삶의 목적이 없었다. 훌륭한 피아노포르테 교수법을 개발할 것이라는 동생 버지니아와는 달리, 안젤라는 무언가를 발견하거나 이루고자 하는 욕망이 없었다. 어쩌면 자신이 언젠가는 저명한 화가가 되리라는 상상은 했었다. 그녀 안에 묘사의 능력이 숨어 있는 듯했다. 그 능력이 머물러 있는 한, 그 꿈은 살아 있고 가능성이 있어 보였다. 안젤라는 선과 표현을 보는 눈이 있고, 색 감각이 좋았다. 더욱이 자기 평가에 대한 직관이 있어서 많이 배워야 한다는 것도 알았다. 자신은 이른 시기에 배운 지식으로 꽃을 피우리라 믿었다. 하지만 그녀가 타고난 재능은 그녀의 존재 목적과 일치하지 않았다. 오히려 그것은 빛과 쾌락, 화려함과 자유를 알게 하는 삶의 고리였다.

자유! 그것은 장차 안젤라가 살아갈 삶의 선율에서 가장 자주 듣게 될 음조였다. 그녀는 격렬하게 속박을 싫어했다. 그렇다고 터무니없이 격렬한 것은 아니었다. 아버지가 초기에 가정집에서 마부로 일하고 후에는 독립 목수로 성공적인 나날을 보낸 것이나, 어머니가 젊은 시절을 유명한 여배우의 하녀로 보낸 것, 안젤라에게 이 모든 것은 어쩌면 책임과 가난, 약함, 색깔에 얽혀서 일어날 수 있는 일들의 예시였다.

어린 안젤라에게 색깔은, 아니 색의 결핍은, 그녀가 항상 꿈꾸던 삶의 필수적인 전제 조건으로 보였다. 사람들은 책무에 대한 과도한 부담감으로부터 자유로워질 수 있다. 가난은 이겨낼 수 있다. 의사는 병약함을 정복한다. 하지만 색깔은, 흑인과 백인이 가진 한낱 피부색은, 분명 신이 부여한 행운의 자질 중 하나였다. 천성적으로 딱히 늘 감사하는 마음을 타고난 것은 아니었지만, 네 명이 사는 이 가정에서 어머니의 하얀 피부색을 유산으로 선사한 행운에 대해, 이 소녀는 아주 어릴 적부터 운명의 신께 감사했다. 하마터면 아버지처럼 흑색을 타고났을 수도 있었다. 아니면 혼합물을 받아 버지니아처럼 불그레한 구릿빛과 심한 검은 곱슬머리를 가졌을 수도 있다. 그러나 안젤라는 어머니의 크림 피부색과 더불어 부드러운 구름 같은 밤색 머리카락을 물려받았다. 한편 주니어스로부터는 먼 인도 조상이 아버지와 큰딸의 얼굴에 조각한 듯 보이는 선물, 매부리코를 받았다.

* * * *

안젤라는 어머니를 통해 기쁨과 자유를 배웠다. 그녀의 눈에는 기쁨과 자유가 순전히 백인성에 잠재된 것 같았다. 딸이 자신의 행동을 어떻게 해석하는지 알았다면, 어머니는 누구보다도 놀랐을 것이다. 한편 머레이 부인은 소박한 오팔가에서 행복하고 분주한 안정된 삶을 누리는 것이 피부색의 행운 때문이 아니라 흑인 남편 덕분이라고 믿었다. 주니어스와 결혼한 것이 기쁘고 자랑스러웠다. 피부는 하얗지만 그래도 모욕적 언동이나 욕설을 피할 수는 없었다. 매티가 섬겼던 유명한 여배우는 그녀가 혼혈임을 알았다. 그래서 매티를 '백인 검둥이'라고 부르곤 했다. 그 여배우는 고상하기보단 거만했다.

머레이 부인은 피부색을 자주 이용했다. 미소와 목소리를 활용해 환심을 사는 특별한 방식으로 자신을 향한 친절을 불러일으켰다. 다른 사람들에게 피해를 주는 건 없었다. 부인은 딸보다 날렵한 유머 감각이 있었다. 고급 레스토랑에서 식사를 할 때면, 만약 그곳 손님들이 '유색인' 여자가 함께 식사하고 있음을 안다면—비록 외모가 그들과 별반 다르지 않더라도—공황에 빠질 거라는 생각에 그녀는 혼자 킥킥거렸다. 필라델피아에서는 1층 관람석에 유색인 관객을 받지 않았다. 하지만 그녀는 자신이 거절되리라는 생각은 전혀 하지 않은 채 1층석에 앉았다. 그러나 주니어스나 다른 흑인 친구들이 동행할 때는 달랐다. 발코니나 갤러리석에 앉는 게 좋겠다고 선수를 치고, 정말 그렇게 했다. 그녀가 가끔 1층석에 앉는 것은 단지 어리석고 불공평한 법규를 조롱하려고 짓궂게 심통을 부린 것이었다.

여배우와 지낸 몇 해는 흔적을 남겼다. 해가 되지 않고 오히려 매력적인 흔적이었다. 적어도 주니어스에게는 그렇게 보였다. 주니어스는 '천성이 여자'라고 알려진 자질에 약했다. 머레이 부인은 예쁜 옷을 좋아했고, 여성용품 상가를 즐겼다. 사교 모임의 언저리에 앉아 있는 것만으로도 즐거웠다. 최신풍의 다실에서 유행에 걸맞게 옷을 입은 여자들 사이에 앉아 차를 마실 때면 행복에 젖어 황홀경에 빠질 지경이었다. 멋진 호텔이나 뮤직 아카데미 홀에 서 있거나, 빙빙 돌며 콧노래를 부르고 심장이 두근거리는 흥겨움에 젖는 것이 즐거웠다. 그 사람들처럼 되고 싶은 마음은 없었지만, 보는 것은 좋았다. 그녀 안에 요동치는, 생生을 향한 꺼지지 않는 본능을 자극해 깨우고 충족시켰다. 토요일에는 워너메이커 백화점을 돌아다니거나, 15번가에서 9번가까지 체스넛가를 따라 걷거나, 벨리뷰 스트래트포드에서 차를 마시거나, 티 하나 없이 깔끔한 장갑을 끼고 세인트 제임스의 로비에 서 있는 것. 악의나 부러움 없이 그녀는 이 순진하고 유치한 쾌락을 좇았고, 이 쾌락은 월요일의 세탁과 화요일의 다림질, 그리고 부엌과 욕실을 문지르고 아이들의 옷가지를 가지런히 정리하는 일에 마법을 걸었다. 그녀는 익살스러우면서도 신랄하게 표현하는 재주를 타고났고, 주니어스에게는 이런 소박한 일탈을 방해하지 않는 재치와 그것을 액면 그대로 받아들이는 포용력이 있었다. 아내가 토요일에 '패싱'*하면서 겪은 생생한 모험담이 그는 재미있었다. 친구들이 그의 허름한 집에 앉아 떠드는 어떤 황당한 이야기보다 나았다.

이 쾌락은 그리 해롭지 않고 멋있어 보였다. 하지만 흑색 피부로는 불가능했을 것이다.

결혼 초 몇 년 동안 매티는 집안일과 두 아기를 돌보는 일로 바빠서 이런 일탈을 포기했었다. 후에 아이들이 성장하고 주니어스가 토요일에 반나절 휴가를 가질 수 있게 되자, 부부는 행동 계획을 세웠고, 결국 고정 프로그램으로 굳어졌다. 각자 한 아이를 챙겼다. 주니어스는 좋아하면서도 오랫동안 하지 못했던, 필라델피아의 옛 도시를 탐험하는 소일거리를 하러 떠났고, 매티는 다시 한번 도시 속 모험을 찾아 나섰다. 사실 매티가 다갈색 버지니아를 데려간 날에는 안젤라와 함께 간 날보다 자유롭지 못했다. 그래도 매티의 모성애에는 변함이 없었다. 매티에게 아이들은, 아이들의 감정과 그녀를 향한 아이들의 믿음은, 그녀가 일찍이 불필요하고 어리석은 짓이라고

* 흑인의 후손이지만 외모가 백인과 유사해 백인처럼 행동하는 것

불렀을 법한 쾌락보다 훨씬 더 중요했다. 시간이 지나면서 아이들은 은연중에 스스로 그 딜레마를 해결했다. 버지니아는 쇼핑이 피곤하고 시시했다. 안젤라는 지치고 따분해하며 아버지의 탐험에서 돌아왔다. 점차 규칙이 생겨났다. 안젤라는 어머니와, 버지니아는 아버지와 동행하게 되었다.

*　*　*　*

인생은 이런 우연성에 의해 좌우된다. 토요일 아침 어린 안젤라는 서둘러 계단을 청소했다. 그래야 1시까지 목욕을 하고, 2시에는 어머니와 체스넛가에 있을 것이다. 그곳에는 즐거움이 있었고, 어머니는 그 즐거움을 추구했다. 하지만 안젤라는 어머니가 그 창백한 사람들 사이에서 즐거움을 찾는다는 사실을 몰랐다. 일요일 아침, 가족들과 함께 교회를 나서며 어머니가 친구를 만났을 때 보이는 기쁨이 그 전날 토요일에 체스넛가에서 본 것과 같다는 걸 미처 깨닫지 못했다. 그곳에서 안젤라는 부산함이나 신바람, 패션 같은 자신의 관심사를 따르기에 바빴다. 유색인들이 경제적 위치나 타고난 재능으로 현대식 호텔이나 거대한 백화점을 운영한다면 어머니는 그곳에 갔을 것이다. 그러나 딸은 그것을 짐작하지 못했다. 안젤라는 나름 구체적인 결론을 내렸고, 그녀의 잠재의식 속에는 이렇게 자리 잡았다.

첫째, 풍요, 매력, 쾌락과 같은 인생의 묘미는 오직 하얀 피부색 사람들만 누린다. 둘째, 주니어스와 버지니아는 흑색이기 때문에 이런 특권을 누릴 수 없다. 여하튼 안젤라는 나름 사실적 요인에 근거해 추론했지만, 아버지와 동생은 이런 유의 쾌락에 관심이 없다는 근본적 사실은 놓쳤다. 이런 오판으로 인해 안젤라는 불운한 아버지와 동생에 대해 어렴풋이 연민을 느꼈고, 유색인들은 보통 백인 외모와 비슷한 만큼 행운이라 느낀다고 생각했다.

어느 토요일 외출은 꽤 깊은 인상을 남겼다. 머레이 부인과 안젤라는 재밌고 성대한 오후를 보냈다. 그들은 월넛가의 작은 고급 상점에 전시된 상품들을 둘러보았다. 브로드가의 아담스에서 음료를 마시고, 세련되고 여유 있는 우아한 자세로 월튼 호텔의 현관에 서서 다음엔 무엇을 할까 고민하고 있었다. 많지는 않지만 물 흐르듯 끊임없이 지나가는 사람들은 은근히 유행을 좇는 그 둘에게 간간이 시선을 주었다. 잘 차려입고 자신감 넘치는 여성과 비슷하게 당당하고 세련된 딸. 호텔 도어맨은 그들을 알아보았다. 머레이 부인은 그에게 기꺼이 약간의 팁을 주었고, 그는 기대하지 않고 있다가 받은 것에 더욱 감사했다. 부인은 이런 분위기가 좋았다. 안젤라는 장갑을 꼈고 어머니가 천천히 장갑을 끼도록 기다리고 있던 차에, 웃고 서두르는 토요일 인파 속에 아버지와 버지니아의 모습이 얼핏 나타났다. 어머니 역시 그들을 보았다. 겨우 몇 계단을 내려가 손을 뻗으면 닿을 만큼 가까이에 있었다. 그리고 이내 그 둘은 사라졌다. 안젤라는 어머니가 당황해 얼굴색이 변하는 걸 본 듯했다. 안젤라가 말했다.

"아빠가 우리를 보지 못해서 다행이야. 그렇지 않았으면 우리가 말을 건네야만 했잖아, 그치?"

그러나 어머니는 혼란스런 눈빛을 보이며 대답하지 않았다.

그날 밤 매티는 딸들을 재우고 남편 의자의 팔걸이에 걸터앉아 애기를 했다.

"오늘도 예전에 하던 장난을 하고 있었어. 패싱 말이야. 주운,* 달링, 당신과 버지니아가 팔 길이도 안 되는 옆으로 지나갔지만 말을 걸지 않았어. 내가 정말 부끄러워."

하지만 주니어스는 그녀를 위로해 주었다. 결혼하기 오래 전부터 그는 매티의 약한 부분과 그것이 근본적으로 해롭지 않다는 것을 알고 있었다.

"어여쁜 아가씨, 예전에 말했듯이 원칙이 바뀌는 게 아니라면 나는 당신이 패싱하는 것에 신경 안 써. 그저 장난일 뿐이잖아. 그럴 필요가 있었다면 이 늙은 남편에게 인사를 했겠지. 당신이 그걸 창피해할 거라고는 생각하지 않아."

"사람들이 나를 여왕으로 생각한다면 그럴 수도 있지." 매티가 억지로 장난스럽게 말했다. 하지만 아직 기분이 풀리지 않아 다시 잠잠해졌다. "아니," 매티가 매혹적인 솔직함으로 털어놓았다. "당신 때문에 죄책감이 드는 건 아니야, 달링. 한마디 말도 없이 버지니아를 스쳐 지나갔다는 생각에 나는 정말 부끄러워. 그 애가 그걸 안다면 난 정말 힘들 거야. 다시는 그런 어리석은 짓을 하지 않을래."

유감스럽게도 안젤라는 그 결단에 대해 알지 못했다. 안젤라는 작은 올리브 얼굴을 획 돌려 힐끔거리는 흑인들의 얼굴을 보지 않고 지낸 토요일을 흥미진진하게 꿈꾸고 있었다.

---

* 주니어스의 애칭

2장

토요일은 안젤라에게 가장 중요한 날이었지만, 동생 버지니아는 일요일을 더 선호했다. 신성한 황금빛 기운이 볼품없이 초라한 처소를 감미로운 영광으로 감도는 것이 버지니아는 좋았다. 보통 먼저 아래층으로 내려가 은혜로운 '일요일 감성'을 혼자 만끽했다. 심지어 중국에서 깨어났다 할지라도 이 감성 때문에 일요일임을 알 것이라고 말하곤 했다. 당시 버지니아는 겨우 열두 살이었지만, 이미 집안일을 좋아하는 유별난 성격과 소질을 계발했고, 어머니는 그것을 북돋웠다. 점차 일요일 아침의 허드렛일은 모두 그녀의 작은 손으로 해결하는 습관이 생겨났다. 그건 하나의 의식이었다. 주전자에 물을 끓이는 것으로 시작해 집 앞 도로를 쓸고, 아버지가 보는 신문을 가져와 그의 방문 앞에 놓았다. 버지니아는 이런 수고를 하며 말로 표현할 수 없는 달콤한 만족감을 느꼈다.

버지니아는 언제나 똑같은 일요일 아침 식사를 준비했다. 베이컨과 달걀, 아버지를 위해 질 좋은 크림을 넣은 진한 커피, 나머지 세 가족을 위한 초콜릿, 그리고 머핀. 주전자를 끓이고 머핀 반죽을 만든 후 정확히 30분이면 모든 준비가 끝났다. 버지니아는 항상 같은 순서에 따라 일을 처리했다. 머핀을 오븐에 넣고, 어머니가 하던 것을 본 대로 입술을 쑥 내밀고 인상을 찌푸렸다. 그러고는 폭이 좁은 실내 계단 밑에 가서 살짝 올라가는 톤으로 '후- 우-' 하고 불렀다.

아버지는 이것을 '마지막 식사 호출'이라 불렀다. 가족이 내려오기 전 몇 분 동안 그녀는 상자 같은 거실로 가 고풍스럽고 안정된 음률로 찬송가 〈얼마나 든든한 반석인가〉, 〈드넓은 하늘 높이〉, 〈나는 십자가 군사인가〉를 연주했다. 아버지의 강직한 베이스 저음이 계단 아래로 울려 퍼지고, 어머니의 가냘픈 3단 알토 음은 버지니아의 달콤한 소프라노와 섞였다. 겨울에는 희미하고 촉촉한, 여름에는 강렬하고 황금빛인, 아침 어스름에는 온 방을 통해 빛나는 한 가닥 햇빛 줄기로 소녀는 행복의 도가니에 빠졌다. 눈물 가까이에 위태롭게 자리 잡은 행복이었다.

* * * *

아침 식사 후에는 모두들 교회 갈 준비를 하느라고 부산을 떨었다. 말할 것도 없이 주니어스는 완벽하게 준비를 하고 내려왔다. 하지만 다른 이들은 옷을 갈아입어야만 했다. 버지니아는 어김없이 일요일에 쓰는 헤어 리본을 어디에 두었는지 잊어버렸다. 안젤라는 가장 아끼는 장갑에 찢긴 곳을 발견했다. 수선을 마칠 때까지는 내려오지 않을 것이다. "잠깐만 기다려, 사랑하는 지니.* 이렇게 하고 나갈 수는 없잖아, 그치?" 안젤라는 교회에 가는 것을 좋아하지 않았지만, 그래도 그들 교회는 괜찮았다. 안젤라는 꽤나 외모에 신경을 썼고, 이틀을 연이어 '차려입는' 호사를 즐겼다. 마침내 그 작은 행렬은 열을 지어 나갔다. 매티는 늦지 않길 바랐다. 늦는 게 정말

* 버지니아의 애칭

싫었다. 안젤라는 일요일을 이런 식으로 보내는 건 어리석은 짓이라 생각했다. 인생의 어느 시점에야 자신이 원하는 대로 살 수 있을까 궁금했다. 아버지는 생각이 제대로 정립되지 않아 가부장적 견지를 늘 성경적이라고 표현했다. 그는 한때 궁핍한 소년, 노숙자, 무명인이었지만, 어쨌든 사십 대 중반에 용케도 존경할 만한 시민, 주택 소유자, 훌륭한 부양자의 반열에 들어섰다. 매혹적인 아내와 예쁜 두 딸이 있고, 그에 걸맞게 그들을 주님의 처소로 이끌고 있었다. 버지니아에 대해 말하자면, 어머니의 옷을 줄여 만든 블루 코트를 입고 귀여운 빨강 모자를 썼다. 누구도 그녀가 행복해 터지기 직전이라는 것을 짐작하지 못할 것이다. 아름다운 일요일 아침, 잘 차려입고 튼실하고 화목한 아버지와 어머니와 아이들. 이 모든 것에는 헤아릴 수 없는 보편적 정당함이 있었다. 버지니아는 그것을 깨달았다기보다는 그렇게 느꼈다. 세련된 옷가지나 보다 큰 집의 경우라면 그녀는 어느 누구도 부럽지 않았다. 행복의 정수는 이 화목함에 있었다. 다른 모든 만족감은 이것에서부터 퍼져 나가야만 했다. 행복의 깊이는 정도의 차이이지 본질의 문제가 아니었다. 버지니아는 어른이 되면 이런 삶을 살고 싶었다. 아버지를 꼭 닮은 남자와 결혼하고, 어머니가 돌보는 것처럼 똑같이 가정을 돌볼 것이다. 다만 다섯 아이 — 아들 둘, 딸 둘, 그리고 귀여운 막내 — 를 위해 매일 열심히 기도할 것이다. 막내가 아들이면 좋을까 딸이면 좋을까 결정하기 쉽진 않지만, 그저 아주 오랫동안 귀여운 상태로 남아 있으면 좋겠다. 그리고 일요일에는 모두 함께 교회에 갈 것이다.

꿈꾸는 것에 열중한 나머지 버지니아는 설교를 거의 듣지 못했다. 하지만 찬송가를 부를 때는 달랐다. 아버지에게 찬송가는 예배의 주요 부분이었다. 버지니아는 나중에, 기분 좋은 황금빛 오후 혹은 이른 저녁 잿빛 해거름에 아버지를 위해 다시 연주할 작정이었다. 하지만 그전에 부모님의 지인들과 존칭 없이 이름을 부르는 친구 분들에게 인사를 해야 했다. 그들은 버지니아와 안젤라에 대해 말했다.

"어머, 얘들 좀 봐. 정말 빨리도 자라네! 아이들이며 나이가 드는 거며, 매티 포드,* 이젠 너도 예전 같지 않구나!"

성찬식이 있는 일요일에는 예배가 길어졌다. 안젤라는 조바심이나 자리에서 몸을 비비 꼴 것이다. 반면 그보다 어린 소녀는, 회중 위로 내려오는 것 같은 홀연하고 경이로운 침묵을 즐겼다. 은근히 행복해 보이는 어머니의 얼굴에는 어떤 천진한 엄숙함이 깃들었다. 아버지의 근엄한 옆모습은 축복을 기대하며 유연해졌다. 성찬 예식의 정교한 어법에는 아이들을 거의 기절하게 만드는 고정된 낱말, 고정된 문구 들이 있었다. 목사는 목소리를 굴리며 끝을 살짝 흐렸고, 이렇게 함으로써 그의 발성에, 밑에 깔린 듯한 특이한 울림을 주었다. 그는 말하듯 노래하듯 말했다. 성체를 들고 "그 밤에"라는 말로 시작했다. 그러고는 그것을 둘로 나누었다. 버지니아는 자신을 채운 희열감에 젖어 소리치며 울부짖을 것이다. 그 빵과 포도주를 같이 먹고 마신 사람들의 모습이 어쩐지 변하는 것 같았다. 자리로

* '포드'는 결혼 전 매티의 성(姓)인 듯하다.

돌아오는 어머니와 아버지는 말로 표현할 수 없이 흡족한 표정을 지었다.

그 교회에는 한 여자가 있었다. 중년인데 문제를 일으키는 사람이었다. 그 여자도 성찬을 들고 복도를 따라 걸어 돌아왔다. 손은 앞으로 느슨히 모으고, 얼굴은 빳빳이 쳐들고 있었다. 교회가 끝나면 버지니아는 그녀의 소리가 들리는 곳으로 서둘러 가곤 했다. 두말할 것 없이 그녀의 첫마디에는 경이롭고 거룩한 어떤 기운이 있었다. 하지만 그녀의 궤변은 언제나 근거가 없는 것으로 드러났다.

* * * *

오전의 마법은 오후와 저녁에도 이어졌다. 그렇지만 분위기는 달랐다. 대개 지인 몇 분이 집에 들렀다. 한 시간 혹은 그 이상, 거실과 다이닝룸은 장난스럽고 유쾌한 수다로 넘쳐 났다. 헨슨 씨는 키가 크고, 붉은색 '나쁜 머리'*와 코에 주근깨가 있는 누런 남자로, 경찰이었다. 그는 머레이 씨의 등을 토닥이며 떠들곤 했다. "내 말 좀 들어 봐, 주운." 키가 크고 위엄 있는 아버지에게 이런 식으로 말하는 것이 버지니아에게는 사뭇 대담무쌍해 보였다. 매슈 헨슨은 열여섯 살 소년이었는데 부득불 안젤라 주변을 맴돌곤 했다. 안젤라는 그가 견디기 힘들 정도로 지겨웠고, 그 권태감을 숨기려 애쓰지도 않았다. 머레이 부인은 딱딱한 쿠키와 맛좋은 건포도 와인을 건넸다. 그녀가 바느질 방식과 패턴에 대해 얘기하는 동안, 젊었을 때부터 친

* 머리카락이 두껍고 둥글게 말려서 정리가 잘 안 되는 머리 형태

구였던 두어 명이 "매티, 기억나지!"라며 자주 끼어들었다.

이내 사람들이 떠나고 집에는 가족만 남았다. 다시 고요해졌다. 어스름하다. 길 건너 램프에서 흘러나오는 불빛은 엇갈리며 벽면을 장식했다. 머레이 부인은 간단히 먹을 것을 준비해 놓았다며 중얼거렸다. "부엌에 놓을게, 먹고 싶은 사람은 먹어." 안젤라는 수학이나 역사, 아니면 프랑스어, 뭐가 됐든지 간에 공부를 해야 한다고 계속 소리 내어 생각했다. 그러나 아무도 움직이지 않았다. 그들은 버지니아의 연주가 시작되기를 내심 기다리고 있었다. 비로소 버지니아는 좁고 어수선한 방을 건너가, 호리호리한 다갈색 손을 뻗어 그들이 아침에 불렀던 찬송가를 그녀의 버전으로, 영화로운 버전으로, 시작할 것이다. 그러고는 아침 식사 전에 불렀던, 예전에 즐겨 부르던 찬송가를 부를 것이다. 안젤라마저도, 처음에는 약간 낯설고 어색했지만, 그 저녁 분위기에 빠져 특별한 노래나 앙코르를 요청했다. "난 네가 부르는 방식이 좋아, 지니." 한 시간이나 그 이상, 어느 가족 못지않게 그들은 친근하고 화목했다.

8시 즈음, 마치 저녁 내내 한번도 생각하지 못했던 것처럼 주니어스가 말했다. "딸, 〈죽어 가는 그리스도인〉 한번 연주해 보렴." 그러면 버지니아는 아버지의 깊고 탄탄한 베이스 음에 맞춰 아이처럼 맑고 강렬한 고음으로 신실한 신앙인의 죽음을 노래한 포프의 걸작을 시작했다. 그 장엄한 구절들, "천국 화염, 생명의 불꽃." 묘하게 잘 어울리는 단조 음악은 그 작은 집을 경이로운 아름다움으로 채웠다. 손으로 만질 수 있을 것 같은 아름다움이었다. 안젤라는 감동을 받았지만 새침한 반항심에 부엌으로 가 어머니 옆에 앉아 차가운 저녁을 먹을 것이다. 매티는 남편과 딸이 노래를 부르는 동안 가만히 있었다. 그러나 직접 부른 적은 없었다. 매티는 기세등등하고 강고한 죽음이 두렵지는 않았다. 피할 수 없다는 걸 알았다. 하지만 결코 혼자 상대하지는 않을 것이다. 남편이 죽으면 자신도 따라 죽을 것이라 결심했다. 죽음이 그녀에게 먼저 임하면, 머지않아 주니어스는 그곳에 와 손을 뻗을 것이다. 몇 년 전 그녀가 섬기던 여배우의 마부로 일할 때 그가 선하고 정직한 손을 뻗어 불안하고 위험한 곳에서 그녀를 보호했던 것처럼, 주니어스는 그 낯설고 험한 곳 구석구석을 안내할 것이다. 매티는 행복에 겨워 감사의 눈물을 훔쳤다.

"세상은 물러가고, 사라지나니……." 버지니아가 노래했다. 하지만 그들 넷이 함께 있는 한 아무리 멀리 표류해 떠나가도 상관없었다. 그들은 영원히 함께 있을 거였다. 아버지와 어머니와 자신과 안젤라. 버지니아는 마음의 눈으로 그들이 허공에 끝없이 나아가는 모습을 보았다. 팔짱을 낀 어머니와 아버지, 그리고 그녀 자신. 그러나 오늘 밤에도, 다른 날 밤에도, 안젤라는 보이지 않았다. 그렇게 안젤라를 시야에서 놓쳐 버린 것이 서글펐다. 틀림없이 안젤라가 그곳에 있다는 걸 알았다. 그러나 버지니아는 어쩌면 안젤라를 찾을 수 없을 것처럼 손으로 더듬었다. 그러면 금세 다시 안젤라가 그곳에 있었다. 그런데 다른 안젤라였다. 처음 보았던 안젤라와는 별로 닮지 않았다.

불현듯 버지니아는 자신이 네 가지 일을 한꺼번에 하고 있다는 걸 깨달았다. 그녀는 전심전력으로 각각의 일을 하고 있었다. 노래를 부르고, 연주를 하고, 안젤라를 찾고, 안젤라를 영원히 잃어버렸다는 생각에 서글퍼하고.

"오 죽음이여, 오 죽음이여, 너의 고통은 어디 있느냐!" 승전가처럼 찬송가가 끝났다. 늘 그렇듯 버지니아의 노래와 피아노 연주가 주니어스보다 약간 빨랐다. 그것은 언제나 웃음을 주었다.

"안젤라는 어디 있어?"

버지니아가 물었다. 무슨 대답이 들릴지 그녀는 알고 있었다.

"피곤해, 엄마! 난 자러 갈래."

"그래, 그게 좋겠다. 아침 일찍부터 일어나서 하루 종일 바빴잖아."

안젤라는 어머니와 아버지께 굿 나이트 키스를 하고 느그적느그적 계단을 올라갔다. 타는 듯이 감미로웠던 그날의 환희로 안젤라는 온몸이 뜨거웠다.

3장

월요일 아침이 되니 다시 바쁘고 즐거운 한 주가 시작되었다. 매티에게 이날은 세탁하는 날이었다. 매티와 주니어스가 가정부를 두거나 세탁을 맡길 만큼 아직 살림이 피지는 않았다. 하지만 매티는 이런 아쉬움에 개의치 않았다. 결혼한 지 15년이 되었고, 아직까지는 집이 있는 것만으로도 만족스럽고 기뻤다. 집이란 다른 사람의 호출이나 손짓에 따를 필요 없이 그녀가 좌지우지할 수 있는 곳이었다. 매티는 나이가 들어 옛 시절을 돌아보곤 했다. 빈곤이란 유색인 소녀에게 셋 중 하나인 때가 있었다. 완벽한 귀족들이 사는 필라델피아 근교나 웨스트 월넛가 저편 리튼하우스 스퀘어의 부유하고 지체 높은 가문 중 한 곳에서 노동을 하거나, 부인들의 하녀로 일하거나, 침모같이 점잖아 보이지만 급료가 싼 자리에서 일하는 거였다.

매티는 이 세 가능성을 모두 시도해 보았다. 매티를 '저 계집애'라고 부르는 가족을 위해, 혹은 매티가 흔한 검둥이들보다는 훨씬 낫다는 듯이 "저 애는 절대 도둑질은 하지 않아, 그래서 뭐든 맡기지. 게으른 종자도 아니고."라고 조용히 그러나 들리는 톤으로 한마디 던지는, 무심하면서도 생색내기 좋아하는 가족을 위해, 새벽 5시에 일어나 세탁을 시작하는 것이 무엇을 뜻하는지 알았다. 그 가족을 위해 아침을 준비하고, 세탁 일을 하고, 점심을 차리고, 옷가지를 걷어서 살짝 뿌려 개고, 2층에 올라가 침대 세 개를 정리하면서도 자신의 침대는 손도 대지 못하고, 부엌으로 돌아가 저녁을 준비했다. 저녁에는 설거지를 하면서 꾸벅꾸벅 졸다가 비로소 3층으로 비트적거리며 올라가 가끔은 옷도 벗지 않은 채 엉망인 그녀의 침대 위로 떨어졌다. 그리고 화요일 아침에는 끝없이 지루한 분투의 다림질을 시작할 것이다. 이렇게 일하고, 매주 목요일과 두 주에 한 번 일요일에 쉬는 특전을 누렸다. 그리고 주당 4달러를 받았다. 하지만 일꾼을 찾는 사람이 없을 수도 있었다.

침모 생활은 약간 더 버틸 만했지만, 더 불안하기도 했다. 일이 있는 한, 급료도 더 받았다. 작지만 편안한 방도 있었다. 식사는 쟁반에 가져다주었다. 주인집 딸들은 그럭저럭 친절했고, 그들이 주인 행세를 하는 짓도 기분 나쁘지 않았다. 하지만 그런 가족은 한 번에 몇 달씩 문을 닫고 집을 비우는 당혹스런 습관이 있었다. 그러면 매티는 오도 가도 못하고, 바느질 일을 받아 생활을 꾸려 보려고 애를 태웠다. 매티처럼 가난한 소녀들이 손님으로 왔다. 그들은 흔히 직접 옷을 만들어 입었다. 그게 아니라면, 정말 촘촘하고 정교한 매티의 작품에 겨우 푼돈만 지불할 수 있었다.

* * * *

여배우를 위해 일할 때 환경은 거의 모든 면에서 단연 최고였다. 그러나 함정도 있었다. 매티는 어리고 예쁘고 순진했다. 여배우는 젊고 아름답고 도시적이었다. 두 번 결혼했고, 많은 불륜의 여주인공이 되었다. 그 자체로 미덕인 처녀 같은 수줍음은 오래전에 잊힌 성품이었다. 높은 이상과 자존감 역시 다소 더럽혀진 여배우의 마음에는 너무 추상적이라 구체화될 수 없었다. 여하튼 하인에게는 복잡하고 가히 터무니없는 것들이었고, 유색인 하인은 이해할 수 없었다. 매티는 피부가 하얘도 혈관에는 흑인 피가 흐르는 걸, 여배우는 알았다. 사실 매티가 유색인이 아니었다면 고용하지도 않았을 것이다. 그 여배우에게 하인들은 모두 유색인이어야만 했다. 집안일을 대충 하는 걸 보면 모든 유색인들은 부도덕한 경향이 짙다고 여배우는 막연히 생각했다. 종합적으로 볼 때 그들은 천성이 느슨하다는 게 그녀의 지론이었다. "혼혈인 숫자 좀 봐. 매티만 해도 그래, 완전 백인 검둥이잖아. 그런 게 있다면 말이야. 저 애 어머니는 안 봐도 뻔해. 내가 장담하지."

소녀 매티가 울상이 되어 하인스 브로키노 댁에 심부름을 보내지 말아 달라고 사정하자, 부인이 크게 웃었다. 브로키노는 정치인이자 지역에서 꽤 잘나가는 남자였다. "말도 안 되는 소리 하지 마! 너에게 잘해 주실 거야. 너 같은 여자애가 뭘 원하는지 알고 싶네. 아무튼 내가 괜찮다는데, 네가 왜 그래? 자, 이 메모를 가져다주고 다시는 이런 일로 신경 쓰게 하지 마. 내가 원하는 일을 시키려고 너를 쓴 거지, 네가 하기 싫은 일은 하지 말라고 그런 건 아니다." 부인은 어린 유색인 하녀에게는 질투심조차 느끼지 않았다! 게다가 부인의 눈에 정절은 미덕이 아니었다. 그녀 자신에게도 없었고, 다른 사람들의 것도 존중하지 않았다.

매티는 절망에 빠졌다. 매티는 매달 25달러와 편안하고 쾌적한 방, 식사를 제공받았다. 세상을 조금씩 경험하며 세상의 편의적 요소를 배우고 있었다. 바로 이 시기에 매티는 하얀 피부와 약간의 돈만 있으면 인생을 얼마나 즐겁게 살 수 있는지 알게 되었다. 그 일터의 특별한 매력은 매일 얼마쯤 자기만의 시간이라고 부를 수 있는 여유 시간이 있다는 거였다. 부인의 개인 하녀였기 때문에 가능한 일이었다. 부인은 일상적인 집안일에는 어떤 식으로든 관여하지 않았다. 부인이 종일 외출한 날에는, 저녁 몸단장 준비만 해 두면 뭘 해도 자유로웠다. 가고 싶은 곳도 갈 수 있었다.

그런데 여기에 브로키노가 불쑥 나타나면서 매티는 곤경에 빠졌다. 매티는 자기를 바라보는 탐욕스런 눈초리를 여러 번 느꼈다. 애초부터 그의 방에 들어가기가 무서웠다. 매티는 참다 못해 그의 집사에게 말했다.

"회신을 가지러 30분 후에 오겠습니다."

매티는 그가 지시한 대로 커다란 스퀘어 홀에서 기다리지 않을 것이다. 거기에는 분명 위험이 도사리고 있었다. 하지만 그 홀에서 세 번째 그를 만났을 때, 그가 말했다.

"내가 읽고 회신을 쓸 테니 잠깐 서재로 들어오너라."

그리고 그는 차가운 푸른 눈으로 바라보며 매티가 왜 숨을 헐떡이는지 물었다.

"그렇게 서둘 필요가 없단다, 얘야. 여기 앉아 쉬어라. 분명히 말하지만, 난 바쁘지 않아. 너 정말 유색인이냐? 글쎄, 백인 애들을 많이 봤지만 너처럼 예쁘지는 않았어. 여기 앉아서 네 어머니, 아버지에 대해서 얘기해 보렴. 아버지를 기억하지?"

그의 모든 행동에는 속내가 드러났다.

그 주가 다 가기 전, 부인은 다시 매티를 보내려고 했다. 매티는 벌벌 떨며 새로 온 마부를 추천했다.

"안 돼." 부인이 말했다. "수요일 저녁은 마부가 쉬어. 어쨌든 그를 보내진 않을 거야. 요즘에는 마부 구하기가 너무 힘들어. 너도 이제 완전히 자립해야지."

매티는 부인의 방을 나와 천천히 모퉁이를 돌아갔다. 키가 크고 검은 피부의 진지한 그 마부가 막 마차를 부르고 있었다. 마부가 팔을 올려 난간을 잡으려던 차에 매티는 황급히 뛰어가 그의 팔을 잡았다.

"오, 머레이 씨."

매티가 더듬거렸다. 마부는 깜짝 놀랐지만 매우 친절했다. 매티가 붙잡았던 이유를 듣고, 마부는 아무 말 없이 서신을 받아 전달했다. 다음 날 밤 그리고 그 후 많은 밤들을 그들은 조용하고 아름다운 광장을 지나 걸었다. 그리고 주니어스는 두려움과 망설임으로 매티에게 사랑을 고백했다. 매티는 팔로 그의 목을 덥석 끌어안았다.

"나도 사랑해요."

"나는 무척 검은데, 그래도 괜찮아요? 내가 알기로는, 대부분 유색인 여자들은 피부가 검은 남자를 쳐다보지도 않던데."

하지만 매티는 어느 정도 피부색 때문에 주니어스를 사랑했다. 매티의 눈에 그 피부색은 안전을 의미했다.

"내가 왜 신경 써야 하죠?" 매티답지 않게 씁쓸함이 폭발하듯 툭 물었다. "나도 피부색 때문에 모욕당하고 고생하는 걸요."

다른 하인들은 매티가 종종 패싱하는 것 같다고 수군거렸다. 주니어스가 머뭇거렸다.

"그래, 맞아요, 내가 그럴 때가 있어요." 매티는 적극적으로 해명했다. "그런데 그 사람들한테는 아니에요. 그럼 나 혼자서 어떻게 하겠어요? 나한테 스스로 딱지를 붙이고 다닐 순 없잖아요. 배고프고 피곤한데, 갈 만한 곳에는 유색인이 허용되지 않는다면, 내가 어째서 그 바보 같은 구식 규정을 따라야 하죠? 부자연스럽고 불공평한 그 규정을. 세상은 모든 사람을 위해 존재해요. 그렇지 않나요, 주니어스?"

매티는 소녀 시절이 얼마나 힘들고 쓸쓸했는지 털어놓았다. 끔찍한 가난이 어떤 것인지 알았고, 그것을 극복하고 자신을 추스르기 위해 열심을 다했다. 그러나 실비오 부인과 함께 기거하면서, 부인의 경솔한 친절 덕분에 상대적으로 편하고 세련된 삶의 일면을 얼핏 보게 되었다. 단지 약간의 여윳돈과 하얀 피부의 전제 조건만 맞으면 누구나 쉽게 맛볼 수 있는 것들이었다.

"그저 재미로 한 것뿐이에요. 당신이 싫으면 관둘게요. 가끔 아무도 모르게 쓸쓸히 호텔이나 레스토랑을 돌아다니곤 했는데, 그것보다 주니어스 당신이랑 세상에서 가장 작은 집에 사는 게 훨씬 더 좋아요."

매티의 달콤한 말이 그를 진정시켰다. 굳이 그 악의 없는 오락을 그만두게 할 이유가 없다고 그는 말했다. 그리고 진중하게 덧붙였다, 기본적인 원칙이 훼손되지 않는 한.

매티가 살면서 가장 행복했던 순간은 주니어스가 실비오 부인에게 그들이 그만두겠다고 얘기했을 때였다.

"우리는 결혼할 겁니다." 주니어스가 자랑스럽게 공표했다. 여배우는 매티를 보내기가 아쉬웠던지 100달러를 주려고 했다. 그러나 키가 큰 흑인 마부는 아내가 그것을 받게 허락하지 않을 터였다. "매티가 번 만큼만 주십시오."

주니어스가 그렇게 말하며 단호히 거절했다. 주니어스는 부인이 어린 매티를 하인스 브로키노의 앞에 던져 준 것이 혐오스러웠다.

그들은 결혼하고 곧바로 오팔가의 작은 집으로 향했다. 후에 그 집은 그들의 소유가 되었다. 주니어스는 매티를 감미롭고 부지런하고 정이 많고 엉뚱한 구석이 있는, 완벽한 여성으로 보았다. 그러나 매티에게 그는 신이었다.

안젤라와 버지니아가 어릴 때 어머니는 동화책을 읽어 주다 말미에 이렇게 덧붙이곤 했다. "그래서 그들은 영원히 행복하게 살았대, 꼭 너희들 아빠와 엄마처럼 말이야."

월요일 아침, 이 모든 것들이 매티의 마음에 기분 좋게 스쳐 지나갔다. 주니어스는 근처 이웃에서 일하고 있었다. 가게는 배인브리지가街 아래쪽에 있었지만, 월요일과 목요일에는 주로 시내에서 일을 하려 했다. 그러다가 매티를 우연히 만나거나 혹은 도울 수도 있었다. 세탁기가 나오기 전에는 무거운 이불이나 침대보를 들어 주려고 아침나절에 두어 번씩 들락거리곤 했다. 이제 이런 물품은 세탁소에서 처리했다. 그러나 주니어스는 변함없이 재밌는 핑계거리를 만들었다.

버지니아의 학교는 모퉁이를 돌면 바로 있었다. 지니 역시 금방 돌아오곤 했다. 점심을 먹으러 온다기보다 어머니를 위해 점심을 준비하려고 왔다. 지니는 아버지의 태도를 본받아, 어머니를 꼭 친절을 베풀어 돕고 보호해야 할 사람으로 간주했다. 더욱이 자식들을 위한 어머니 아버지의 다정함과 희생적 노력에 지니는 매우 민감하게 감사했다. 지니는 부모님의 힘들었던 어린 시절 이야기를 듣는 것이 조금도 지루하지 않았다. 일찍이 그들이 겪은 도전과 난관만큼 전율이 흐르는 이야기는 없었다. 그들이 딸들을 위해 지속적으로 더 나은 일을 계획하는 것도 심히 고마웠다. "내 딸들은 절대 나 같은 경험을 하지 않을 거야." 매티는 단호히 말하곤 했다. "둘 다 학교 선생님이 되어 독립할 거니까."

사실은, 누구도 이 소명을 이루기 위해 특별히 배워야겠다는 생각은 하지 않았다. 솔직히 안젤라는 그것을 무시했다. 그저 어떤 식으로든 생계를 꾸리리라 막연히 기대했다. 교직은 실제로 급여가 나쁘지 않았다. 가난한 소녀에게는 꽤 괜찮은 편이었다. 긴 여름방학도 있을 것이다. 열네 살 때 이미 안젤라는 첫 2, 3년 동안 얼마를 모으고 여름방학들을 어떻게 보낼지 알고 있었다. 가족들에게도 이 계획을 밝혔지만 그 세밀한 부분은 비밀로 간직했다. 매티는 가끔 큰딸이 속내를 드러내지 않아 염려가 되었다. 반면 지니는 완전 투명했다. 지니도 역시 자신이 딱히 가르치는 것에 관심이 있다고는 생각하지 않았다. 말하자면 평범하게 가르치는 것에는 관심이 없었다.

하지만 그것이 현재로서 부모님이 고를 수 있는 최고의 직업이라는 건 인정했다. 지니는 여름 내내 자신이 할 수 있는 음악 교수법을 모두 배우곤 했다.

"그래 너한테 도움이 많이 되겠다." 안젤라가 비웃었다. "여기 필라델피아 공립학교에는 유색인 음악 선생이 없다는 걸 너도 잘 알고 있으니까."

하지만 지니는 어딘가에는 있을 거라고 생각했다.

"엄마가 클 때는 유색인 선생님이 거의 없었잖아, 그런데 앞으로는 기회가 많을 것 같아 보여. 아무튼 운이 어떻게 바뀔지는 아무도 모르지."

4시까지 하루 일을 마치면 매티는 하고 싶은 일을 할 수 있었다. 그녀에게는 한가한 시간이었다. 딸들은 전날 주요리로 먹었던 것의 월요일 버전으로 저녁을 때울 것이다. 어떤 이유로도 그녀를 방해하거나 귀찮게 해서는 안 되었다. 평소처럼 오늘도 매티는 다이닝룸 모리스 의자에 앉아 일요 신문을 보면서 여자들 수다로 시간을 보냈다. 이것은 그녀가 가장 소중히 여기는 일과 중 하나였다. 힘들었던 하루를 저 멀리 뒤로 하고, 아이들의 행복한 소리를 들으며, 돌아올 남편을 즐거운 마음으로 기다리는 것. 보통, 아이들은 어린 시절 숙녀처럼 옷을 차려입고, 재밌어하던 시시콜콜한 일들을 상기하며 식사 준비 놀이를 했다. 지니는 안젤라에게 다가갈 것이다. "실례합니다. 헨리에타 존스 부인 아니신가요?" 그러면 안젤라는 들이대며 도도하게 대답한다. "음, 정말로 나를 아시나요?" 그러면 지니는, "오,

죄송합니다! 존스 부인인 줄 알았습니다. 스미스 부인이라는 친구가 있는데, 당신 얘기를 자주 해서 많이 들었습니다. 근처에 계시다가 지나가시는 것 같아 아이스크림이나 드시자고 물어볼 참이었습니다." 이 놀이의 순서에 따르자면, 안젤라는 후딱 도도함을 내려놓고 점잖은 사람인 양 그 이웃에게 경의를 표해야 한다. 별 볼 일 없는 허접한 장난이었지만 딸들은 지금도 그 인사를 나누었고, 무슨 까닭인지 그것은 월요일 저녁 식사를 준비하는 의식의 일부가 되었다.

하지만 오늘 저녁에는 안젤라의 대답이 영 시원스럽지 않았다. 안젤라는 생각에 잠겨 말수가 적었다. 약간 부루퉁하기까지 했다. 그저 일을 하면서 능숙하고 재빠르게 움직였다. 월요일 저녁 준비를 매번 보아 온 사람이라면, 그녀가 빵을 자르거나 데운 비프 구이에 곁가지를 얹는 것에 몰두하기보다 마음이 다른 뭔가에 있다는 걸 눈치챘을 것이다. 매티는 안젤라가 얼마나 딴생각에 집중하고 있는지 알았다. 그전에도 딸에게서 이런 면을 본 적이 있었고, 경험 많은 매티의 눈에는 어느 때보다 선명해 보였다. 그러나 오늘 저녁에는 무엇 때문에 그러는지 정확히 알 수 없었다. 무슨 문제라도 있느냐고 물으면 안젤라는 "아, 아무것도 아니야."라고 대답할 것이다. 첫째 딸이 많이 컸다는 게 새삼 느껴졌다. 두세 달 있으면 열다섯이 될 것이다. 십 대 아이들은 다른 사람이 어떻게 생각할까에 너무 몰두한 나머지 종종 수심에 잠겨 변덕을 부린다. 매티는 딸이 충분히 쉬도록 돌봐야 했다. 어쩌면 오늘 학교 일이 너무 힘들었나 보다. 고등학교 프로그램이 형편없이 짜였다고 매티는 생각했다. 다섯 시간을 연이어 하는 건 너무 길었다.

"안젤라, 딸, 오늘 저녁에는 일찍 잠자리에 드는 게 좋겠구나. 되게 피곤해 보여."

안젤라가 고개를 끄덕였다. 마침 아버지가 들어왔다. 그가 집에 오자 작은 환호성이 일었고, 안젤라의 무기력함에 대해 더 이상 언급 없이 저녁 준비가 다 되었다.

4장

안젤라의 침실은 3층 앞쪽이었다. 오늘 밤에는 편안히 혼자 있고 싶었다. 어머니가 일찍 잠자리에 들라고 제안하지 않았더라도 식사 후 곧바로 쉼터를 찾을 참이었다. 안젤라에게 공부는 그 자체로 별 매력이 없었다. 미술과 프랑스어 말고는 딱히 다른 과목에 관심이 없었다. 그림을 그릴 때는 그걸 공부라고 생각하지 않았다. 그건 너무나 자연스러운 자기표현이었다. 프랑스어는 매우 신경 쓰며 공부해야만 했다. 언어는 쉽게 익숙해지지 않았다. 하지만 그 아름답고 논리적인 말투에는 세련된 여성스러움의 요소가 있었다. 은밀히 잠재된 어떤 야망을 그녀가 실현시킬 수 있는 언어였다.

안젤라는 머리가 괜찮은 편이라, 역사나 영어, 자연 지리 같은 과목들이 어렵지 않았다. 단지 흥미가 없었다. 지니는 내키지 않는 책무도 굳건히 감수하는 능력이 있었지만, 안젤라는 그게 부족했다. 지니는 아주 어릴 때도 "으응, 내가 하께요."라고 말했고, 마음에 들지 않는 일이 주어져도 사내답게 따라야 한다고 알고 있었다. 안젤라는 그렇지가 않았다. 그러나 오늘 밤에는 공부에 전심으로 집중하고 있었다. 낮에 안젤라는 심하게 상처를 받았다. 그 상처의 깊이와 고통을 부모에게조차 드러내고 싶지 않았다. 그렇게 하는 건 고통만 가중시킬 뿐이었다. 나이가 어려도 안젤라는 부모가 그 일에 대해 아무것도 할 수 없다는 걸 알았다. 할 수 있는 일이 없으니 그냥 넘어가야만 했다. 그럼에도 그녀가 자신에게 이런 냉철함을 주지시킬 만큼 성숙한 것은 아니었다. 안젤라는, 진즉부터 가족의 일원이 된 작은 애완 고양이 같았다. 그런데 이 고양이는 지나가던 개에 물려 다리가 심하게 찢겨 나갔다. 이 불쌍한 것은 다리를 질질 끌며 집으로 돌아와 그 익숙하지 않은 고통이 가라앉길 덤덤히 기다리며 쿠션 위에 진득하니 웅크리고 있었다. 마찬가지로 안젤라는 마음속 상처가 아물기를 기다렸다.

그렇지만 메리 해스팅스의 힐난하는 얼굴이 계속 나타났다. 종이 위에 인쇄된 중요한 역사의 날짜들을 가로지르며, 그리고 〈리시다스〉*의 장중한 구절들 사이사이에서. 메리가 힐난하는 소리가 들렸다.

"유색인이라고! 안젤라, 네가 유색인이라고 한번도 말하지 않았잖아!"

그리고 당혹감 속에 비통하지만 당당한 안젤라 자신의 음성.

"내가 말하지, 나 유색인이야! 내가 유색인이라고 당연히 말하지 않았지. 내가 왜 그래야 하는데?"

* * * *

안젤라는 메리 해스팅스의 우정에 대단한 긍지를 가졌었다. 암울하고 고통스런 안젤라의 힘든 삶 속에 그 우정은 다정하고 은밀한 피난처였다. 그 경험이 너무 달콤해 지니에게조차 거의 말하지 않았

* 존 밀턴이 친구인 에드워드 킹을 위해 쓴 추모 시

다. 교실의 다른 여자애들은 안젤라에게 아무 의미가 없었고, 안젤라는 어떻게든 그들에게 정을 주지 않으려고 스스로를 단련했다. 몇몇은 아주 어릴 때부터 안젤라가 유색인이라는 걸 알고 있었다. 이웃에 살고, 초등학교를 같이 다녔다. 지니와 함께 있는 것도 보고, 이따금 비가 오는 날이면 키가 큰 흑인 아버지가 데리러 오는 것도 보았다. 그들과 기분 좋은 교제도 있었고, 친밀함도 있었다. 제퍼슨가의 평온함 속에 그들은 함께 '골짜기의 농부'나 '홍에, 홍에 겨운 뱃사람 셋이 오네' 놀이를 했다. 옛 시장의 어둡고 한적한 곳에서는 숨바꼭질을 하며 한없이 재밌어했다. 안젤라는 그 친구들과 팔짱을 끼고 학용품을 사러 컬럼비아길을 누비며 오락가락 사방으로 싸돌아다녔었다.

나이가 들면서 이런 절친함이 느슨해지고 어떤 경우는 완전히 단절되었다. 그러나 안젤라는 한번도 혼자라고 생각하지 않았다. 점심을 함께 먹을 사람이나 하굣길에 함께 갈 사람은 언제든지 있었다. 고등학교에 가서야 안젤라는 삶이 얼마나 고독한 것인지 깨닫기 시작했다. 그녀 교실에는 유색인 여자애가 없었고, 학교생활 내내 두어 명을 만났을 뿐이었다. 유색인이 있다 해도, 그녀가 꼭 그들과만 어울려 다니지는 않았을 것이다. 사실 그렇게 하는 것이 조금이나마 자기 방어에 도움이 되었을 텐데, 안젤라는 그런 생각을 하지 못했다. 그래도 그것은 문제가 되지 않았다. 정작 문제가 된 것은 그녀와 함께 자랐던 바로 그 여자애들이 그녀를 따돌린 것이었다. 모임에 가면, 자리가 없지 않는 이상 아무도 그녀 옆에 앉지 않았다. 점심시간에 그녀가 조그맣게 모여 있는 곳으로 흘러가면, 미묘하게 해체되었다가 식당 다른 곳에서 다시 모였다. 이렇게 새롭게 그룹이 모이면 종종 한 여자애가 등을 돌리고 힐끔거리며 치사하게 놀라는 척을 하거나 혹은 짜증난 듯 행동했다.

안젤라는 자존심이 강했다. 그런 낌새는 한 번이면 족했다. 그녀는 당황하고 상처를 받았다. 그래서 쉬는 시간에 읽을 책을 가져가거나 미술실을 배회하다가 밑그림을 다듬었다. 배링턴 선생님은 안젤라가 유난히 부지런한 학생이라고 생각했다.

그러던 중 학기 중간에 늘씬하면서도 건강한 열다섯 살 소녀 메리 해스팅스가 왔다. 공부는 다소 아둔했다. 실지로 프랑스어와 예의 바른 것을 빼고는 눈에 띄는 게 없었다. 그녀가 잘난 체하는 건 부정할 수 없었고, 그녀의 프랑스어 억양은 환상적이었다. 다른 학생들은 낄낄거리며 듣도 보도 못한 이상한 소리를 냈지만, 메리는 프랑스어로 "아니요, 정원사의 처남에게 칼을 빌려줬어요. 그렇지만 내 지팡이는 여기 있어요."라고 유창하게 말했다. 비록 이 바보 같은 문구는 그녀가 만들고 흡족해하는 가상 대화의 일부였지만, 작달막한 에스더 배일리스는 "쟤는 자기가 뭘 말하는지 진짜 잘 알아."라고 논평했다. 그리고 메리의 가족은 돈을 잃어버려서 메리를 공립학교에 보내게 되었노라고 덧붙였다. 하지만 그때는, 에스더가 애매하지만 확고한 진정성을 가지고 제공한 이 정보가 널리 퍼지기 전이었다. 그래서 메리는 혼자 알아서 해야 했고, 암암리에 전원 합의를 이룬 반 아이들은 그녀를 '혼자 피곤하게' 하고 있었다. 이를 모르는 메리는 쉬는 시간에 은근히 거만한 근시안 시선으로 교실을 둘러보았다. 여자애 하나가 보였다. 드레스를 입은 안젤라가 눈에 들어왔다. 메리는 안젤라의 태도와 품행에 나름 판단을 내리고, 점심 도시락을 그녀 책상으로 가져가 말했다.

"자, 같이 먹자. 누가 누군지 네가 알려 줘."

안젤라는 상대가 제안을 하니 그대로 받아들였다.

"저기 자줏빛 드레스를 입은 애가 에스더 배일리스야. 그리고 키 크고 두꺼운 안경 쓴 애는……."

모여서 식사를 하는 아이들에게 등을 돌린 채 앉아 있던 메리는 수고스럽게 뒤를 돌아보지도 않았다.

"저 애들 말고. 시간이 지나면 금방 알 테니까. 내 말은 선생님들 말이야. 선생님들에게는 정성을 들여야 해?"

메리는 안젤라를 좋아했고, 곧바로 눈에 띄게 드러냈다. 메리의 집은 웨스트 필라델피아의 외딴 성채에 있었는데, 스프링 가든가에서 차를 타면 비교적 빨리 갈 수 있었다. 하지만 메리는 새 친구와 함께 집까지 절반 정도는 걸었다. 17번가를 따라 지랄드길까지 올라가 마지막으로 학교 일에 대해 의견을 나누고 작별 인사를 했다. 그리고 안젤라를 즐겁고 만족스런 생각에 남겨 둔 채, 차에 올랐다.

이내 안젤라는 행복과 만족 이상의 것을 알게 되었다. 인기 많고 영향력 있는 메리의 친구로 선발되는 것이 주는 기쁨을 알아 가고 있었다. 공부는 더뎠지만 메리는 그 외 모든 것을 장악했다. 옷을 잘 입고 용돈도 많았다. 체육관에서 최근 행진곡을 연주할 수 있었고,

선생님들에게는 어느 정도, 꼭 집어 말할 수는 없지만, 우쭐하게 만드는 관심을 받았다. 메리는 일들이 '가능하게' 할 수 있었다. 학교 신문은 발간을 멈춘 상태였지만, 메리는 그것을 어떻게 되살리는지 알았다. 아버지의 사업 동료로부터 광고를 가져오고, 결혼한 언니들이 구독하게 만들었다. 주제넘거나 거만하지 않고, 알랑거리거나 생색내지도 않으면서 반의 리더가 되었다. 그리고 이 모든 과정에서 메리는 안젤라에게 딱 붙어 있었다. 자신이 받는 인기를 누리면서도 안젤라에게는 다정했다. 안젤라와 잘 맞았기 때문이었다.

안젤라는 행복했다. 친구가 생겼고 그 우정은 뜻밖의 혜택을 가져왔다. 메리가 없이는 반 계획을 세울 수 없었기 때문에, 안젤라는 더 이상 그룹에서 소외되지 않았다. 메리는 안젤라 없이 어디에도 오래 머물지 않았다. 시간을 아끼고 논쟁을 피하기 위해 혹은 학생 부장과 부딪히지 않도록 안젤라는 항상 같이 있었다. 안젤라는 그런 일에 별로 관심이 없었지만 메리가 정말 좋았다. '충실한 아카테스'*처럼 안젤라는 그 우정에 마음을 쏟았다. 그리고 그러는 동안 기분이 좋았다.

* * * *

4월에는 학교 잡지가 새로운 시작을 알렸다. 이제부터는 각 반에서 두 명씩 대표로 나와 편집진을 구성하기로 했다. 이 중 한 명은 반 대표로 그 반에서 투표로 뽑고, 다른 한 명은 부대표로 반 대표가

---

* 그리스 신화에 등장하는 트로이의 용사로 아이네이아스가 가장 신뢰했던 동료이다.

선정했다. 반 대표는 실무 회의에 참석해 잡지의 방침을 결정하는 데 의견을 낼 것이라고, 공지가 거창하게 떴다. 부대표는 구독을 홍보하고, 모집하고, 구독료를 걷고, 불만을 접수하여 보고하고, 간략히 말해 "추잡한 일은 모두 할 것"이라고 에스더가 말했다. 그럼에도 불구하고 에스더는 그 자리와 직함을 탐냈다.

안젤라의 반은 방과 후에 잠깐 회의를 했고, 만장일치로 메리 해스팅스를 반 대표로 뽑았다.

"잠깐," 마지막으로 나온 약간 지저분한 종이쪽지를 들고 안젤라가 말했다. "에스더 배일리스에게 한 표 있는데."

여자애 두어 명이 낄낄거렸다. 에스더가 자기 자신에게 투표한 걸 모두 알았다. 사실, 박수를 치는 것으로 선거하지 말고 투표용지를 쓰자고 주장한 것도 에스더였다. 메리는 이미 서 있었다. 메리는 투표결과를 확신했기 때문에 다른 결과가 나왔다면 정말 놀랐을 것이다.

"음, 얘들아," 메리는 약간 높은 정제된 음성으로 입을 열었다. "너희들이 준, 그러니까 나한테 실어 준 그…… 어…… 신뢰에 고마워. 너희들도 알겠지만, 난 그 오래된 신문이 잘되도록 최선을 다할게. 말하는 김에, 공표하지. 안젤라 머레이를 부대표로 선정한다."

순간 조용해졌다. 그에 대해 한번이라도 생각해 봤던 아이들은, 만약 메리가 뽑힌다면 — 당연히 메리가 뽑히겠지만 — 안젤라도 뽑힐 거라고 짐작했었다. 그리고 그런 생각을 해 보지 않은 아이들도 안젤라의 임명을 반대할 이유는 없었다. 여하튼 그것을 막을 방법은 없었다. 하지만 에스더가 나섰다.

"다른 애들은 어떻게 생각하는지 몰라도, 난 유색인에게 내 구독료를 맡기기 전에 다시 한번 생각해 봐야 할 거야."

메리가 분연히 놀라며 말했다.

"유색인이라고! 너, 왜, 무슨 얘길 하는 거야? 누가 유색인이라는 거야?"

"안젤라, 안젤라 머레이지. 저 애가 바로 그 유색인이야. 아무튼 우리 모두 18번가와 옥스퍼드가에 있는 학교에 다닐 때는 그랬어."

메리가 다시 말했다.

"유색인이라고!" 연이어 "안젤라, 네가 유색인이라고 한번도 말하지 않았잖아!"

안젤라가 메리만큼이나 경악하는 소리를 냈다.

"내가 말하지, 나 유색인이야! 내가 유색인이라고 당연히 말하지 않았지. 내가 왜 그래야 하는데?"

"거 봐," 에스더가 말했다. "재가 유색인이라고 메리한테 말하지 않았잖아. 우리 돈을 어떻게 했겠어!"

* * * *

안젤라는 책들을 챙겨 들고 문 밖으로 터벅터벅 걸어 나갔다. 하지만 북쪽 계단에 와서는 훌쩍 뛰어 내려가 브랜디와인가 출입구를 통해 16번가로 나갔다. 이렇게 늦은 시간이면 아는 사람을 만날 일이 없는 통로였다. 집에 가면 할 일이, 공부할 것이 있을 것이다. 교실에서의 상처와 굴욕을 다시 대면하기 전까지는 기나긴 밤 시간이 지나야만 한다. 마음과 정신을 다 다지고 메리가 그녀를 놓아 버리기 전에 그녀가 먼저 놓아 버려야 할 것이다. 그녀가 얼마나 치명상을 입었는지 누구도, 어느 누구도, 그중에서도 메리가 가장 모를 것이다. 메리, 아연실색하며 주춤거림! 메리와 절규. “유색인이라고!” 그 색깔이라는 것, 참 기이한 사안이었다. 그건 분명 당신이 모든 것을 희생할 수 있는 하나의 신이었다. 그것 때문에 어머니는 거리에서 아버지에게 인사를 건네지 않았다. 메리는 그것이 친구 사이에 끼어들게 할 수 있었다.

안젤라는 아침 일찍 학교에 갔다. 여자애들은 모두 거기서 그녀를 볼 것이고, 그들 각각의 태도가 그녀의 태도를 결정할 것이다. 안젤라는 각기 인사하는 것을 기억했다가 미래 지침으로 저장해 둘 것이다. 몇몇 애들은 특히 조심스럽게 그녀에게 말했다. 한둘은 의미 있는 미소를 지었다. 한두 번 가량 그것을 보고 안젤라는 고개를 돌렸다. 몇몇은 전혀 말을 하지 않았다. 메리가 들어왔다. 안젤라는 못 본 척 무심한 척 고의로 그녀를 지나 문 쪽으로 걸어갔다. 그리고 현관을 가로질러 배링턴 선생님의 미술실로 갔다. 돌아오면서 다시 메리의 책상을 지나갔다. 그때 메리는 눈을 들어 안젤라를 보았다. 심란하지만 정이 없는 눈빛은 아니었다. 안젤라는 들키지 않고 확실히 그 눈빛을 보았다. 안젤라는 속으로 생각했다. ‘유색인이라고! 애들이 나한테 메리는 부두교도야, 라고 말했다면, 나는 그게 어쨌다고? 그 앤 내 친구야, 라고 대답했을 것이다.’

*　*　*　*

6월이 되기 전, 메리는 안젤라에게 방과 후에 기다려 달라고 요청했다. 메리를 회피하지도, 찾지도 않았던 안젤라는 냉담히 고개를 끄덕였다. 그들은 함께 프랑스어 교실을 걸어 나갔다. 모퉁이에 이르자 메리가 말했다.

"어, 안젤라, 우리 다시 친구 하자. 아무런 차이가 없잖아. 봐, 난 이제 그런 거 신경 안 써."

"하지만 난 그게 이해가 안 돼. 애초에 왜 차이가 났던 거지? 내가 유색인이라는 것을 네가 알기 전이나 지금이나 나는 똑같아. 그 후로도 마찬가지고. 도대체 어째서, 그게 차이를 만들었던 거야?"

"나도 몰라. 내가 그저 놀랐던 걸 거야. 전혀 예상하지 못했거든."

"뭘 예상하지 못했다는 거야?"

"아, 나도 몰라. 설명할 수가 없어. 그냥 우리 친구 하자."

"글쎄," 안젤라는 천천히 말했다. "나도 그러고 싶어. 그런데 다시 예전같이 되지는 않을 것 같아."

그랬다. 어떤 요소, 자연스러움, 신뢰가 부족했다. 색깔에 대해 생각해 본 적이 없던 메리는 돌연 여기에 토론하지 말아야 할 화제가 있다는 걸 의식했다. 덜 솔직했고, 때론 자제하기까지 했다. 안젤라는 아직 견해를 정립하기에는 어렸지만 막연히 이렇게 느꼈다. '메리는 나를 이미 한 번 실망시켰어. 내 친구였지만, 내가 하지도 않은 무언가로 나를 실망시켰지. 메리는 또다시 그렇게 할 거야. 그게 그 애 안에 있어.'

안젤라는 단정적으로 자신에게 말했다. '메리는 내가 유색인이어서 뒤로 물러난 게 아니야. 내가 유색인이라는 것을 그 애가 몰랐기 때문이지. 그러니 내가 유색인이라는 걸 계속 몰랐다면, 메리는 영원히 내 친구가 되었겠지. 우리는 함께 즐거운 시간을 보냈을 거야.' 그리고 안젤라는 궁금해졌다. 만약 당신의 피부가 하얗거나 혹은 당신의 인종을 알 수 있는 요인이 밖에 드러나지 않을 때, 미국이 주는 편안한 삶을 취하는 것과 고집스럽게 유색인임을 주장하는 것 중 어느 것이 더 가치 있을까?

여름 동안 메리의 가족은 추락했던 운을 회복한 듯 보였다. 아무튼 메리는 가을에 학교에 돌아오지 않았고, 안젤라는 그녀를 다시 보지 못했다.

5장

지니가 황급히 뛰어 들어왔다.

"언니, 마미는 어딨어?"

"밖에. 무엇 때문에 흥분해서 그래?"

"나 임용됐어. 대단하지 않아? 엄마 아빠도 좋아하실 거야! 그것도 이번 학기부터 바로 시작이야. 기다릴 필요도 없지. 정식 공지는 아직 안 왔는데, 잘된 걸로 나는 들었어. 허렌 양이 나한테 내일 보고하래. 완전 너무 좋지 않아! 6월에 교육대학을 졸업하고, 9월에 학기 시작하고 바로 그다음 주에 완벽한 직장을 잡았잖아. 귀여운 아가야, 내가 전에 했던 말을 들었을 테지만, 부자로 태어나는 것보다 운을 가지고 태어나는 게 훨씬 좋단다. 그런데 나는 운이 좋아 부자도 될 거란다. 내가 받을 급료를 생각해 보렴! 우리 둘이 일하면 엄마는 일을 할 필요가 없을 거야. 아버지도 마찬가지고. 엄마는 원하지 않는다면 일 근처에도 갈 필요가 없어. 자, 이에 대해 할 말이 있으신가요, 연로한 인디언 족장님? 아니, 혹시, 제가 지금 말하는 분이 헨리에타 존스 부인 아니신가요?"

안젤라가 킥킥거렸다. 그리고 가상의 손잡이 안경을 들어 올렸다.

"어…… 정말 저를 아시는가 보군요. 그렇다면, 바로 임용이 되었다니 당신은 정말 운이 좋군요. 음, 그것을 손에 넣었으니 이제 지겨워지는 일만 남았군요."

안젤라도 2년 전에 임용되었는데, 그런 운은 없었다. 엄밀히 말해 필라델피아에는 이른바 유색인 학교라는 것이 없었다. 유색인 아이들은 백인 교사에게 가르침을 받을 수 있지만, 백인 아이들이 유색인 강사의 손에서 지식을 얻을 수는 없었다. 그건 불문율이었다. 유색인 교육대학의 졸업생 수가 점차 늘어나자, 시 정부는 흑인 거주민이 넘쳐 나는 구역의 학교에 유색인 교장과 유색인 교육 인력을 배치하면서 이 문제를 모면했다. 그 결과, 그 구역에 사는 유색인 아이들은 꼭 그 학교에 가야만 했다. 백인 학생들은 가까운 백인 학교나 '혼합' 학교에 가려고 그 구역을 떠났지만, 누구도 관심 주지 않았다.

안젤라는 유색인 졸업생 명부의 여섯 번째 자리에 있었다. 다섯은 임용이 되었지만, 안젤라를 위한 빈자리는 없었다. 하루는 이곳 하루는 저곳에서, 간혹 한 주 대체 인력으로, 그러고는 몇 달간은 한가롭게 지냈다. 유색인 학교가 아니면 임용될 수 없었다. 그리고 유색인 교실이 아니면 대체 교사로 갈 수 없었다. 그러다가 아버지가 유색인 학교에서 가르치는 젊은 백인 여자 하나를 알게 되었다. 그가 꼼꼼히 문의해 보니, 맥스위니 양은 백인 학교에 자리가 나면 곧바로 전근 갈 것이고, 그 자리에 안젤라가 들어갈 수 있을 거라는 흡족한 답변을 들었다.

예감했던 대로, 안젤라는 임용된 후에 그 일이 싫어졌다. 조그만 아이들을 가르치는 게 넌더리가 날 거라고 예상했었는데, 그 예상이 꼭 맞아떨어졌다. 성인들에게 미술을 가르치는 건 어쩌면 괜찮을 것이다. 사실 그 일은 꼭 한번 해 보고 싶었다. 한편 어머니가 젊을 때와는 달리 여성스럽고 모양새가 좋은 곳이 있으면 자리를 잡고 독립하면 좋을 듯했다. 예쁜 옷을 사고, 집안일도 도울 수 있는, 한마디로 꽤 적절하고 안정된 급료를 받고 싶었다. 안젤라는 이것 때문에 브로드와 체리에 위치한 필라델피아 미술 아카데미에서 일을 시작하게 되었다.

*　　*　　*　　*

저녁 식사 내내 지니는 기분이 들떠 있었다.

"마미 달링, 이제 마미는 실크 옷을 입고 여윳돈을 가지고 다닐 거예요." 안젤라가 취직하면서 어머니는 고된 세탁 일을 그만두었다. "토요일에는 헤티 다니얼즈를 불러 청소를 시키고, 앞으로는 내가 현관 계단을 북북 문지를 필요도 없어. 모든 게 신나고 재밌을 거야."

지니가 접시를 밀어 놓고 아버지에게로 달려가 무릎에 올라 앉아 사랑스런 구릿빛 팔로 목을 덥석 휘감았다. 여전히 아버지가 세상 최고의 남자라고 생각하며 그를 변함없이 사랑했다. 꼭 아버지 닮은 남편을 갖고 싶었다. 아버지처럼 키가 크거나 검지 않아도 괜찮다. 매슈 헨슨의 키는 그저 중간치이고, 피부는 불그스름한 누런빛을 띠었다. 매슈는 아버지만큼 잘생기지 않았다. 그건 어쩔 수 없는 사실이다. 연한 피부색을 아버지 색으로 바꾸고, 아버지의 탁 트이고 빽빽한 — 울퉁불퉁하게 알갱이 모양으로 말려 있으면서도 보기 좋게 곱슬곱슬한 — 검은 머리를 그가 가질 수 있다면 좋겠다. 이렇게 생각하며 지니는 아버지를 배신한 것 같아 약간 찔렸다. 매슈는 그의 아버지로부터 빽빽하고 딱딱한 '나쁜' 머리를 물려받았다. 다만, 정말 다행히도, 더 검은색이었다.

주니어스는 한쪽 팔을 벌려 늘씬한 딸을 들쳐 안았다.

"어이쿠, 아가야, 내 접시에 있는 것을 먹으려고?"

어릴 때 지니는 구걸쟁이 악동이었다.

"여보! 이제 할로웰 씨 차를 사도 될 것 같아요. 케이트가 그러는데, 할로웰 씨는 캐딜락에 눈독을 들이고 있대. 헨리 포드는 헐값에 넘길 생각인가 봐."

주니어스는 기분이 좋았지만 반대하지 않을 수 없었다.

"내가 그렇게 늙어 보여? 진짜 차를 살까? 이제 딸들이 돈을 벌지만, 내가 알기로는 유지비가 만만치 않을 텐데."

"걱정 말고," 매티가 말했다. "그거 사요, 주운. 저녁이면 노스 브로드가를 드라이브하는 걸 생각해 봐."

안젤라가 다정하게 덧붙였다.

"난 아빠가 그럴 자격이 있다고 생각해요. 아빠가 그거 다 갚을 때까지는 지니랑 내가 살림을 꾸릴게요."

"그러게, 안 될 이유야 없지. 내가……," 주니어스가 고쳐 말했다. "우리가 원한다면 차를 못 살 것도 없지."

주니어스는 그 작은 차 깊숙한 곳의 비밀을 파헤치는 행복한 상상을 했다. 새 부품을 살 것이다. 어쩌면 엔진을 교체할 수도 있다. 도색을 하고 전반에 걸쳐 정밀 검사를 한다. 그러고는 자신을 위해 즐기리라. 주택 융자는 오래전에 다 갚았다. 보험도 잘 들어 있고, 두 딸도 자라서 각자 자기 일은 알아서 한다. 주니어스가 지니를 무릎에서 미끄러뜨려 내려놓았다.

“할로웰 네에 잠깐 들러서 톰이 얼마에 내놓을 건지 알아봐야겠네. 그걸 타고 시내에 나가기 전에 만나야지.”

지니가 말을 이었다.

“아빠, 상상해 봐요! 다음 주 이 시간이면 아빠는 그걸 타고 시내에 갈 수도 있어요.”

* * * *

지니는 무척 기뻤다. 삶이 바르게 자리를 잡고 있었다. 지니는 젊었다. 스물이었다. 곧 독립해서 살 것이다. 늘 자신에게 힘이 되는 라틴 문구를 기분 좋게 인용하며 지니가 말했다. “이제 곧 살아나리라.” 어머니가 다시 일할 필요는 없을 것이다. 아버지는 헨리 포드를 가질 것이다. 지니는 훌륭한 음악 선생을 새로 구하고, 펜실베이니아 대학에서 교수법을 공부할 것이다.

지니가 방금 걸려 온 매슈의 전화를 받고 통화하는 소리가 들렸다.

“내가 임용된 게 상상이 돼, 매슈?”

“정말 잘됐다!” 매슈가 말했다. “안젤라 있어? 오늘 밤에 나랑 영화 보러 갈 수 있으려나? 지난번에는 너무 피곤하다고 하던데. 가서 물어봐 줄래, 착한 아가씨.”

안젤라는 한숨을 쉬었다. 매슈와 함께 나가고 싶지 않았다. 매슈는 그녀를 무척 지치게 했다. 게다가 항상 사람들은 그녀를 이상하게 쳐다보았다. 그가 지니에게 관심을 주면 좋으련만.

* * * *

일요일은 변함없이 행복한 날이었다. 그 가족은 이미 허덕이던 지점을 지나 번영의 분위기에 젖어 있었다. 주니어스는 톰 할로웰과 매우 성공적으로 협상을 했고, 아담하고 단단한 포드 자동차, 4인석 쿠페의 주인이 되었다. 전 주인은 주니어스를 가르치려고 일요일에 왔다. 두 아가씨는 현대적 감각으로 늘씬했기 때문에, 식구 모두가 차에 오를 수 있었다. 제퍼슨가를 벗어나고 저 멀리 리지길을 벗어나 위사힉콘까지, 그리고 체스넛 힐까지 몰고 나갔다. 때때로 차가 막히지 않을 때면 주니어스가 운전대를 잡았다. 주니어스는 타고난 기계공처럼 톰의 명령에 귀를 기울였다. 그들은 모두 웃으며 돌아왔다. 행복하고, 적당히 의기양양했다.

9월의 햇살, 강렬하고 부드러운 늦은 오후의 노을이 작은 현관으로 몰려들었다. 다이닝룸은 어스름했고, 부엌은 진저브레드와 맛있는 잼 냄새로 향기로웠다. 식사 후에는 수업이 없었다. "실습 학교에서 배운 것을 모두 잊어버리려면 몇 년은 걸릴 거야." 지니가 유쾌하게 말했다.

나중에 사내 몇 명이 왔다. 안젤라를 보지 못해 우울한 가을만큼이나 불만스러웠던 매슈는 그녀를 보자 금세 기분이 좋아졌다. 최근에 교육대학에 입학한 아서 소이어는 난처해했다. 교직은 여자나 하는 일이라고 생각했기 때문이다.

"그래도 먹고는 살아야지, 안 그래? 난 그 우체국은 안 갈 작정이니까!"

"우체국이 어때서?" 매슈가 분개하며 물었다. 매슈는 이제 막 자리를 잡았다. 현실적으로 그 일에 대한 환상 따윈 없었다. 그러나 안젤라 앞에서 그 일이 매도되는 건 원치 않았다. "필라델피아에서 유색인 남자에게 그보다 더 낫거나 확실한 일이 있으면 말해 봐?"

"없지." 아서가 바로 대답했다. "이 세상에는 전연 없지. 학교에서 가르치는 것 말고는. 근데 그게 내가 딱 싫어하는 일이야. 유색인이라는 것 때문에 인생 계획을 세우는 게 지겨워. 내 인종이 창피하다는 게 절대 아니야. 우리가 한때 노예였다는 것이 딱히 마음에 거슬리는 것도 아니고. 세상의 모든 종족이 한때는 노예의 자리에 있었으니까. 하지만 내가 집 밖에 외식을 나갈 때나 영화관에 갈 때, 또 내 직업을 생각할 때면, 매번 그것을 고려해야 하는 게 진짜 짜증나."

"그렇지만 정말 그것을 고려해야 해." 지니가 부드럽게 말했다. "그건 우리가 살아가는 현실의 한 부분이니까. 마치 백인 남자가 절름발이나 근시에 대해 느끼는 것처럼 말이야."

피할 수 없는 인종 문제에 대한 대화가 계속 오갔다.

"아, 그런데 당신은 그 부분에서 틀렸어, 지니 양." 키가 크고 홀쭉한, 다소 거만한 젊은이가 구석에서 말했다. 지금껏 그들은 그를 프랭키 포터로 알고 있었다. 그러나 최근에 그는 필라델피아 『트리뷰널』에 F. 시모어 포터란 이름으로 시를 발표했다. "색깔 자체가 기형이라도 되는 것처럼 말하는데, 너는 정말 잘못 알고 있는 거야. 예술가인 안젤라 양은 알겠지만, 반대로 색깔이란 정말 아름다운 것일 수 있거든, 그렇지 않아?"

"오, 케케묵은 네 대화에 나를 끌어들이지 말아 줘." 안젤라가 암상스레 대답했다. "굳이 말하자면, 난 인종에 관한 한 모든 것이 지겨워. 그리고 안젤라 양이라고 부르지 마. 네가 평생 불러 왔던 것처럼 안젤라라고 부르든지 아니면 머레이 양이라고 불러. 그리고 난 동의 못 해. 아메리카에서 색깔을 가지는 게 아름답다고 생각하지 않아. 그만한 저주도 없을걸."

"음," 시모어가 천천히 말했다. "그게 저주인지 아닌지는 너에게 달렸다고 생각해. 그게 개인의 발전에 끼어들게 할지 말지는 네 스스로 결정해야 하는 거지. 어느 정도 해가 될 수도 있고, 득이 될 수도 있다는 말이야. 여기 아서를 봐. 내가 아는 바로는 우리가 어릴 때부터 아서는 늘 엔지니어가 되고 싶어 했어. 아서는 자기 피부색을 저주로든 축복으로든 변형시킬 수 있어. 그건 학교 교육의 깃발 아래 자신의 천부적인 재능을 묻어 버리느냐, 아니면 사람들이 색깔 요인은 무시하고 아서를 그 자체로 인정하도록 이제껏 현존했던 어느 엔지니어들보다 뛰어난 엔지니어가 되려는 열정을 갖느냐에 달렸지."

"맞아." 지니가 말했다. "그러니까, 유색이라는 건 종종 너를 자극하기도 하지."

"그런데 나는 그게 싫은 거고." 안젤라가 비꼬며 대꾸했다. "난 이 요인이 항상 어떤 기준 위나 아래에 놓여야 하는 게 지겨워. 그냥, 자연스럽게, 우리가 행복할 권리가 있다고 생각하는 사람은 없니?"

* * * *

그들은 서서히 음악으로 흘러들어 갔다. 지니가 유행가 몇 곡에 이어, 시간이 흘러도 예스럽고 아름다운 멜로디인 〈나를 위해 건배,

오직 그대의 눈으로만〉과 〈감미롭고 낮은〉을 연주했다. 아서는 부드럽고 감성적인 테너 음을 가졌고, 안젤라는 음색 좋은 알토에 가까웠다. 지니와 다른 남자들은 멜로디를 따라 갔고, 주니어스는 굵고 든든한 베이스 음을 울렸다. 아름다운 곡조와 더불어 행복하고 평온한 가정의 평화가 스며들었다. 피곤하지만 만족스런 젊은이들은 머지않아 작별 인사를 나누고, 어두운 오팔가의 경계 지역에 접어들었다. 안젤라와 어머니는 위층으로 올라가고, 지니와 아버지는 아래에 남아 잠이 든 거리를 깨우지 않으려고 조용히 노래를 불렀다. 찬송가 몇 곡을 부르고, 마침내 〈죽어 가는 그리스도인〉의 장엄한 선율이 떠올랐다. 어머니는 피곤하다고 투덜댔다.

"그냥 네 침대에 잠깐 누울게, 안젤라. 아버지가 올라올 때까지만."

그렇지만 어머니가 긴장을 풀지 못하고 귀를 앞으로 쫑긋 세우고 있는 걸 안젤라는 보았다. 어머니가 아버지의 박력 있는, 가슴을 울리는 목소리에서 나오는 음절 하나하나를 따라잡으려 한다는 걸 안젤라는 알고 있었다.

안젤라가 물었다.

"남자애들이 가기 전에 우리가 하는 이야기 들었지. 엄마 아빠는 그런 얘기에 별로 관심이 없지, 그치?"

어머니는 안젤라의 말에 긴장하는 듯이 보였다.

"지금은 아니야. 어, 물론 우리도 그런 이야기를 하곤 했지. 그런데 사는 문제, 그러니까 삶 자체로도 바쁘니까, 점점 유색이냐 아니냐는 어쨌든 네가 만족하며 살아야 하는 것의 하나일 뿐이지. 그래, 색깔이 대화의 시작점이 되는 경우도 있었어. 너하고 지니가 조그마할 때가 기억나네. 지니는 늘 피아노로 뛰어갔고, 너는 아무 벽에나 긁적거렸지. 그것 때문에 나는 여러 번 네 손을 찰싹 때렸단다. 안젤라, 우리는 밤이 깊도록 네 이야기를 하곤 했어. 아빠와 나 말이야. 나는 네가 훌륭한 예술가가 되길 바랐지만, 아빠는 '아니야, 평범히 좋은 교육을 받아서 안정적이고 정직한 삶을 살도록 인도해야지. 그렇게 유색인 여자들 앞에 놓인 암벽들을 모두 넘어 여행할 수 있게 되면, 잘 살아갈 수 있을 거야. 당신은 걱정하지 마.'라고 말했지. 그래, 아빠가 옳았어." 아래층에선 음악 소리가 멈췄다. 어머니는 긴장이 풀리고 졸려 반듯이 누웠다. "네 아빠는 항상 옳단다."

많은 부분이 안젤라에게는 새로웠다. 그 밤에 나누었다던 얘기들이 무엇인지 알고 싶었다. 하지만 안젤라는 웃으며 단지 이렇게만 물었다.

"엄마는 아직도 아빠가 진짜 좋지, 그치?"

어머니는 순간 잠에서 확 깼다.

"최고지! 네 아빠를 위해서라면 생명도 아깝지 않아!"

* * * *

토요일 나들이는 이미 오래전 얘기가 되었다. 헨리 포드가 그것을 바꿔 놓았다. 게다가 안젤라는 아카데미에서, 지니는 대학에서 가르치면서 추가로 부업을 했기 때문에 토요일 오후에는 예전에 흔히 그랬던 것처럼 쉬는 시간이 절대적으로 필요했다. 이따금 안젤라가 미술관을 돌아볼 계획이거나 새 프록코트를 찾아 나설 때면 여전히 어머니에게 함께 가자고 부탁했다. 두 사람은 예전에 했던 것처럼 고급 다실이나 호텔의 호사스런 안락함 속에서 차를 마시며 편안하게 한 시간 정도 수다를 즐겼다. 그즈음 매티는 자기 앞에 한 주의 험난한 책무가 놓여 있던 시절보다 비교적 편안했지만, 나이가 들었고 걸음걸이가 그리 가볍지 않았다. 그래도 그곳에 유행하던 '웰빙' 분위기와 패션과 치장의 초청에 기꺼이 응했다. 더욱이 매티 자신도 이런 분위기에 일조할 수 있었다. 딸들은 그녀가 좋아하는 단아하고 우미한 옷들을 바득바득 선물했고, 또 그것을 입어야 한다고 고집을 피웠다.

"옷장에 걸어 놔 봐야 아무 쓸모가 없어요."

지니가 장난스럽게 말했다. 지니가 예언했던 것은 모두 현실이 되었다. 어머니는 필요할 때면 가정부의 도움을 받았고, 보통 '실크 옷'을 입고 다녔으며, 쓸 수 있는 '여윳돈'이 있었다.

매티는 지금 시내에서 그 여윳돈을 쓰고 있었다. 교회의 '여성 지원단' 모임에서 사순절 뒤풀이를 하는데, 매티는 그중 가장 친한 사람들과 자체 뒤풀이를 할 계획이었다.

"우리가 늙어 가네." 매티가 못내 아쉬운 듯 말했다. "그래도 여전히 너희 젊은 것들이 우리를 한두 번 쳐다보게 만들 거야."

안젤라는, 어머니가 꼭 그럴 거라고 맞장구를 쳤다.

"그리고 엄마가 늙었다고 말하지 못하게 간단한 피부 단장 비법을 한두 개 알려 줄게요."

매티도 이미 알고 있었다. 그래도 안젤라의 제안을 흔쾌히 받아들이겠다고 말했다. 매티는 구시렁거리는 걸 좋아했는데, 최근 들어서는 안젤라도 만만치 않았다. 심지어 지니와 경쟁을 하는 듯이 보였다. 큰딸의 부산함이 점차 누그러지기 시작했다. 삶은 매우 단조로웠지만 편안하고 즐거웠다. 안젤라의 가정생활은 나무랄 데가 없고, 미술학교에서의 시간은 유쾌했다. 강사는 그녀의 진척에 관심을 보였고, 여자애 한둘은 정말 가까워지고 싶어 하는 마음을 내비쳤다. 안젤라는 그런 암시에 적극적으로 나서지는 않았지만, 더 크고 자유로운 세상을 보면서 자신을 자기 자신의 무리에 얽어매는 듯한 제약에 덜 짜증냈다. 이렇게 자신이 원하는 것에 조금씩 만족하며, 말없이 생각에 잠기거나 자기 성찰에 빠져드는 횟수가 줄었다. 하지만 지니처럼 완전 자생적으로 사는 것에는 결코 적응할 수 없었다.

안젤라는 젊었다. 인생은 그녀의 잠재된 열정에 따라 이리저리 뒤틀리며 스스로 형태를 갖출 것이다. 어머니의 인생도 그랬다. 그래서 안젤라는 어머니를 따라 가게들을 들락거리고, 쇼핑을 하다가 마주친 모든 뜻밖의 상황에 도움을 주고 의견을 나누었다. 그것이 특별히 즐거운 일은 아니었지만, 어머니처럼 안젤라는 그 분위기를 즐겼고 또 그 안에서 잘 차려입고 화려하게 치장한 여자들과 어울리는 것이 좋았다. 매티와 안젤라가 보잘것없는 오팔가에 사는 것은 아무도 모를 것이다. 누구도 상상하지 못할 것이다. 그들의 인종에 대해서는 어느 누구도 꿈도 꾸지 못할 것이다. '지니가 여기 있다면,' 안젤라는 천천히 케이크를 하나 더 고르며 생각했다. '그 애도 어머니와 나처럼 똑같이 이 모든 것에 어울릴 수 있어. 하지만 이 사람들은 지니가 빛나게 내버려 두지 않을 거야.' 안젤라는 다시 한번, 외모에 존재 이상의 의미를 부여한 사회구조의 불합리성을 생각했다.

그들은 카페에서 나와 3월 오후의 축축한 잿빛 속으로 들어갔다. 거리는 질척거리고 미끄러웠다. 위로 하늘은 흠뻑 젖어 어스름했다. 매티는 으스스 떨며, 특별한 건 없지만 안락한 다이닝룸 모리스 의자를 떠올렸다. 그녀는 캐서린가의 '와이'에 가고 싶었다. 그리고 15번가를 한참 내려가 방문할 곳이 두 곳 있었다. 그럭저럭 이 모든 일을 끝마쳤다.

"이제 다음 차를 타면 눈 깜짝할 사이에 우리 집에 가 있겠지."

"피곤해 보여요, 엄마."

안젤라가 말했다.

"피곤하네."

어머니가 인정했다. 그러고는 갑자기 딸 쪽으로 늘어지며 의식을 잃었다. 그들 주변으로 사람들이 모여들었다. 자동차를 타고 가던 행인은 친절하게 그 두 여자를 두 블록 떨어진 브로드가 병원에 태워다 주었다. 이 병원은 잡역부를 제외하고는 유색인 여자를 받아들인 적이 없었다. 그렇지만 이 환자의 경우에는 아무도 묻지 않았다.

"지금은 괜찮습니다." 인턴 의사는 알려 주었다. "과로로 잠깐 정신을 잃은 것뿐입니다. 저게 당신이 타고 온 자동차인가요? 누가 와서 환자를 집으로 모시면 좋겠네요."

"아, 그렇게 할 수 있어요."

순간 안젤라는 아버지가 오늘 가게에 있고, 그래서 금방 올 수 있는 거리에 있으며, 차를 가지고 있다는 것을 생각했다. 그 외 다른 생각은 하지 못한 채, 전화기로 뛰어갔다.

오래지 않아, 키가 크고 검은, 다소 추레한 작업 복장의 아버지가 병원으로 성큼성큼 걸어 들어왔다. 사무원은 무척 쌀쌀맞게 그를 대했다.

"그래, 원하는 게 뭐죠?"

안젤라는 로비를 가로질러 아버지에게 서둘러 가다가 그 어투에 멈춰 섰다. 아버지는 그 갑작스런 질문에 둘러댔다.

"저는 머레이 부인의 기사입니다."

거짓을 말하는 게 싫었지만 그렇다고 곧장 아내를 감싸 안고 나갈 수는 없었다. 아버지가 말했다.

"부인이 정말 많이 편찮으신가요, 안젤라 아가씨?"

딸은 재빨리 그를 안심시켰다.

"아뇨. 이제 몇 분 안에 내려오실 거예요."

"그동안 당신은 밖에서 기다려요."

사무원이 차갑게 말했다. 사무원은 흑인을 완전한 인간으로 보지 않았다. 그녀가 인식하는 삶 속에 흑인은 존재하지 않았다.

주니어스가 나가고, 반 시간쯤 지나 젊은 인턴과 간호사가 창백한 어머니를 부축해 나왔다. 아버지가 인도로 뛰어 들어갔다.

"나한테 의지하세요, 머레이 부인."

그러나 그녀는 흐느끼며 팔로 그의 목을 덥석 안았다.

"오, 주니어스, 주니어스!"

주니어스는 그녀를 들어 차에 태우고, 안젤라가 뒷좌석에 앉도록 물러났다가, 자기도 차에 올라타고 운전해 나갔다. 인턴은 백인 여자와 흑인 하인에 대해 분개하며 병원으로 들어갔다. 저런 여자들은 정신병동에 가둬야 했고, 검둥이들은 태워 죽여야 했다.

* * * *

딸들은 어머니를 모리스 의자에 앉히고 베개와 작은 담요를 가지러 위층으로 올라갔다. 그들이 돌아왔을 때는 아버지가 의자에 앉아 어머니를 안고 있었다.

"오, 주운, 사랑하는 주운, 정말 헌신적인 사랑이야."

"엄마가 돌아가실까?"

바짝 긴장한 지니가 속삭였다. 그럼 아버지는 어떻게 될까, 지니는 생각했다.

다행히 며칠 후 매티는 완전히 회복했다. 매티와 주니어스 사이에서 피어난 사랑과 배려는 또 다른 개화기를 맞아 그들은 어느 때보다 행복했다. 다만 주니어스의 건강이 좋지 않았다. 겨우내 감기 기운이 있었다. 그리고 3월 날씨에 병원 앞에서 반 시간 동안 어슬렁거린 탓에 그 상태가 악화되었다. 목이 쉬고 열이 났지만 주니어스는 바로 인정하지 않았다. 그러던 어느 날 아침, 가슴이 찢어지는 고통을 느꼈다. 의사를 부르지 않을 수 없었다. 공황에 빠진 매티는 의사를 찾았다. 주니어스가 정말 아프구나! 매티는 최상의 컨디션이 아닌 남편을 본 적이 없었다. 의사는 머뭇거리며 폐렴이라고 진단했다.

"심각한 상태지만, 회복할 수 있을 겁니다."

주니어스는 끔찍이 고통스러워했다. 매티는 침대 곁을 떠나지 않고 함께 고통받았다. 5일째 되던 날 주니어스는 헛소리를 했다. 매티는 생각했다. '하느님은 아직 남편을 데려가지 않을 거야. 나에게 한번 더 말할 기회는 주시겠지.'

저녁에 이르러서야 주니어스가 눈을 뜨고 매티의 인자한, 핼쑥한 얼굴을 보았다. 주니어스는 웃었다.

"사랑스런 매티." 그러고는 "지니, 음악이 듣고 싶구나. '생명의 불꽃'……." 이라고 말했다.

딸은 작은 거실로 내려가 연주하며 〈죽어 가는 그리스도인〉을 불렀다.

안젤라는 생각했다. '아, 정말 끔찍해! 얘는 어떻게 저런 노래를 부를 수 있어?' 안젤라는 이내 조용히 불렀다.

"지니, 지니, 올라와 봐."

주니어스는 매티의 손을 더듬어 찾았다. 매티는 그의 손에 손을 놓았다.

"사랑하는 매티," 주니어스가 말했다. "눈앞에 천국 문이 열려……."

* * * *

장례식 후, 집에는 아직 지독한 정적이 남아 있었다. 부산스럽고 허둥지둥하던 일은 모두 끝났다. 지난 3일간 온 가족이 몸부림쳤던 일, 그 일이 종결되었다. 장례용 고기구이는 치워졌다. 지니가 그것을 처리했다. 안젤라는 마른 눈으로 앞을 멀거니 바라보며 자기 방으로 올라갔다. 안젤라는 아버지를 사랑했다. 아버지를 위해서라도 이 애절한, 보이지 않는 사별의 고통을 참아야 하는데, 그럴 수가 없었다. 안젤라는 필사적으로 계속 되뇌었다. "이걸 극복해야만 해, 이대론 안 돼. 떠나야겠어."

머레이 부인은 다이닝룸, 오래된 모리스 의자에 앉아 있었다. 부인은 붓고 야윈 손가락으로 팔걸이를 톡톡 두드렸다. 그 닳아 해진 등받이에 얼굴을 묻고 또 묻었다. 부인이 그 사랑스런 검은 얼굴을 그리워하고 있는 것을 한 사람은 알았다. 지니가 말했다.

"마미 달링, 2층으로 와요, 내가 침대에 눕혀 줄게. 나랑 같이 자요. 작은 딸을 위로해 줄 거죠, 그치, 마미?" 대답이 없었다. "마미, 그러다 아플 거야."

어머니가 벌떡 일어나 앉았다.

"그래, 그게 내가 하고 싶은 일이야. 오, 지니, 내가 아파서 어서 빨리 아빠를 따라갈 수 있을까? 내 딸, 나를 용서하렴, 그런데 난 아빠한테 가야겠어. 네 아빠가 없인 살 수가 없구나. 나에게 너 같은 딸은 과분하지. 그렇지만…… 그런 것으로 나를 붙잡지는 마렴. 난 죽고 싶다. 죽어야만 해. 나를 용서한다고 말해 줄래……."

"달링," 딸이라기보다는 마치 남편이 말하는 것 같았다. "당신이 원한다면 나도 좋아요."

지니는 가까스로 울음을 참았지만 어머니가 낡은 모리스 의자에 앉아 죽음을 구상하던 그 장면을 오랫동안 잊을 수 없었다.

6장

아카데미에서는 모난 곳 없이 잔잔한 물결처럼 모든 것이 부드럽게 흘러갔다. 안젤라는 거기서 보내는 시간을 기다렸고, 솔직히 시간이 가는 게 아까울 정도였다. 학생들과 강사들은 상당히 친절했다. 그들 사이에는 실제 동지 의식이 있었다. 안젤라는 자신의 흑인 연관성에 대해 언급하지 않았다. 딱히 그럴 기회도 없었고, 설사 그게 알려진다 해도 태도에 변화가 일 것이라고는 생각하지 않았다. 예술가들은 마음이 넓은 것으로 유명하다. 그들은 누구보다도, 사람을 그 자체 가치로 판단하지 어떤 특성에 의해 판단하지 않을 것이다. 피부색이 눈에 띄는 젊은 숙녀 헨더슨 양은 작품에 재능이 있고 독창성까지 엿보였지만, 안젤라와 같은 온정과 관심을 받지는 못했다. 헨더슨 양은 친근하게 다가오는 것을 회피했는데, 안젤라는 그것이 그 숙녀의 성격 탓이라고 생각했다. 헨더슨 양은 기분 나쁠 정도로 쌀쌀맞게 경계하는 듯이 보였다. 누군가 말을 걸지 않으면 말을 하지 않았다. 수업 시간 내내 그녀는 옆 친구 한번 쳐다보지 않았다.

안젤라 자신도 진솔한 유대감을 형성하지 못했다. 여자애 둘이 집에 초대했는데 안젤라는 늘 거절했다. 그런 초대는 비슷한 것으로 되갚아야 하고, 지니의 존재는 설명이 필요할 것이다. 강사 쉴즈 씨가 그의 아내가 집에 있을 때 차를 마시자고 초대한 것은 다른 문제였다. 그래서 기꺼이 응했다. 안젤라는 자신이 무엇이 되려고 그리 노력하고 있는지 말할 수 없었다. 가르치는 것을 좋아하지 않을 뿐더러 포기하고 싶었다. 한편 먹고는 살아야 했다. 쉴즈 씨는 안젤라가 생활력과 즐거움을 향상시키면서 예술을 보다 실질적으로 응용할 수 있는 방법이 있을 거라고 조언했다. 공립학교의 미술 부장직이나 예술학교 혹은 대학에 자리들이 있고, 아니면 안젤라가 가르치는 게 싫다고 솔직히 공표한 이상, 백화점의 예술 파트에 구매 담당이라는 일이 있었다.

"여하튼," 쉴즈 부인이 말했다. "네가 준비만 되면, 시장에 어떤 자리가 있을지는 두고 봐야지."

부인과 남편 모두, 이야기하는 게 즐겁고 재능이 있는 이 숙녀에게 끌렸다. 안젤라는 흠잡을 데 없는 매너를 갖추었고, 최상이라 할 만큼 옷도 잘 입었다. 부모님이 돌아가시면서 안젤라는 집의 절반과 3000달러짜리 보험 절반을 물려받았다. 안젤라의 급료는 적절했고, 소비는 많지 않았다. 인종 때문에 활동 범위가 제한되는 것 말고는 지금 사는 데 불평할 것이 거의 없었다. 그러나 안젤라는 경계선을 넓히고 싶은 충동을 끊임없이 느꼈다. 쉴즈 부부에게 이런 생각을 털어놓았다.

"너무나 자연스러운 일이야." 그들이 공감했다. "네 기호와 재능이 너를 어디로 이끌지는 모르지…… 어쩌면 유럽, 그리고 분명 흥미로운 친구들을 새로 만날 거야. 세상에서 예술 하는 사람들, 가장 너그럽고 자유로운 사람들을 만나게 되겠지."

"장학금을 받을 가능성도 있어."

쉴즈 씨가 더 현실적으로 매듭지었다. 아카데미에서는 두어 명의 장학생을 선발했다. 뿐만 아니라, 사실상 제약이 없고 더욱 후하게 지급하는 다른 장학금들도 있었다.

* * * *

오팔가의 일요일에는 색다르고 특별한 면이 아직 남아 있었다. 지니는 가끔 교회에 가거나 때로는 잘 웃는 또래 여자 몇몇을 차에 태워 예전에 아버지가 했던 탐험 놀이를 떠났다. 안젤라는 집에 있는 것을 선호했다. 늦잠을 자고 일어나 꼼꼼히 볼일을 보고, 느긋하게 목욕을 했다. 그러고는 옷장을 열어 정리하고, 버릴 것은 버리고, 영화나 콘서트, 전시회의 주간 프로그램을 볼 것이다. 마지막으로 스케치를 시작하고, 보통 헤티 다니얼즈 머리의 새로운 모습으로 끝난다.

헤티는 가정부이자 친구이자 보호자로 세 겹의 역할을 감당하며 그들과 함께 살았다. 헤티는 포즈 잡는 것을 즐겼다. 그것은 헤티가 사랑받지 못한 공허한 존재로서 느끼는 채울 수 없는 어떤 허영심을 충족시켜 주었다. 헤티는 스케치되는 것을 의식하지 않았다. 예술가들이 흔히 하는 말로 '흥미로운', '그릴 만한', '어려운' 모델이었고, 헤티가 이해한 바로는 그런 아름다움 때문에 선택된 것이었다. 반듯이 정자세로 앉아, 옛날 젊은 시절의 로맨틱한 경험담으로 안젤라를 즐겁게 해 주었다. 안젤라는 헤티가 엄청 늙었을 거라고는 추측하지 않았다. 실지로 헤티가 말한 날짜들을 따져 보면 어머니보다 최소 열두 살은 어릴 것이다. 헤티에게는 그녀를 젊은 사람으로 기억하게 만드는, 부정할 수 없는 소녀 같은 성품이 있었다. 머레이 부인은 마지막까지 그렇게 여겼다.

헤티 양은 성적 순결을 맹신했다.

"그때는 젊은 친구들이 항상 내 주변에 벌떼처럼 몰려들었제. 밤이면 밤마다 내 부엌에는 니하고 지니가 거실에 모았던 것보다 훨씬 더 많은 친구들로 넘쳐 났으니께. 근디, 난 그 애들이 이야기하는 것 하나도 안 들었다. 멀리 떨어져서 내 값비싼 진주가 더럽혀지지 않도록 지켰제. 그때도 그랬지만, 지금도 계속해서 정숙헌 여자가 되는 게 목표니께."

헤티의 눈에서 해갈되지 않은 욕망이 돌연 빛을 발하고, 보통 무표정한 편인 얼굴에는 흥분되고 열정적인 무언가가 스쳤다. 그 감정은 눈에 띄게 확연히 드러나 그녀의 얼굴 바탕 위에 겹쳐 놓은 것처럼 보였으나, 한결같은 다갈색 피부는 감정이 생생히 드러나는 것을 감추는 훌륭한 위장이 되었다.

"쉴즈 씨에게 저런 표정을 짓는다면," 안젤라는 크지 않게 혼잣말했다. "괜찮은 장학금을 쉽게 받을 텐데……. 그래서 우리보다 구혼자가 많았겠네요, 헤티? 음, 별로 없었어도 아마 우리보다는 나았을 거예요."

일요일이면 아직도 같은 청년 여섯 명이 머레이 집을 찾았다. 매슈를 제외하고는 누구도 구혼자로 오는 것은 아니었다. 일부는 습관이 되어 오고, 또 일부는 헤티의 맛있는 진저브레드를 먹으러 온다고, 지니가 말하곤 했다. 사실 그보다는 논쟁을 벌일 수 있고, 또 논쟁을 중재할 누군가가 있는 편안한 곳이라 오는 거였다.

"그들은 진짜 논쟁을 해." 안젤라는 약간 투덜거렸지만, 관심이 없었다. 매슈는 보통 그들이 벌이는 끝없는 토론의 리더였다. 안젤라는 그가 서툴고 무미건조한 사랑놀이를 할 때보다 차라리 이때가 더 나았다. 물론 외출을 할 수도 있겠지만, 안젤라는 갈 만한 곳이 없었고 함께 갈 친구도 없었다. 어딘가를 방문한다 해도 그곳은 그저 그녀 집에서 보는 것의 복사판일 것이다. 사실 초현대식 무대를 갖춘 일요 댄스파티가 열리고 있었다. 그렇지만 지니와 안젤라는 거기에 별로 어울리지 못했다. 안젤라는 안락한 드로잉-룸*(아직도 이렇게 표현하는 사람들이 있었다)을 공상 속에 그려 보았다. 그곳은 글을 쓰거나 그림을 그리거나 연기를 하는, 무언가를 이룬 저명한 남자들과 여자들, 폭넓은 문화적 배경을 가진 사람들, 혹은 그런 게 결여된, 유행에 따르지 않아 실패한, 고의적으로 실패한, 생각과 말에 독창성을 가진 사람들로 넘쳐 났다. 안젤라는 어딘가에 그런 유색인들이 존재할 것이라 상상했다. 하지만 안젤라가 아는 사람들 중에는 없었다. 여기 필라델피아에는 아버지 어머니가 속했던 경제 계층보다 한참 앞선 사람들이 있다는 건 안젤라도 알고 있었다. 하지만 그들의 생각과 행동은 여전히 제한되고 구속되었다. 그들은 새롭게 단장해 호사스럽기까지 한 장소에 앉아 여전히 졸부의 정신 상태로, 여기에 있는 남자애들처럼 끝이 없는 인종 문제를 토론했다.

* (상류층의) 응접실

오늘 밤 그들은 새로운 국면에 접어들어 열띤 토론을 벌이고 있었다. 그들 사이에서 반쯤 정신을 놓고 있던 안젤라는 이전에 이 문제에 대해 얘기했는지 기억나지 않았다. 시모어 포터가 그가 쓴 시 하나에 억지로 관심을 끌어모으며 그 경기는 시작되었다. 형편없는 시는 아니었다. 현대식 구절이 진행되면서 보통 이상의 뚜렷한 감동이 있었다.

"그거 그만하고 실질적인 내용을 말하는 게 어때, 시모어?" 매슈가 으르렁거렸다. "어설픈 시인보다는 좋은 치과의사가 네 종족에게 훨씬 더 이바지할 거야."

매슈는 그 젊은 시인이 대학에서 공부한 금액이면 치과대학에 어렵사리 등록할 수 있었다는 사실을 우연히 알게 되었다.

시모어가 멋지게 손질한 머리 위로 손을 오르내렸다. 자기 방에서부터 종일 스토킹 두건을 쓰고 있던 터라 이 동작을 무리 없이 할 수 있었다.

"맞는 말이야, 매슈, 그 종족에게 이바지하고 또 다른 사람들에게도 그렇게 해야지. 그런데 그 종족이란 게 개인이 모여서 되는 것이고, 개개인이 잘해야 전체적으로 잘할 수 있다는 생각은 안 해 봤어? 내가 일류 치과의사가 되어 옹색하고 답답한 인물로 사는 게 나을까, 아니면 네 말대로 어설픈 시인이면서 나답게 사는 게 나을까?"

유색인 미국인은 비우호적인 사회에 사는 것을 반드시 염두에 두어야 한다고 매슈가 주장했다.

"네가 그저 어설픈 시인이라면, 그들은 네가 시인이니까 너를 우리 인종의 대표자로 생각할 거고, 우리 모두가 똑같이 형편없다고 생각할 거야. 근데 네가 괜찮은 치과의사라면, 그래, 우리가 모두 너처럼 기술이 있다고 생각지는 않겠지. 하지만 너를 우러러볼 거야. 그리고 너 같은 사람이 몇 명 더 있을 거라고 인정하겠지. 앞뒤가 안 맞지만, 그 사람들은 그런 식으로 이야기하거든."

아서 소이어는 은근한 압박에 이렇게 계속 굴복하는 것에 반대했다.

"유색인이라면 어느 정도 타협을 해야 해. 인종의 진정성과 개인의 진정성을 모두 고려해야 하지. 그래서 나는, 편하게 엔지니어링을 공부할 수 있을 만큼 돈을 충분히 모을 때까지는 가르치는 일을 할 거야. 우리 가족이 집 없이 헤매는 일은 없어야 하니까."

"그리고 그걸 다 마치면?"

매슈가 정중히 물었다.

"다 마치고, 이 도시가 제 정신을 차린다면, 볼드윈에서 좋은 직장을 잡을 거야. 그게 안 되면, 남아메리카로 가서 귀화 수속을 밟을 거다."

"그러면 안 돼." 지니가 소리쳤다. "네가 그런 훈련을 받았다면 우리는 정말로 네가 필요할 테니까. 내 생각을 말해 볼까? 우리 모두는 각자 희생할 것을 정해야 해. 우리가 살아가면서 흔히 희생하는 것 이상으로. 다음 세대를 위한다기보다는 어떤 원칙을 위해, 자긍심이나 강한 자존심, 이타적 자기만족 같은 어떤 추상적인 속성을 위해 말이야. 이 인종이 필요한 정신적 강장제. 마치 몸에 철분이 필요하거나, 무엇을 하든지 적절한 저항력을 발휘하는 게 필요한 것처럼. 개중에는 개인적으로 원하지만 더 소중한 전체를 위해서 영원히 단념해야만 하는 것들도 있겠지."

"나보다 낫네." 아서가 너그러이 말했다. "너처럼 작은 애가 어떻게 그렇게 대단한 생각을 할 수 있는 거지. 하지만 남자가 단지 유색이라는 이유만으로 마음에 품은 열정을 영원히 포기해야 한다고는 생각지 않아. 나에게는 엄청난 요구처럼 보이거든."

"엄청나든 아니든," 매슈가 말꼬리를 잡았다. "지니가 한 말이 상당히 옳다고 봐. 어떻게 생각하니, 안젤라?"

"나는 늘 생각하던 대로야. 행복하지 않을 거라면 왜 살아야 하는지 모르겠어."

* * * *

안젤라는 헤티 다니얼즈의 스케치를 가지고 학교에 갔다.

"상당히 흥미로운 유형인데!" 옆에 앉은 거트루드 퀘일이 말했다. "이 얼굴에는 매우 보편적이면서 애절한 비애가 있어. 뭐야? 미국인은 아니지?"

"아, 아니야, 미국인이야. 오랫동안 우리 집에서 일해 온 나이 든 유색인 여자. 바로 여기 필라델피아에서 태어났는걸."

"뭐, 유색인! 허, 너는 미국인이라 부를지 모르지만, 난 한번도 검둥이를 미국인이라고 생각해 본 적이 없어. 유색인이라…… 맞아, 그게 이 얼굴에 어린 비애를 설명할 수 있을 거야. 그들은 모두 꽤나 그렇다고 생각할 테니까."

모델 그리기 수업이 있는 오후였다. 모델이 들어왔다. 살짝 예쁘면서 심술궂은—다소 음산하고 비열한 기질이 넘치는—얼굴에 키가 작고 늘씬한 편에 속하는 젊은 여자였다. 안젤라는 즐거운 기대감으로 그녀를 주의 깊게 훑어보았다. 안젤라는 특색 있는 인물 묘사를 좋아했다. 그게 예쁜 것보다 나았다. 모델은 안젤라와 시선이 맞닿자 고개를 돌렸다가 다시 집요하면서 회의적인 눈빛으로 그녀를 빤히 바라보았다. 일찍이 안젤라와 같은 고등학교에 다녔던 에스더 배일리스였다. 에스더는 메리 해스팅스가 기숙학교로 돌아가고 얼마 되지 않아 떠났다.

안젤라는 그녀에게 말을 건네야 할 이유가 없었다. 그리고 둥그스름하면서도 뾰족한 데가 있는 그 작은 얼굴을 그리는 것에 집중하면서 그녀가 누구인지 이내 잊어버렸다. 한편 에스더는 그 예전 학우에게 화를 품은 듯 강렬한 시선으로 노려보다가 포즈를 놓쳐 버리는 바람에 쉴즈 씨에게 두 번 지적을 받았다. 세 번째에는, 불쾌하지 않게 쉴즈 씨가 말했다.

"이보다는 포즈를 더 잘 잡고 있어야 해요, 배일리스 양. 그렇지 않으면 계속 고용할 수가 없어요."

"계속 고용하지 않는 게 좋겠네요." 에스더는 놀라우리만큼 깊은 앙심을 드러내며 대꾸했다. "유색인 계집애 앞에서 포즈를 잡을 만큼 내가 바닥을 치지는 않았으니까."

쉴즈 씨는 놀라며 교실을 둘러보았다. 아니, 헨더슨 양은 여기 없었다. 그는 헨더슨이 이 수업에 들어오지 않는다는 것을 기억했다.

“글쎄, 이런 식이라면, 당신을 계속 쓸 수 없겠군요. 우리는 모델에게 지시를 받지 않아요. 그리고 여기에는 유색인이 없어요.”

“아니, 있어요. 저기. 이름을 바꾸지 않았다면,” 에스더가 표독스럽게 웃었다. “저기 유대인 여자 옆에, 안젤라 머레이 아닌가요?”

쉴즈가 엉겁결에 고개를 끄덕였다.

“저 여자는 유색인이에요. 비록 그녀가 말하지 않았겠지만, 그렇지만 나는 알아요. 노스 필라델피아에서 학교를 같이 다녔거든요. 지금 받는 것보다 열 배를 준다면 모를까, 저 애를 위해 포즈를 취하지는 않겠어요. 네가 무슨 백인 숙녀라도 되는 것처럼 거기 앉아서 나를 그려!”

어이없고 당혹스러웠던 쉴즈 씨는 아내에게 그 이야기를 했다.

“그렇지만 나는 안젤라가 정말 유색인이라고는 생각하지 않아, 매이블. 생긴 것도 그렇고 행동하는 것도 딱 백인 숙녀거든. 교실의 다른 애들보다 옷 입는 감각도 뛰어나고. 하지만 그 작은 모델 년은 안젤라가 유색인이라고 고집을 피웠어. …… 글쎄, 안젤라가 유색인일 리가 없어. 내가 유색인 여자를 몰라볼 것 같아? 일 킬로미터 밖에 있어도 알 수 있어.”

쉴즈 씨에게는 그것이 민감하면서도 수치스러운 문제 같았다.

“유색인이었다면, 나에게 말을 했어야지. 나는 분명 알고 싶었을 거야. 제기랄, 그렇다고 그걸 물어볼 수는 없잖아. 그 작은 여우 같은 모델이 뭐라 하든, 안젤라가 진짜 백인이면 어떻게 되겠어?”

쉴즈 씨는 등기부에서 안젤라의 주소를 찾아, 어느 날 오후 부끄러운 호기심으로 오팔가까지 운전해 갔다. 천천히 안젤라의 집을 지나갔다. 지니가 학교에서 돌아오는 길이었고, 헤티 다니얼즈는 마켓에 가려던 참에 아래 계단에서 지니를 반갑게 만났다. 그러고 나서 지니는 열쇠로 문을 열고 안으로 들어갔다.

"안젤라는 유색인이야." 쉴즈 씨가 아내에게 말했다. "제 정신 가진 사람이라면 어떤 백인 여자도 유색인이랑 같은 집에 살지는 않을 테니까."

"맞아요, 그럴 거예요! 유색인이라? 그렇다면, 여기에는 다시 오면 안 돼요, 헨리."

안젤라는 토요일에 수업을 마치고 쉴즈 씨에게 다가갔다.

"사모님은 안녕하세요? 이번 주에는 보러 갈 수 없지만, 다음 주에는 꼭 갈게요."

쉴즈 씨가 옹색하게 말을 불쑥 뱉었다.

"하지만 머레이 양, 당신은 유색인이라는 말을 나에게 하지 않았지."

안젤라는 친숙한 연극의 한 장면을 리허설하는 것 같았다.

"유색인요! 당연히 내가 유색인이라고 말하지 않았죠. 왜 말해야 하죠?"

* * * *

하지만 그것을 말해야만 하는 이유가 분명히 있었다. 안젤라는 지독한 실의에 빠져 자기 방에 앉아 그 이유를 찾으려 했다. 예전에도 그랬던 것처럼, 지니와는 이 문제에 대해 이야기하지 않았다. 지니가 무엇을 할 수 있겠는가? 어머니도 이와 비슷한 경험을 했었을까 궁금했다. 패싱에는 본질적으로 나쁜 무언가가 있는 걸까?

어머니는 패싱을 장난 이상으로 생각하지는 않는 듯이 보였다. 한 번의 경우에, 병원에서 패싱을 하느냐 마느냐가 곧 호의를 받느냐 굴욕을 당하느냐를 결정하던 그 끔찍한 날에, 어머니는 그 모든 쇼가 흘러가도록 짐짓 내버려 두었다. 하지만 어머니는 오래전에 깨달은 바가 있어, 색깔의 문제가, 혹은 색깔의 결핍이, 그녀 자신의 행복과 연관되어 있음을 인정하지 않았다. 안젤라와 함께 백인 세계의 일부가 되든, 흑인 가족이나 친구들과 더불어 조그만 오팔가에 있든, 어머니는 전적으로 만족해했고 더할 나위 없이 흡족해했다. 그러나 안젤라에게는, 그녀가 가장 원하는 것들은 모두 백인들에 의해 둘러싸여 있는 것처럼 보였다. 좋은 것들은 모두 백인들의 것이었다. 어떠한 냉철한 논리적 직관으로도 그들이 백인이기 때문에 그렇다고 말할 수는 없었다. 단지 현재로서는 그들이 권력을 가지고 있고, 그 권력의 배지가 백인성이었다. 그것은 권세가의 문장紋章이 그려진 방패의 색깔과 같았다. 안젤라는 그 배지를 소유했고, 누군가 말하지 않는다면, 그 배지가 상징하는 권력을 가질 수 있었다.

헤티 다니얼즈가 소리를 꽥 질렀다.

"매슈 헨슨 씨가 너를 보러 아래 왔어."

안젤라는 매슈를 만나는 게 지겨웠지만 오늘 밤에는 그가 반갑기까지 했다. 그림을 보러 가자는 간절한 제안도 수락했다.

"극장 안, 조그만 보석처럼 멋진 곳에 있어, 안젤라. 그림만큼이나 그 주위에 있는 것들도 네가 좋아할 거야. 정말 근사하거든. 한 2주 전에 아서랑 같이 갔었어. 그때 너를 데려가고 싶다는 생각을 했지."

이 말은 그들이 입장하는 데 별 문제가 없을 거라는 것을 매슈가 간접적으로 전하는 방식이었다. 안젤라는 그것을 알았다. 안도감을 주는 확신. 안젤라도 알고 있듯이, 필라델피아 극장은 유색인 관객에게 매우 불쾌한 곳이 될 수 있었다. 매슈는 안젤라가 외출복을 입는 동안 전화로 택시를 부르겠다고 제안했고, 안젤라는 그 과분한 사치를 허락했다. 시내버스 승객들이 억측을 하며 짓는 표정을 보고 싶지 않았다. 안젤라는 민감해서 느낄 수 있었다. 그건 매슈에게 특별히 정중하고 다정한 태도를 취해야만 바로잡을 수 있는 억측들이었다. 그렇게 하다 보면, 매슈에게 의도하지 않은 영향을 주었다. 그래서 그와는 포드를 타고 외출하는 경우가 더 많았다. 약간의 프라이버시를 가질 수 있어 좋았다. 하지만 오늘 밤에는 지니가 그 작은 차를 가져갔다.

브로드가와 리지길 교차로에 택시가 섰다. 극장에 도착하니 8시 25분이었다. 매슈는 안젤라에게 지폐를 주었다.

"내가 택시 계산하는 동안 표 좀 사 줄래?"

매슈가 긴장하며 말했다. 매슈는 안젤라가 그 광고판마저도 놓치지 않길 바랐다. 이 밤이 완벽한 밤이 되도록 기도하다시피 하고 있었다. 매슈는 거스름돈을 호주머니에 쑤셔 넣으며 로비로 뛰어가 안젤라와 합류했다. 안젤라는 멋진 그림을 좋아했기 때문에 매슈만큼이나 흥분되었다. 안젤라가 점원에게 표를 건네자, 개찰을 하고 반쪽을 돌려주었다.

"됐습니다. 왼쪽 편에 좋은 자리가 있습니다."

극장은 한 층만 있었다. 그리고 점원은 매슈를 흘긋 보았다.

"잠깐, 잠깐만, 당신은 지금 어디를 가는 거야?"

매슈는 순진하게 대답했다.

"괜찮아요. 여기 숙녀가 표를 줬잖아요."

"맞아. 그래도 당신은 아니야. 숙녀는 갈 수 있지만, 당신은 안 되지." 점원이 찢긴 표를 매슈에게 돌려주고, 돌아서서 안젤라 표의 반쪽을 꺼내 그 젊은이의 주저하는 손에 찔러 넣었다. "저기로 가서 환불 받아."

"그렇지만," 매슈가 말했다. 안젤라는 그가 그 순간 말도 안 되는 모욕을 당하며 남자의 자존심이 상처받는 걸 느낄 수 있었다. "뭔가 잘못 알고 있는 것 같아요. 제가 바로 이 극장에 앉아 있었던 것이 채 3주도 안 됐는데요."

"글쎄, 오늘 밤에 당신은 거기 앉을 수 없다고. 그 후 관리자가 바뀌었어. 그리고 유색인에게는 표를 안 팔아." 점원이 약간 머뭇거리며 안젤라를 힐끔 보았다. "숙녀는 들어갈 수 있습니다……."

안젤라가 표를 바닥에 던져 버렸다.

"훙, 가자 매슈, 가."

밖으로 나온 매슈가 쭈뼛거리며 말했다.

"택시를 잡을게. 다른 데로 가자."

"아니, 아니야! 별로 재밌지 않을 거야. 집에 가자. 택시는 필요 없어. 바로 그 센터에서 16번가 버스를 잡을 수 있어."

차 속에서 안젤라는 매우 다정했다. 사랑하는 여자 앞에서 그녀를 보호하고 영웅처럼 보이고 싶은 남성의 권리를 빼앗겨 고통당했을 것을 생각하니 안젤라는 돌연 마음이 아팠다.

집에 도착하고, 매슈가 현관의 문을 둘 다* 열도록 안젤라는 가만히 있다가 현관에 들어서며 매슈를 멈춰 세웠다.

"여기서 저녁 인사를 할게, 매슈. 생각했던 것보다 더 피곤하네. 하지만…… 하지만 흥미로운 경험이었어, 그렇지?"

매슈는 사랑이 담긴 눈으로 안젤라를 보며 손을 잡았다.

"안젤라, 그 상황을 피할 수만 있었다면 나의 모든 것을 바쳤을 거야. 꿈에라도 네가 그런 수치스런 일에 휘말리게 할 수는 없어. 너도 알지. 아, 어떻게 이것을 분명히 알려 줄 수 있을까?"

"음, 그건 네 잘못이 아니야."

뜻밖에 안젤라는 그 고운 얼굴을 들어, 무척 괴로워하고 기미 투성이인, 수심에 찬 매슈의 얼굴에 키스했다. 그리고 손을 올려 붉고 뻣뻣한 매슈의 '나쁜' 머리를 정말로 쓰다듬었다.

매슈는 꿈꾸는 남자처럼 거리를 걸으며 안젤라와 결혼하려면 얼마나 걸릴까 상상했다.

* * * *

안젤라는 한밤중에 잠에서 깨어 그날 일을 돌이켜 보았다. 그녀

---

* 미국의 아파트나 주택 현관은 문이 이중으로 되어 있는 경우가 많다.

는 소리 내어 말했다. "이게 끝이야." 그러고는 다시 잠이 들었다.

뒤의 작은 방은 아직 지니가 쓰고 있었다. 하지만 안젤라는 3층 앞방을 헤티 다니얼즈에게 내주고 예전에 어머니가 쓰던 방으로 옮겼다. 지니와는 벽을 사이에 두고 각각 조그만 숙녀용 침대의 머리 판을 마주 대고 있었다. 그래서 침대에 누워 소통의 문호를 통해 서로 이야기를 나눌 수 있었다. 그들의 목소리는 지니가 헤어핀 커브라고 부르는 곳을 한 바퀴 돌아 화자에서 청자로 흘러갔다.

안젤라는 지니가 뒤척이는 소리가 들리자 곧바로 불렀다.

"지니, 들어 봐. 나 떠날 거야."

아직 잠이 덜 깬 지니는 꾸던 꿈을 계속 꾸려고 애쓰며 잠시 못내 아무 소리도 내지 않고 누워 있었다. 그러다 정신이 들었다.

"언니, 뭐라고?"

"떠날 거라고 말했어. 사랑하는 친구들, 지인들과 작별하고, 학교에서 가르치는 것도 그만두고, 모든 것을 정리하고, 필라델피아를 떠날 거야."

"미쳤어, 진짜?"

"아니, 난 이제야 제 정신이 드는 것 같아. 눈앞에서 아른거리는 것을 빼앗겨 버리는 것에 진짜, 진짜 신물이 나. 그리고 그 모든 건 내가 잘못해서 그런 게 아니야."

"오, 달링, 난 언니가 뭐에 끌려서 그러는지 모르겠어."

"음, 내가 말해 줄게." 안젤라는 평생 자신이 피부색 때문에 겪어야 했던, 현실과 상상의 소소한 사건들이 축적된 모든 이야기를 풀어냈다. 그러나 메리 해스팅스에게 받았던 첫 번째 상처에 대해서는 여전히 말하지 않았다. 그것은 안젤라의 마음 한구석, 뚫을 수 없는 옹벽 안에 영원히 갇혀 있을 것이다. 그곳에는 상처받은 자존감, 상처받은 사랑과 더불어, 상처받은 신뢰가 있었다. "그리고 최근에 매슈와 쉴즈 씨를 통해 겪었던 두 경우는 정말 너무 힘들어. 그들이 그 길을 보여 줬지."

"무슨 길을 보여 줬다는 거야?"

지니는 일어나 낡은 장미꽃 기모노를 걸쳤다. 지니는 아버지로부터 두껍고 다소 거칠게 곱슬곱슬한 검은 머릿결을 물려받았고 거기에 어머니 머리의 부드러움이 가미되었다. 지니는 홀쭉했으나 동그스름했다. 볼은 잠과 흥분으로 불그레하고 눈은 빛났다. 지니가 화려한 겉옷을 똘똘 말고 안젤라의 좁은 침대 끝에 다리를 꼬고 앉자, 안젤라는 현란하게 우아하고 색상이 화려한 울새가 떠올랐다.

"그러니까 쉴즈 부부가 나를 백인으로 알았을 때는 내가 그 약속한 땅의 모든 영광을 찾도록 기꺼이 도와주려고 했어. 어젯밤 그 점원은…… 내가 누군지도 몰랐어. 하지만 매슈는 알아봤지. 그래서 못 들어오게 했고. 마찬가지로 쉴즈 부부도 나를 다른 방식으로 몰아낼 준비를 하고 있을 거야. 그런데 그들이 모를 때는 문제가 되지 않았어. 그 말은, 피부색 때문에 차이가 나는 게 아니라 그 사실이 알려졌기 때문에 차이가 난다는 거야. 알겠어? 그래서 생각하고 또 생각해 보았어. 그게 내 마음속에 정말 오래전부터 있었던 것 같아. 그런데 어젯밤에는 내 의식 위로 불쑥 솟아오르는 것처럼 보이더라.

어째서 내가 원하는 모든 것을 스스로 가로막아야 하지. 유능한 사람들, 값진 일을 하는 사람들, 예술……." 안젤라의 목소리가 한 글자씩 또박또박 말했다. "세상에서 누구나 가능할 것 같은 여행이나 많은 일들은, 내가 보기에, 실제로는 백인들만 할 수 있어. 장학금이나 특별기금, 후원금도 그래. 오, 지니, 너는 모를 거야. 내가 보고 알고 싶어 하는 것들을 네가 이해할 수는 없을 것 같아. 넌 나랑 다르잖아……."

"내가 언니랑 뭐가 다르다는 거야." 지니는 말했다. 지니는 정말 울새 같아 보였다. 지니의 맑은 눈동자가 안젤라에게 머물렀다. "어쨌든 내 혈관에는 같은 비율로 같은 피가 흐르잖아. 단지 잠시 불편했던 것에 너무 많은 중압감을 받는 거 아니야?"

"잠시 불편한 게 아니야. 날마다 내가 부딪치는 일이지. 그리고 내가 어찌해 볼 수 있는 일도 아니고. 내가 유색인이라고 말하지 않은 걸 얼마나 중요시 여기는지 쉴즈 씨를 봐. 나를 대하는 태도가 어떻게 달라졌는지 보라고. 그의 태도가 얼마나 다른지 넌 모를 거다. 하지만 그 사실을 몰랐을 때는 쉴즈 씨가 나를 위해 기꺼이 그리고 기쁘게 하지 못할 일이 없었어. 이제는, 하려고는 하겠지만 기쁘게 하지는 않을 거야. 백인이라는 이유로 도와줄 사람을 열 명 넘게 찾을 수 있는 어떤 백인 여자보다도 나는 그의 도움이 더욱 절실한데." 동생의 얼굴에는 못마땅한 기색이 얼핏 비쳤다. "왜 그래? 내가 '저는 안젤라 머레이입니다. 백인처럼 보이지만 저는 유색인입니다. 그에 걸맞게 대접해 주세요!'라고 먼저 말해야 한다고 생각하는 건 아니지. 지금 그런 거야?"

"아니." 지니가 말했다. "그건 진짜 우스꽝스런 짓이야. 그저 나는 사실이 드러났을 때 언니가 너무 과도하게 신경 쓰지 않았으면 해. 언니 스스로를 모욕하는 것처럼 보이거든. 게다가 그러면 언니가 우리 모두를 위해 뭔가 할 수 있는 좋은 기회를 놓치게 되잖아. 똑같이 혼합된 피를 가지고 있지만 언니는 우리랑 다르게 보이니까."

"오, 너나 매슈 헨슨이 가지고 있을 법한 철학 같구나. 자, 현실을 봐, 지니. 결국 나는 백인이면서 니그로야, 그리고 백인처럼 생겼지. 내가 가장 큰 행복과 번영과 존경을 누릴 수 있는 한쪽을 선택하면 왜 안 되는 거지?"

"세상에 안 될 이유야 없지, 한 가지만 빼면. 이 나라에서는 흑인 피가 섞이는 걸 대부분 부정적으로 보니까, 외형적으로라도 언니가 흑인 피가 섞인 사람들 쪽에 서서 '여길 봐요. 흑인과 백인이 섞인다는 게 진정 무엇을 의미하는지 나를 보세요!'라고 말하는 건 대단히 가치 있는 일로 보일 거야."

안젤라는 말이 없었다. 지니는 이 문제 앞에 돌연 매우 어린, 거의 아이가 된 것처럼 느끼며 방 안을 돌아다니다 안젤라 옆에서 멈췄다.

"진짜 원하는 게 뭐야, 언니? 언니 넌 분명 무슨 계획이 있어."

있었다. 집을 팔고 그 대금을 나누는 게 안젤라의 생각이었다. 그녀의 몫과 보험금 절반을 가지고 뉴욕이나 시카고, 아무도 그녀를 모르는 곳으로 가서 새로이 출발할 것이다, '보다 자유롭고, 보다 풍성한 인생으로.'

"그래서 나를 떠나겠다고!"

지니가 경악하며 말했다. 여하튼 지니는 그 둘이 실제 헤어질 거라는 생각을 해 본 적이 없었다. 자신이 무엇을 상상했었는지는 확실하지 않지만, 이건 분명 아니었다. 지니의 볼 위로 눈물이 흘러내렸다.

안젤라는 자신의 고통도, 다른 사람들의 고통을 보는 것도 참을 수가 없었다. 극도로 눈물을 싫어했다.

"바보같이 왜 그래, 지니! 너랑 같이 있으면 어떻게 내가 살고 싶은 대로 살 수 있겠니. 우리는 계속 사랑할 거고 가끔 서로 만날 거야. 그렇지만 현실을 직시해야 해. 미술학교의 몇몇 여자애들이 나를 집으로 초대하곤 했어. 그건 내가 기회를, 보다 넓은 가능성을 가질 수 있었다는 뜻이야. 그렇지만 한번도 수락하지 않았어. 나는 답례로 그들을 초대할 수 없으니까."

그 말에 지니는 약간 인상을 찌푸렸지만 활기차게 말했다.

"그 말을 듣고 나니, 사랑하는 언니야, 진짜 네 혈관에는 나보다 더 많은 백인 피가 흐르고 있다는 생각이 들기 시작한다. 그 여분의 피 때문에 언니 네가 그런 소릴 할 수 있겠지."

지니가 자기 방으로 되돌아갔다. 헤티 다니얼즈가 아침이 준비되었다고 알려 왔을 때, 지니는 머리가 아파 침대에 더 머물러야 했다.

* * * *

다음 몇 주간의 기억은 어머니가 스스로 죽음에 굴복한 서글픈 기억과 더불어 오랜 세월 동안 지니의 마음에 남았다. 한편 안젤라는 행복과 기대로 전율을 느낄 정도였다. 그녀의 상황이 저절로 정리되는 것이, 마치 마술 같았다. 안젤라는 3000달러를 받고, 지니가 집의 단독 소유주가 되기로 했다. 주니어스는 그보다 훨씬 덜 지불했지만, 의심할 여지 없이 집의 가치가 상승했다.

"본인을 위해 꽤 괜찮은 투자요, 지니 양."

할로웰 씨는 무뚝뚝이 말했다. 그는 전심으로 약식 분할을 반대했었다. 만약 그가 그 이유에 대해 조금이라도 알았다면 더욱 철저히, 드러내 놓고 반대했을 것이다. 그렇지만 자매는 아무에게도, 심지어 할로웰 씨에게도 자신들의 계획을 말하지 않았다.

"자매간의 불화? 아마 그걸 거야." 할로웰은 아내에게 소견을 밝혔다. "나는 유색인들이, 그러니까 친척 간에 적은 자산이라도 진득하니 공동으로 소유하는 꼴을 못 봤어."

부활절이 저물어 가며 도시에 마력을 걸고 있었다. 재래식 맞춤 정장을 깔끔히 차려입은, 무척 우아해 보이는 안젤라는 그 작은 집 다이닝룸에 서서 택시를 기다렸다. 안젤라는 뒤에 놓인 다리를 불살랐다. 학교를 사직하고, 아카데미와의 관계를 끊고, 그녀가 먼 외사촌을 무기한 방문하러 서부로 간다는 말이 나돌도록 내버려 두었다. 정작 안젤라는 뉴욕으로 갈 작정이었다. 그녀가 가는 경로를 잘 숨겼다고 생각했다. 어떤 친구도 그녀가 떠나는 걸 보지 못할 것이다. 실지로 안젤라가 정확히 언제 출발하는지 아무도 몰랐다. 안젤라는 노스 필라델피아 정류장에서 출발할 예정이었다. 중앙 터미널에서 일하는 일꾼들은 — 그중에는 그녀 집에 다녀간 사내들의 친구가 있을 수도 있다 — 안젤라의 출발을 모를 것이다. 흔히 유색인들은 집

단의식에 휘둘린다. 만약 안젤라와 안면 있는 누군가가 그럴지라도, 그녀가 가는 곳을 말하지 못할 것이다. 지니는 이 말을 듣기 전까지는 정류장에 동행할 생각이었다. 하지만 안젤라의 경계 조처로 두말없이 그 생각을 폐기했다. 지니가 배웅을 나가기 힘들 것 같다고 얘기하자 안젤라는 별말 하지 않았다. 뭐라 표현할 수 없는 강철 같은 완고함이 그들 사이에 파고들고 있었다.

밖에서 택시가 덜거덩거리며 콧방귀를 뀌고 있을 때, 안젤라는 갑자기 호흡이 목까지 차오르고 눈이 욱신거렸다. 거침없이 눈물을 쏟고 있는 동생을 두 팔로 꼭 안으며 안젤라는 말했다.

"자, 지니, 울 이유가 없어. 너는 곧 뉴욕에 올 거잖아. 내가 정신을 차리기도 전에 네가 나한테 다가와서 이럴 걸. '실례합니다! 헨리에타 존스 부인 아니신가요?'"

지니는 웃어 보이려고 했다.

"그러면 언니는 이러겠지. '정말로 나를 아시나요?' 오, 안젤라, 가지 마!"

안젤라는 계단을 뛰어 내려가 기분 좋게 슬쩍 뒤를 돌아보았다. 그러나 동생은 이미 문을 닫았다.

시장

1장

5번길은 협곡이다. 우뚝 솟은 빌딩들은 그 좁은 공간을 바삐 가는 사람들의 가치를 왜소하게 만든다. 그러나 14번가는 강이다. 폭넓은 가슴으로 무심히 흐르고, 그 물길은 기묘하고 교활한 술수로 덮여 있다. 안젤라에게 그 유명한 거리는 단지 하나의 삶의 현장 같았다. 하지만 14번가는 삶의 랑데부 자체였다. 뉴욕에 도착하고 처음 몇 주간 안젤라는 그곳에서 다닥다닥 붙어 있는 가게들과 허둥지둥 밀치고 지나가는 사람들을 쳐다보았다. 무엇보다도 얼굴에 근심, 궁지, 명랑, 욕심, 기쁨, 야망, 만족을 드러낸 사람들을 응시하며 어슬어슬 돌아다녔다. 사실 만족스런 표정을 짓는 사람은 거의 없었다. 강도 면에서 이곳 남자와 여자들은 안젤라가 필라델피아에서 보았던 사람들보다 더 강했다. 안젤라가 보았던 두어 명의 유색인조차도 달라 보였다. 그들은 자가용을 소유했고, 태도에는 결단과 확신이 있었다. 안젤라는 그들을 보며 기분이 좋았다. 하지만 백인이든 흑인이든, 안젤라가 이제껏 봐 왔던 사람들보다 행복해 보이는 사람은 찾을 수 없었다.

그럼에도 안젤라는 행복했다. 안젤라는 결코 시들지도, 깨지지도, 지치지도 않는, 진정한 흥분과 만족의 파도 물마루 위에 살고 있었다. 제한이나 제약 없이 그녀만의 방식으로 세상을 보고 삶을 알아 가고 있었다. 안젤라는 젊고, 임시 독립적이고, 지적이고, 백인이었다. '자유로운, 백인, 그리고 스물한 살'이라는 표현이 생각났다. 세상을 다 가진 듯한 느낌, 다른 것들은 동등하니 이제 모든 것이 가능하다는 깨달음, 그때는 그런 기분이었다. "만약 내가 남자라면," 안젤라가 말했다. "대통령이 될 수도 있어." 그러고는 혼자 웃었다. '만약'이라는 말 자체로 한계를 인정하는 것이었다. 그러나 그 모순에 거의 신경 쓰지 않았다. 안젤라는 남자가 되고 싶지 않았다. 권력, 위대함, 권위, 이런 것들은 남자에게 어울리고 적합했다. 하지만 여자에게는 보다 감미롭고 아름다운 재능이 있고, 이 또한 일종의 권력이었다. 신비와 희망이 가득 찬, 반짝이는 새로운 세상에서 안젤라는 그런 권력을 행사하고 싶었다. 할 수만 있다면 안젤라는 살롱을 열고 싶었다. 굳이 위대하지는 않아도 생각과 태도에서 진솔하고 생동감 있고 자유분방한 남자나 여자들이 와서, 안젤라의 공감과 자성에 이끌려 그들 자신을 쏟아 내는 드로잉-룸. 그것을 이루기 위해 안젤라는 돈과 영향력이 있어야 했다. 아직은 너무 어려서 그녀를 보호해 줄 사람도 필요할 것이다. 어쩌면 백인 남자와 결혼하는 게…… 좋을지도. 뜬금없이 이런 생각이 들었다. 전에는 이런 가능성에 대해 생각해 본 적이 없었다. 그럴 작정이라면, 확실히 해야 한다. 그러면 열렬히 갈망해 왔던 인생의 모든 풍요함과 충만함을 갑절로 가질 수 있을 것이다. 남자는 여자보다, 유색인 남자는 유색인 여자보다, 백인 남자는 백인 여자보다 더 좋은 시절을 보낸다는 걸 안젤라는 알았다. 딱히 그들을 부러워하는 건 아니었다. 단지 그녀가 오랫동안 선망해 왔던 그리고 지금 그녀의 손 위에 놓인 자유, 자립과 더불어, 권력과 보장을 손에 넣는 건 대단한 즐거움이 될 것이다.

그러나 안젤라는 이런 목표에 이르는 길을 전혀 몰라, 혼자 웃었다. 뉴욕에는 아는 사람이 없었다. 그녀가 원하는 유형의 사람들과 사귈 수 있는 방법이 없었다. 현재 그녀는 유니언 스퀘어 호텔의 가장 작은 방, 네 개의 벽으로 구성된 집에 살고 있었다. 애스터 호텔에서 비싼 스물네 시간을 보내고, 도착한 다음 날 그곳으로 옮겼다. 나중에 훨씬 저렴한 주거지가 있다는 걸 알았지만, 14번가를 벗어날 수는 없었다. 봄이었다. 스퀘어(광장)는 수 시간씩 꼼짝도 않고 벤치에 앉아 있는 닳아빠진 인간 표본들로 넘쳐 났다. 안젤라도 마찬가지로 거기에 있었다. 상쾌한 공기와 부드러운 햇볕으로 나무가 자라듯 그들의 옷에도 마술이 일어 싹을 틔울 것이라고 그들은 믿는 것 같았다. 나무는 변했지만, 그 옷이나 그 옷을 입고 있는 사람들은 변하지 않았다. 그들은 변함없이 고개를 푹 숙인 낙담한 주변인들이었다. '이게 바로 인생이야.' 안젤라는 생각했다. '이게 사람들이 사는 방식이지.' 그중 몇몇은 의아하게, 뭔가 헤아려 보듯 안젤라를 쳐다보았다. 이 여자는 어찌 이렇게 일찍부터 이 재수 없는 무리에 합류하게 되었을까 궁금해하는 듯했다. 하지만 안젤라는 그것을 눈치채지 못했다.

'멋진 그림이 되겠는데!' 안젤라는 생각했다. '언젠가 이 사람들을 멋지게 화폭에 담아 〈14번가의 유형들〉이라고 이름 지어야겠다.' 그러자 문득 커다란 서글픔이 몰려왔다. 삶의 모험, 쾌락에 관한 한 그녀보다 더 활동적이고 민감한 사람이 있을까. 그렇지만 그녀도 그저 하나의 '유형'일 것이다. 안젤라는 그것을 인정할 수가 없었다. 한때는 타협하지 않을 정도로 마음가짐이 확고하고 목표 지향적이었다. 그러나 요즘 생활은 너무 치열하고 경직되어 있었다. 예전처럼 살고 싶은 욕망이 가득했다. 튼튼한 갑옷을 입은 것처럼 만족하며 산다면 그녀와 비슷한 처지의 다른 구경꾼이 감히 편견의 칼끝을 그 갑옷에 박기는 어려울 것이다. 안젤라는 마음이 이끄는 대로 거리를 따라 계속 이곳저곳을 구경했다. 스퀘어를 돌아보다 종종 멈춰 섰다. 그 길에 있는 피아노 가게도 그냥 지나치지 않았다. 평소처럼 자동 피아노가 연주되고 있었다. 전면 유리가 철거되어 그 선율이 더욱 선명했다. 몇몇 사람들은 분명 바빠 보였지만 차분하게 가만히 서서 듣고 있었다. 대부분 남자들이었다. 안젤라가 보기에, 남자들은 여자들보다 감정을 숨기는 데 약했다. 그래서 쉽게 감정의 흐름을 따라갔다. 그들은 재즈를 들으며 미소 짓고 있었지만 거기에는 일종의 갈급함이 있었다. 지금 분위기에 한껏 젖었을 때, 바로 지금, 춤을 출 시간이 있다면! 안젤라는 이 추레한 행인들과 지친 상인들, 멍하게 서 있는 심부름하는 남자애를 보며 연민을 느꼈다. 일종의 우월감에서 비롯된 연민이었다. 그녀가 그런 분위기에 젖을 때면, 당연히 원하는 대로 했다. 특히 애절하게 편곡된 발라드의 사랑 노래가 나오자 그 무심한 사람들의 얼굴에는 고달픈 후회가 어렸다. 그중에는 안젤라가 약간 이해할 수 있는 표정도 하나 있었다. 이 표정은 보통 아일랜드와 스코틀랜드의 옛 음악이 연주될 때 그 청취자들의 얼굴 위를 떠돌아다녔다.* 그들은 더욱 민감하게 관심을 보이며 눈빛이 심원한 곳의 내부로 향하고 있었다. 생각에 잠겨 지나가던 행인은 관심을 보이다, 이내 걸음걸이와 표정이 그 주술에 걸려들었다. 청취자들은 족히 열다섯 명은 되어 보였다. 하지만 그 순간 그들은 하나같이, 거의 전우주적인 향수에 빠져 있었다. 다음 곡이 재즈였다면 그 사람들은 그대로 사색에 잠겨 흩어졌을 것이다. 그들이 기억하는 것이 축복인지 저주인지는 하늘만이 알겠지만, 그 기억은 귀에 거슬리는 최신 팝송의 징징거리는 소리에 단절되어서는 안 되는 것이었다.

"향수." 안젤라는 혼자 말하곤 했다. 그게 정확히 무엇인지 알 수 없었지만 그녀 또한 그것을 느끼곤 했다. 분명 필라델피아는 아니었다. 지금은 너무나 동떨어져 보이는 그 다른 삶도 아니었다. 안젤라는 훗날 이 '유형들'에 대한 그림을 그리겠노라고 스케치북에 메모를 남겼다.

* * * *

안젤라는 은연중에 나태해지고 있었지만 별로 개의치 않았다. 매일 끊임없이 신선한 감동으로 충격을 받고 있었다. 인생이 어떻게 변할지 감을 잡을 수 없었다. 당장은 나태의 손에 자신을 맡기는 게 지혜롭고 재밌어 보였다. 그리고 무슨 일이 일어날지 두고 볼 참이었다. 자주 극장에 갔지만 마음에 이해하기 어려운 변화가 일어서 그런

* 20세기 초에 아일랜드와 스코틀랜드에서 미국으로 이민 온 사람이 많았다.

건 아니었다. 극장에서는 많은 일들이 일어났다. 한때는 그 암울한 영웅, 여걸 들에 대해 회의적이었다. 그 잘난 회의론을 없애려고 신경을 곤두세우며 스크린에 뚫어져라 집중했다. 삶이 그녀를 어디로 이끄는지 전혀 알 수 없었다. 작년 이맘때는, 감히 인생이 지금처럼 자유롭고 풍만하고 또 희망적일 거라고는 기대하지 못했다. 꿈도 꾸지 못했다. 그러나 여기, 안젤라는 극작가가 상상할 수 있는 것과는 전혀 다른, 생生의 문 앞에 있었다. 그렇다. 안젤라는 '반대편으로 건너간' 수백, 수천 명의 백인 유색인들을 알고 있었다. 아직껏 그 모험이 무엇을 의미하는지 아는 바 없지만, 그건 사실이었다. 그게 핵심이었다. 안젤라가 겪었던 시련과 필라델피아는 이미 아련히 멀어지고 있었다. 만약 이 사람들이 그녀가 누군지 안다면, 이 멋진 극장의 희미한 어둠 속에 앉은 그녀를 힐끔거리며, 그녀가 즐기는 자유와 해방의 기분을 못마땅하게 여길까? 안젤라는 궁금했다. 예를 들어 만약 바로 옆에 앉아 있는 여자에게 "나는 유색인이에요."라고 말한다면, 백인 미국인들이 이따금 취하는 심술궂은 태도를 보이며 옆에 앉기를 거절할까, 아니면 안내원을 불러 불만을 제기할까? 하지만 안젤라는 그렇게 공표할 생각이 없었다. 그렇게, 안젤라는 브로드웨이의 경이로운 주택들 사이에서 혹은 사랑스런 14번가의 어스레한 평범함 속에서 즐겁고 부담 없고 명랑한 시간들을 보냈다. 극장은 빌리지* 변두리의 7번길에도 있었다. 안젤라는 그곳에 자주 갔는데 연극

* 뉴욕시 맨해튼 남부의 그리니치빌리지를 의미함.

때문이라기보다는 관객들 때문이었다. 연극이야 어디든 별반 차이가 없었다. 관객들은 어딘지 모르게 친밀감이 느껴졌다. 그 안에는 더 친근한 모임들이 많았다. 그 회원들은 결의에 차 있으면서도 느긋해 보였다. 하지만 안젤라가 거기에 갔을 때는 외로움에 휩싸였다. 이 쾌활한 사람들을 약간이라도 알았으면 좋겠다고 생각했다.

* * * *

안젤라는 자신이 미술을 경시하고 있다는 생각이 들었다. '그것 때문에 모든 것을 끊고 뉴욕으로 왔는데…… 수업을 찾아봐야겠다.' 하지만 그것이 사실이 아님을 안젤라는 직감했다. 이내 진짜 이유가 마음의 표면 위로 솟구쳐 올라왔다. '그리고 어쩌면 누군가를 만날지도 모르지.'

쿠퍼 유니언에 있는 미술 강좌에 등록했다. 결국 이것이 진짜 모험의 시작이 되리라고 느꼈다. 여기서 아는 사람을 만들어야 하고 그중 하나가, 혹은 여럿이, 그녀의 삶에 어떤 영향을 미쳐야만 한다. 어쩌면 방향을 완전히 바꿀 수도 있다. 처음으로 안젤라는 새로운 배경 앞에 설 것이고 사람들을 만나게 될 것이다. 배경이 없다고 하는 편이 낫겠다. 오후 첫 수업에 들어가면서 안젤라는 배에 무임 승선한 소년보다도 더 큰 설렘으로 그 미지의 세계에 발을 내딛었다. 교실에는 다섯 명이 있었다. 그들은 착실히 작업을 하면서도 무척 산만하게 떠들고 있었다. 그중 한 명이, 강사가, 그 모임 중앙에 있는 자리에 앉으라고 손짓을 했다. 안젤라는 이젤을 설치하고, 재료들을 정리하면서 주변을 흘긋흘긋 유심히 살폈다. 처음으로 자신이 그간 얼마나 외로웠는지를 깨달았다. 안젤라는 스스로도 놀랄 만큼 긍정적으로 생각했다. '한 주가 가기 전에 나도 이들과 수다를 떨겠지. 이 중 하나랑 점심도 같이 먹고 차도 마실 거야.' 안젤라는 더 잘 보이게 자세를 고쳐 잡았다. 바로 옆에 앉아 있던 커다란 황갈색 뭉치 머리의 젊은 여자가 맑게 웃으며 푸르스름한 쥐색 눈으로 안젤라를 슬쩍 보더니 고개를 끄덕였다. "내가 막고 있어요?" 그녀는 머리와 눈을 빼면 특별한 게 없었다. 약간 떨어진 곳에는 평균 키와 체격의 유색인 여자가 앉아 있었다. 그 여자는 무척 검고 깨끗하고 소극적이었다. 안젤라는 마음속 깊은 곳의 은밀한 경험에 근거하여 그녀를 훑어보았다. 그녀가 동료들로부터 끊임없이 움츠러드는 게 보였다. 분명 세련되어 보였으나 내성적인 면이 더 강해 보였다. 누군가 부탁하면 지우개나 다른 물품을 전달해 주고 되돌려 받았지만 그녀가 직접 무엇을 빌리거나 대화를 시작하지는 않았다. 모난 머리는 부자연스럽게 뻗히고, 부자연스럽게 윤이 나는 덩어리가 되어 덮여 있었다. 다소 보기 흉한 아름다움을 자아내고 있었다. 그녀의 생김새가 사실은 보기 좋은데 부드러운 밤 같은 피부에 흐려지고 둔감해져 그런 것인지 아니면 정말 그 피부색 깊숙한 곳에 빠져 그 속에서 헤어나지 못하는 추함 때문인지는 안젤라는 말할 수 없었다. 그녀 뒤로는 두 명의 수강생이 있었다. 튀지 않게 그들을 볼 수 있는 최선의 방법이 있을까 고심했다.

누군가가 말했다.

"거기, 안녕! 새로 온 아가씨, 깔끔한 지우개 있을까요? 내가 가진 것들은 전부 상태가 안 좋아서."

자기에게 하는 말인지 아닌지 확신하지 못한 채 안젤라는 고개를 돌렸다. 푸른 눈을 가진 호리호리한 여자의 집중된 시선과 맞닥뜨렸다. 머리는 밤나무 빛깔이고, 뺨은 뜻밖에 신나는 일로 꽤 달아오른 듯이 보였다. 안젤라가 웃으며 지우개를 건넸다.

"깔끔할 거예요. 새 거니까."

"그래, 아주 좋아요. 고마워요. 다시 방해하지 않을게요. 난 폴렛 리스터예요. 당신은?"

"앙젤 모리."

안젤라는 뉴욕에 왔을 때 이름을 살짝 바꿨다. 아버지와 어머니를 배신하는 것 같은 느낌이 들어 완전히 바꿀 수는 없었다.

"모리." 폴렛 바로 뒤에서 작업을 하고 있는 청년이 말했다. "스페인 이름이죠. 혹시 스페인 사람?"

"아닐 걸요."

"어," 폴렛이 말했다. "이 친구 이름은 앤서니 크루즈…… 이름이 로맨틱하지 않아요? 근데 크로스로 바꿨대요. 미국인들이 '즈' 발음을 정확히 못한다나. 사람들이 과부의 크루즈(항아리)*라고 생각하는 게 싫었대요."

"그거 유치한 말장난인데." 크로스가 말했다. "내가 만든 이상, 내

---

* '과부의 항아리'는 「열왕기 상」 17장에 소개된 일화에서 유래되었다. 기근 중에 어느 과부가 마지막 식량을 털어 엘리야 선지자를 대접하자, 엘리야는 보답으로 과부의 항아리에 식량이 마르지 않는 기적을 베푼다.

가 설명할 기회를 주는 게 어때요, 리스터 양. 보잘것없어 보이지만 내 이름이니까 좋아해 주면 좋겠어요."

"복수하는 의미로 그녀를 블리스터* 양으로 소개하면 어때요?"

우스개 대화에 기분이 좋아진 안젤라가 물었다.

그때 몇몇 사람이 들어왔다. 알고 보니 안젤라가 30분 일찍 온 것이었다. 수업이 이제 시작되려는 참이었다. 안젤라는 새로 들어온 사람들을 슬쩍 보았다. 단연 보글거리는 곱슬머리와 진주 빛 피부의 예쁘장한 유대인 여자, 키가 큰 스칸디나비아인, 확실히 독일인처럼 보이는 독일인, 서너 명의 미국인. 그중 누구도, 레이첼 포웰이란 이름의 유색인 여자와 푸르스름한 쥐색 눈을 가진 마사 버든, 폴렛 리스터, 앤서니 크로스만큼 깊은 인상을 주지는 못했다.

안젤라의 예언은 현실이 되었다. 일주일이 다 가기 전 그녀는 그들 아무나하고 친하게 장난을 쳤다. 그러나 포웰 양만은 예외였다. 포웰은 자기 것을 빌려 주면서도 자기가 남에게 빌리는 경우는 없었고, 누군가 말을 걸 때만 말을 했다. 열흘째 되던 날 버든 양은 안젤라에게 "내가 가는 곳에 같이" 가서 점심을 먹자고 청했다.

* * * *

더없이 찬연한 오후였다. 안젤라는 할렘으로 향했다. 135번가에서 버스를 내려, 그 길을 따라 7번길에서 레녹스길**까지 걷고, 레녹

* '블리스터'에는 기분 나쁜 놈, 매춘부라는 뜻이 있다. 여기서는 '리스터'를 장난스럽게 부른 것이다.

** 레녹스길은 6번길의 다른 이름이다.

스길를 따라 147번가까지 올라갔다. 147번가를 타고 7번길로 가고, 7번길을 따라 139번가까지 내려갔다. 139번가를 걸어서 8번길로 가고, 8번길과 7번길을 왔다 갔다 하며 138번가, 137번가를 누볐다. 135번가에 닿았을 때는 8번길로 가, 거기서 고가철을 타고 그녀가 아는 뉴욕으로 돌아왔다.

그 커다란 도시 안의 또 다른 도시가 무척 인상적이었다. 할렘은 분주하고 활기차고 바쁘고 웃음이 넘치는 멋진 도시였다. 이렇게 혼잡하고 다양하고 완벽한 유색인의 삶을 본 적이 없었다. 더욱이 이 도시는 여느 주요 도시의 중요한 특징들을 조그맣게 재생산했다. 이곳의 삶도 당연히 다른 곳에서의 삶과 똑같을 것이라는 생각이 어렴풋이 들었다. 안젤라는 주변에 지나가는 흑색, 다갈색, 누런색, 백색의 얼굴들을 흘깃흘깃 유심히 보면서 이 사람들이 모두 하인, 아랫사람, 혹은 광대는 아니라는 것을 깨달았다. 안젤라는 5번길에서 보았던 사람들만큼이나 세련되게 갈색과 빨간색만으로 완전히 차려입은 멋진 여성을 보았다. 어떤 남자의 예리하고 품위 있는 얼굴은 그녀의 기억 속에 저절로 새겨졌다. 어쩌면 전문직 남성의 얼굴일 수도 있고, 예술가일 수도 있다. 분명하지는 않았다. 물론 뮤지션일 수도 있다. 그러나 그녀와 비슷한 수준의 예술가는 아닐 것이다. 그렇다면 그가 어떻게 생계를 유지하겠는가? 아, 여기에 큰 차이가 있었다. 물질적 측면, 실용적 측면에서 보면 두 세계가 유사했지만, 생산의 측면, 궁극적으로 표출되는 측면에서 보자면 이쪽 세계는 풍족하지 못했다. 이 사람들에게는 생활을 유지하면서 즐길 만한 여유나 방법이 없었다. 바로 이런 것들이, 이를 즐길 수 있는 자유와 더불어, 안젤라가 갈망하던 것들이었다. 아니, 필라델피아 오팔가와 제퍼슨가의 관점에서 보는 인생과, 그와 똑같은 인생이지만 뉴욕 135번가와 7번길의 관점에서 보는 인생이, 당혹스러울 만큼 다를 수 있다는 것을 안젤라는 이제야 깨달았다. 그러나 자신의 선택을 후회하지 않았다.

분명 이 삶이 흐르는 줄기에는 오싹할 정도로 매우 끌리는 무언가가 있었다. 그것은 그녀의 새 친구들이 존재감을 느끼는 안전하고 고매한 생활양식보다 더 복잡하고 팽창된 것처럼 보였다. 14번가의 급류보다 더 깊고 세차게 움직였다. 의심할 여지 없이 이 사람들은 다른 이들보다 더 고통받을 수 있고, 마찬가지로 그들 나름대로 더 누릴 수도 있었다. 안젤라는 이미 멀리 떨어져 그들을 객관적으로 관찰했다. 그녀는 본래 거리를 두는 성품이 있었지만, 더불어 새로운 환경에서 오는 거리감도 있었다. 레녹스길에서 억척같이 움직이는 무리들을 보았다. 137번가, 135번가와 만나는 7번길에 멋들어지게 쪽 빼입은 잘생긴 젊은 남자들의 여러 무리들. 그들의 복장과 매너에서 풍기는 놀라운 국제적 감각은 시골에서 올라온 고객들과 섞였다. 그들은 조롱하고 홍정하고 비웃고 험담했다. 아래쪽 다운타운 어디에서도 이런 삶의 모습을 본 적이 없었다. 오, 이 모든 것은 충만하고 풍성했다. 벨벳과 실크의 품질 차이처럼, 세련되지는 않았지만 풍성했다. 할렘은 대단한 도시였다. 그러나 그곳은 어차피 도시 안의 도시였다. 안젤라는 덜거덕거리는 'L' 기차 밖으로 마지막 광경을 눈여

겨보며, 이 어둡고 빽빽한 천막집들 밖의 구역에 거주하는 사람들과 운명을 같이하게 되어 기뻤다.

2장

"어디 사니?" 폴렛이 물었다. "학교에 안 올 때 말이야?"

폴렛이 묻자 안젤라는 얼굴이 붉어졌다.

"호텔? 유니언 스퀘어? 얘, 너 백만장자니? 어디 출신이야? 집의 즐거움이란 게 있잖아. 관심 없어? 크로스 씨, 가까이 와 봐요. 이 가여운 애는 호텔에서 캄캄하게 산대요. 그 가격이면 빌리지에서 최소 방 두 개짜리는 얻을 수 있을 텐데."

앤서니 크로스 씨는 가까이 다가왔지만 아무 말 하지 않았다. 안젤라는 그가 정말 무척 신중한, 애수에 잠긴 젊은이라고 생각했다. 안젤라를 처음 만났을 때 했던 말장난은 더 이상 하지 않았다.

안젤라는 어디로 가야 할지 몰랐다고 설명했다.

"가끔 이사를 고민해 보았어. 물론 내는 돈에 비하면 별 볼 일 없지……. 내 방은 가장 작은 방이야."

폴렛이 눈을 크게 떴다. 옆에서 보고 있던 사람에게는 갑자기 눈앞에 파란 하늘이 펼쳐지는 효과가 나타났다. 폴렛의 볼에는 타는 듯한 색조가 어렸다. 폴렛은 아름답고 심히 매혹적인 소녀, 아니 여성이었다. 안젤라는 나이를 몰랐기 때문에 폴렛이 어느 쪽에 속한지 알 수 없었다. 그러나 폴렛의 매력은 외모 때문이 아니었다. 적어도 그것이 원천은 아니었다. 오히려 그건 태도에서 나온 결과였다. 폴렛은 대단히 활달하고 진지했다. 관심이 가는 일에는 호기심이 많았다. 자신이 기대하는 목적을 이루기 위해서는 모든 감각, 모든 감정을 활용했다. 게다가 아이의 순박함이 있었다. 또 미지의 힘이 있었다. 그 힘은 오히려 부서질 것 같은 연약한 외모, 시선에 깃든 신뢰감, 태도에 배인 선명한 진솔함과는 미묘하게 차이가 났다. 스케치를 할 때면 앤서니는 보통 폴렛 쪽에 있었다. 그가 틀림없이 폴렛과 사랑에 빠졌을 거라고 안젤라는 아무렇게나 생각했다. 그러나 그 둘 사이에는 딱히 특별한 감정이 없다는 걸 나중에 알게 되었다. 앤서니는 조신하게 친절을 베풀며 우정 어린 존중을 보이고, 폴렛은 별 생각 없이 아량을 베푼 것뿐이었다.

폴렛은 안젤라에게 알맞은 아파트를 찾아 주고 싶었고, 그 바람과 열정에는 어떤 느슨한 구석도 보이지 않았다. 폴렛은 "우리 집에서 너무 가깝지도 않고 너무 멀지도 않은" 곳이어야 한다고 솔직하게 명시했다. 그러나 폴렛이 원하는 건 그것뿐이었다. 안젤라는 폴렛이 아파트를 같이 쓰자고 우기면 어떻게 거절할까 걱정하고 있던 참이었다. 안젤라는 철저한 이기주의자의 마음으로 고독을 동경했다.

폴렛은 뱅크가에 살았다. 폴렛은 새 친구를 위해 제인가에서 '오리 아파트'를 찾았다. "그냥 오리야. 다른 말로는 표현할 수가 없어." 방 두 개, 욕실과 작은 주방. 그리고 골목으로 통하는 조그만 발코니가 있었다. 그것은 안젤라가 감당할 수 있는 것 이상이었지만, 일들이 쉽게 풀려 가는 것을 보면서 다소 건방진 자신감이 생겼다. 음식을 직접 만들어 먹으며 돈을 아낄 계획이었다. 아파트에는 이미 가구가 있었고, 전에 살던 사람은 2년 이상 런던에 머물 예정이었다.

"2년." 안젤라가 신이 나서 말했다. "그 시간이면 나한테는 세상의 어떤 일도 일어날 수 있어. 아, 무슨 일이 생길까, 나는 어떻게 될까!"

안젤라는 소유품을 보잘것없는 새 저장소로 옮길 준비를 했다. 앤서니가 꽤나 쑥스러워하며 돕겠다고 제안했다. 짐작컨대 폴렛이 그를 부추겼을 것이다. 비가 내렸다. 종국에는 박스 몇 개였다. 택시가 흔치 않았지만 앤서니는 기어코 택시를 잡아 의기양양하게 기사와 함께 타고 왔다. 마침내 몇 권의 책들이 정리되고, 사진들이 걸렸다. 안젤라에게 좋은 생각이 하나 떠올랐다.

"당신이 이것들을 정리해 줄래요. 나는 당신이 이제껏 먹었던 것보다 훨씬 맛있는 저녁을 만들어 줄게요."

안젤라의 기억은 오팔가 월요일 저녁 식사의 추억들로 넘쳤다. 안젤라는 "짐을 나르는 마부에 걸맞은" 식사라고 앤서니를 놀리며, 집밥같이 든든한 요리를 대접했다. 콘비프 해시,* 구운 고구마, 옥수수 푸딩, 그리고 시간이 어찌 되었든 간에 머핀이 있었다.** 식사 후에는 앤서니가 설거지를 도와주지 못하게 했다. 그냥 거실 큰 의자에 앉아서 쉬라고 했다. 그동안 안젤라는 한 2미터 떨어진 주방에서 그에게 말하며 웃고 떠들었다. 앤서니는 거기에 앉아 담배를 피웠다. 얇실하고 어두운 그의 얼굴에서 서글픔과 긴장감이 점차 사라졌다. 여느 보통 젊은이처럼 앤서니는 웃고 장난을 쳤다. 작별 인사를 할 때 앤서니는 한참 동안 말없이 안젤라를 응시했다. 더디고 침울한 시선

---

* 잘게 다진 소고기와 감자를 섞어서 만든 요리

** 머핀은 주로 아침 식사나 간식으로 먹는다.

이었다. 안젤라는 문을 닫고, 거울 앞에 서서 머리를 만지작거리며 웃었다.

"앤서니가 훨씬 잘생긴 건 말할 것도 없지. 그런데 그에게는 매슈 헨슨을 연상시키는 뭔가가 있어. 그렇지만 어림도 없다네, 젊은 친구야. 그는 스페인계이고, 내가 보기엔 자존심이 센 것 같아. 그가 진실을 알면 뭐라 말할까?"

* * * *

안젤라는 폴렛의 집에서 저녁을 먹기로 되어 있었다.

"그냥 우리 둘." 폴렛은 간단히 말했다. "물론 남자들을 떼거리로 초대할 수도 있지. 그런데 우리가 서로 더 알아 가는 것도 재미있을 것 같아."

안젤라는 만족했다. 폴렛이 무척 좋았다. 폴렛은 관대하고 능력이 있었다. 그리고 아직 남자를 사귀고 싶어 하지 않았다. 자기가 함께 살아가는 사람들에 대해 조금 더 알기를 원했다. 앤서니 크로스는 꽤나 붙임성이 있었지만, 그가 진짜 자기 타입인지 폴렛은 확신하지 못했다. 앤서니에게는 미묘한 서글픔과 당당하지 못하고 뒤로 물러서려는 경향이 약간 있었다. 폴렛의 반대에도 불구하고, 안젤라가 도착했을 때는 어스름한 넓은 거실에 청년 세 명이 서 있었다.

"그렇지만 너희들은 지금 바로 가야 해." 폴렛은 웃으며 말했지만 단호했다. "내 친구가 여기 왔잖아……. 예쁘지 않니? 너희들한테 방해받지 않고 할 얘기들이 많단다."

"폴렛은 잔인한 구석이 있어."

셋 중 하나가 말했다. 못생긴 예민한 얼굴의 작고 땅딸막한 친구였다.

"훌륭한 네로 황제가 되었을 거야. …… 어쨌든 조금 기다려서 당신을 보게 되니 반가워요. 폴렛이 당신을 꽁꽁 숨겨 놓게 가만있지는 마세요."

다른 남자가 정중히 소견을 밝혔다. 어두운 방 안쪽에 서 있던 이는 아무 말 하지 않았다. 하지만 안젤라는, 키가 크고 금발이고 오로지 그녀만을 바라보던 파란 두 눈의 인상을 포착했다. 안젤라는 불편한 감정을 드러냈다.

"봐, 네가 앙젤을 쑥스럽게 만들었잖아." 폴렛이 나무라듯 말했다. "귀찮게 이들을 소개하지는 않을 거야, 앙젤. 또 금방 만나게 될 테니까."

남자들은 빈정거리고 항의하며 줄지어 나갔다. 마뜩치 않은 주인은 어설프게 넋두리를 하며 문을 닫았다.

"남자들이란," 폴렛이 거리낌 없이 혼잣말했다. "그들이 우리 없이는 살지 못하는 것처럼 당연히 우리도 그들 없이는 살기 어렵지. 그래도 난 남자들이 지겨워. 하나같이 거의 짐승들이지. 나는 하루라도 좋은 여자 친구랑 시간을 보내고 싶어." 폴렛은 큰 한숨을 내쉬었다. "그런데 우리 집에는 늘 남자들이 넘치지. 갈비 스테이크는 살짝 익힐까, 잘 익힐까? 난 숯처럼 태운 게 좋은데." 안젤라도 잘 익힌 걸 선호했다. "여기서 둘러보고 있어. 난 너를 재밌게 해 줄 게 있는지 보고 올게."

폴렛은 앞치마를 움켜쥐고 그녀가 부엌이라 부르는 작고 어두운 은둔처로 사라졌다.

아파트는 뱅크가 주택의 전소 층으로 이루어져 있었다. 실내가 어둡고, 현관문이 열리는 소리와 거리의 소음이 끊임없이 들렸다.

"그래도 넌 밤늦게 들어올 때 지랄 같은 계단은 없잖아."

폴렛이 반박했다. 앞쪽 방이 침실이라고 안젤라는 추측했다. 단지 화장대와 검정인지 자주인지 모를 벨벳으로 씌운 50센티 정도 높이의 넓고 반반한 긴 의자가 보여 그렇게 추측한 것이었다. 화장대는 마호가니로 만든 고급스런 것이었지만, 의자는 부엌 기자재나 잡지에서 보면 커다란 포장 박스로 만들었다고 하는 그런 유와 별반 다르지 않았다. 작은 테이블이 있는 거실도 역시 특이한 것들이 군데군데 있었다. 자기 그릇은 괜찮고 우아하기까지 했다. 그러나 유리잔들은 두꺼웠고, 은 식기류는 도금이 벗겨지기 시작했다. 반면 그림들은 범상치 않았다. 전형적인 것은 하나도 없었다. 안젤라는 그보다 브뢰겔의 〈농부의 결혼식〉 복제본과 베르니니의 머리, 작가를 모르는 두 에칭 화에 관심이 갔다. 책꽂이에는 베랑제와 비용의 시가 있는 종이 묶음 두 권과 낡고 조그만 검은색 하이네의 사본이 있었다. 그러나 다른 책들은 준엄하리만큼 지적이었다. 엘리, 쇼, 스트린드베리.

"손 씻을래?" 폴렛이 물었다. "저기 복도 아래 침실이 있어. 찾기 쉬워. 내가 좋아하는 로션이 있는데 써도 괜찮아. …… 거기 선반 위쪽에."

안젤라는 손을 씻고 로션을 찾다가 깜짝 놀라 눈이 휘둥그레졌다. 로션 옆에는 남자 면도용 컵과 칫솔, 면도기 세트가 놓여 있었다.

요리사는 "저녁이라고 하기에는 좀 그래."라며 겸손히 말했지만, 식사는 성공적이었다. 갈비 스테이크는 그을긴 했어도 부드러웠다. 시금치, 감자, 토마토, 상추를 섞은 샐러드와 롤빵, 커피, 치즈가 있었다. 투박한 음식에 안젤라는 조금도 놀라지 않았다. 여자보다는 남자 일꾼이 좋아할 만한 식사였다. 무엇보다도 폴렛은 요정 같은 여성이었다. "되게 피곤하네." 입에 한가득 채우고 고개를 들며 폴렛이 말했다. "배부르게 먹지 않으면, 아무튼 난 배고프면 성질이 나."

식사를 대하는 폴렛의 태도는 무척 남성적이면서도 외모는 완전 세심하게 여성스러워 안젤라는 웃음을 터트렸다. 그리고 자신이 왜 그리 재밌어 하는지 신이 나서 설명했다.

"기분 나쁘게 생각하지는 마." 안젤라가 말을 맺었다. "너는 누가 뭐래도 확실히 여성스러우니까. 너한테 남성적인 면이라고는 눈곱만큼도 없어."

뜻밖에 폴렛은 마지막 말에 거부감을 보였다.

"나한테는 남성적인 면이 많아. 난 여자가 그 여성성 때문에 원하는 걸 얻지 못하는 것은 바보짓이라고 생각해. 그래서 그것을 철학으로 삼았지. 원하는 것을 보면 난 그것을 손에 넣으려고 내가 여자라는 걸 엉큼하게 이용해. 그러고는 집요함이나 냉혹함과 같은 남자의 속성을 활용해 그것을 유지하지. 볼일이 끝나면 남자들이 하는 것처럼, 버리는 거야. 결과적으로 나는 후회도 없고 장애물도 없어."

테이블에는 개봉된 담배 한 갑이 놓여 있었다. 폴렛은 친구에게 권하는 몸짓을 했다. 안젤라는 거절하고 폴렛이 깊게 들이마시는 것을 보며 앉아 있었다. 여자가 자기 운명과 자아의 주인임을 자신하며 이보다 느긋한 것을 본 적이 없었다. 식사를 시작할 때 폴렛은 칵테일 두 잔을 따랐다. 즉시 자기 잔을 털어 버리고, 안젤라가 너무 기름 맛이 난다며 거의 마시지 않고 내려놓자 그것도 끝내 버렸다.

"그 남자들이랑 어울리다 보면 익숙해질 거야. 너도 우리랑 같이 마실 테니까."

폴렛은 사실 호기심이 없었지만 그렇다고 과묵하지도 않았다. 경험할 만한 일은 모두 겪었고, 프랑스, 독일, 스웨덴을 다녀왔다. 요즘에는 이탈리아 여행을 고려하고 있었다. 러시아에 갈 수도 있다. 친구인 잭 허드슨도 조만간 그곳에 갈 참이었다. 잭이 아니었다면 폴렛은 당장이라도 떠났을 것이다. 그녀는 잭과 막 사귀기 시작한 터라 기다리는 게 좋겠다고 생각했다. 외국 땅에서 누군가를 사귀는 건 달갑지가 않았다. 남자의 관용에 너무 의지하게 된다. 연애라는 건, 한번 해 볼 요량이라면, 자기 동네에서 하는 게 훨씬 낫다.

"연애?"

안젤라가 순간 헉 숨을 멈췄다.

"응…… 왜, 애인 있었던 적 없어?".

"애인?"

"맙소사, 앵무새야? 그래, 애인. 난 있어." 상당히 당혹스러워하는 상대방을 앞에 두고 폴렛이 머뭇거렸다. "적어도 한 명 이상이야. 정말이야."

"그럼 결혼할 생각은 없는 거야?"

"아, 아니 꼭 그런 뜻은 아니야. 하지만 젊을 때 네 자신을 꼭꼭 묶어 둘 필요가 있을까? 또 애인이 있으면 남자들이 항상 네 주변을 맴돌지 않을 거고. 너는 언제든지 떠날 수 있어, 아니면 그들이 떠날 거야. 네가 먼저 떠나는 게 상책이지. 자존심은 지켜야 하니까."

폴렛의 천진난만한 얼굴과 달콤한 고음, 마치 어린아이가 어른스럽게 조잘거리는 것 같았다. 하지만 폴렛에게는 진중함이 있어 보였다. 조금 뒤 폴렛은 그녀가 가진 책과 그림들, 똑같이 흥분을 억누르며 얘기한 다른 주제와 하는 일에 대해 말문을 텄다. 눈동자는 반짝거렸고, 볼은 홍조를 띠며 달아올랐다. 폴렛에게 모든 경험은 다양한 형태로 표출된 삶을 의미했다. 폴렛은 한 뉴욕 일간지 신문에 소개된 적도 있었다. 언론 홍보 일도 했었다. 지금은 패션 매거진에 삽화를 그렸다. 그녀의 다재다능함에는 끝이 없었다.

안젤라가 가야 한다고 말했다.

"다시 올 거지, 그치, 앙젤?" 폴렛의 목소리에는 소망이 깔려 있었다. "난 진짜 여자 친구가 있었으면 좋겠어. 여자가 진정 친구가 되면 의지할 수 있고, 그 대가로 뭘 기대하지 않을 테니까." 폴렛은 손님을 문으로 배웅했다. "우리 함께 즐거운 시간을 보낼 수 있을 거야. 잘 가, 앙젤."

폴렛은 아이처럼 키스해 달라고 얼굴을 내밀었다.

안젤라가 어두운 거리를 걸어 내려오면서 든 첫 번째 생각은, 폴렛이 그녀를 부르던 낯선 이름이었다. 안젤라는 앙젤이라는 이름으로 여러 번 서명했지만, 아직 아무도 그 이름을 사용하지 않았다. 그녀에게 익숙한 옛 질문이 떠올랐다. '폴렛이 알면 어떻게 생각할까.' 한 가지 분명한 것은, 폴렛이 그녀와 같은 처지라면 틀림없이 그녀처럼 행동했을 거라는 점이다. "폴렛은 자기가 원하는 것을 알아보고, 취했을 거야." 안젤라가 중얼거렸다. 그리고 폴렛이 털어놓은 여러 비밀에 대해 생각했다. 폴렛의 말이 너무 진솔하고 노골적이어서, '비밀'이라고 부르기에는 적합하지 않은 듯했다. 안젤라가 생각하기에, 폴렛은 분명 새로운 세상에서 새로운 사람들과 어울리고 있었다. 물론 안젤라가 아는 유색인 중에는 살면서 감시당하는 것을 참지 못하는 사람이 더러 있었다. 하지만 그런 일을 친구나 남에게 차분히 털어놓을 법한 사람은 떠오르지 않았다. 누군가 자신이 만든 원칙에 따라 철저히 행동하는 것은 어떤 기분일까 생각하며 안젤라는 제인가의 작고 어두운 현관으로 접어들었다. 늘 그렇듯 위층에 사는 유대인 여자는 복도 침침한 곳에 잘 안 보이게 서 있었고, 역시 늘 그렇듯 안젤라는 그것을 깨닫지 못하고 스위치를 찾아 불을 켰다. 애인에게 키스를 받으려고 얼굴을 위로 치켜올린 솔팅 양이 시야에 들어왔다.

3장

새 친구들과 함께 공부하고 관습과 전통에 관한 농담을 나누며 안젤라는 최고의 만족감을 느꼈다. 그때 교실 건너편에 품위 있게 절제된 태도를 갖춘 포웰 양이 눈에 들어왔다. 그것을 깨야겠다고 마음먹었다. 안젤라는 그 유색인 숙녀에게 수요일에 점심을 같이 먹자고 제안했고, 그 제안이 수락되어 기뻤다. 포웰 양을 지지한다거나 의리를 지키는 문제와 연관시키고 싶은 의도는 없었다. 그저 그녀에게 평범한 예의를 보이는 것이 좋겠다고 생각했다. 그들 학교에서는 일반적으로 이것이 자연스럽고 가능한 일이었다. 포웰 양은 보통 자동판매 식당이나 카페에서 먹는 것 같았다. 안젤라는 멋진 카페를 알고 있었다.

"약간 예술가 풍이에요. 근데 음식이 싸고 맛있어요."

애석하게도 수요일에 안젤라는 정오 전에 학교를 나와야만 했다. 그래서 포웰 양에게 그 작은 레스토랑에서 만나자고 말했다.

"들어가서 자리를 잡고 기다려요. 틀림없이 당신이 앉자마자 내가 바로 도착할 거니까."

안젤라는 결국 늦었다. 거기에다 포웰 양은 카페에 들어가지 않고 길 건너편에 서서 기다리고 있었다. 그걸 발견하고 안젤라는 당황했다. 빈자리가 없어서 주문하기 전까지 그들은 약 15분을 더 기다려야만 했다.

"도대체 왜 먼저 들어오지 않았어요?" 안젤라는 사소한 문제에 대해 성급히 물었다. "당신이 자리를 잡을 수 있었을 텐데."

포웰 양은 태연하게 대답했다.

"내가 혼자 들어오면 여기 사람들이 어떻게 대할지 몰라서요."

안젤라는 이해하지 못하는 척할 수 없었다.

"아, 여기 사람들은 괜찮았을 거예요."

안젤라는 자신의 어리석음에 얼굴을 붉히며 나직이 말했다. 그 두려움과 불안감을 얼마나 빨리 잊어버렸던가. 안젤라 자신은 그런 유의 어려움을 당한 적이 없었다. 그렇지만 버지니아와 다른 이들을 통해 너무나 잘 알고 있었다.

점심은 딱히 즐겁지가 않았다. 포웰 양은 진짜 재미가 없었든지 아니면 백인 앞에서 자신을 풀어놓지 않기로 작정한 듯했다. 어쩌면 오해를 살까 두려웠을 것이다. 그런 만남을 사회학적 조사를 위한 은밀한 접근으로 보았을 수도 있다. 포웰 양은 분명 그런 조사에 참여하지 않을 것이다. 안젤라는 포웰이 관심을 끌고 신뢰를 얻으려고 애쓰는 것을 느낄 수 있었지만 뚫을 수 없는 장벽이 있음을 깨닫고 물러났다. 안젤라는 폴렛과 마사 버든이 이미 스케치로 생계를 유지한다는 것을 알고 깜짝 놀랐다. 버든 양은 시시한 지역 명성을 뛰어넘은 풍자 만화가였다. 앤서니 크로스는 실제 돈벌이 미술가였지만, 훗날 초상화가로 인정받기를 바랐다. 안젤라는 포웰 양의 계획이 무엇인지 궁금해 물어 보았다. 이 젊은 숙녀에게는 은밀한 포부가 하나 있었다. 상금을 타거나 돈을 많이 벌어서 프랑스에 가고, 그 후로는, 포웰 양이 갑작스레 흥분하며 말했다. "누가 알겠어요." 이 목표를 위해 포웰은 쾌락이나 의복에 지출하지 않고, 열심히 일하고 절약하고 긁어모았다. 포웰의 작품은 괜찮은 편이었다. 분명 평균 이상이었다. 하지만 안젤라가 보기에, 그 평범한 소원이 그녀의 바람처럼 발전할 만큼 비범한 가능성이 있어 보이지는 않았다.

포웰 양은 안젤라의 생각을 읽은 듯했다. "그렇게 되면, 나에게도 미국을 보여 줄 수 있는 기회가 오겠죠. 우리 중 하나는 인정할 수 있는 미국. 우리에게는 단순한 존재 이상의 무언가가 있다는 것을요."

포웰은 점심에 답례하려고 하지 않았다. 그러나 하루는 아름다운 노란 수선화 한 다발을 보냈다. 그러고는 더 이상 우정을 쌓으려는 노력은 하지 않았다. 자부심이 강하고 예민한 사람의 심리에 밝은 사람이라면 그 이유를 쉽게 알 것이다. '당신은 나에게 무척 친절하시군요. 감사합니다. 하지만 당신에게 나를 떠맡길 순 없어요. 당신과 나는 길이 달라요.'

* * * *

안젤라는 이런 만남과 해석과 탐문들을 통해 인생을 만들어 가고 있었다. 흥미롭고 푹 빠지는, 그러면서도 위험과 불안 요소가 있는 인생. 안젤라는 목표가 없었다. 겨우 그녀의 능력으로 미술을 목표로 삼는다는 건 터무니없었다. 지금은 미술을 신중히 활용하고 있었다. 흥미로운 사람들을 접촉하고 더 관심이 가는 환경에 닿기 위해 은근히 미술을 이용했다. 그리고, 돈을 너무 빨리 쓰고 있었다.

뉴욕에 온 지 8개월이 되었는데 이미 1000달러를 썼다. 이 속도라면, 이 미천한 재산이 처음에는 전혀 마를 것 같지 않아 보였지만, 앞으로 2년도 버티지 못할 것이다. 기껏해야 18개월 더. 그러고는 직면해야만 한다…… 무엇을? 다시 가르치는 일? 절대 아니다. 가르치는 건 충분히 했다. 어쩌면 붓질로, 메뉴판이나 크리스마스카드, 생일 카드, 꽃, 새틴 침대 요에 피에로 남자와 여자를 그리는 것으로 생계를 유지해야 할 수도. 하지만 그렇게 살고 싶지는 않았다. 폴렛과 마사 버든에게는 전문 분야가 있었다. 하지만 안젤라는 확실히 잘할 수 있는 한 분야와 다른 사람의 작품에 근간을 제시할 수 있는 예리한 철학이 부족했다. 안젤라의 강점은 얼굴 표정 저변에 깔린 감정을 해석하고 그것을 선으로 재현하는 것에 있었다. 안젤라는 14번가의 '유형들'을 생각했다. 그건 그녀가 대단히 즐길 수 있는 유의 작업일 것이다. 지갑이 두툼하지만 외로운 남자, 사교계 여성의 우아한 공허, 매춘부의 미소 짓는 절망, 이 표정들을 묘사하는 것 또한 짜릿할 것이다. 머릿속에서라도 매춘부라는 끔찍한 낱말을 떠올리는 게 꺼림칙했다. 그렇지만 가래를 가래라고 부르는 것처럼, 솔직히 말하는 것뿐이라고 연이어 생각했다.

맞다. 안젤라는 크로스 씨를 본보기 삼아 초상화가가 될 수 있을 것이다. 그렇지만 그렇게 되고 싶지 않았다. 어쩔 수 없는 필연성 때문에 그녀의 촉각이 망가질 것이다. 더욱이 고객의 비위를 맞추려고 초조하게 아양을 떨고, 높은 사람인 양 생색내는 꼴을 받아 주고, 금전이 필요하기에 서둘러 주문을 받는 자리에 놓이는 상황이 싫었다.

반대로 사람들이 그녀를 찾아오고, 그녀가 일을 고르고 선택할 수 있는 환경이 되고, 기분 내키는 대로 변덕을 부리며 거절할 수 있기를 바랐다. '모리'가 그린 그림은 특별한 의미가 있다. 사람들은 말할 것이다. "내 초상화는 '모리'가 그리도록 할 거야." 이 모든 것은 위치, 권력, 부를 필요로 한다. 안젤라는 다시 혼자 말했다. "나는 백인 남자와 결혼해야지. 그런 것을 얻기 위해 가장 쉬운 방법은 결혼이니까. 그리고 백인 남자는 그것들을 가지고 있어." 그러나 그녀가 아는 백인 남자라고는 앤서니 크로스뿐이었다. 그는 결코 그런 능력이 없었다. 적어도 자의로 그것을 좇지는 않을 것이다. 아마도 아주 오랜 시간이 지나면 결국 그런 능력을 갖게 될 것이다. 현실과 싸워야 하는 수많은 나날들. 그에게는 단순한, 진심 어린 일관성이 있었다. 인생의 항로를 변경하는 일이 있더라도 그는 자기 자신만의 표현, 진실이 함유된 표현을 갈구할 것이다. 한편 안젤라는, 게으르고 무책임한 인생의 무상함과 싸구려 장신구를 위해 자기 재능을 포기할 것이다. 또 자신의 붓으로 역사를 써 내려가는 능력, 삶을 풀어나갈 수 있는 고결한 능력을 포기할 것이다. 그것을 알기에 안젤라는 자신이 부끄러웠다.

* * * *

마사 버든은 폴렛만큼이나 강인하고 단호한 사람이었다. 어쩌면 과묵이라는 커다란 재능이 있어서 더 강인했을지도 모른다. 안젤라는 폴렛이 끊임없이 반항하며 산다는 것을 알게 되었다. "사람들이 어떻게 생각하든 난 상관 안 해."가 폴렛의 모토였다. 폴렛은 기존

체제에 어느 정도 공개적으로 반대하느냐에 따라 그 사람에게 관심을 가졌다. 고집스럽게 행동하면서도, 동시에 상투적이고 보수적인 사람과의 우정에 집착했다. 그런 태도에 안젤라는 의아해했다. 하지만 마사 버든은 달랐다. 마사가 다른 사람에 대해 어떻게 생각하는지는 누구도 짐작할 수 없었다. 아마도 그녀는 다른 사람들이나 그들의 태도를 전혀 마음에 두지 않을 것이다. 마사는 차갑고 살짝 거리감이 있었다. 숱이 많은 황갈색 머리와 진회색 눈동자에서 오는 냉랭함과 거리감이었다. 진회색이나 황갈색에서는 온정을 느낄 수 없었다. 단지 깊고, 깊고, 또 깊을 뿐이었다. 그녀가 분노할 정도로 강하게 자극을 받거나 흥분하게 된다면 어떻게 될지 감을 잡을 수가 없었다. 그녀에게는 신과 같이 무자비한 무언가가 있었다. 그녀는 오랫동안 서서히 끈질기게 열정을 불사를 것이다. 비록 많은 남자들이 마사를 사모하겠지만 오직 한두 명만이 사랑받게 될 것이다. 그렇지만 일단 매력에 빠진 남자는 그녀를 위해 쉬이 목숨을 바치리라.

안젤라는 마사의 집이 좋았다. 그곳에는 집이라는 것을 보여 주는, 차분히 내려앉은 조명과 세련되고 부드러운 커튼, 심플한 우아함이 있었다. 마사의 남편인 라디슬라스 스타도 좋았다. 마사는 그가, 결혼을 망설이지 않았던 첫 번째 선택이었다고 거리낌 없이 밝혔다. 그들은 뚜렷한 성격 차를 가리는 데 실패한 설계 속에 용해되고 혼합된, 완강한 개인주의자들이었다. 빌리지의 그들 아파트는 넓고 깔끔하고 빛이 많이 들어왔다. 눈에 띄는 부의 흔적은 없었지만 편안함을 자아내는 데는 부족함이 없었다. 책꽂이는 다이닝룸과 거실에 흩어져 있었다. 『네이션』, 『머큐리』, 『크라이시스』* 그리고 흑인 잡지 하나가 안락의자의 널찍한 팔걸이에 놓여 은근히 흥미를 끌었다. 겨울에 가까운 늦가을이었지만 화분의 꽃들은 생생했다. 안젤라가 외투를 벗어 두려 들어갔던 침실은 고상하고 평온했다.

마사가 안젤라를 초대했던 작은 모임은 그 주인 부부처럼 개인주의 성향이 짙은 사람들로 구성되어 있었다. 그들은 모두 각 분야의 전문가들이었다. 대부분 이미 고도로 세분화된 활동이나 생업에서 분파된 분야에서 일했다. 마사는 여러 사람을 소개했다. 정신과 의사, 종군 기자 — 안젤라가 드러나게 존경의 눈빛을 보내자, "나는 당연히 전쟁이 있을 때만 기자죠."라고 그가 덧붙였다 — 극작가, 고문 변호사, 알아듣기 어려운 긴 러시아 이름을 가진, 눈에 띄게 잘생긴 백인 얼굴의 시인, 두 명의 홍보 담당관, 극장 매니저, 셰익스피어의 역할만 담당하는 여배우, 특수 아동 교사, 그리고 양심적 병역 거부자로 레번워스**에서 오랫동안 형을 살았던 의과 대학생. 그 대학생은 사회악에 반대해 격론을 벌이다 스스로 흥분해 빈번히 자기감정에 함몰되었다.

고도로 전문화된 관심 분야에도 불구하고 그들에게는 공통 관심사가 있었다. 그것은 러시아나 소비자협회, 그리고 가장 크게 관심을 끄는 곧 있을 대통령 선거 같은 토픽이었다. 웃음과 장난이 끊이질 않았지만 잘난 체하거나 야유하는 이는 없었다. 홍보 담당관 중

---

* 대중 잡지들

** 캔자스에 위치한 미국 연방 교도소

하나인 세실 부인은 의회에 계류 중인 법안에 대해 고문 변호사와 오랜 시간 대화를 이어갔다. 부인도 그 문제에 대해 변호사만큼이나 박식했고, 장시간 거의 신랄한 언쟁을 하며 자신의 의견을 내세웠다. 간식거리가 나와서야 부인은 말을 멈추었다.

논쟁이 끝나기 바로 전에 두 젊은이가 더 들어왔다. 안젤라는 그들이 무슨 일을 하는지 몰랐다. 게다가 특수 아동을 가르친다는 젊은 교사를 주의 깊게 보고 있었다. 교사는 유색인이었다. 아담하고 몸매가 예쁘고 멋스럽게 옷을 입었다. 청동색과 연한 빨강이 아름다운 조화를 이루고 있었다. '지니 같네.' 안젤라는 생각했다. 그녀의 외모에서 풍기는 온화함이 방 안의 사람들을 얼마나 무색하게 하는지 지켜보며 약간 놀랐다. 아니 오히려 그들을 압도하고 있었다. 버든 양의 금발 머리도 그녀 옆에서는 빛을 발하지 못했다. 그녀의 완벽함에 견줄 만한 것이라고는 클래식한 아름다움을 자아내는 러시아 시인의 외모뿐이었다. 그 남자는 그녀로부터 눈을 떼지 못하는 듯했다. 그녀가 필요로 하는 것을 곧바로 대령했고, 긴 정치 토론 중에도 몇 번이고 그녀 쪽으로 기대며 낮게 속삭였다. 흥미로운 논평임이 분명해 보였다. 그 숙녀는 의자 깊숙이 편히 앉아, 살짝 거리를 두어 객관성을 띠며 기분 좋게 그의 배려를 받아들였다. 그 객관성은 그 방 누구에게나 적용되었다. 그녀가 한 번 비교적 날카롭게 응시했던 안젤라에게도 마찬가지였다. 그녀의 태도에 나타난 거리감은 포웰 양의 예민한 기품과는 확연히 달랐다. 그녀는 전연 의식하지 않은 채 이 얼굴에서 저 얼굴로 그 온화한 검은 눈동자를 움직였다. 그녀가 이렇게 말하는 것 같았다. '당신은 정말 중요한 문제들, 출생과 사망 그리고 실로 힘든 일로부터 얼마나 멀리 떨어져 있는가!' 러시아 시인이 이것을 깨달았음에 틀림없었다. 안젤라는 그가 이내 앞쪽으로 기울이며 하는 말을 들었다.

"그대는 이 모든 것이 하찮은 일이라 생각하지, 그렇지?"

* * * *

마사는 손님들이 거의 다 갈 때까지 잠깐 기다리라고 안젤라에게 손짓을 했다. 그러고는 나중에 소개 없이 들어왔던 두 청년 중 하나를 데리고 왔다.

"여기는 로저 필딩이에요. 당신을 집에 데려다 줄 거야."

그 청년은 키가 크고 금발이었다. 짙푸른 눈동자에 미소를 머금고 말했다.

"걸을까요, 아니면 차를 탈까요? 약간 비가 와요."

안젤라는 걷는 게 좋겠다고 말했다.

"좋아요. 잠깐, 스타, 내가 빌려준 우산 줄래요?"

그들은 저물어 가는 얼얼한 늦가을 빗속으로 나갔다.

"의외였어요." 로저가 말했다. "거기 잘난 인사들 속에 당신이 있어서. 폴렛 집에서 만났을 때는 그렇게 안 봤거든요."

"우리가 전에 만났다고요? 난…… 미안, 근데 기억이 없어요."

"그래요, 당신이 기억할 거라고는 생각지 않아요. 그러니까, 꼭 만났다고 할 수는 없죠. 어느 날 당신이 폴렛 집에 온 것을 내가 본 거니까. 그래서 당신이 오늘 밤에 온다는 말을 듣고 나도 온 거예요.

다시 보고 싶어서. 그런데 뜻밖이었어요. 당신은 그 입만 살아 있는 사람들과는 달라요. 그들은 인생을 지독히 신중하게 생각하거든요. 난 그게 지겨워요. 마사와 그 잘난 늙다리들!"

로저가 달갑지 않은 듯 끝을 맺었다.

안젤라는 자기를 만나고 싶었다는 그의 솔직한 고백을 들으며 살짝 주춤했다. 그러고는 그 사람들을 심각하게 받아들이지 않는다고 말했다.

"심각하게 생각하지 않는다고요? 맙소사! 어떤 말을 들었던 거예요? 방금 주일학교를 나온 사람 같군요! 성경 말씀을 좋아해요?"

안젤라는 오팔가 아버지 집에서 보던 장면이 떠올랐지만, 그것을 설명할 수는 없었다. 남자들은 집세, 인종차별 폭력, 주택조합이 얼마나 힘들게 하는지 투덜대고, 여자들은 애를 키우고, 거티를 학교에 보내고, 하워드를 공부시키는 데 치르는 희생을 얘기했다. "자식들은 내가 살아온 것처럼 안 살아야지." 그리고 후에 그녀가 어른이 되어서는, 파릇한 헨슨과 소이어 그리고 몇몇이 조그만 거실에 모여 인종 문제에 대한 이상과 피할 수 없는 희생, 얼핏 막연해 보이는, 인종 전체를 위한 개인주의의 번제에 대한 이야기를 했다. 심각함이란 바로 이런 것이다. 신물 나게 지독한 현실에서 솟구쳐 올라오는 암울한 것들. 그 밖의 주제는 봉우리 위에 덧붙인 문명의 봉우리일 뿐, 비록 흥미롭기는 하나 정말 사소한 것들이었다.

마침내 그들은 그 좁은 복도에 다다랐다.

"크게 말해야 해요."

안젤라가 속삭였다.

"왜요?"

그 말에 따라 정말로 크게 소리치며 로저가 물었다.

"잠깐. 아니에요. 여자가 여기 없네요. 위층에 사는 여자인데 밤이면 여기서 젊은 남자를 만나거든요. 내가 깜빡 잊고 조용히 들어올 때면 어김없이 저기서 키스를 하고 있어요. 아마 나를 싫어할 거예요."

로저는 순간 안젤라가 유혹하는 것이라 착각했다. 젊은 남자가 이유 없이 그럴 거라 지레짐작한 판단이었다. 하지만 안젤라가 꽤나 명랑하고 어린애처럼 순진해 보여 로저는 생각을 바꾸었다. '요즘 시대에 이 여자처럼 수수하고 순결해 보이는 여자는 없어.'

그가 여전히 크게 말했다.

"아니에요, 당신을 싫어하지 않을 거예요. 누가 그럴 수 있겠어요. 분명히 말하지만, 나는 그렇게 못해요."

안젤라는 그의 용기가 가상하다고 생각했다.

"그래요, 그렇게 말하니 고맙네요. 적어도 오늘 밤은 걱정하지 않아도 되겠어요."

그러고는 로저가 꼭 잡고 있던 손을 빼며 안젤라는 계단을 뛰어올라갔다.

* * * *

문을 여니 지니가 보낸 편지가 와 있었다. 안젤라는 잠자리에 들 준비를 하며 조금씩 읽었다.

"언니 달링. 내가 뉴욕에 간다면 신나지 않을까? 물론 언니는 살던 대로 빌리지에서 살고, 나는 유명한 할렘에서 사는 거야. 그래도 우리는 한 도시에 있는 거니까. 둘뿐인 자매라면 그래야지. 우리처럼 따로 사는 건, 난 어리석은 짓이라고 생각해. 펜실베이니아 대학의 그 남자는 내가 음악 분야의 시험을 봐야 한다고 난리야. 여기서 하는 일보다 더 쉽고 더 많이 벌 거래. 그래서 내가 꼭 가야만 하는 완벽한 두 가지 이유가 생겼지. 그는 내가 체면을 세워 줄 것이라 생각하고, 나는 이 도시에서 벗어나고 싶거든."

그렇지만 그 행간에서 진짜 속내가 드러났다.

"나는 지독히 운이 좋아. 에드나 브라운이 며칠 전에 메리언에서 파티를 열었는데, 매슈가 날 데려갔어. 기차를 타는 게 어떤지 언니도 알지. 날도 많은데 하필 그날 밤 멀미를 했지 뭐야. 매슈가 참 친절하더라. 다음 날 아침에도 나를 보러 왔어. 그런데 말이야, 그 후로는 지금까지 내 옆에 가까이 오질 않네. 남자들은 내가 그날 밤 그랬던 것처럼 여자가 그러는 꼴을 못 보나 봐. 그렇게 싫을까!"

안젤라는 구시렁거리지 않을 수 없었다. "그 옛날 매슈가 너무 좋아서 그를 잊으려고 집을 박차고 나온 여자를 상상해 보렴. 참, 그가 나보다 지니를 더 좋아할 수는 없을까?"

알다가도 모를 일이라 생각하며 안젤라는 침대로 기어들어 갔다. 이내 그날 저녁 일을 되새겨 보았다. 마사와 그녀가 만났던 사람들. 그들은 우려할 정도로 무익한 계층을 대표하는 듯했다. 만약 사회적 대격변이 일어난다면 분명 그들이 가장 먼저 처리되는 대상이 될 것이다. 오직 진실한 사람들만이 살아남을 수 있다. 삶의 방식을 따지자면, 심지어 폴렛도 그들보다는 더 진솔하고 활력 있는 무언가가 있었다.

4장

아침 전화 벨 소리에 안젤라는 잠에서 깼다. 전화기는 사치였다. 앤서니를 제외하면 거의 전화하는 사람이 없었다. 전화를 거는 경우도 매우 드물었다. 하지만 그 아파트를 물려주고 간 여자가 그걸 유지하라고 설득했다. 안젤라는 소유주 변경에 반대하지 않았으나, 딱히 쓸 일이 없었다. 부드럽지만 강렬한 금빛의 12월 햇살에 안젤라는 졸린 듯 눈을 깜박거리며 잠시 그대로 누워 잘못 들은 게 아닌가 생각하고 있었다.

이내 안젤라는 문설주 가장자리로 장밋빛 팔을 뻗었다. 바로 옆방에 놓인 작은 테이블에서 전화기를 가져왔다. 아파트는 무척 작아서 대부분 손에 닿을 위치에 있었다.

"여보세요."

안젤라가 졸린 목소리로 중얼거렸다.

"아, 당신이 있을 거라고 생각했어요. '이렇게 아침 일찍 나갔을 리가 없어.'라고 혼잣말했지요. 아무튼 몇 시에 그 유명한 당신 미술 수업에 가죠?"

"뭐라고요! 누구신가요?"

"어, 로저, 당연히…… 로저 필딩이죠. 벌써 나를 잊은 건 아니죠. 앙젤, 맞죠?"

"네, 앙젤 모리입니다, 필딩 씨."

"제가 폐하께 실례를 범했나요, 모리 양? 오늘 저랑 점심을 같이 드시면서 제가 얼마나 죄송한지 말하게 해 주시지요?"

하지만 안젤라는 앤서니와 점심을 하기로 했었다.

"약속 있는데요."

"물론 그렇겠죠. 그러면 커피는 어때요? 오늘 정찬, 만찬…… 내일 아침이나 다른 식사들 모두, 그리고 한 주간 나머지 식사들도? '예스'라고 대답하는 게 좋을 걸요, 안 그러면 당신이 수락할 때까지 괴롭힐 테니까."

"커피 약속도 있어요. 당신이 생각하는 것처럼 내가 그리 인기 있는 건 아니에요. 그게 이번 주 마지막 약속이에요. 저녁에 식사하면 좋겠네요."

"정말요! 그럼 이제 일어나요, 다시 미녀의 잠에 빠져들면 안 돼요. 어젯밤보다 더 예뻐지면 나도 내 자신을 감당할 수 없을 테니까. 8시에 거기서 봐요."

안젤라는 경험이 없지만 그래도 그의 방식이 약간 현란한 건 알 수 있었다. 전반적으로 안젤라는 점심 때 보았던 앤서니의 태도를 선호했다. 앤서니는 앞으로 기울이며 아주 부드럽게 그녀의 손을 만지며 말했다.

"여기 좋지 않아! 난 기분이 진짜 좋은데, 앙젤. 이번 주 내내 나랑 점심 먹겠다고 약속해 줘. 내 그림에 연달아 행운이 있었거든."

앤서니는 다정하게 미소 지었다. 거무스레하고 얇실한 얼굴을 매혹적으로 변모시키고 부자연스러움과 긴장감을 사라지게 하는 미소였다. 그의 진심이 뚜렷이 보였다. 안젤라는 약간 짜릿한 기분으로 그렇게 하겠노라고 약속했다.

그럼에도 불구하고 로저와 저녁 식사를 하러 나가기 전, 안젤라는 무엇을 입을까 한참 고민했다. 안젤라의 마음에는 무언가, 어떤 허영심, 모험에 대한 막연한 기대감 같은 것이 있었다. 볼에는 딱히 색채가 없었지만 피부는 온화하고 하얬다. 창백함 밑으로는 생명력이 흘렀다. 머리도 역시 매력적이었다. 길고 숱이 많고 그러면서도 결이 고와서 그녀의 조그만 머리 주변에서 후광이 나는 듯했다. 다소 일정치 않게 반짝거리며 오락가락하는 빛이었다. 관자놀이 앞과 그 주위의 가는 머리 줄기와 묶음들은 어떤 식으로도 정리할 수 없었다. 안젤라는 입술을 살짝 만졌다. 너무 빨갛지 않으면서 그녀의 모습에 사교계의 색조를 주려고 했다. 드레스는 불꽃 색상이었다. 폴렛이 사라고 꼬드긴 것이었는데, 평범하면서도 약간 두툼하고 세련된 홍조를 띤 실크였다. 안젤라는 인조 진주 목걸이와 묵직한 은팔찌 두 개를 했다. 그래서 그녀가 불꽃이 된 듯한 인상을 풍겼다. 반짝거리며 빛을 발하는 드레스의 가슴 부분은 강렬하면서 둔탁했고, 머리의 그림자가 어린 고혹한 하얀 목과 얼굴 부분은 투명하고 나약했다. 안젤라는 자신의 모습에 자못 흥분했다.

로저는 안젤라가 좋았다. 여자에 관한 한 로저는 스스로를 전문가라고 믿었다. 여러 면에서 안젤라는 그를 즐겁게 해 주었다. 그녀는 젊고, 어떤 막연한 장치에 의해 불이 켜질 때면 아름답기까지 했다. 매혹이 넘쳤다. 로저가 더 가치 있게 생각한 건 그녀가 신비롭다는 점이었다. 가만히 가까이서 관찰하자니, 그녀의 차분한 모습이 흡사 까치발로 서서 태연한 척하는 정지된 순간의 한 장면을 닮았다. 마치 한 분위기에서 다른 분위기로 재빨리 전환하다가 멈춘 듯한. 그리고 순간 멈춘 동작 뒤로는, 저돌적이고 신속하고 불안하고 지칠 줄 모르고 주의 깊고 계산적이고 어쩌면 비웃기까지 하는 속내가 엿보였다. 안젤라는 로저를 외국인의 속성에 비추어 보았다. 이 속성에 객관성을 부여했는데, 마치 로저는 이방인이고, 무척 성공한 유명인사인 그녀가 그의 특이점을 체크하며 끝없이 즐거움을 찾는 것 같았다.

그러나 안젤라는 이 모든 것을 전혀 의식하지 못했다. 로저가 안젤라를 신비롭게 보는 건 당연지사였다. 안젤라는 젊음과 건강과 미모가 절정에 이른 젊은 여성이었다. 적절한 환경에서 여자들이 갈망하는 헌신과 관심을 받을 때 느낄 법한 흥분을 느끼며, 동시에 자신의 독특한 위치가 자아낸 흥분의 홍수 속에서 헤엄치고 있었다. 훔친 사과가 더 달콤한 법이다. 그리고 안젤라는 그게 훔친 것이라는 사실을 절대 잊지 않았다. 그녀는 생각했다. '내가 여기서 여자들이 원하는 것들을 모두 가질 수 있는 건, 내 외모에 걸맞게 행동할 수 있는 감각이 있기 때문이지.' 마음 한구석에서 장난스럽게 뽀글거리는 이 생각, 이 은밀한 각성으로 안젤라는 볼이 달아오르고, 태도가 약간 어색해졌다. 로저는 그 성품을 눈여겨보았다. 안젤라에게 무모한 면이 있다면!

저녁 식사는 완벽했다. 격조와 풍미를 갖춘 식사였다. 로저가 데려간 호텔의 화려함과 그에 버금가는 주변 환경을 보며 안젤라는 감탄

해 마지않았다. 로저의 재력에 대해서는 아는 바 없었지만, 그의 상황이 다른 친구들과 별반 다르지 않을 것이라 추측했다. 아마 앤서니보다는 나을 것이다. 안젤라는 직감적으로 앤서니가 가난하다는 걸 알았다. 로저의 수입이 어느 정도인지는 몰라도 폴렛만큼은 어렵지 않을 것이라 가늠했다. 그래도 스타 부부의 수준 정도는 될 것이다. 어쨌든 '로저가 나를 무척 좋아한 나머지 이 기회에 오직 나를 위해서 아낌없이 쓰는 게 아니라면,' 이런 소비를 한다는 건 곧 돈이 있다는 의미였다. 이 생각은 안젤라의 허영심을 자극하며 우월감을 갖게 했다. 안젤라는 온화하게 미소 지으며 로저를 바라보았다. 그 시선에 로저는 목표가 뚜렷해졌다. 로저는 이내 그녀 쪽으로 몸을 구부리다, 적당히 작은 테이블을 훌쩍 넘어가 간절한 어조로 조그맣게 물었다.

"여기 있으면서 춤을 출까, 아니면 당신 집에 가서 담배를 피우며 이야기를 할까?"

"어, 여기서 춤을 춰요. 집에 가면 너무 늦어서 몇 분밖에 남지 않을 걸요."

이내 황금빛 저녁은 끝나고, 그들은 제인가 현관에 와 있었다. 로저가 꽤나 큰소리로 말했다.

"그 누르는 스위치가 어디 있지?" 목소리를 낮추며, "근데 당신이 말한 젊은 연인들은 오늘 밤에도 없네. 당신이 지어낸 얘기가 아닐까 의심이 들기 시작하는데, 앙젤."

안젤라는 웃으며, 사실이라고 말하며 납득시켰다.

"언젠가 여기에 오면 당신 눈으로 직접 보게 될 거예요."

안젤라는 좀 더 믿을 수 있게 말하면 좋을 텐데 그렇지 못해 아쉬웠다. 로저는 안젤라의 손을 꼭 잡았다. 로저의 손은 단단했다. 안젤라는 혈관이 줄처럼 튀어나온 것을 처음 보았다. 안젤라가 손을 빼내려 하자 로저는 놓아주고, 그녀에게서 열쇠를 받아 안쪽 문의 잠금장치를 돌렸다. 그리고 서서 안젤라를 내려다보았다.

"흠, 그들이 복수하려고 여길 지키고 있지 않아 다행이야."

로저는 열쇠를 돌려주면서 안젤라의 입술에 키스했다. 로저는 경험이 많아 여자를 잘 알았다. 그가 어서 빨리 이곳을 뜨는 게 진짜 진정성 있게 보일 것이다. 경험은 그렇게 말하고 있었다.

예전에 그랬던 것처럼 안젤라는 방에 들어서자 유리에 비친 자신을 보며 섰다. 전에 키스를 받아 본 적이 딱 한 번 있었다. 매슈 헨슨이었다. 그때는 이번처럼 뜻밖에 일어난 일이 아니었고 또 혼란스럽지도 않았다. 안젤라는 짜릿하고 흥분되고 살짝 불쾌했다. "로저는 산뜻하지. 그렇게 말해 두자." 안젤라는 안락의자에 앉아 앤서니 크로스와 그의 깊고 정중한 열의를 오랫동안 생각했다.

아침에는 꽃을 받았다.

* * * *

안젤라는 그림을 인도하러 가는 폴렛과 함께 강의실을 나왔다.

"우리 차 마시러 가자. 리츠에서 맘껏 떠들어 보자고. 이번 달 수중에 돈이 있는 건 지금뿐이니까. 할 수 있을 때 해야지."

안젤라는 안락하고 화려한 카페를 둘러보았다. 한껏 멋을 낸 정숙한 여자들, 완전 깔끔하고 매너 있는 자신감 넘치는 남자들. 안젤라는 한숨을 쉬었다.

"난 이 모든 게 너무 좋아. 진짜 좋아."

담배 연기로 원을 만드는 데 정신이 팔려 있는 폴렛이 고개를 끄덕였다.

"저번엔 열여섯 개를 불었는데, 다시 하는지 봐 봐. 이렇게 사는 거 진짜 별거 아니야, 너도 알잖아."

"아, 동그라미 좀 그만 불어! 바로 이것 때문에 넌 외모를 망칠 거야. 별거 아니라니, 무슨 말이야?"

"그러니까 날이면 날마다 이렇게 살 수는 없지. 너무 지루하잖아. 우리가 쓸 수 있는 괜찮은, 통통한 수표가 있을 때, 일 년에 두 번, 너랑 나랑 여기에 들렀다 가는 게 재밌지, 매일 이렇게 사는 건 재미없어. 그렇게 하는 건 네가 머물 항구에 정박하는 것과 같아. 소리를 지르고 야단법석을 떠는 것도 끝이잖아. 나는 저 아래 조그만 구식 뱅크가에서 경계선을 살짝 넘어 사는 게 좋아. 500달러를 어떻게 벌까 고민하면서, 그걸 벌어 일반석을 타고 프렌치 리비에라에 가서 빌리프란체, 뷸리, 카뉴 같은 작은 시내를 어슬렁거리고……. 앙젤, 너도 거기 꼭 가 봐, 정말이지 살아 있는 진짜 남자와 불꽃 튀는 관계를 맺는 거야. 여기 앉아서 차를 마시고 있는 것보다 나아. 여기 비굴한 호랑이들은 너에게 집적대며, 너를 사는 데 얼마나 들까 가늠하지. 그들이 하는 헛소리를 듣고 있는 것보다 낫지."

폴렛이 이렇게 쏟아 내자 안젤라는 어리둥절했다.

"네 작은 아지트에서 하는 게 아니라면 관계 맺는 게 싫다며."

"내가? 음, 그땐 그때고, 오늘은 달라. 참, 만약에 내가 러시아에 간다고 하면 너는 뭐라 할 거야?"

폴렛은 어린아이의 천진한 뻔뻔함으로 친구를 빤히 보았다. 안젤라는 잭 허드슨이 모스크바 특파원으로 간다는 소식을 들었다. 폴렛도 그것을 알고 있었다.

"다른 말은 필요 없고, 나라면 춥고 지저분한 모스크바보다 여기 따뜻하고 깨끗한 리츠에 있고 싶을 거야."

"그건 네가 누군가를 원해 보지 않아서 그래."

폴렛의 얼굴은 순간 욕망으로 달아올랐다. 아름다우면서도 소름 돋는. '얘는 정말 헤티 다니얼즈를 닮았네.' 안젤라는 아연해하며 생각했다. 다른 점이 있다면, 헤티의 얼굴은 더 이상 아름답지 않았다.

"누군가에, 무언가에 마음을 주면 네가 뭘 할 건지 아무 소리도 안 들려, 앙젤. 네가 순진해서 하는 말인데, 일단 시작하면 마사 버든처럼 몰두하게 되고 무모해져. 난 너 같은 사람들을 알지. 그러니까, 꼭 리츠나 그런그런 곳에서 놀고 싶다면, 내가 로저 필딩에게 말할게. 멋진 신사야. 로저는 그럴 능력이 있어."

"왜? 그렇게 잘살아?"

"부자지! 로저가 가진, 아니 로저가 아니라 그의 아버지지, 그 늙은 필딩 씨가 가진 재산을 은화로 바꾼다면 이 방을 채우고도 남을 거야. 이렇게 커도 채우고 남아."

안젤라는 그걸 상상해 보려고 했다.

"그럼 로저는 뭘 하지?"

"쓰는 거지. 할 일이 뭐가 있겠어? 아버지의 비위를 맞추면서 즐거운 시간을 보내는 것 말고는 없지. 아버지도 대단히 유명한 분이야. 알잖아, 평판이나 후대를 끔찍이 중시하는. 로저는 감히 술에 취하거나 정신 놓고 거짓말을 하는 법이 없어. 격에 맞지 않는 결혼은 안 되고. 그 밖에는 세상이 자기 마음대로야. 매일 그걸 즐기지. 원하는 걸 모두 가진 남자라고나 할까."

"격에 맞지 않는 결혼이 뭐야? 로저가 왕족은 아니잖아."

"순진한 사람처럼 말하고 있네. 맞아, 왕족은 아니지. 하지만 어떤 제한된 범위를 넘어서는 결혼은 안 돼. 뒤에서 노래나 부르는 여자애들과 연애하는 것은 아버지 눈에 안 차지. 그 늙은이는 돈에 관해서라면 눈 하나 깜짝 안 해도 귀족 혈통과 메이플라워호*에 대해서는 고집을 피울 거야. 재밌는 것은 로저가 대개 자유로워 보여도, 그와 똑같다는 거야. 물론 로저는 경이로운 것을 쫓아다니느라 바쁜 덕에 그처럼 망가지지는 않았지만. 그래도 내가 그에게 참을 수 없는 게 하나 있어. 나는 나랑 결혼하지 않겠다는 남자는 신경 안 써. 하지만 내가 결혼할 자격이 없다고 생각하는 남자는 용서할 수 없지. 아무리 남자가 훌륭해도 여자만 못하거든."

폴렛의 얼굴에 벌겋게 격앙된 표정이 어렸다. 누군가 그녀를 보았다면 흥분의 도가니에 빠져 있다고 말했을 것이다.

안젤라는 절반은 흘려들으며 고개를 끄덕거렸다. 로저가 백만장

* 1620년 영국의 청교도들은 이 배를 타고 종교의 자유를 찾아 미국으로 이민을 갔다.

자라고! 겨우 이틀 전날 밤에 자신에게 키스하고 손가락을 고무락거리던, 강렬하면서도 자못 쑥스럽고 간절한 눈빛을 보내던 로저가!

"하나만 말하지. 로저랑 어울릴 생각이라면 조심해. 상당히 건달이야. 원하는 걸 손에 넣으려고 무슨 말이든지 할 거야. 얼마가 들어도 신경 쓰지 않고."

질문을 던지는 듯한 친구의 눈을 보며 폴렛이 웃었다.

"아니야. 로저에 대해 5분도 생각해 본 적이 없어. 나도 로저 같은 사람들을 알아. 위험하지. 남자가 돈과 권력을 전부 갖는 건 좋은 게 아니거든. 틀림없이 어떤 여자를 괴롭힐 거야. 자, 애비뉴에 가자. 모자 하나 사려고. 이 엿 같은 것은 더 못 쓰겠어. 너무 작아. 드럼통 위에 앉아 있는 농부 같잖아."

*　　*　　*　　*

안젤라는 시각적이었다. 자잘하게 나뉜 공간 속에 날이 지나 한 주가 가고, 달이 지나 한 해가 가는 것을 보았다. 그녀의 지난날들이 조각조각 불규칙적으로 나뉘어 추락하는 것을 보았다. 한데 어울려 그녀의 존재를 완성한 조각들. 성탄절에서 부활절까지의 시간을 돌아볼 때면, 하얀 안개 속에서 꼬물거리다가 붉고 끔찍한 무언가로 타 버리는 아지랑이가 보였다. 그 아지랑이를 가로지르며 그 이름이 불쑥 튀어나왔다. 로저.

로저! 안젤라는 그와 같은 사람을 본 적이 없었다. 무척 쾌활하고, 무척 아름답고, 금발의 찬연한 신 같은, 무척 압도적이고, 무척 고집스런. 처음부터 그를 그렇게 좋아한 것은 아니었다. 그저 태양을 좋아하듯, 하늘을 좋아하듯, 노래하는 새를 좋아하고, 명랑하고 자유분방한 것을 좋아하듯 그랬다. 그들 마음에는 접촉점이 없었다. 쾌락을 제외하고는 로저는 인생에 대해 아는 게 없었다. 사실 그가 생각하는 쾌락이 그녀의 생각과 늘 일치하는 건 아니었다. 로저는 두려움이 없었고, 절제도, 걱정도 없었다. 맞다. 하나 있었다. 아버지의 기분을 상하게 하고 싶지는 않았다. 로저는 열렬히, 확고부동하게 아버지의 돈을 탐냈다. 하루나 한 시간, 생의 한 순간을 그 늙은 이와 보내는 것에 불평하지 않았다. 이 점에 관한 한 색다른, 이타적인 성실함이 있었다. 그 늙은 재화의 군마는 열심히 일하고 무자비하게 싸워서 재산을 모았다. 로저에게는 존재 가치, 굉장한 존재로의 입장권을 쥐여 주었다. 이미 로저에게 해마다 큰돈을 주었다. 여러 가족이 편히 먹고살 만한 금액이었다. 로저가 2년을 모았다면 다시는 아버지께 한 푼도 요청할 필요가 없었을 것이다. 약간의 행운만 있어도 직접 두 번째로 거대한 부를 축적할 수 있었을 것이다. 그러나 로저는 관심이 없었다. 한 순간이라도 아버지가 삶의 기쁨을 잃거나 죽는 것을 바라지는 않았지만, 결국에는 그 자신이 수백만 달러의 소유주가 되길 원했다.

안젤라는 로저가 '우리 아빠'에 대해 이야기할 때 가장 좋았다. 로저가 부의 엄청난 규모를 언급한 적은 없었지만, 이쯤 되자 안젤라는 폴렛의 도움 없이도 그가 부자라고 추정하지 않을 수 없었다. 보석류를 받지는 않았다. 그러나 꽃과 과일, 캔디, 책, 대가 작품의 훌륭한 복제품 들이 연이어 들어왔다. 그에게 그리움을 표현하는 것이 안젤라는 쑥스럽고 두려웠다. 이처럼 한결같은, 지속적인 보살핌. 그리고 그녀가 느끼면서도 설명할 수 없는 묘한 경계.

"나를 사랑하는 게 틀림없어." 애무하던 로저를 떠올리며 안젤라가 혼잣말했다. 로저가 키스하는 것을 막을 수 없었다. 안젤라가 어색해하는 것에 로저는 기분이 좋고 매료되었다. 안젤라의 청교도 기질을 놀렸고, 그걸로 그녀가 당혹스러워하도록 만들었다.

"꼬마 아가씨, 어디에 사는 거야? 거 참, 키스하는 건 아무것도 아니지. 키스를 못한다면 널 보러 오지도 않을 거야. 그런데 너를 꼭 봐야 하거든, 앙젤!"

로저의 음성은 점점 차분해졌고, 눈에 어린 표정은 안젤라를 머뭇거리게 했다.

하지만 로저는 청혼하지 않았다.

"내가 사랑하는 걸 아직 확인할 수 없어서 그럴 거야." 사랑이란 무얼까, 안젤라는 궁금했다. 사랑에 관해서라면 지니가 더 잘 알았다. 안젤라는 매슈 헨슨에게 애착을 느껴 왔고, 지금도 변함없이 그런 것 같았다. 만약 매슈와 결혼하게 된다면, 아마도 그를 사랑하게 될 것이다. 대개 여자들은 남편을 사랑하게 되니까. 처음 폴렛과 로저에 대해 이야기를 나눈 후 안젤라는 이내 로저의 관심이 줄 것이라고 예상했었다. 어차피 안젤라는 무명인이었다. 로저의 입장에서 보자면 그녀는 백인들과는 동떨어진 사람이었다. 하지만 이제는 그가 사랑하고, 결혼하고 싶어 한다는 걸 확신했다. 남자가 일시적인 환상에 이처럼 정성을 쏟는 것을 본 적이 없었다. 자신의 인생이 동화처럼 모양을 갖춰 가는 게 보였다. 가난한 유색인, 미국 유색인. 아무도 모르는 무명인! 그리고 여기 사랑과 엄청난 부의 그림자가 자신의 손으로 달려들고 있었다. 유색인들을 위해 좋은 일을 많이 할 수 있을 것이다. 이를테면, 포웰 양에게 장학금을 줄 것이다. 음, 시모어 포터 — 그의 이름을 거의 잊어버렸다 — 아니, 아서 소이어던가? …… 그와 같은 남자나 여자들을 찾아서 그들이 꿈에도 보지 못한 풍요와 아름다움의 삶을 맛보게 할 것이다.

오늘 밤, 로저와 나가기로 되어 있었다. 안젤라는 불꽃 색상의 드레스를 다시 입었다. 옷장에는 예쁘장한 초록빛 드레스가 걸려 있었지만 불꽃 옷을 입었다. 그 옷은 내부로부터 그녀를 빛나게 했다. 매력적인 멋들어진 몸매뿐만 아니라 그녀의 마음 역시 빛나게 했다. 안젤라는 자신의 외모에 만족을 느끼며 유쾌함과 명랑함과 순박함을 미묘하게 발산했다. 거의 대담무쌍해 보이기까지 했다.

로저는 마주 보고 앉아 상대의 기분을 탐색했다. 안젤라의 자세가 적극적인지 그에 따른 가능성들은 무엇인지 가늠했다. 안젤라는 다정하게 로저를 한두 번 만졌다. 로저는 그 생각에 사로잡혀 있었다. 안젤라가 이제 손이 닿는 곳에 있는 듯이 보였다. 그 접근성과 더불어 그녀에게 무모함이 있다면.

오늘 밤 처음, 안젤라에게 이런 성품이 있음을 로저는 발견했다. 삶에 대한 지칠 줄 모르는 호기심 — 안젤라는 늘 사람과 장소에 관해 물었다 — 에 더해 그 무모함을 가졌다면, 몇 주 몇 달간 입술에 매달린 제안을 내놓을 수 있을 것이다. 안젤라는 순수했다. 측은하게 때 묻지 않은 무언가가 있었다. 그것 때문에 로저는 지금껏 물러서 있었다. 하지만 안젤라에게 꼭 있어야 할 배짱이 있다면!

그들은 이스트 10번가 레스토랑에서 식사를 하고 있었다. 로저가 처음 데려갔던 파크 애비뉴 호텔에 비하자면 조그마한 레스토랑이었다. 그들 주위에는 크리스털과 은 식기, 멋진 식탁보, 정중한 서비스가 반짝거리며 완벽함을 자아냈다. 안젤라는 주변의 모든 것이 환상적이라고 생각하며, 은은한 음식 냄새가 정말 예술이라고 로저에게 말했다. 로저는 조바심이 일어 미네랄 물을 들이켰다. 안젤라는 와인을 마시지 못해 과일 주스를 마셨다. 브레드, 생선 요리, 코스 요리는 신의 만찬이었다. 그 메뉴는 일반적으로 고급 요리로 알려져 있었다.

"음식이 환상적이야."

안젤라가 웃으며 말했다.

"그리고 당신도, 당신 역시 환상적이야, 앙젤. 당신은 경이롭고, 매력적이야."

로저의 입술은 그렇게 화답했지만, 감각은 들썩들썩 야단법석이었다. 그 순간의, 그 분위기의 마법에 취해 안젤라는 미소 짓는 얼굴을 조금 더 가까이 댔다. 로저의 얼굴이 어둡게 변했다. 구름이 태양을 가리듯.

"잠깐만."

그렇게 말하고 로저는 서둘러 안젤라를 지나 레스토랑을 가로질러 갔다. 안젤라는 깜짝 놀라 고개를 돌려 그를 보았다. 안젤라 뒤

테이블에는 세 명의 유색인들이 (난처하고 불편해 보이는 웨이터의 안내에 따라) 자리에 앉으려던 참이었다. 로저는 나아가서 매니저에게 명령조로 말했다. 화를 내기도 했다. 매니저는 레스토랑을 흘긋 둘러보더니, 비굴하게 고개를 끄덕이고, 가로질러 가서 그 작은 무리에게 말했다. 성마른, 약간 신랄한 대화가 오가고, 마침내 그 세 사람은 고개를 들고 당당히 열을 지어 나갔다. 이번에는 안젤라의 테이블 옆으로 지나갔다.

안젤라는 접시로 고개를 돌렸다. 가슴이 아렸다. 그녀에게 저녁은 끝이 났다. 로저는 의기양양한, 상기된 얼굴로 돌아왔다.

"저 '너구리들'* 의 바퀴에 브레이크를 걸었지! 여기 와서 백인들의 식욕을 망치다니, 자기들 분수를 빨리도 잊어버린다니까. 저놈들이 빌어먹을 고소를 하거든 내가 책임지겠다고 매니저에게 말했어. 당신을 저것들과 여기에 함께 있게 할 수는 없어, 앙젤. 저번 날 저녁 마사 버든 집에서 당신이 그 여자를 쳐다보는 걸 보니 검둥이와는 상대를 하지 않는 걸 알겠더군. 평생 그런 여자 근처에도 가 본 적이 없지, 그렇지? 내기를 해도 될걸. 마사는 어디서 그런 애를 데려왔는지 몰라."

안젤라는 말이 없고, 생기를 잃었다. 로저는 얼마나 효과적으로 다양한 유색인들의 '바퀴에 브레이크를' 걸었는지, 그런 경험들을 계속 풀어냈다. 하버드에서는 소규모 문학 클럽이나 우등생 단체에 지

* 흑인을 이르는 비속어

원한 흑인들을 배척했었다.

“할 수만 있다면 모두 아프리카로 돌려보낼 거야. 내가 알기로는 할렘 어디엔가 그런 옳은 생각을 한 검둥이가 있다지. 자기 인종에게 그런 식으로 굴욕을 주는 걸 보면 분명히 미개한 짐승이겠지만. 당연히 그에게는 단지 돈의 문제겠지. 몇 천 달러면 그들을 모두 팔아넘길 테니까. 젠장, 그가 진짜 그걸 해낼 수 있다면 내가 얼마든지 지원해 줄 텐데.”

이 장광설에 반대해야 할 경제적 이유나 정의의 교리, 인류의 높은 이상 들이 있었다. 그러나 안젤라는 아무것도 생각할 수 없었다. 안젤라는 말없이 듣기만 했다. 식욕은 달아나 버렸다.

“괜찮아, 앙젤? 그 사람들을 봐서 불편한 거야?”

“아니, 그것 때문이 아니야. 난, 난 그 사람들 신경 안 써. 나나 마사 버든 집의 그 여자에 대해서는 당신이 잘못 생각한 거야. 무례한 건 당신이야, 당신. 당신이 그런 식인지는 몰랐어!”

“그래서 내가 무서워? 아, 그러지는 마.” 한편 로저는 자신이 안젤라에게 영향을 끼쳤다는 생각에 우쭐했다. “여기 봐. 바람 좀 쐬러 나가자. 공원 한 바퀴 돌고 집에 데려다 줄게.”

안젤라는 공원에 가고 싶지 않았다. 바로 집으로 가고 싶었다. 로저의 파랑색 자동차는 밖에 있었다. 15분 후 그들은 제인가에 도착했다. 안젤라는 로저가 안으로 들어오는 것을 허락하지 않았다. 현관에도 오지 못하게 했다. 안젤라는 겨우 손을 허락했다.

“앙젤, 이렇게 떠날 순 없어. 왜 그래, 내가 뭘 잘못했지? 내가 함부로 말해서 놀란 거야? 그렇지만 당신에게 욕한 건 아니잖아. 이런 식으로 가지 마."

로저는 난처해하며 그녀를 바라보았다. 안젤라는 로저를 길가에 두고 들어가 버렸다. 담배에 불을 붙이고 로저는 차에 올랐다.

"도대체 이게 뭐야!" 기어를 변속했다. "하지만 앙젤은 나를 좋아해. 오늘 밤 앙젤이 나를 좋아한다고 맹세했을 텐데. 그놈의 검둥이들! 아마 앙젤은 이 시간에도 나를 생각하고 있을 거야. 그것에 내기를 걸지."

* * * *

로저는 내기에 졌을 것이다. 안젤라는 그 유색인들을 생각하고 있었다.

그들 모두를 너무나 또렷이 볼 수 있었다. 마치 그녀 앞에 놓인 책을 보는 것처럼 그들의 표정이 변하는 것을 완벽하게 설명할 수 있었다. 한 소녀와 두 남자, 한 명은 젊고, 다른 사람은 둘 중 하나의 아버지였다. 아버지처럼 보이는 사람은 어떤 결말이 나오든지 받아들일 준비가 되어 있는 표정이었다. 안젤라의 마음은 그에게 점착되어 있었다. 그런 유형을 알고 이해했다. 편견이라 불리는 것 때문에 놀랐던 경험이 너무나 많기에, 그는 더 이상 놀라는 표정을 짓지 않았다. 손님 대접을 받으면, 그날은 운이 좋은 날이었다. 그렇지 않다면, 그 일로 그의 굳센 영혼이 뒤흔들리게 하지는 않을 터였다.

그 젊은 남자와 소녀에게로 안젤라의 관심이 날갯짓해 갔다. 로저 뒤 거울로 그들이 들어오는 것을 보며 안젤라는 생각했다. '오, 여기,

몇 명의 투쟁가가 오는구나. 오, 하느님! 저들이 대우받게 해 주세요. 저들의 저녁을 망치지 말아 주세요.' 안젤라는 내심 기뻤다. 다른 수십 곳의 호텔에서는 지배인들이 경기 시작부터 문전박대를 할 수는 없었다. 그 젊은 친구는 긴장했고 얼굴은 굳어 있었다. 세계대전에 참가해 적진으로 진격하는 모습 같았다. 그러나 확률은 반반이다. 반대편에는 그를 상대하는 대응 카드들이 이미 쌓여 있다. 곧 그의 표정은 완강함, 결단, 그리고 절망으로 변할 것이다. 소송에 대한 말이 오갈 것이다. 사실 정말 그랬다. 그저 기껏해야 법적 소송이 즐거운 저녁을 초라하게 대체한다.

하지만 그 소녀! 안젤라도 너무나 쉽게 그 소녀와 같은 처지에 놓일 수 있을 것이다. 그녀가 착한 소녀라는 건 분명했다. 그녀의 행동이 그걸 내포하고 있었다. 무관심한 듯하면서도 주의 깊게 그녀를 보면서 안젤라는 지니를 떠올렸다. 호리호리하고 매력적이고 용기 있는. 대단히 담대한! 아, 저 용기! 용기는 처음으로 기개 있는 도전을 낳았다.

"음, 보통 우리 같은 사람들이 이 레스토랑에 오지 않는다는 걸 나도 알아. 하지만 모든 게 괜찮을 거야."

그 용기는 흔들림 없이 안젤라의 시선과 맞닿았고, 안젤라는 이렇게 생각하며 제풀에 움찔했다. '불쌍한 것! 나도 자기를 싫어한다고 생각하겠지.' 그리고 충격이 가라앉았을 때, 안젤라는 그 용기를 평안한 확신으로 달리 해석했다.

"내 걱정은 하지 마, 지미."

지켜보던 안젤라는 그녀가 하는 말을 들을 수 있었다.

"절대로 저녁을 망치지는 않을 거야. 그럴 일은 없어. 갈 만한 곳은 아주 많아. 단지 우연히 잘못 고른 것뿐이야."

세 사람은 고개를 당당히 들고 균형 잡힌 수평적 시선을 유지하며 줄을 지어 나갔다. 하지만 결과적으로 어른 남자는 그 저녁 모험을 통해 회의론이 늘었고, 젊은 친구는 씁쓸함이 더했고, 소녀는 새로이 소심해졌다. 거리로 나간 후에도 소녀는 그 감정을 해소할 수 없었다. 곤혹스럽고 괴로워하는 친구를 위로해야만 했기 때문이다.

안젤라는, 매슈 헨슨을 다독이며 자신이 얼마나 진실했던가 생각했다. 그게 겨우 1년 전이었던가? 갑자기 안락의자에서 움직일 수가 없었다. 잠옷이 바닥에 떨어지는 걸 알지 못했다. 안젤라 안에 승리감이 차오르기 시작했다. 오늘 저녁 유색인 소녀를 속인 것처럼, 일찍이 필라델피아에서 매슈와 함께 있을 때 자신을 속인 것처럼, 인생은 안젤라를 다시 속이지는 못할 것이다. 안젤라는 자유로웠다. 인생의 풍요와 달콤함을 삶의 구석구석에서 맛볼 수 있는 자유가 있었다. 운 좋게 유전을 통해 특별한 무기를 손에 쥐었고, 흠씬 용기를 내어 그것을 사용함으로써 인생을 지배할 수 있었다. 그 길을 보여 준 어머니께 얼마나 감사한가! 색깔이 있고 없고에 따라 자유와 속박의 차이가 결정되는 나라, 안젤라는 얼마나 운이 좋은가!

그러나 안젤라는 자신에게 말했다. 로저 필딩과는 끝났다.

5장

봄. 뉴욕에 봄이 왔다. 워싱턴 스퀘어는 초록빛 난리가 났다. 북쪽에 위치한 거대한 붉은 벽돌집에 용감히 초록빛이 나타났다. 5번길에서 본 개선문은 파라다이스로 향하는 입구처럼 보였다. 도시 끝까지 뻗은 길고 깊숙한 거리는, 필시 금화 항아리가 번쩍이는 끝까지 탐험하라고 유인하고 있었다. 짧은 교차로에서는 4월의 태양이 진한 금빛의 찬란한 깃발들 사이로 흘렀다.

2주 동안 안젤라는 로저와 딱 한 번 만났다. 로저는 매일 전화해 호소하고, 애원하고, 간청했다. 한번은 안젤라가 전화를 해도 괜찮다고 허락하자 그의 눈에 거의 눈물이 맺혔다. "그런데 달링, 내가 뭘 잘못한 거야? 그것만 말해 준다면. 우리 사이에 끼어든 게 무엇이든지 간에 내가 설명할 수 있을 거야." 하지만 안젤라는 딱히 설명할 게 없다고 점잖이 말했다. 단지 로저가, 그녀가 기대했던 것보다 잔인하고 냉정하다고만 했다. 아니, 유색인 때문에 그런 거 아니야. 안젤라는 거짓말을 했고, 영혼이 달아오르는 것 같았다. 로저가 언제 화를 내는지, 기분이 나쁜지, 안젤라는 이제 알았다. 그가 얼마나 무례한지, 얼마나 고집스럽게 자신의 뜻대로 하려고 하는지 볼 수 있었다. 그가 소송 비용을 기꺼이 지불하겠다고 한 것에 안젤라는 날카로운 두려움을 느꼈다. 로저는 어리석은 구식 전통에 근거한 편견을 유지하려고 시간과 돈을 쏟아붓는 사람이었다. 그런 부류의 남자들에 맞서 무엇을 할 수 있겠는가?

하지만 안젤라는 로저를 시야에서 완전히 놓아 버리고 싶지는 않았다. 안젤라를 에워싸던 그의 보살핌, 관심, 듣기 좋은 말들이 효과를 보기 시작했다. 아름답고 살짝 따분한 봄 내음 속에 그녀가 요청하면 언제든 대기하던 그 파랑색 자동차가 그리웠다. 조그만 거실은 부엌에서 흘러나온 음식 냄새로 가득했다. 안젤라는 그곳에 앉아 그럭저럭 먹을 만한 식사를 했다. 그러면서도 은연중에 맛좋은 음식이 그리웠다. 그녀를 위해서라면 그가 흔쾌히 구해다 줄 신선한 봄의 진미를 갈망했다. 안젤라는 이별을 완강하게 밀어붙였다. 그것은 그녀의 보잘것없는 재정 상태에 영향을 미쳤다. 지난 몇 개월 동안 혼자, 자비로 규칙적인 식사를 해 왔기 때문이었다.

오후에 밴 코트랜드 공원에서 앤서니를 만나기로 한 까닭인지 오늘은 특히 로저가 생각났다. 지하철과 고가철에 대한 얘기가 오갔다. 로저라면 파랑색 자가용을 문 앞에 대고, 안젤라는 그것을 타고 당당하게 제인가를 벗어났을 것이다. 앤서니는 한 남자에게 그림을 인도해야 하는데 특이한 고객이라 가능하다면 토요일 오후에 요격하는 게 최선이라고 밝혔다. 정말 미안하지만 약간 늦을 수 있다고 했다. 따라서 시간을 절약하기 위해 안젤라는 72번가에서 그를 만나야 했다. 로저라면 결코 이런 부탁은 하지 않을 것이다. 변호사나 사업 동료를 차에 태우고 함께 와서, "어, 내가 내일까지 할 수 있는지 보지." 하며 일을 무뚝뚝하게 간단히 처리하고, 월터 롤리*처럼

* 16세기 영국 기사(騎士)로, 진흙길 위에 값진 망토를 펼쳐 여왕이 지나가게 했다는 전설이 있다.

멋진 태도로 그녀에게 달려와, 그녀가 원한다면 망토를 바닥에 깔았을 것이다. 로저를 다시 받아들여야 할 것 같았다. 로저가 편견을 가지고 말한다면 나중에라도 그것을 바로 잡을 수 있을 것이다. 하지만 어떻게 그렇게 할 수 있을까?

그럼에도 불구하고, 여기 공원에 앤서니와 함께 있는 건 좋았다. 봄이면 되살아나는 새로움으로 공원은 무척 새롭고 푸르고 신선했다. 앤서니는 그녀의 손을 잡으며 예전에 했던 것처럼 말했다.

"너와 있으면 정말 좋아, 엔젤. 엔젤이라 불러도 되지, 그치? 음, 나에게는 엔젤이니까. 아, 이렇게 있는 걸 내가 얼마나 좋아하는지, 내가 얼마나 행복한지 네가 안다면, 어린 소년처럼 무릎을 꿇고 신께 감사의 기도를 올릴 텐데." 그렇게 말하는 모습이 어린 소년처럼 보였다. "행복이란 찾기도 어렵고, 한결같이 유지하기는 더 어렵지."

안젤라가 느긋이 물었다.

"항상 행복했던 거 아니야?"

앤서니의 얼굴에 놀라운 변화가 일었다. 예전의 슬픔과 긴장이 돌아왔을 뿐만 아니라 일찍이 보지 못했던 깊은 고통이 드리웠다.

"응." 앤서니는 삶의 긴 여정을 돌아보는 것처럼 천천히 답했다. "오랫동안 행복하지 못했어. 어린 소년이었을 때부터. 너를 만날 때까지 한 번도 행복하거나 편안해 본 적이 없었어."

하지만 안젤라는, 그가 그녀에게서 행복을 찾는 것은 원하지 않았다. 그 길은 그에게 더 큰 불행을 초래할 뿐이었다. 안젤라는 화제를 바꾸려고 이렇게 말했다.

"그에 대해 얘기해 볼래?"

앤서니는 별로 할 얘기가 없다며 안젤라를 안심시켰다. 그의 표정이 점점 어두워지고 음험해졌다.

"내가 어렸을 때 아버지가 살해당했어. 적들의 손에 돌아가셨어. 그 후론 그들을 혐오했지. 너를 만날 때까지 그들을 혐오하지 않은 적이 없었어."

이 화제 또한 다른 것만큼이나 위험한 길이었다. 게다가 옛 상처를 다시 건드릴 여지가 있었다. 안젤라는 전율을 느끼며 조용히 말했다.

"오, 끔찍하구나! 너무 끔찍해 말을 할 수 없겠어. 유감이다, 앤서니!" 그러고는 마지막 얘깃거리로 물었다. "브라질에 돌아갈 계획이야?"

앤서니가 리우데자네이루에서 미국으로 온 것을 안젤라는 알고 있었다. 그녀의 집에서 크리스마스를 함께 보낼 때, 앤서니는 훌륭한 아름다운 도시와 검은 눈동자에 영속적인 서글픔이 어린 홀쭉한 여인, 어머니의 사진을 여러 장 보여 주었다.

대화가 시들해졌다. 안젤라는 생각했다. '남자로 산다는 건, 내면에 이런 은밀한 혐오와 공포를 안고 산다는 건, 분명 끔찍할 거야.' 어떤 스페인계 원수, 뜨거운 피와 준비된 칼의 문제, 불시의 타격, 그리고 그를 향한 이 치명적인 기억.

"아니." 한참 만에 앤서니가 말했다. "브라질로 돌아가지 않을 거야. 갈 수가 없어." 갑자기 안젤라 쪽으로 고개를 돌렸다. "엔젤, 너는 어떤 여자니, 가치가 있는 게 뭐라고 생각하지? 사랑을 위해, 너는 사랑하는 사람의 결심과 맹세를 지키기 위해 궁핍이나 고난, 오해를 참아 낼 수 있어? 네가 피할 수 있는 것이기에 더욱 힘든 고난 말이야."

안젤라는 어머니가 생각났다. 어머니는 신실하게 아버지를 사랑했다. 아버지를 위해 어머니가 인내했던 세탁 날들, 안젤라와 지니가 돕기 전까지 — 처음에는 손으로 돕고, 나중에는 돈을 벌어 도왔다 — 오랫동안 지속된 판에 박힌 집안일, 조그맣고 어두침침하던 초라한 집, 개조한 드레스와 고친 외투 들을 생각했다. 그러고는 로저와 그의 부와 금빛 무모함을 보았다. 우아함과 안락함과 고상함으로 통하는 문을 열 수 있는 금빛 열쇠들! 오, 여자가 바닥을 문지르고 노동하고 노예처럼 살고 아이를 기르며 외모와 예쁜 손 가꾸기를 포기하는 건 고상한 일이 아니었다. 안젤라는 세탁 날에 늘 보던 어머니 손을 보았다. 물에 삶은 듯이 하얀 손. 아니다. 안젤라는 자신을, 앤서니를 기만하지 않을 것이다. 안젤라는 감상주의자가 아니었다. 인생과 행복을 찾아 어린 동생을 떠나 집을 나온 소녀가, 가난과 고난 때문에 그것을 뒤집는 일은 없을 것이다. 남자가 여자를 사랑한다면 어떻게 그런 걸 시키겠는가?

안젤라가 부드럽게 말했다.

"아니, 앤서니, 난 할 수 없어."

그리고 그의 얼굴에서 핏기가 사라지는 것을 보았다. 불행의 옛 모습이 그의 눈에 흘러들었다.

앤서니는 어색하게 대답했다.

“물론이지. 네가 그렇게 할 수는 없지.” 안젤라의 발 밑 잔디에 앉아 있던 앤서니는 향내 나는 잔디밭에 고개를 숙였다. 그러다 이내 바로 앉아 안젤라에게 특별히 다정하게 속 깊은 미소를 지으며 말했다. “행복을 거의 잡았었는데. 앙젤, 혹시 브라우닝의 〈로마 캄파냐 평온의 두 사람〉 읽어 봤어?”

안젤라는 고등학교 때 필수로 읽었던 것 말고는 시를 거의 읽지 않았다. 당연히 브라우닝은 읽어 보지 못했다.

앤서니는 시에 대한 식견으로 섬세하며 난해한 시의 묘미를 풀었다. 사실, 뭐라 말할 수 없는 야릇한 감정을 건드렸다. 그는 인용했다.

사랑하고 사랑하지 않는 것이
어찌 우리의 뜻대로 될까?

그리고 연이어서

제약 많은 그리움의
끝없는 그리움과 고통이여

그들은 한동안 가만히 있었다. 안젤라는 다시 사랑이란 어떤 감정일까 궁금해졌다. 앤서니는 태양이 돌연 나무 꼭대기에서 떨어져 그의 발 위에서 살짝 떨고 있는 것을 보았다. 마치 태양이 사라지자 곧

바로 추워지는 것 같았다.

"'이렇게 아름다운 시간이 가는구나.' 자, 엔젤, 이제 서둘러야겠어. 어두워지네. 지하철까지는 꽤 걸어야 해."

* * * *

그날 오후의 기억은 안젤라를 떠나지 않았다. 착 달라붙은 얇은 망토처럼 그녀의 생각을 감싸고 거기에 눌어붙어 있었다. 안젤라는 혼잣말했다. "그렇게 생각해 봐야 소용없어. 난 그렇게 살지 않을 테니까." 안젤라는 자신이 로저를 원하고 있음을 알았다. 그가 줄 수 있는 것을, 그가 발산하는 빛과 기쁨을 원했다. 앤서니의 가난이나 궁핍, 비밀 맹세, 그 어느 것도 원하지 않았다. 비밀 맹세란 진짜 예술에 헌신하겠다는 어떤 서약일 것이다. 안젤라의 시각적 마음에는 그 글자가 또렷하게 보였다. 아, 안젤라는 비극에 진저리가 났다. 안젤라는 비극적 인종에 속해 있었다. "그 인종에 속한 한 사람이 재밌게 살 때가 되었다는 것을 하느님도 아시겠지."

'그래.' 수업 시간 내내 미친 듯이 그림을 그리며 안젤라는 생각했다. 크리스마스 이후부터는 진중하게 작업에 임하고 있었다. '그래, 그렇게 마음먹을 거야. 로저를 다시 받아들이고 결혼해서 쾌적하고 안전한 멋진 인생에 정착할 거야.' 그게 좋다. 틀림없이 무척 좋을 것이다. 어쩌면 로저를 설득해 유색인들을 도울 수도 있고, 온갖 부류의 빈곤한 사람들을 찾아다니며 도움을 줄 수 있다. 앤서니를 도울 수도 있다. 적어도 도움을 제안할 수 있다. 안젤라는 앤서니가 받아들일 거라고 생각하지는 않았다.

빌딩을 나오면서 문득 한 생각이 들었다. '로저를 받아들이려면 어떻게 해야 하지? 예전처럼 허물없이 좋은 상냥한 친구로 돌아가려면 어떻게 해야 할까? 그 이상은 아니고 그냥 그 정도만?' 이 시점에서 과거의 문제가 다시 불거졌다. 안젤라는 잠깐 멈춰 서 그것을 고민했다.

그때 마사 버든이 그녀를 붙잡았다.

"이 시대의 엄청난 명작을 기획하는 거야, 앙젤? 같이 가서 우리 집 난롯가에 앉아 대책을 마련하는 게 어때. 차를 대접할 수 있는데. 갈 거야?"

"좋아요."

아직 생각에 잠겨 있던 안젤라가 대답했다.

"그러니까," 집에 들어서자 마사가 말했다. "그처럼 푹 빠져 있는 걸 본 적이 없어. 정신 차려 앙젤, 너는 빠져 죽을 거야. 너 혹시 사랑에 빠진 건 아니지, 그치?"

"아니에요." 안젤라가 대답했다. "글쎄, 나도 모르겠어요. 그렇지만 마사, 만약에 내가 그중 한 사람과 사랑에 빠졌다면, 어떻게 생각해요, 어떻게 프러포즈하게 만들죠?"

마사는 뒤로 누우며 웃었다.

"신여성 세계에서도 이렇게 솔직한 사람을 만난 적이 없는데, 앙젤. 내가 그 답을 안다면, 100달러를 내는 사람에게만 알려 줄 거야. 나머지는 돌려보내고."

"하지만 무슨 방법이 있겠죠. 아, 물론 프러포즈하는 사람은 많아요, 그런데 어떻게 당신이 원하는 사람이 프러포즈하게 만들죠? 당신이 관심 가는 사람.”

“정말 알고 싶어? 내가 대답할 수 있는 건, 험프티 덤프티*가 동사와 형용사에 관해 엘리스에게 말했던 격언이야. ‘누가 더 강한지에 달렸다.’” 젊은 손님이 의아해하는 모습을 보자 마사는 설명해 주었다. “두 가지에 달렸다는 말인데, 하나는 네가 좋아하는 것보다 그가 너를 더 좋아하게 할 만큼 강한가이고, 둘째는 그가 좋아하는 것보다 네가 더 좋아한다면 포기할 수 있는가이지. 요컨대 좋아하는 것에 관한 한, 네가 항상 그 게임의 우위에 있어야 한다는 거야. 그가 좋아하는 것보다 약간 덜 좋아하든지 그렇게 보이게 해야 한다는 거지. 그가 너를 원하게 만들어야 해. 그렇다고 다 주면 안 돼. 아, 당연히 남자들은 언제나 여자가 주길 원하지. 그러면서도 막 주고 싶어 하는 여자를 원하지는 않아. 쟁취하려고 하지. 그게 아니면, 어떻게든 달라고 애걸복걸하지.”

“복잡하게 들리네요. 어떤 미묘한 게임처럼.”

짙은 열정의 빛이 마사의 눈에 어렸다.

“이건 게임이야. 이 세상 여자에게는 가장 어려우면서도 가장 신나는 게임이지. 중용을 지키기가 어려워. 있잖아, 너무 움켜잡고 있지 않도록 조심해야 해, 그러면서 아주 조금씩 주는 거야. 충분히 주지 않으면 그들을 잃어버리지. 너무 주면 우리는 우리 자신을 잃어

* 영국 전래 동요에 등장하는 계란 모양의 인물로서, 실패하면 다시 일어나지 못하는 사람을 비유하기도 함.

버려. 오, 앙젤, 신은 여자를 좋아하지 않아."

"그렇지만," 안젤라는 자기 어머니를 생각하며 말했다. "어떤 여자는 가진 걸 모두 주고, 남자는 그로 인해 더 좋아하는 경우도 있어요."

"그래, 맞아. 그런 경우는 여자에게 축복이지. 밀당을 할 필요도 없고. 그런 여자는 매일 무릎을 꿇고 하느님께 감사해야 할 거야. 평상시 자신을 유지하며 그 남자를 만나게 한 것에 대해." 마사의 자부심 있는, 굳은 얼굴은 잠시 고통의 심연으로 빠져들었다. "오, 앙젤, 구애받기 전까지는 절대, 절대로 표시 내서는 안 되는 것이 사랑이라고 생각하렴. 매 시간 게임을 하면서 산다고 생각해!"

마사의 얼굴은 살짝 떨리더니 평소처럼 무표정해졌다.

안젤라는 자신의 문제보다는 이 뜻밖의 사실에 대해 이리저리 궁리하며 자줏빛 황혼 속을 걸어 집으로 왔다. "그러니까," 안젤라가 말했다. "그렇게 사랑해서는 확실히 안 된다는 거지." 안젤라는 앤서니를 생각했다. "앤서니라면 여자가 본심을 드러내도 괜찮을 텐데." 그러나 안젤라는 그를 단념했다.

* * * *

피할 수 없는 게임이라면 안젤라는 게임을 할 것이다. 오히려 그 예감을 즐겼다. 지금 안젤라는 게임을 하고 있었다. 한편으로는 대중 전통에, 다른 편으로는 가족 본능에 거스르는 게임이었다. 상금은 행복과 흥분이었다. 안젤라가 이미 시작한 속임수를 알아보는 사람이라면 대부분 그녀가 이길 것이라 예측할 것이다. 마사 버든이 정한 모든 규칙을 준수하며 가능한 한 자신의 생각을 더하기로 다짐했다. 로저가 다시 전화했을 때 안젤라는 변함없이 그를 만날 수 없었다. 하지만 전화기를 통해 들리는 안젤라의 음성에는 약간 누그러진 기색이 있었다. 안젤라는 전화를 너무 서둘러 끊지는 않았다. "오래 잡고 있을 수는 없어." 안젤라는 스스로를 상기시켰다. 로저는 그녀의 어조에 미묘한 변화가 이는 것을 재빨리 감지했다.

"그래도 곧 나를 만나 줄 거지, 앙젤." 로저가 애원했다. "나를 영원히 이런 식으로 놓아두지는 않을 거지. 내가 언제 가도 되는지 말해 줘."

"음, 조만간. 지금 가 봐야만 해, 로저. 안녕."

세 번째 전화가 왔을 때 안젤라가 금요일 저녁을 함께 보내자고 했다. 안젤라는 길에서 파랑색 자동차가 부르릉거리는 소리를 들었다. 몇 분 후 로저가 짐 꾸러미를 한가득 안고 쓰러질 듯 비틀거리며 거실로 들어왔다. 아침에는 꽃들, 라일락, 노랑수선화, 수선화 다발 더미들이 들어왔었다. 지금 저녁에는 책들과 캔디, 손수건들 — "이것들이 너무 앙증맞아, 꼭 너 같아." 로저는 안젤라에게 의류 품목을 준 적이 없었기 때문에 조심스럽게 말했다 — 그림 두 개, 팔레트 한 개, 모가 고운 붓들, 그리고 마지막으로 여러 달콤한 것들의 모둠 바구니.

"괜찮다면 여기서 저녁을 먹었으면 하는데. 우리 둘만 말이야, 재밌을 거야."

로저는 안젤라가 얼마나 마음에 들어 하는지 가늠할 수 없었다. 로저가 순순히 집에 머물고 싶어 하는 마음을 보인 것은 이번이 처음이었다. 앤서니는 앉아 담배를 피우면서, 빨강인지 보라인지 알 수 없는 엉터리 앞치마를 두른 안젤라가 훨훨 나는 것을 보고 엄청 좋아했었다. 매슈 헨슨은 어느 겨울 밤 안젤라가 그를 위해 코코아를 타는 동안 부엌에 들어오도록 허락하자 황홀감에 젖어 말이 없었다. 하지만 로저의 미각은 런던, 파리, 뉴욕의 유명한 셰프들의 혼합물에 너무 우쭐해져 있었다. 안젤라의 단출한 요리에 만족할 수 없었다. 결국 로저는 말을 해야만 했었다. "여기서 뭣 때문에 고생하는 거야? 레스토랑에 가자. 훨씬 편하잖아."

하지만 오늘 저녁에는 로저 또한 겸허하고 즐거운 눈빛으로 안젤라를 보았다. 로저가 그녀의 행동 하나하나에 관심을 갖고 있음을 안젤라는 느꼈다. 한번은 그녀를 안으려고 했다. 나무라지는 않았지만, 안젤라는 결연하게 빙글 돌아 빠져나갔다. 로저는 다시 한번 그녀 앞에서 기회를 갖게 된 것에 감사하며 주저앉았다. 그리고 떠날 때는 그녀의 손에 입 맞추었다.

안젤라는 다시 로저와 어울리기 시작했다. 하지만 약간 콧대를 높이면서도 다정하게. 마사와 얘기하면서 얻은 새 통찰력으로 안젤라는 그의 열정이 쌓여 가는 것을 볼 수 있었다. '그가 너를 원하게 만들어.' 이게 두 번째 규칙이었다. 로저는 분명 그랬다. 그렇지 않고는 어떤 남자도 이처럼 인내하지는 못할 것이다. 안젤라는 여전히 그와 말을 하지 않았다. "당신의 명령에 따를게. 당신이 원하는 곳이라면 어디라도." 그래서 그들은 그날 오후에 학교 앞에서 만났다. 로저가 그 빌딩으로 그녀를 찾아온 것은 처음이었다. 안젤라는 약간 일찍 나왔다. 그녀가 누구를 만나는지 마사나 폴렛, 앤서니가 보는 걸 원치 않았다. 길모퉁이로 걸어 나가면 그들이 그를 알아볼 확률이 적을 것이라고 안젤라는 생각했다. 그녀 뒤를 쫓아오는 발걸음 소리가 들렸다. 그녀의 이름을 부르는 소리를 듣고 고개를 돌리니 포웰 양이 있었다. 포웰 양은 기분이 좋고 흥분해 안젤라의 팔에 손을 얹었다. 그러나 안젤라는 그녀를 뿌리쳐 버렸다. 자신이 이처럼 유색인 여자와 다정하게 있는 것을 로저가 보아서는 안 됐다. 안젤라는 그날 오후에 어떤 전조가 있을 것이라 느꼈고, 다른 부가적인 문제가 생기지 않기를 바랐다. 유색인 숙녀는 안젤라를 뚫어지게 보았다. 그러고는 몸에 배인 내성적인 성향으로 흥분을 가라앉히고, 불그스레한 무거운 얼굴로 떠났다.

"미안해요, 모리 양. 정말로."

포웰 양은 웅얼거리듯 말하고 4번길의 혼잡한 교통 속으로 발을 내딛었다. 안젤라는 미안했다. 내일 화해하리라 생각했지만, 로저가 너무 빨리 돌진해 오는 바람에 금세 잊어버렸다. 번쩍 빛나는 자동차와 잿빛 양복, 감미로운 잿빛 모자, 파랑색 타이에 환히 빛을 발하는 그 남자. 안젤라는 만족스러운 표정으로 로저를 보았다.

"토요일 신문 광고에 나오는 남자 같은데."

안젤라가 말했다. 칭찬을 들어도 그는 겸연쩍어 하지 않았다. 그가 가진 자신감의 깊이를 알 수 있었다. 모자, 신발, 정장, 겉옷 하나하나가 맞춤으로 제작된 것이었다.

그들은 코니아일랜드에 갔다.

"바다는 볼 수 있겠지만 사람들이나 놀 거리는 거의 없어."

로저가 말했다. 즐거운 시간이었다. 어린 학생들처럼 걸핏하면 천진하게 시시덕거렸다. 열려 있는 매점은 모두 들어가 보고, 팝콘과 핫도그와 지역 특산품들을 먹었다. 그리고 머지않아 그들은 오션 파크웨이에 두 줄로 늘어선 가로수들 아래에 있는 집으로 날아가고 있었다. 숲이 우거진 아름다운 프로스펙트 공원으로 접어들며 로저는 속도를 약간 늦추었다.

"아," 안젤라가 말했다. "난 이 차가 정말 좋아."

로저는 순간 그녀 쪽으로 기울였다.

"이 차가 좋아? 나를 멀리 했을 때 이게 그리웠어?"

안젤라는 실수를 한 것 같아 마음에 걸렸다.

"그래, 그렇지만 그것 때문에 너를 다시 만나는 건 아니야."

"나도 알지. 하지만 이 차를 좋아하잖아, 그치, 편안하고 멋지고 폼 나는 환경 말이야?"

"맞아," 안젤라가 진중하게 말했다. "그 모든 것을 좋아하지."

로저는 오랫동안 말이 없었다. 얼굴은 약간 굳어지고, 이마에는 난처한 주름이 생겼다.

'음, 지금 그는 무슨 생각을 하는 거지?' 안젤라는 로저가 운전에 신경 쓰고 있지 않은 것을 알았다. 그럼에도 솜씨 있게 조작하는 그의 손을 보며 자문했다.

마음에 뭔가를 결정한 듯이 로저가 그녀 쪽을 보았다.

"앙젤, 가까운 시일 내에 나랑 이 차를 타고 나가서 하루를 보내겠다고 약속해 줘. 나, 나 너에게 할 말이 있거든." 약삭빠른 젊은 도시 남자인 그가 지금은 이마를 쓸어내리고 있었다. "아버지 일로 일주일 동안 남부에 가야 해. 아버지가 소유한 벌목장이 거기 있거든. 거기서 제재소에 나무를 공급하곤 했지. 그런데 이놈의 검둥이들이 북부로 도망가는 바람에 일손이 부족하게 됐어. 아버지는 내가 내려가서 그것을 계속 가지고 있을 가치가 있는지 알아보라고 하더군. 아버지가 사업상 나한테 일을 시키는 경우는 흔치 않아. 그래서 거절하기 싫었어. 26일 아침이면 돌아올 거야. 그날 오후와 저녁은 롱아일랜드에서 아버지를 만나야 하고. 27일에 나랑 같이 나갈래?"

이런 설명이 전혀 의미 없는 것처럼 안젤라가 말했다.

"하루 종일은 어려워. 하지만 오후는 괜찮아."

"오," 로저의 얼굴에는 실망하는 기색이 역력했다. "그럼, 그날 오후에. 물론 너무 멀리 갈 수는 없겠지만, 점심은 내가 예약해도 되겠지. 공원에 가자. 센트럴도 좋고, 브롱크스나 밴 코트랜드도 좋아."

"아니, 밴 코트랜드는 안 갈래."

안젤라가 말했다. 그곳은 앤서니 크로스를 위한 공원이었다.

"그래, 네가 말하는 곳이라면 어디나 괜찮아. 그날 만나서 결정해도 돼. 중요한 것은 네가 간다는 거니까."

안젤라가 혼잣말했다. "남자들은 참 웃겨! 이런 결정들을 하면서 나에게 다섯 번은 물어봤을 거야." 안젤라는 굉장히 편안해졌다. 행복하기까지 했다. 로저를 향해 다정함을 느꼈다. 어쩌면 결국, 그녀가 사랑에 빠졌는지도 모른다. 단지 그녀는 감정을 노골적으로 드러내는 타입은 아니었다. 그를 집에 들이기에는 너무 늦은 시각이었다. 그들은 제인가의 어두운 보호막 안, 차 속에 앉아 있었다. 그가 그녀를 팔로 안고 키스하고 또 키스하도록 내버려 두었다. 안젤라는 처음으로 그의 키스에 화답했다.

*　　*　　*　　*

안젤라는 피곤하면서도 승리감에 젖어 계단을 올랐다. 그러다 순식간에 몰려든 엄청난 피로감에 하마터면 넘어질 뻔했다. 안젤라는 줄곧 긴장 상태에 있었다. 그러나 이제 끝났다! 그녀는 정복했고, 더 강한 사람이 되었다. 단지 로저를 얻은 게 아니라, 보장된 미래, 부, 보호막, 영향력, 심지어 권력까지 확보했다. 그녀 자신이 권력이었다. 책에 나오는 여자들처럼, 클레오파트라처럼. 클레오파트라가 아프리카 태생이라는 사실이 흥미로웠다. 그건 적절한 비교였다. 안젤라는 미소를 지으며 가볍게 튀어 오르는 것처럼 마지막 계단에 발을 내딛었다. 갑자기 활력이 솟았다.

문을 열자 작은 편지 더미가 발에 채였다. 불을 켜고 안락의자에 앉아 무심히 봉투들을 뒤집어 보았다. 대부분 청구서였다. 편지 더미 끝에 지니에게서 온 편지가 있었다. 안젤라는 로저에게 매력적으로 보이려고 세련되게 옷을 입고 있었다. 로저 필딩 부인이 된다면, 청구서는 두 번 다시 걱정하지 않을 것이다. 이것들이 청구하는 금액이 얼마나 하찮은 것인지를 기억하며 웃음을 터트릴 것이다! '앙젤 모리 양의 신용 거래'라는 글귀를 볼 때면 언제나 깜짝 놀라 은근히 떨리곤 했는데, 다시는 그럴 필요가 없을 것이다. 아버지와 살 때는 매달 정기적으로 오는 가스 청구서 말고는 다른 청구서를 본 적이 없었다. 하지만 안젤라는 어렵지 않게 그 고지식한 훈련을 잊어버렸다.

마침내 지니의 편지를 개봉했다. 동생은 이렇게 썼다.

"언니, 28일에 시험이 있어. 그걸 보러 갈 거야. 26일에 도착하거나 시험 전날 갈 수도 있어. 나를 만나러 올 거지, 그치? 내가 머물 곳은 알아." 139번가에 있는 주소였다. "근데 어떻게 그곳에 가는지를 몰라. 언니 학교 시간이 어떻게 되는지도 모르고. 나에게 편지로 알려 줘, 언니가 시간이 될 때 도착할게. 언니를 밖에서 기다리게 하고 싶지는 않아."

지니는 자신의 운을 시험하러 정말 뉴욕에 올 작정이었다. 가까이에 있으면 좋을 것이다. '비록 서로 자주 만날 것이라고는 기대하지 않지만.' 멍하니 플래너에 손을 뻗으며 안젤라는 생각했다. '로저와 내가 롱아일랜드에 사는 걸 가정한다면, 어느 때보다 자주는 못 보겠지. 맞아, 그렇게 하는 게 현명할 거야. 지니를 만날 때면 베일을 쓰고 가야겠다. 유색인 일꾼들은 눈을 동그랗게 뜨고 쳐다보면 절대 잊어버리지 않으니까.'

27일은 목요일이었다. 안젤라는 오전에 수업이 있었다. 여하튼 지니는 오후에 올 테니까 정오가 지나고 만나면…… 오, 이런, 그날이 그날이었다. 로저와 함께 나가기로 한 날, 그가 중요한 질문을 하기로 한 날. 그래서 지니에게 이렇게 썼다.

"26일에 오렴. 달링, 4시 이후면 아무 때나 괜찮아. 27일에는 만날 수가 없어. 하지만 26일은 괜찮아. 기차가 언제 도착하는지 알려 줘. 거기 있을게. 더불어 우리 도시에 오는 걸 환영한다."

6장

그 주는 정신이 없었다. 고통스러울 지경이었다. 어쨌든 문제들이 완전히 정리된 것은 아니었다. 뭐라 단정하기가 쉽지 않았다. 27일이 지나면 안젤라는 기분이 나아질 것이다. 그때는 안젤라가 뿌리를 내리고 자리를 잡을 것이다. 로저와 곧장 결혼하리라. 그렇지만 지금 그는 저 멀리 조지아에 있었다. 그가 그리웠다. 그가 그녀를 그리워하는 건 자명했다. 거의 편지에 가까운 전보가 처음 이틀 동안 왔다. "다음 목요일 말고는 아무 생각도 할 수 없어. 너도 그날을 생각하니?" 세 번째 날에는 같은 내용의 서신에 이 말이 덧붙여 왔다. "오, 앙젤, 네가 뭐라 말할지 궁금해!"

"그럼 나에게 물어보면 되지." 안젤라는 중얼거렸다. 그리고 돌연 확신과 득의에 찼다. 그 후 매일 이 중압감을 되풀이하는 편지가 왔다. "그가 얼마나 글 쓰는 걸 싫어하는지 내가 알지!"

수요일에 온 편지는 이랬다. "달링, 네가 이 편지를 받을 때면 정작 나는 뉴욕에 있을 거야. 할 수 있으면 전화할게. 하지만 목요일에 시간을 내기 위해서는 미친 듯이 뛰어다녀야 해. 그래서 전화를 못 할 수도 있어."

안젤라는 전화벨이 울려도 대답하지 않기로 마음먹었다. 마지막으로 한번 더 무관심 카드를 쓸 것이다. 비록 안젤라 자신만이 그렇게 생각하겠지만.

지니가 도착하기로 한 날이 되었다. 지니에게서 변함이 없는, 색다른 사람들의 소식을 듣는 건 흥미로울 것이다. 안젤라가 저 멀리 두고 떠나온, 지금은 훨씬 더 멀어진 사람들. 매슈 헨슨은 여전히 우체국에 있다는 걸 안젤라는 알았다. 아서 소이어는 16번가와 피츠워터에서 가르치고 있었다. 색이 벗겨진 섬뜩한 빌딩을 볼 때마다 역겨운 혐오감이 얼굴에 퍼지는 그의 모습이 그려졌다. 포터는 치의학 학위를 받았다. 하지만 진료를 하지 않았다. 반면에 작은 주간지를 편집하며 빚더미 속으로 점점 깊숙이 절망적으로 빠져들었다. 언젠가 그에게 터무니없이 큰 수표를 보내는 것도 재밌을 것이다. 안젤라가 기회를 노린 것처럼, 결국 포터도 기회를 노린 것이다. 포터의 반란이 그녀 자신의 반란과 유사하다고 생각했다. 단지 포터는 그녀가 타고난 행운이 없었다. 지니가 오면 이 모든 것을 물어볼 작정이었다.

안젤라는 동생을 만나는 게 탐탁지 않았다. 그러나 만나야만 했다. 지니가 차멀미를 할 리는 없겠지만, 만약 그런다면 처음 방문하는 이방인에게 뉴욕은 끔찍할 것이다. 안젤라도 첫날 기차역 거대한 원형 건물 안에 아무것도 모르고 혼자 서 있었을 때 순간 아프고 두려웠다. 하지만 안젤라는 지니와 달랐다. 안젤라는 인생의 어떤 것도 별로 무섭지가 않았다. 때론 다치고 고난당하고 실망할 수도 있겠지만, 안젤라는 인생을 경계하지 않았다. 그것을 움켜쥐고, 정지할 때까지 밀고 나가, 그 보물을 파헤치는 것을 즐겼다. 그러나 지니는 비록 용감했지만 내심 두려움이 있었고, 정말 아직 어린애였다. 안젤라의 조그만 동생! 안젤라는 몇 개월 만에 처음으로 솟구쳐 오르는 자매간의 애정으로 지니를 떠올렸다. 나가야 할 시간이 되었다. 안젤라는 가장 눈에 띄지 않는 옷을 입었다. 감색 정장, 평범한 하얀 실크 스커트, 눈 위 가까이에 딱 맞는 작은 종 모양의 감색 클로슈 모자. 그리고 최신풍의 베일을 더 끌어당겨 코끝까지 잘 덮었다. 포웰 양과 빌리지를 걷는 것과는 다른 문제였다. 빌리지에는 실지로 유색인이 없었다. 하지만 거긴 그렇지 않았다. 호기심 많은 일꾼들이 안젤라를 알아봐서는 안 되었다. 어느 여름 시모어 포터는 필라델피아 브로드가 역에서 일꾼으로 일했었다. 그는 이렇게 말하곤 했다. "그 사람들이 호기심이 있는 게 아니라, 알잖아, 그 일이 너무 고통스러운 거야. 그래서 언제나 로맨스를 찾아 나서지. 적어도 하루만이라도, 되풀이되는 비굴한 삶의 저주에서 탈출하려는 모험이지."

안젤라는 그들에게 연민을 느꼈다. 하지만 그들을 위로하기 위해 그녀가 대가를 치를 수는 없었다.

* * * *

마지막 편지에서 안젤라는 뉴욕 펜실베이니아 노선 정거장 층에서 길거리 층으로 나오는데 계단 두 개가 복잡하다고 설명했다. "네가 그 엘리베이터 왼편이나 오른편으로 나오려면 어느 쪽으로 걸어야 하는지 말해 봐야 소용이 없어. 나도 잘 모르니까. 그래서 내가 할 수 있는 말은, 어, 엘리베이터까지 올라가면 그냥 거기에 있어. 그럼 내가 너를 보든지, 네가 나를 보게 될 거야. 내가 그 주변을 돌아다닐 테니까, 움직이면 안 돼. 우리가 각각 같은 방향으로 가고 있을 수도 있으니까."

안젤라는 자신이 설명한 대로 그 두 계단 사이에 자리 잡고, 목을 한쪽으로 내밀었다가, 다른 쪽으로 보았다가, 엘리베이터를 보며 잠깐 멈추었다 했다. 더 잘 보이도록 베일을 밀어 올렸다.

한 남자가 굉장히 성급하게 뛰어오더니, 안젤라 옆을 가깝게 지나가다 여행용 가방 귀퉁이로 그녀의 무릎을 강하게 쳤다. 안쪽으로 굽은 부분이었다.

"아야, 어떡해!"

안젤라가 엉겁결에 소리를 질렀다.

성급한 중에도 그는 신사였다. 모자를 벗고 재빨리 안젤라를 향해 돌아보며 말했다.

"미안합…… 오, 달링, 달링, 나를 마중 나온 것은 아니지!"

"당신! 오늘 아침에 왔다고 생각했는데."

로저였다. 로저를 본 충격으로 안젤라는 생각을 할 수 없었다.

로저는 고개를 숙여 안젤라에게 부드럽고 강렬하게 키스했다.

"그랬지…… 오, 앙젤, 넌 정말 예뻐! 오직 미인만이 이렇게 평범하게 입을 수 있을 거야. 아침에 왔는데, 아버지의 변호사 커비를 만나려고 나왔어. 그가 뉴어크에서 출발해서 곧 도착할 거야. 오늘 밤에는 일 때문에 그와 함께 롱아일랜드에서 묵을 예정이야. 여기 이 가방에 그에게 줄 서류가 가득하지. 조지아 사업은 상당히 복잡해. 이렇게 하면 내가 아침에 그를 찾으러 나갈 필요가 없지. 그러면 오전에 시간을 더 쓸 수 있고…… 오후에 우리 소풍을 준비하는 데 말이야. 당신은 여기서 뭐하는 거야?"

안젤라가 거기서 뭘 하고 있었더라? 동생 지니를 기다리고 있었지. 유색인이고 색깔이 드러나는. 그리고 로저는 흑인을 혐오했다. 로저를 빨리 보낼 수 없다면, 안젤라는 어찌할 바를 몰랐다. 망했다. 안젤라는 당장 머릿속에 떠오르는 거짓말을 했다.

"폴렛을 기다리고 있어."

이것은 나중에 폴렛과 입을 맞출 수 있었다. 폴렛은 남자를 — 어떤 남자라도 — 속이는 것에 개의치 않을 것이다. 모기를 짓이기는 것처럼 생각할 것이다. 남자들은 괜찮은 사냥감이었다. 폴렛은 아무것도 묻지 않을 것이다.

로저의 얼굴이 어두워졌다.

"폴렛을 기다리고 있다니 그리 환영할 일은 아닌데. 그럼 함께 기다릴 수 있겠네. 폴렛이 필라델피아에서 오는 거야? 내가 만날 사람도 그 열차를 타고 뉴어크에서 오는데."

열차 연결 편을 이해하는 데 있어서 로저에게는 남자들의 무서운 명석함이 있었다.

"당신이 롱아일랜드 가는 열차는 몇 시 차야? 다음 차 타려고 했던 거 아니야."

"음, 그랬는데, 불과 30분 간격으로 있어. 기다리지 뭐. 오늘 한 시간 잃는 게 내일 아침 전부를 잃는 것보다 낫지. 함께 기다리자. 사람들이 올라오기 시작하는데. 너를 집에 데려갈 수 있으면 좋겠다. 하지만 그 사람이 나타나면 바로 함께 뛰어야 해."

'신이시여 내 편이 되어 주소서.' 안젤라는 기도했다. 종종 이 열차들은 무척 길었다. 커비 씨가 첫 번째 칸에 있고 지니가 마지막 쪽에 있다면 최고 10분 정도는 차이가 날 수 있었다. 안젤라가 너무 분명한 지침을 주지 않았었다면!

계단 위로 홀연히 머리가 나타나며 시야에 들어왔다. 지니였다. 지니는 안젤라를 보며 손을 흔들었다. 다음 순간에는 그녀의 목을 덥석 팔로 감싸고, "오, 안젤라, 안젤라, 달링!" 이라고 말하면서 키스할 것이다.

하지만 로저는 바보가 아니었다. 앙젤, 안젤라라는 이름을 주목할 것이다. 유색인 여자가 이런 실수를 하지 않을 것이라는 것을 그도 알 것이다.

안젤라는 순간 현기증이 일어 눈을 감았다가 다시 떴다.

"괜찮아?" 로저가 예민하게 말했다. "아픈 거야?"

지니는 안젤라 가까이에 있었다. 이제, 이제 날벼락이 떨어질 것이다. 안젤라는, 명랑하고 천진한 음성이 장난스럽고 뻔뻔하게 말하는 소리를 들었다.

"실례지만 헨리에타 존스 부인 아니신가요?"

오, 선하신 하느님! 오직 지니이기에 이해할 수 있는 한번의 기회가 여기에! 깜짝 놀란 로저는 안젤라에게서 말하는 사람 쪽으로 얼굴을 돌렸다. 모자를 깊숙이 눌러 쓴 안젤라는 모자 테 아래 눈으로 동생의 눈을 보며 예전에 하던 식으로 대꾸를 했다.

"정말로 나를 아시나요? 아니에요. 나는 존스 부인이 아닙니다."

로저는 무례하게 말했다.

"뭔 소리야. 당연히 존스 부인이 아니지. 자, 앙젤."

로저는 안젤라의 팔에 팔짱을 끼고 가방을 집으려고 구부렸다.

하지만 지니는 잠깐 당혹해하면서도 회의적으로 응시하더니, 그들보다 빨랐다. 가냘픈 모습의 지니는 머리를 당당히 들고 그들을 앞서가 전화박스 속으로 사라졌다.

로저는 지니의 뒷모습을 노려보았다.

"지랄 맞게 건방지기는!"

*　　*　　*　　*

안젤라는 자신이 선택한 목표를 좇으며 처음으로 혼란스럽기 시작했다. 안위를 향한 어떤 야망이나 정점도 동생의 희생을 요구해서는 절대 안 되는 것이었다. 안젤라가 이기적인 건지도 모른다. 아, 지니를 완전히 혼자 내버려 둔 그 시간 동안 안젤라가 이기적이었다는 건 의심할 여지가 없다. 그렇지만 가혹하게 대하려던 것은 아니었다. 안젤라는 동생의 마음에 이는 격한 감정을 그려 보았다. 망연자실했을 것이다. 아, 그 모든 것을 동생의 얼굴에서 보았다. 완전 당황함, 믿을 수 없음, 그리고 품위와 자긍심의 막을 입힌 얼굴로 안정되어 가는, 마치 움직이지 않으려고 애쓰는 아이처럼.

안젤라는 이제 다시 아파트에 있었다. 방 안을 서성거리며 어떻게 할까 고민했다. 139번가의 집에는 이미 전화를 했다. 그 집의 소유주 이름과 정보가 공개되지 않아 전화번호를 찾는 데 반 시간이 걸렸다. 그러나 머레이 양은 아직 도착하지 않았다. 그들이 그녀를 기다리고 있었던 걸까? 맞다, 머레이 양은 6시와 7시 사이에 도착할 거라고 서신을 보냈다. 지금은 7시 30분이었다. 머레이 양은 아직 나타나지 않았다. 다른 메시지가 있었을까? "아니요, 없었어요!" 안젤라는 다시 전화하겠다고 말했다.

그렇다면 지니는 어디에 있을까? 길을 잃어버렸을 리는 없다. 어차피 지니는 어른이고, 바보가 아니었다. 길을 물어볼 수도 있다. 어쩌면 택시를 탔는데 저녁 교통이 막혀서 늦는지도 모른다. 아니면, 사고가 났을 수도 있고. 이 생각이 들자 안젤라는 다시 전화기를 들었다. 머레이 양은 아직 없었다. 방 안을 가로질러 왔다 갔다 하다가 안젤라는 거울에 비친 자신을 보았다. 얼굴은 달아올라 있고, 눈은 후회와 근심으로 두드러졌다. 다시 공허함에 빠졌다. "로저가 지금 내 모습을 본다면……." 로저, 그리고 내일! 그를 위해 안젤라가 저버린 동생의 신뢰와 애정을 보상하려면, 그는 황금의 언어를 말해야만 하리라.

한 시간이 지나 다시 전화를 걸었다. 그렇다, 머레이 양이 들어왔다. 거대한 안도감에 무릎이 아래로 축 늘어졌다. 당연히 지니에게 전화를 받으라고 물었을 것이다. 오랜 침묵 후, 전화선을 타고 다시 음성이 울렸다.

"나가는 것을 보지 못했는데, 방에 없는 걸 보니 그랬나 봐요."

"아, 네. 알겠어요." 안젤라가 말했다. "머레이 양이 거기 있는 걸 알았으니 됐어요."

그렇지만 안젤라는 의아했다. 지니가 뉴욕에서 보내는 첫날 밤인데 벌써 나갔다고! 로저와의 약속 때문에 목요일에는 지니를 보러 갈 수 없다. 그러나 그다음 날은 괜찮다. 금요일 아침 눈을 뜨자마자 그곳으로 갈 것이다. 안젤라는 노트를 한 장 찢어 사과와 변명으로 가득 찬 긴 편지를 쓰기 시작했다. "그리고 내일 갈 수는 없어, 달링. 말했듯이 아주 중요한 약속이 있거든. 나한테는 특별한 의미가 있는 약속이지. 오, 내가 이야기하면 너도 이해할 거야." 안젤라는 편지에 속달 우표를 붙였다.

지니가 안전하다는 걸 알았어도 안젤라는 죄책감이 줄지 않았다. 좀 더 차분한 분위기 속에서 안젤라는 이제 자신을 위해 상황에 맞게 구실을 만들고 있었다. 지니가 모든 사정을 이해하면 너그러이 눈감아 줄 것이다. 어차피 지니도 안젤라가 행복하기를 바랄 테니까. '그리고 여하튼,' 안젤라가 부루퉁해 혼자 생각했다. '엄마도 그날 월튼 호텔 계단에 서 있을 때 아빠에게 말하지 않았어.' 하지만 두 경우가 비슷하지 않다는 걸 알았다. 어떤 원칙이 있는 게 아니었다. 어머니의 침묵은 아버지에게 모욕을 주거나 무례한 행동을 한 게 아니었지만, 반면 지니를 대하는 로저의 태도는 확연히 불쾌했다. '그리고 더욱이,' 안젤라는 지독히 선명하게 생각을 이어 나갔다. '원칙이 걸린 문제에 있어서는, 어머니는 그 병원 사무원들에게 사실 관계를 드러내는 데 조금도 주저하지 않았어. 사실 어머니는 자신이 어떤 특정한 입장을 취하고 있는지도 몰랐어. 어머니에게 남편은 남편이고, 그 관계를 기꺼이 인정했으니까.'

안젤라는 자신의 행동과 매일 벌이는 속임수, 로저, 그의 편견을 생각하자니, 가슴에 매스꺼운 역겨움이 일었다. 역겨움은 이런 문제를 만든 국가와 사회에 대한 암울한 분노와 함께 올라왔다. 안젤라는 생각했다. '내가 지니와 대화를 하고 아는 척을 했다면, 나나 지니에게 좋을 게 있었을까? 모든 일이 끝난 후엔 지니는 전에 있던 자리로 돌아가고, 나는 모든 것을 잃어버렸겠지. 나는 정말 행복하고 싶다. 즐거운 시간을 보내고 싶어. 내일 이 시간이면, 아마 뉴욕에서 가장 부러움을 받는 숙녀가 되어 있겠지. 그 후에 모든 일에 대해 용서를 구할 수 있을 거야. 나는 모든 부류의 사람들을 잘 대할 것이다. 인간애가 성장하도록 돕고, 많은 유색인들은 내 덕을 보며 더 나은 삶을 살 거다. 만약 내가 지니와 대화를 나누었다면 그 사람들은 전혀 혜택을 받지 못하겠지.' 안젤라가 중얼거렸다. "지니도 도와줄 거야. 나의 달링! 지니는 세상에서 원하는 것을 모두 갖게 될 거야." 하지만 안젤라는 지니가 아무것도 원하지 않으리라는 것을 이미 알고 있었다.

7장

목요일이 왔고, 목요일들이 그러하듯 목요일은 빨리 지나갔다. 오랫동안 안젤라는 그날을 조금 다른 시간의 현실로 보았다. 그녀가 문을 열기가 두려운, 마음속 어떤 비밀의 방에 격리된 시간의 현실.

금요일에는 아침 일찍 동생에게 전화를 걸었다.

"너야, 지니? 편지 받았어? 내가 가도 될까?"

"응," 지니는 모든 질문에 시큰둥하게 대답했다. 그리고 간결했다. "그런데 나를 만날 생각이면 지금 바로 오는 게 좋을 거야. 오늘 시험을 봐서 별로 시간이 없어."

지니가 멋없이 건조하게 대답하자 안젤라는 당황했다. 한편 동생이 언니를 만나는데 꼭 열의를 보여야만 하는 이유는 없었다. 단지 동생이 보고 싶었다. 오늘은 그녀에게 속한 누군가와 대화를 나누고 싶었다. 지니의 어깨에 머리를 묻고 울고 싶었다! 하지만 지니의 음성에서 풍기는 분위기로는 속내 말을 할 수 없을 것 같았다.

갈색 피부의 뚱뚱한 여자가 부산스럽게 문을 열었다. 여자는 엄청난 자신감과 능력에 차 있는 듯이 보였다. "머레이 양이 누군가 올 거라고 말했어요. 곧바로 올라가면 되요. 3층에 올라가면 바로 오른편이 그녀 방이에요."

'지니가 누군가를 기다리고 있다고.' 지니가 생각이 깊은 건 사실이었다. 하지만 기대하지도 않고 바라지도 않던 이 세심함에는 가시가 있었다.

"어서 와." 흐트러졌지만 그림 같은 머리를 무심코 문 밖으로 내밀며 지니가 말했다. "들어오는 길은 알겠지? 예전에 우리 집 두 방보다 이 방이 더 커. 근데 벌써 항해 중인 배 같아." 지니가 어수선한 주변을 흘긋 둘러보았다. "사람들이 '뱃사람처럼 단정하다'고 하는 말이 이런 걸까. 내가 여기 이 정장을 걸면 언니가 앉을 수 있을 거야. 멋지지 않아? 스넬른버그에서 샀어."

지니는 다정하고 정감이 깃든 듯한 태도를 취했지만, 언니에게 키스를 하거나 악수를 청하지는 않았다. "봐, 머리가 짧아졌지." 지니가 말을 이었다. "좋아 보여? 머리를 손질하려면 끝이 없지만, 그래도 난 너무 좋아." 거울 앞에 서서 지니는 헤어 아이언으로 머리끝의 모양을 잡기 시작했다.

지니처럼 예쁘고 색상이 화려한 사람을 안젤라는 보지 못했다. 지니는 언제나 선명한 색을 선호했다. 오늘은 그런 색상 속에 야단법석을 부리고 있었다. 실내화는 굽이 높고 조그만 빨간색 슬리퍼였다. 진한 초록색 가운이 지니의 가는 어깨에 우아하게 걸려 있었다. 가운은 열린 옷깃에서부터 장밋빛과 황금빛이 어린 지니의 매끈한 피부에 불을 붙였다. 눈동자는 밝고 춤을 추고 있었다. 살아 있는 듯 곱슬곱슬한 검은 머리는 잘린 플러시 천처럼 두꺼운 벨벳* 직선으로 마무리되었다.

* 벨벳은 표면에 곱고 잔털이 있는 비단이고, 플러시는 벨벳과 유사하나 길고 보드라운 보풀이 있다.

안젤라는 어색하게 말했다.

"내가 너무 일찍 전화해서 깨운 건 아니지."

지니는 진한 황금빛 피부보다 약간 더 진하게 붉어지며 웃었다.

"아, 아니야! 오늘 아침에는 그보다 더 일찍 전화를 받았는걸."

"그랬어!" 안젤라는 놀라며 큰 소리로 말했다. "뉴욕에 아는 사람이 있는 줄 몰랐는데."

안젤라는 동생이 도착한 날 밤에 홀연히 사라진 것을 기억했다.

"그러니까, 지니, 그날 밤에 생긴 일 말이야, 정말 미안해. 그럴 만한 일이 아니었다면 안 그랬을 거야. 내가 설명할 수 있다면 좋겠지만." 지니에게 전할 굉장한 소식이 있을 것이라고 얼마나 확신했던가, 그리고 지금은, 어떻게 며칠 전 미안한 기억을 표면으로 끌어낼 수 있을까? "하지만 몇 번 전화했었어. 네가 도착하지 않았다고 하다가, 마침내 왔다고 하더니, 다시 나간 것처럼 보인다고 하더라. 도대체 어디에 간 거니?"

지니는 웃음을 터트리더니 이내 킥킥거렸다. 잠시 그녀는 순진한 실수에 기뻐 날뛰는 학창 시절의 지니가 되었다.

"나간 게 아니야. 복도 아래 세면실이 있는데, 거기 세수하러 간 거야." 지니가 잠깐 머뭇거렸다. "그리고 돌아올 때 내 방인 줄 알고 들어갔는데, 다른 하숙방이더라고. 그리고 거기에 그 사람이 앉아 있었고……."

"오," 안젤라는 무심하게 말했다. "나가지 않았다니 다행이다. 꽤나 걱정했거든. 지니, 내 말 좀 들어 봐." 안젤라는 궁색하게 입을 열었다. "저번 날 역에서 내가 한 행동은 입에 담기도 싫다고 네가 생각하는 거 알아. 그렇지만 나랑 같이 있던 남자는 아주 특별한 친구……."

"틀림없이 그랬겠지." 지니가 냉담하게 말을 끊었다. "언니 친동생을 잘라 버릴 정도니." 지니는 아직 거울 앞에 서서 시선을 고정시키고, 한쪽으로 쏠린 머리카락을 만지작거리고 있었다. 하지만 머리 모양은 나아지지 않았고, 입술은 떨렸다.

안젤라는 멈추기를 주저하며 신경 쓰지 않고 말을 이었다.

"특별한 친구, 그리고 우리 관계가 아주 중요한 시점에 와 있어. 어제 그 사람이랑 약속이 있었던 거야."

"음, 그래서? 그가 청혼할 거라고 기대하고 있었어? 청혼했어?"

"아니." 안젤라는 힘없이 대답했다. "그, 그가 다른 건 다 물었는데, 그것만은 안 했어."

지니는 헤어브러시를 던지고 갑자기 획 돌았다.

"그래서 언니는 그 사람이 그런 식으로 얘기하게 내버려 뒀단 말이야?"

"그가 일단 시작하고 나니까 어쩔 수가 없었어. 나에게는 뜻밖이었거든. 게다가 궁극적으로는 결혼할 의향이 있는 것 같아."

"궁극적으로는 결혼할 의향이 있다고! 뭐야, 무슨 소리를 하는 거야, 언니? 그가 궁극적으로 무슨 꿍꿍이셈인지 언니도 잘 알잖아. 백인 남자 아니야? 그러니, 유색인 여자에 대해 무슨 의도를 가졌겠어?"

"아니야! 내가 유색인인지 모르거든. 그리고 몇몇 백인은 괜찮아. 네가 이 사람들에 대해서 모르는 게 있어. 넌 집에서 보잘것없이 평범하게 살았잖아. 너는 알 수도 없는 것들을 나는 알아. 그 점 잊지 마."

"그 사람들이나 남자들에 대해 남들이 아는 만큼은 나도 알아. 들어보면 모욕인지 아닌지는 알 수 있다고. 어떤 남자들은 성격을 바로 얼굴 위에 찍고 다니기도 하잖아. 그건 그렇고 어제 내가 실수로 방에 들어갔던 남자……."

"밤 10시에 모르는 남자 방에 들어가서 네가 무슨 말을 그리 오래 할 수 있었는지 모르겠다."

안젤라가 경솔하게 꾸짖자 지니는 할 말을 잃었다. 이로써 그들은 처음으로 다투었다.

* * * *

1분, 2분, 3분, 4분. 그들은 말없이 앉아 있었다. 지니는 진정을 되찾은 게 뚜렷해 보였다. 지니는 언니에 대한 생각이 덩굴손처럼 이 난국의 극한 상황까지 뻗어 가도록 내버려 두었다. 지니는 생각했다. '언니를 정말 잃었구나. 내 시야에서 완전 벗어났어. 몇 해 전 아버지랑 같이 〈죽어 가는 그리스도인〉을 부를 때 잃어버렸던 것처럼. 스물세 살에 나는 정말 세상에 혼자가 됐네.' 지금까지 지니는 안젤라가 연상이어서 더 지혜롭다고 느끼고, 의지할 수 있다고 믿었지만, 이 기대는 영원히 날아가 버렸다. '그 남자가 언니를 수치스럽게 할 수 있다는 걸 뻔히 알면서도, 그를 위해 일 년 동안 보지 못한 나를 외면할 수 있다면, 다시는 공개적으로 나를 인정할 의향이 없는 게 분명하다. 비밀 동생이 되고 싶은 마음은 없어. 이런 은밀한 관계는 정말 싫어.'

지니는 역에서의 장면을 다시 그려 보았다. 무엇보다도 차분하고 자기 확신에 찬 그녀 자신의 모습, 혼란스러워 냉담한 안젤라, 오만불손한 로저. 지니 안에 단단한 무언가가 점점 차가워지고 있었다. 로저의 오만함도 지니를 심란하게 만들었다. 갑자기 기억 하나가 떠올랐다. 노예 시대에 백인들은 그들과 살과 피를 나눈 혼혈인 친척들을 학대하고, 저 멀리 남부 노예제 깊숙이 팔아 버리거나, 그들이 죽을 때까지 혹은 죽기 직전까지 구타당하는 것을 서서 지켜보았다. 결국에는, 백인과 유색인의 피에는 근본적으로 다른 무언가가 있는지 모른다. 지니가 큰소리로 말했다.

"있잖아, 언니가 집을 떠나던 일요일 아침에 언니는 나와 다르다고 말했지. 언니 말이 맞을 거야. 언니 혈관에는 백인 피가 더 주입된 것 같아. 그래서 인생을 보는 각도가 다르지. 그게 맞는다면, 나는 언니를 판단할 권리가 없어. 내 어리석은 생각을 이해해 줘."

지니는 라티네 드레스 속으로 몸을 넣어 입기 시작했다. 좁은 칼라와 커프스 그리고 예스러운 장밋빛 가느다란 벨트로 치장된 고풍적인 블루 드레스였다. 보드라운 가리개 위로는 구릿빛과 검정색이 촘촘히 어우러진 머리가 나타났다. 색상을 새로이 조합한다면 파라다이스 연극의 앙증맞은 새가 되었을 것이다. 정감 있는 지니의 얼굴 라인은 미묘하고 강렬했다.

안젤라가 비통하게 지니를 보았다. 상한 자존심과 굴욕을 느꼈다. 동생에게 무엇을 얻으려고 기대했던 걸까. 분명 어떤 위로를 원했었다. 뭐가 되었든 이런 냉랭한 거리감은 아니었다. 동생도 그녀만큼이나 가슴 아픈 상처로 고통받았을 것이다. 하지만 안젤라는 그런 생각을 미처 하지 못했다. 그녀는 지니처럼 솔직하고 거침없이 말하지 않았다. 그 해에는 그녀가 예상했던 것보다 더 심각한 파열음이 있었다. 그럼에도 그들 사이에는 늘 공통부분, 만남의 장이 있었다. 같은 집에 살 때 지니는 일단 이야기의 모든 면을 듣고 이해해 주거나 아니면 이해해야 할 이유를 찾았다. 지니에게는 그런 명성 비슷한 것이 있었다.

안젤라는 헤티 다니얼즈가 말한 옛 금언이 떠올랐다. '친구를 원하는 사람은 스스로 친절해야만 한다.' 그런데 안젤라는 그렇게 하지 않았다. 지니를 홀대했고, 편지에 답하지 않았다. 심지어 지니에게 생경한 환경이 될 수 있는 곳에서조차 그녀를 회피했다. 겨우 이틀 전이었던가! 안젤라는 부끄러운 짓을 하고 있었다. 지니에게 보상을 해야 할 것이다. 지니가 놀랍고 매혹적인 삶을 살다가 어쩌다 위기에 빠지면 안젤라는 그녀에게로 가야 할 것이다. 기묘하고 정답고 자유로운 이 세상에서 안젤라가 경험한 욕망과 갈증을 동생에게 설명할 것이다. 그리고 함께 행동 계획을 세울 것이다. 지니는 아이 같을 수도 있지만 힘이 있었다. 아무리 힘이 넘쳐도 지니가 이렇게 말하지는 않을 것 같았다. "다 잊어버려, 언니! 이것처럼 별 거 아닌 일 가지고 빚을 갚을 필요는 없어."

안젤라가 제언을 하기 전에 지니가 먼저 입을 열었다.

"그런데, 언니, 나 지금 가야 하거든. 우리가 언제 다시 볼지는 모르겠어. 수요일 일을 겪고도 내가 언니를 찾아갈 거라고는 기대하지 않겠지. 당연히 언니도 바빠서 여기까지 오기는 힘들 거고. 그런데 한 두 가지 얘기해야 할 게 있어. 첫째는 집에 관한 거야."

"집에 관한 거라고? 왜, 네 집이잖아. 내 알 바가 아니야."

"나도 알아. 근데 팔 생각이야. 요즘 필라델피아에 주택이 부족하대. 할로웰 씨 말로는 아버지가 지불했던 것보다 적어도 두 배는 더 받을 수 있대. 그렇게 되면 언니한테 갈 돈이 더 있을 거야."

이 사실을 24시간 전에만 알았어도 로저의 제안을 달리 받아들였을까. 수요일에 지니를 만나서 그녀가 계획한 것을 들었다면!

"음, 돈을 더 받게 되면 물론 좋겠지. 그렇지만 내가 이해가 안 되는 건, 너는 어떻게 살 작정이니? 뭐를 할 거야?"

"시험에 합격하면 이곳으로 옮길 거야. 임용되는 건 1, 2개월이면 해결될 테니까. 그건 확실해. 지금이 5월이니까, 9월까지만 기다려 보려고. 어차피 이번 여름에는 쉴 생각이었어. 그리고 절대로 실패할 리가 없어. 정말로 기회를 봐서 이리로 와서 대리 강사를 할까 생각 중이야. 펜실베이니아 대학의 할러스터 씨가 찾아보고 있는데, 자리는 많대. 아마 나도 이제 변해야 할 때가 되었나 봐. 뉴욕이 약간 끌리기도 하고. 그리고 분명 할렘에는 특별한 게 있어!"

지니는 아무렇지도 않게 행동했지만 안젤라는 지니가 매슈 헨슨을 생각하고 있다는 걸 알았다. 안젤라는 손을 뻗어 지니의 머리를 자신의 어깨로 끌어당겼다.

"오, 달링, 그에 대해서는 걱정하지 마. 매슈는 진짜 너랑은 안 맞아."

“아니야,” 지니가 말했다. “내 생각에는 나랑 맞아. 안 맞는 게 사실이래도 별반 차이는 없어, 그치? 적어도 처음에는 안 맞았으니까. 그래도 걱정하지 말아야지.”

‘그래, 걱정하지 마. 내가……’ 안젤라는 이렇게 말하려던 참이었다. ‘너랑 어울릴 수 있는 남자 두세 명을 알고 있어. 소개시켜 줄게.’ 하지만 과연 그럴 수 있을까? 지니는 안젤라의 침묵을 이해하고 미소 지으며 고개를 끄덕였다.

“괜찮아, 언니, 언니가 할 수 있는 게 없어. 할 수 있다면 하겠지. 우리는, 이제 언니랑 나는 각기 다른 사람이라는 현실을 직시해야 해. 인생을 따로따로 사는 거야. 우리는 샴쌍둥이가 아니잖아. 각자 선택한 길을 가야겠지. 어차피 우리는 각자 인생에서 얻을 수 있는 모든 것을 갖고 싶어 하니까! 백인이 되어서 더 얻을 수 있다면, 그리고 분명 그럴 능력이 있으니 그렇게 못 할 이유가 없지? 그저 나에게는 우리가 살아가는 데 색깔보다 더 근본적인 뭔가가 있다고 보여……. 나도 잘 모르겠어. 모든 게 복잡해. 우리가 생각은 다르지만, 내가 옳다고 믿는 것처럼 언니도 그렇겠지.”

“지니!”

“사랑하는 언니, 언니를 비난하려는 게 아니야. 나는 감정의 개입 없이 상황을 보려고 하는 것뿐이야. 흑인 핏줄이 불편한 이 나라에서 아무 말 하지 않는 것으로 그것을 부정하는 것은 결국…… 음, 그건 의심의 여지가 없어. 언니는 그렇게 하면서 자부심을 느낄지도 몰라, 무척 만족할 수도 있겠지…… 나는…… 하지만 그건 분명 언니의 시야를 가릴 수도 있어. 언니가 그 혈통의 생생한 표증을 부정할 수 있을 것 같아?"

이 냉정한 논리 앞에 안젤라는 말을 잃었다. 지니가 안젤라를 보았다. 어머니의 모습이 묘하게 뚜렷이 드러난 젊은 얼굴이었다. 중년이었을 때 어머니는 모성애의 화신이었다. 그들이 얼마나 어머니를 사랑했던가!

"언니, 조심해!"

"그래, 달링. 아, 내가 무엇 때문에 이러는지 전부 설명할 수 있으면 좋겠다."

"맞아, 그래, 어쩌면 다음에. 난 지금 빨리 가야 해." 지니는 주저하며 안젤라의 팔을 잡고 눈을 응시했다. "역에서 언니가 같이 있던 그 엄청난 백인 말이야, 정말 그를 사랑하는 거야?"

"아니, 사랑하지 않아."

"뭐, 쳇!" 순진한 지니는 말했다. "걱정할 게 없네! 그럼 뭐 때문에 그 난리를 피운 거야?"

플럼번

1장

안젤라는 시내까지 동생과 함께 가고 싶었다.

"내가 너에게 행운을 가져올지도 모르잖아."

하지만 지니는 이 제안에 대해 완강했다.

"언니한테 불운을 가져올 가능성이 많아. 아니, 운을 시험해 보고 싶은 생각은 없어. 고가철을 탈 거야. 집주인 아주머니 말씀이 내가 시험 보는 학교 바로 코앞에 내려 줄 거래. 언니는 다른 식으로 가."

복도 아래쪽에서는 글라스터 부인이 분주히 청소를 하고 있었다. 주부의 열성으로 활기찬 부인의 작달막한 모습은 부산스럽게 움직였다. 지니는 부인 근처에서 멈춰 서 안젤라에게 손을 내밀었다.

"굿 바이, 모리 양," 지니가 짓궂게 말했다. "꽤 오랜 시간 저를 방문해 주셔서 고마웠습니다. 당신이 그 멋진 빌리지에서 탈출할 수 있다면, 올라오세요, 할렘을 구경시켜 드릴게요. 내가 마스터하는데 별로 걸리지 않을 테니까."

안젤라는 정중히 지니를 보내고, 7번길로 걸어와 버스에 올랐다. 지니의 세심한 경고에 약간 찔렸다. 114번가에서 앤서니가 올라타면서 이내 그 경고의 의미를 깨닫기 시작했다. 앤서니는 그녀 앞에 앉았다.

"이 근처에서 너를 보리라고는 기대하지 않았는데."

"오, 여기 근처에 사니? 가끔 궁금했는데."

"그저 어쩌다 보니 여기에 오게 된 거야. 사실 뉴욕 곳곳에서 살았어."

앤서니는 야위고 부산스럽고 불행해 보였다. 눈동자는 안젤라의 얼굴에 쉬지 않고 머물러 있었다. 안젤라는 약간 긴장하며 말했다.

"너를 통 못 보는 것 같아. 요즘 뭐 하니?"

"네가 관심 가질 만한 일은 없어."

안젤라는 감히 자신 있게 대꾸하지 못했다. 앤서니를 정말 좋아했지만, 어쨌든 그가 하는 일에 관심이 있는 건 아니었다. 한참 동안 안젤라는 다정함과 무관심을 적절히 조화시켜 표현할 수 있는 어구를 생각했다.

"함께 점심 한 게 오래됐네. 오늘 나랑 점심 할래. 내가 낼게." 안젤라는 지니와 집 매매의 가능성을 생각했다. "다소 상당한 돈이 생길 거라는 것을 방금 알았거든. 물론 점심을 살 정도는 되지."

"고마워. 그런데 약속이 있어. 게다가 너랑 공공장소에서 점심 먹고 싶지 않아."

이것은 위험한 부분이었다. 당황한 안젤라는 아둔하게 대답했다.

"알았어. 언제 차를 마시러 와. 가끔 쿠키를 한 더미씩 만들거든. 지난주에 약간 만들었지. 다음에 그럴 기분이 들면 너에게 초대장을 보낼게. 그럼 와서 따뜻할 때 먹어."

"그럴 생각이 없다는 것, 너도 잘 알잖아. 내 주소도 모르면서."

"그런 어려움이야 쉽게 해결할 수 있지."

안젤라가 웃음 지었다.

그러나 앤서니는 웃을 기분이 아니었다.

"나는 명함이 없어. 있다 해도, 어차피 거기에는 주소가 없을 거야." 앤서니는 노트에서 종이를 한 장 찢어 주소를 갈겨 써 주었다. "여기. 나 지금 내려야 해." 안젤라가 마지막으로 아쉬운 눈빛을 보냈다. "오, 엔젤, 나를 초대하지 않을 거라는 걸 너도 알잖아!"

그 종이를 한 손에 단단히 쥐고 안젤라는 마침내 작은 아파트에 들어섰다. 자연스럽게 마음이 가는 대로 주소록을 찾아 그 길 이름과 번지를 썼다. 그리고 알 수 없는 충동으로 그 종이를 반듯이 펴서 책상 구석에 놓았다. 모자와 장갑을 벗고 안락한 의자에 앉아 자신의 생각과 마주할 준비를 했다.

* * * *

그게 어제였다! 이제 24시간이 지났지만 안젤라는 아직껏 평정을 찾지 못하고 있었다. 여전히 어리둥절하고, 그날 무슨 일이 있었는지 깨닫지 못했다. 단지 그녀 인생의 중요한 시점, 최고의 전환점에 이르렀다고 느꼈다. 지금 로저와의 관계를 끝내지 않는다면, 비록 분명한 행동을 아직 취하지는 않았지만, 안젤라는 결코 예전과 같지 않을 것이다. 예전처럼 확고한 자존감과 자신감을 가지고 자신을 대하지 못할 것이다. 그녀 자신에게 예전과 같지 않을 것이다. 만약 이대로 물러난다면, 정말로, 약간 세련된 것을 빼면 필라델피아를 떠나기 전의 소녀, 예전의 안젤라 머레이가 될 것이다. 모험을 시작했지만 끝을 보지는 못할 것이다. 인생을 움켜잡았지만 첫 번째 공격에 팔을 내려놓은 것이다. 안젤라가 겁쟁이일까, 지혜로운 여자일까? 『하트의 교과서』에서 읽었던 두 시가 떠올랐다. 아버지가 가지고 있던 아주 옛날 책이었다. 하나는 이렇게 진행되었다.

모든 것을 잃어버릴 걱정에
감히 운명을 시험하지 않는 사람은
운명이 너무 두렵든지
아니면 상을 받을 자격이 약하다

다른 시에는 영민함과 소심함이 미묘하게 혼재되어 있었다.

싸우다 도망가는 자는
다른 날 다시 싸우기 위해 살아야 하리
하지만 전투에서 죽음을 맞는 자는
쓰러져 결코 다시는 일어나지 못하리

안젤라는 상 받을 자격이 충분할까, 아니면 다른 날에, 좀 더 나이가 들고 경험을 쌓았을 때, 다시 돌아와 싸우기 위해 지금은 도망가야 할까? 더 많은 경험! 어떻게 이런 경험을 얻을까? 안젤라는 이미 훨씬 더 지혜로웠다. 필요한 경우라면 어제 그녀가 로저에게 했던 것보다 한결 신중할 것이다. 하지만 엄밀히 말하자면, 그 경험 때문에 어떻게 만나고 언제 비슷한 조건을 기대해야 하는지 아는 것이다.

지니라면 어느 구절을 따를까, 안젤라는 알 것 같았다. 하지만 다시금 자신의 능력을 믿었다. 지니처럼 되고 싶지 않았다. 지니와 안젤라는 완전히 다른 두 사람이었다.

“하지만,” 안젤라가 혼자 중얼거렸다. “지니가 나처럼 하얗지만 마음은 그대로라면, 그리고 나와 같은 처지에 놓인다면, 그 피부색은 어려움을 덜어 주겠지. 그건 지니에게 안전막이니까. 나에게는 항상 저주였지.”

* * * *

파랑색 차를 타고 로저는 안젤라에게로 왔다. 차 안에는 바구니와 접이식 의자 2개, 융단 자리가 있었다. 화창한 날이었다.

“괜찮으면,” 로저가 말했다. “소풍을 가자.”

로저는 대단히 멋있고, 대단히 긴장하고 있었다. 안젤라도 긴장되었다. 그녀가 얼굴색을 잃어버린 걸 빼면, 어디서도 그 긴장감을 엿볼 수는 없었다. 오늘은 약간 평범해 보였다. 목표에 가까이 왔지만 마지막으로 고통스런 몇몇 순간들을, 어쩌면 여러 시간을, 참아야 하는 것이 죽을 맛이었다. 그들은 한동안 말이 없었다. 로저는 운전하는 데 집중했다. 뉴욕 교통은 언제나 지독하게 막힌다. 오전 11시는 최악이다. 도시의 거대한 괴물은 마지막 발걸음을 떼고 있었다. 한두 시간 동안 일정하면서도 전혀 여유가 없는 속도로 진행될 것이다. 그리고 집 근처에서는 다시 폭발해 미친 듯이 달려갈 것이다.

얼마 후 그들은 시외로 빠져나오고, 말을 할 수 있었다. 로저를 알게 된 이후 처음으로 그는 재산에 대해 말을 꺼냈다.

“돈으로는 뭐든지 살 수 있어, 앙젤. 가질 수도 있고, 줄 수도 있지.”

로저의 목소리에는 어떤 의도가 깔려 있었다. 그들은 포레스트 힐즈 방향으로 가고 있었다. 로저는 거기에 별장이 있었다. 아마 안젤라가 보고 싶을 것이다. 그리고 멀지 않은 곳에 작은 숲이 있었다. "거기서 소풍을 할 거야." 로저가 말했다. "그리고…… 이야기도 하고."

로저는 분명 긴장했다. 안젤라는 그런 그가 좋았다.

포레스트 힐즈의 별장은 거의 주택에 가까웠다. 정말 보석처럼 아름다웠다. 스타일과 눈에 띄는 고상함으로 가구를 완벽히 갖추고 있었다.

"왜 가구를 들여 놓은 거야?"

안젤라가 궁금해 물었다. 로저는 집이 오랫동안 비어 있었고, 이 가구들을 보면서 이 집에 잘 맞겠다는 생각이 들어 구비했다고 우물거렸다. 로저는 기분이 내키는 대로 할 여유가 있음을, 부끄러운 줄도 모르고 그런 식으로 동반자에게 다시 상기시켰다. 그들은 말없이 그 우아한 작은 집을 출발했다. 안젤라는 기분이 풀어지고 있었다. 집에서 받았던 인상보다 더 나은 시작은 없을 듯했다. 어떻게 하면 그가 말을 할까, 그리고 무슨, 오, 그가 무슨 말을 할까? 측은한 매슈 헨슨이 꿈꿀 수 있는 것보다 훨씬 더 로맨틱하겠지. 돌연 잠재의식 속의 무언가가 다른 생각을 불러일으켰다. 앤서니가 말했던 것보다는 한결 덜 로맨틱할 것이다. 가난하고 영예롭고 절망적인 앤서니의 언약!

그들은 작은 숲에 닿았다. 융단 자리를 펴고 식탁보를 깔았다. 로저는 맛있는 음식을 꺼내 놓았다. 안젤라는 손가락 하나 움직이지 못하게 했다. 그녀는 손님이고, 그는 비천한 하인이었다. 안젤라는 로저에게 미소 지으며, 여전히 로저와 매슈와 앤서니를 어렴풋이 비교하고 있었다.

로저는 샌드위치를 내려놓고 안젤라 뒤로 와서 앉았다. 팔로 그녀를 감싸고, 그녀가 머리를 기댈 수 있도록 어깨를 움직였다.

"그런 식으로 보지 마, 앙젤! 난 참을 수가 없어."

일이 정말 시작되고 있었다.

"내가 어떻게 봤으면 좋겠어?"

로저는 고개를 숙여 안젤라에게 키스했다.

"이렇게, 이렇게! 오, 앙젤, 별장은 맘에 들었어?"

"좋아하냐고? 진짜 멋지던데."

"달링, 너를 위해 그렇게 만든 거야. 네가 좋아할 줄 알았지."

안젤라와 아무런 협의도 없이 그렇게 했다는 게 이상해 보였다. 하여튼 안젤라는 외곽에 살고 싶지는 않았다. 오팔가는 그녀에게 충분히 외곽이었다. 안젤라는 도시의 소음과 혼잡을 원했고, 필요했다.

"사랑스런 나의 아가씨, 싫으면 외곽에 살지 않아도 돼. 72번가에도 집이 있어. 방이 일곱 개인 아파트지. 당신과 하녀가 쓰기에는 충분하지 않을까, 그렇겠지? 여기 있는 가구들을 그곳으로 옮겨도 되고, 이게 너무 별장풍이라면 네가 전체적으로 새로 장만할 수도 있겠지."

세 명에 방이 일곱 개라! 어째서 그녀는 응접실과 화실을 원했던가, 그러면 그의 물품들은 어디에 두지? 이 느닷없는 인색함은 전혀 설명할 수가 없었다.

"하지만 로저, 방 일곱 개로는 충분치 않을 것 같아."

로저는 너그러이 웃었다. 얼굴은 안도와 승리감으로 빛났다.

"그래, 아가씨는 궁전을 원하는군, 그렇지? 그렇다면 궁전을 가져야지. 당신이 원한다면, 리버사이드로路에 하인들과 자가용이 있는 완전한 살림집이 있어. 단지 네가 그런 것에 그렇게 관심 있는지 생각을 못했을 뿐이야. 네가 살고 있는 제인가의 그 벽장 속 누추한 집을 본 후론 72번가 집 정도 크기면 만족할 줄 알았거든."

안젤라가 은근히 실쭉거리며 대답했다.

"나 역시 네 생각을 하고 있었어. 네 물품을 둘 곳이 없을 거야. 너는 네가 익숙한 방식으로 살고 싶을 거라고 생각했거든." 갑작스런 초대를 받자니 안젤라는 걱정이 생겼다. "너, 아버지와는 이거 비밀로 하는 거니? 그게 문제인 거야?"

로저의 얇고 선명한 피부 속이 붉게 물들었다.

"아버지한테 뭐를 비밀로 한다는 거야? 무슨 소리야, 앙젤?"

안젤라는 그의 질문을 되받아쳤다.

"너, 지금 무슨 말을 하는 거야, 로저?"

로저는 두 팔로 안젤라를 꼭 안았다. 목소리는 더듬거리고, 눈동자는 번득이며 경계의 빛을 띠었다.

"나랑 같은 집에서 살자고 제안하는 거야. 나를 위해서. 나의 여자가 되어, 오직 나만이 있는 곳에 사랑의 보금자리를 만들자고."

로저는 값싸게 흘러나오는 어구가 부끄러운 듯 웃었다.

안젤라가 로저를 밀어냈다. 그녀의 턱이 처지며 입술이 살짝 열렸다. 얼굴이 굳어졌다. 아찔한 당혹감에 심장이 날뛰고 있었다. 결국 이 제안이 바로 안젤라가 자신의 성이자, 안전 요새이자, 피난처라 믿었던 것이었다. 이제 뭐라 답해야 할까? 달아오르고 반쯤 창피해하는 로저의 얼굴에 따귀라도 때려야 할까? 따라오지 못하게 하고 일어나 떠나야 할까, 아니면 머물면서 끝까지 들어야 할까? 머물러 이 남자가 정말 어떤 사람인지 알아라. 그의 속이 얼마나 깊은지, 어쩌면 다른 남자들 속은 어떤지. 특히 소년처럼 당당한 분위기를 자아내는 이 남자, 순진한 얼굴을 한, 그녀만큼이나 또렷이 결백해 보이는 이 남자의 속이 얼마나 깊은지 알아라.

* * * *

안젤라는 이러고 있는 자신이 싫었다. 다음 날 방에 앉아, 너만의 생각은 집어치우라고 짜증내며 중얼거렸다. 그 자리를 뜨지 않고 잠자코 이야기를 들었던 자신이 혐오스러웠다. 그것은 결국 로저가 계속 말하도록 격려한 꼴이 되었다. 무엇보다도 안젤라가 가장 증오했던 것은 끝까지 다 들어야 한다는 결단 밑에 깔린 실용성과 얄팍함이었다. 그 청구서들을 생각했다. 그녀가 직면한 빈곤과 낙담을 생각했다. 그리고 마사 버든의 조언을 생각했다. "그 남자가 너를 원하도록 만들어야 해." 그러니까, 로저가 그녀를 원하게 하고, 그 욕망을 은행 계좌로 돌리는 방법이 여기 있었다. "그러지 마," 마사는 말했다. "너무 빼지 말고 조금씩 줘." 그 남자가 하는 말을 잘 듣고, 그를 약간 좋아한다는 힌트를 준다고 가정해 보자. 그가 계속 원하는 한, 남자들은 욕망을 위해 큰 값을 치른다. 그녀의 가격은 결혼일 것이다. 이것은 세계 곳곳에서 여자들이 하는 게임이었다. 안젤라도 그 사실을 알았다. 하지만 자신이 그 게임을 하리라고는 생각지 못했다. 어떤 여자는 이 게임을 벌이다 손가락을 데기도 한다. 이것은 위험한 게임이다. "너무 많이 주면 안 돼." 마사가 말했다. "그러면 너 자신을 잃어버릴 거야." 그래, 안젤라는 아무것도 주지 않을 거고, 손가락을 데지도 않을 것이다. 아, 이것은 신나는 게임이 될 것이다.

또한 다른 요인이 끼어들었다. 로저는 안젤라의 자존심에 상처를 입혔기에 치료약을 발라 주어야만 했다. 그에 알맞은 연고라고는 오직 프러포즈뿐이다. 오, 안젤라가 동화 속의 소녀라면, 로저가 청혼하려고 그녀의 손을 잡을 때 이렇게 말할 수 있을 텐데. "난 다른 사람과 약혼했어요. 훨씬 더 잘 어울리고 잘생기고 부유한 사람과."

* * * *

로저의 음성이 날뛰는 이 모든 생각들을 꿰뚫고 지나갔다. 호소하고, 설득하고, 유혹하는 음성이었다. 안젤라는 어떤 창피한 소심함이 자신에게 슬며시 들어오는 것을 느끼고 흠칫했다. 하지만 정작 창피해야 할 사람은 바로 로저였다. '당신은 나에게 관심이 있고, 무척 보고 싶었다고 했어. 그런데 왜 정상적인 방식으로 나를 초대하지 않는 거야?' 라고 묻고 싶었다. 그러나 그렇게 하지 못했다. 어떤 자존심, 묘한 가식, 미묘한 강렬함 때문에 그렇게 하지 못했다. 그런 자신을 이해할 수 없었다. 로저는 부와 외모와 가족 연줄이 있어 이미 많은 여자들의 추종을 받았다. 자신이 '동경의 대상'이라는 사실을 알았다. 만약 로저가 안젤라에 대해서 안다면, 그녀가 시골 밑바닥 공동체의 일원이고 가난하고 이름 없고 낙인찍힌 사람이란 것을 안다면, 안젤라는 그 젊은 여자들의 무리에 감히 모습을 드러내지 못했을 것이다. 속을 드러내 놓고 '훌륭한 상대'를 찾는 젊은 여자들.

로저가 잠깐 호흡을 가다듬으려 멈추었을 때 안젤라가 서글프게 말했다.

"그렇지만, 로저, 사람들은 그런 일을 하지 않아. 점잖은 사람들은 그렇게 하지 않지."

"앙젤, 넌 정말 어린애야! 이런 게 바로 진짜 사람들이 하는 일이야. 그리고 왜 안 되는데? 남자와 여자의 관계에 있어 왜 세상이 끼어들어야 하지? 역사상 가장 달콤한 몇몇 결합도 이런 거였어."

"다른 사람들은 몰라도, 난 아니야. 내가 아는 사람 중에 네가 말하는 그런 관계를 맺고 있는 사람은 없어."

안젤라는 어머니와 아버지, 할로웰 부부, 헨슨 부부를 생각했다. 그들의 삶은 펼쳐 놓은 책처럼 명명백백했다.

로저가 호기심 어린 눈으로 안젤라를 보았다.

"네가 아는 사람들이라! 폴렛을 염두에 둔 건 아니지!"

폴렛을 잊고 있었다니!

"그래, 나도 폴렛에 대해 알고 있어. 그녀가 나에게 직접 말했지. 난 폴렛이 좋아. 대단히 훌륭한 친구지. 그렇지만 로저, 너는 내가 폴렛처럼 되면 좋겠어?"

"물론, 아니야. 폴렛과 다르니까 내가 너에게 관심을 갖게 된 거잖아. 너는 숲 속의 아이 같아. 네가 남자 경험이 없다는 건 누구나 알 수 있을 거야."

이 뻔한 논리의 비약은 전혀 앞뒤가 맞지 않았다. 안젤라는 어린 아이처럼 로저를 보았다. 이런 문제에 관한 한 안젤라는 실상 아이였다.

"하지만…… 하지만 로저, 그런 게 폴렛 같은 삶의 시작이 아닐까? 우리가, 너와 내가 헤어지면 나는 어떻게 되는 거지? 이런 일은 흔히 오래가지 못하지, 안 그래?"

"꼭 그런 건 아니야. 우리는 절대 그러지 않을 거야. 내가 항상 너를 돌볼게. 네가 필요한 것을 채워 줄게." 로저는 안젤라에게 분노가 쌓이는 걸 느낄 수 있었다. 필사적으로, 교활한 마지막 카드를 썼다. "더불어 이 관계 속에서 뭔가 영원한 것이 나올지 누가 알겠어. 인생이 꼭 내 뜻대로 되는 건 아니니까, 앙젤."

로저는 분명 아버지를 염두에 두고 하는 말이었다. 그는 아버지의 뜻을 거스를 수 없었다. 안젤라는 그가 거짓말을 한다는 생각은 하지 못했다. 왜 그가 거짓말을 하겠는가?

*　　*　　*　　*

로저의 모든 주장, 반쪽 약속, 암시에 안젤라는 확고히 거절 의사를 밝혔다. 땅거미가 지자 안젤라는 집에 가고 싶다고 말했다. 해가 지면서 안젤라는 힘이 빠졌다. 피곤하고 지쳤다. 안젤라가 옮겨 간 사회 현실에 대한 뜻밖의 언쟁, 불안한 미래, 상처받은 자존심으로 정신이 혼란스럽고 가슴이 두근거렸다. 내성적인 그녀는 분개하고 당혹스러워 더 이상 로저에게 할 말이 없었다. 로저는 그의 주장에 동의하거나 반대하라고 안젤라를 재촉할 수 없었다. 집에 돌아가는 차 속에서 오랜 시간 안젤라는 입술을 굳게 다물고 있었다.

그럼에도 불구하고 제인가로 접어드는 순간 안젤라는 긴 저녁 시간을 혼자 보내고 싶지 않았다. 로저와 단둘이 있는 것도 탐탁지 않았다. 이 복잡한 감정을 그에게 전했다. 옷차림이 흐트러진 건 아니었지만, 멀리 외곽에 있는 럭셔리 호텔에 들어설 정도는 아니었다. 하지만 로저는 안젤라를 기쁘게 할 마음에 초조했고, 빌리지에 있는 작은 나이트클럽은 문제없이 갈 수 있을 거라고 말했다. 그들은 몇 번 방향을 틀고 커브를 돌아 어두운 거리 어느 건물 앞에 섰다. 우스꽝스럽게 철창이 쳐진 문을 노크하고, 불가사의한 검은색 문으로 들어갔다. 그 방에는 고품격 바닥에 테이블과 의자 몇 개, 은근히 기괴한 커튼이 있고, 대여섯 커플이 앉아 있었다. 그중에 폴렛과 잭 허드슨, 그리고 키가 크고 약간 덩치가 큰 금발 여자와 호리호리하고 거무튀튀한 남자가 있었다. 안젤라는 금발 여자의 이름이 칼로타 팍스라고 들었다. 남자의 이름은 알아듣지 못했다. 폴렛은 로저에게 요란하게 손을 흔들었다. 금발 여자는 일어서서 성급히 팔을 벌려 로저의 목을 끌어안았다.

"로저!"

"하지 마." 로저는 약간 신경질적으로 말했다. "안녕, 잭." 로저는 흑색 남자에게 고개를 끄덕였다. 그도 똑같이 잘 아는 듯이 보였다. "여기 먹을 만한 게 뭐가 있지, 친구들? 모리 양과 나는 피곤하고 배가 고프거든. 종일 돌아다녔어."

팍스 양은 얼굴을 돌려 안젤라를 한참 관심 있게 쳐다보았다.

"여기 앉아." 폴렛이 말했다. "공간은 충분해. 잭, 주문 좀 할래. 우리가 먹던 걸로 해. 여기 음식이 괜찮아."

폴렛은 기분이 좋고 만족스러운지 빛이 났다. 감칠맛 나는 좋은 음식 덕분에 안젤라는 원기를 회복하며 주위를 둘러보았다.

건장한 체격의 구릿빛 남자 잭 허드슨은 폴렛을 물끄러미 보았다. 아무 말 하지 않았지만 그의 침묵이 모든 것을 말하고 있었다. 거무튀튀한 남자는 칼로타에게서 시선을 떼지 못했다. 칼로타는 로저 외에는 아무에게도 신경 쓰지 않았다. 그들은 오랜 친구인 게 분명했다. 칼로타는 앉아서 로저의 손을 잡고, 그의 어깨에 머리를 기대다시피 했다.

"로저, 다시 너를 만나니까 너무 좋다! 네 생각을 자주 했어! 편지를 쓸 생각이었는데. 이번 여름에 우리 집에서 큰 파티를 할 건데, 너 꼭 와야 해! 아빠는 워싱턴 시민 절반은 초대할 거래. 공관원들, '공주들, 백작들, 그리고 준엄한 영국 부인들.'* 아빠는 주말에 와."

틀림없이 칼로타는 상류 사회에 속해 있었다. 연줄이 좋고, 능력도 있고, 더욱이 부유했다. 로저의 여자는 이 별난 친구에 대해 속으로 의아해하며 앉아 있었다. 어쩔 도리 없는 질투심에 심장이 조여오는 것 같았다.

칼로타의 관심을 다시 끄는 데 실패한 거무스름한 남자는 돌연 안

* 조르주 뒤 모리에의 『트릴비』(*Trilby*)에서 인용했다.

젤라에게 춤을 추겠냐고 물었다. 그는 훌륭한 파트너였다. 음식과 활기를 돋우는 향료 덕분에 안젤라는 한두 번 미끄러지듯 매끄러운 동작에 빠져들었고, 파트너와도 기분 좋게 대화를 했다. 어깨 너머로 살짝 보니 칼로타는 지금도 로저에게 말을 하고 있었다. 하지만 로저는 그녀에게 관심이 없었다. 로저의 시선은 안젤라에게 고정되어 있었다. 로저는 새무룩하게 안젤라의 동작 하나하나를 따라갔다. 안젤라가 보기에는, 자신이 하는 말을 들으려고 신경을 쏟고 있는 것 같았다. 안젤라와 시선이 마주쳤다. 그들은 오랫동안 서로를 바라보았다. 의미심장한 눈빛이었다. 안젤라는 암묵적인 합의와 공감을 느꼈다. 그 순간, 그 너울거리는 은밀함을 따라 가슴이 흔들리는 것 같았다.

파트너는 안젤라를 테이블까지 에스코트했다. 벌겋게 달아올라 빛을 발하는 폴렛은 고삐 풀린 아이처럼 행동하며 장황하게 떠들고, 허드슨은 즐거운 표정으로 듣고 있었다. 이야기꾼 폴렛은 달콤하면서도 은근슬쩍 악의가 있었고, 그것은 그녀의 모험 이야기를 절대 무시하지 못하게 만들었다.

"그 여자의 이름은," 폴렛은 다른 사람들을 개의치 않고 큰 소리로 말했다. "앙트와넷 스퓨어였어. 앙트와넷은 처음부터 나에게 쓰려고 그걸 가지고 있었던 것 같아. 그녀가 슬론 코비에게 나를 보고 싶다고 말했대. 그래서 슬론이 우리 둘을 점심에 초대했지. 레스토랑에 갔는데 앙트와넷이 로비에서 기다리고 있었어. 슬론이 우리를 소개하는데…… 글쎄 앙트와넷이 나에게 오페라글라스를 들이대는 거야…… 나한테 오페라글라스를 말이야!" 폴렛은 마치 서부 사람이 누군가에게 '리볼버'를 들이댄 것처럼 말했다. "하지만 내가 그 버르장머리를 고쳐 주었지. 우리 가까이에 서너 사람들이 지나가고 있었는데 그 사람들이 잘 들을 수 있는 범위 내에서 멀리 떨어져 앙트와넷에게 말했어. '미안하지만, 당신 성이 뭐라고 했죠?' 그 사람 성이 스퓨어였잖아. 스퓨어는 '토하는 사람'이란 뜻인데, 그 이름을 호텔 로비 저쪽 편에서 큰 소리로 말할 순 없잖아! 흠, 그녀가 그 높은 말 안장에서 곧바로 내려오더군. 지금까지도 나를 존중한다고 말할 수 있지."

로저가 일어났다.

"가야 해. 모리 양을 너무 피곤하게 해서는 안 되지."

로저는 진정 마음을 쓰고 친절했다. 팍스 양은 눈을 거슴츠레하게 뜨고 안젤라를 다시 보았다.

차에서 로저는 안젤라를 팔로 안았다.

"앙젤, 네가 그놈하고 춤을 추고 있을 때 나는 참기 힘들었어! 그때 너는 나를 보았어. 아, 그 눈빛! 나를 생각하고 있었지. 나는 그걸 느꼈어. 그걸 알았지."

안젤라 안에 어떤 경계의 장벽이 허물어졌다.

"그래, 당신이 나를 생각하는 걸 알겠던데."

"당연하지! 무슨 말이 필요하겠어! 오, 달링, 달링, 그게 당연한 걸 모르겠어? 나와 행복을 찾는다면, 우리는 비밀 인연, 눈에 안 띄는 인연을 맺는 거야. 우리만을 위해서 존재하는, 세상 누구도 알 수 없는 관계 말이야. 그 은밀함 때문에 훨씬 더 달콤하지."

로저는 뜻하지 않게 그녀의 신경을 자극했다. 훔친 사과가 가장 맛있다. 다른 사람은 몰라도 안젤라는 그것을 분명히 알고 있었다.

안젤라는 크게 말했다.

"다 왔어, 로저. 어느 정도 신나는 하루였어. 고마워."

"이렇게 가면 안 돼! 나를 다시 만나 줄 거지?"

로저를 거절해야만 한다는 걸 안젤라는 알았다. 그러나 다시 어떤 불충한 충동으로, 허락하고 말았다. 로저가 차를 몰아 모퉁이를 돌아가고, 안젤라는 경사가 급한 긴 계단을 뛰어올랐다. 어리둥절하고 가슴이 뛰고 두렵고 궁금한 모험의 감정들이 안젤라를 짓눌렀다. 내일은 지니를 만날 것이다. 그녀의 친동생, 살과 피를 나눈 한 가족. 그들은 함께 이 일을 고민할 것이다.

2장

대결적인 탐색 기간이 계속되었다. 로저는 젊고 부유하고 한가했다. 그가 품은 소원은 일단 시작되면 상당 부분 충족되어야만 했다. 그를 당혹케 하는 이 여자를 손에 넣을 수 없다는 걸 인정할 수 없었다. 이 여자는 로저 안의 열정과 성실의 감정을 깨웠다. 이에 로저 자신도 의아해했다. 여자가, 이를테면 칼로타 팍스와 비슷한 부와 명성과 지위를 가졌다면, 훌륭한 물건이 될 거라는 생각은 몇 번 했었다. 하지만 이 문제로 아버지의 뜻을 거스를 의도는 전혀 없었다. 아버지는 어떤 후보든지 아들의 지위에 맞는 조건과 보편적 타당성, 공증 받은 가문의 계보를 당장 요구할 것이다. 안젤라는 진솔하려고 애썼다. 거짓말의 덫에 빠지고 싶지 않았다. 하지만 거짓 관계나 잇따른 거짓, 가식적 상호 의존을 망각하는 경향이 있었다. 로저가 한두 번 물었을 때, 안젤라는 "가난하지만 자부심 강한 부모님"의 딸이라고 꽤 솔직히 말했다. 아버지는 주임 목수이고, 안젤라는 평범한 공립학교에서 공부했고, 잠시 학교 선생 일을 했다는 상투적인 스토리에 그들은 웃음을 터트렸다. 누구도 이 진술을 확인하려 들지 않을 것이다. 이에 적용되는 사람이라면, 이렇게 단순한 이야기를 거짓으로 꾸미진 않을 터였다. 그렇게 할 만한 가치가 없었다. 안젤라가 범한 자잘한 속임수는 극히 사소한 것이었다. 그저 다갈색 여동생이 있다는 것과 아버지가 흑인이라는 사실을 말하지 않았을 뿐이다.

로저는 안젤라를 이해할 수 없었다. 그는 경솔하고 비합리적인 냉소를 지닌 세속적인 신세대 청년이었다. 스스로도 인정하듯, 진심으로 안젤라에게 끌렸다. 그녀의 태도와 말에 드러난 어떤 차가운 순수함 때문이었다. 하지만 로저에게는 이 순수함을 소중히 여길 이유가 없었다. 왜냐고 묻는다면 그는 이렇게 대답할 것이다. "언젠가 안젤라는 그녀가 살고 있는 세상에 대해서 배워야 하고, 그럴 거라면 나를 통해서 배우는 게 낫지. 나는 항상 그녀를 돌볼 테니까." 로저는 거만하지 않은 수수한 태도를 지녔지만, 마음 뒤편에는 그에게는 부와 권력이 있고 그 부와 권력으로 어떤 상처도 치유하며 어떤 상실도 보상하리라는 확신이 숨어 있었다. 그러나 안젤라가 "그럼 그 후에 나는 어떻게 되는 거지, 로저?"라고 물을 때면, 마음속에 희미한 불안감이 일곤 했다. 그것은 그가 대답할 수 없는 유일한 질문이었다. 로저는 역사적인 안토니와 클레오파트라에서부터 노골적인 신문 '기사'가 폭로한 악명 높은 인척들까지 수많은 선례를 알고 있었지만, 이 질문에는 이렇게 더듬거릴 수밖에 없었다. "그 후는 걱정할 것 없어, 앙젤, 너와 나는 영원한 친구니까."

그들의 잦은 만남은 이제 힘겨루기 양상으로 번졌다. 한 젊은 의지와 다른 결심의 젊은 의지, 결단과 대결했다. 양편 모두 이 대결에 강한 열의를 보였지만 각각 추구하는 바가 달랐다. 로저의 항변과 주장과 요구에 대해 안젤라는 고집스럽게 말했다. "당신이 바라는 것은 불가능한 것이야." 하지만 로저를 쫓아버릴 수는 없었다. 쫓아버리지 않을 것이다. 그의 요청을 수락할 의사는 없었지만, 처음에 가졌던 끔찍한 혐오감은 조금씩 내려놓기 시작했다.

3개월 동안 논쟁은 계속되었다. 로저는 말을 할 때마다 이 화제를 끼워 넣었다. 이것은 점점 견고한 우정의 이유가 되었다. 로저의 논점은 각양각색이고 그럴 듯했다. "세상에서 제일 사랑하는 아가씨, 서로에 대해 세상의 모든 권리가 있으면서도 그것을 주장하지 않는 두 사람에 대해 생각해 봐. 목사에게 '그렇게 하겠습니다.'라고 서약했기 때문이 아니라 강렬한 애정 때문에 서로에게 관대해져 모든 것을 주는 것을 상상해 보라고. 그게 바로 프리러브(자유연애)의 본질이잖아. 맹세컨대, 세상에서 가장 행복한 커플은 눈에 보이는 계약 없이 사랑하는 사람들이야. 그런 사람들은 가장 튼튼한 끈으로 묶여 있지. 그들은 세상에서 가장 자유롭고 가장 융통성 있는 결합이기 때문에 가장 가까운 상태가 되는 거야."

그들은 야릇하게 달콤하면서도 호기심이 이는 친밀한 관계로 나아가고 있었다. 로저는 아버지와 작고하신 어머니에 대한 일화를 얘기했다. 로저는 어머니를 변함없이 사랑했고 소년처럼 애처롭게 슬퍼하기까지 했다. "나에게 참 잘해 주셨어. 나를 그렇게 사랑하셨지. 결코 잊지 못할 거야. 어머니 때문에 아버지를 기쁘게 해 드리려고 노력해. 아버지의 계좌에 값비싼 보석이 있는 것도 사실이지만." 이에 대한 응답으로 안젤라는 평소 생활하면서 겪는 소소한 일들을 얘기했다. 이런 대화는 습관이 되었다. 그의 귀에는 평범하고 지루한 삶의 결정판이었을 것이다. 하지만 지니의 삶과 비교하자면, 그 일들은 상당히 모험적이고, 유망하고, 가히 신비로운 것이었다.

로저는 사람들에 대해 세세한 정보를 가지고 있었다. 안젤라에게도 위험한 비밀을 많이 알려 주었다. "너를 얼마나 믿는지 알겠지, 앙젤. 너도 나를 조금이라도 믿어 봐!"

로저의 이야기들이 사실이라면, 안젤라는 그를 신뢰해도 괜찮을 것이다. 안젤라는 사람들을 판단하던 기준으로 세상을 평가했는데, 그 기준이 발 앞에서 무너지고 있었다. 이게 사람들이 사는 방식이라면, 규범이 무슨 소용이 있을까? 세상은 쾌락을 위해 존재했다. 소소한 미덕을 행해서 얻는 것은 없다. 그것은 결국 안젤라가 몇 해 전에 스스로 생각해 낸 그 옛날 공식의 확장이었다. 로저는 대부분의 시간을 안젤라와 보내는 것처럼 보였다. 안젤라가 무엇을 하든지 그는 기뻐했다. 안젤라는 현금이나 비싼 선물을 받지 않았다.

"그리고 너랑 계속 저녁이나 점심을 하러 갈 수는 없어, 로저. 만약…… 우리가 서로에게 어떤 의미를 갖는다면 모를까."

로저는 고의로 이해하지 못하는 척했다.

"나는 그저, 우리가 서로에게 세상에서 가장 소중한 의미를 갖는 것에 무엇보다도 행복해."

로저는 커다란 과일 바구니며 더 평범한 음식까지 보냈다. 그러고는 안젤라가 이기적이라고 놀리곤 했다. 그 음식을 해치우기 위해 안젤라는 그를 점심, 저녁에 초대했다. 무슨 말을 해도 그가 보내는 것을 막을 수는 없었다.

안젤라에게 이 장난 같은 집안일보다 더 신나는 일은 없었다. 안젤라는 무척 외로웠다. 지니는 그녀만의 행복한 관심사가 따로 있었고, 안젤라를 초대하지 않았다. 앤서니는 근처에 오지 않았다. 마사 버든은 자기 일에 파묻힌 듯 보였다. 마사는 뭔가 비밀스럽게 긴박한 일을 하고 있었다. 그래서 어느 때보다 멀리 있고, 훨씬 더 자족하고, 더 불가사의하게 보였다. 폴렛은 허드슨과 러시아로 떠날 공공연한 준비에 여념이 없었다. 몸이 아플 정도로 행복해 보였다. 포웰 양은 안젤라 곁에 오지 않았다. 그 유색인 숙녀는 자못 친절을 보였지만 거리감이 있고 차가운 면이 있었다. 깰 수 없는 성품이었다. 하지만 안젤라는 당장은 그것을 풀고 싶지 않았다. 로저와의 관계가 더 이상 위태롭게 돼서는 안 되었다. 안젤라는 언젠가 모든 일이 잘 해결되었을 때 돕고 싶은 사람들의 명단에 변함없이 포웰 양을 올려놓았다.

이처럼 외로운 까닭에 안젤라는 자연스럽게 로저에게 다가갔다. 로저는 그녀의 작은 아파트가 완벽한 집처럼 보인다며 어설프게 칭찬했다. 안젤라가 가끔 그를 상대로 실험적으로 만든 음식이나 평범하면서도 훌륭한 요리가 차츰 좋아졌다. 가을이 가까워오자 그들은 개방 난로 앞에 앉아 긴 저녁 시간을 즐겁게 보내거나, 파랑색 자가용으로 공원을 신나게 돌고 마지막 두어 시간을 함께 보냈다. 안젤라는 점점 로저가 애무하는 것을 받아들였다. 내심 환영하기까지 했다. 전혀 의식하지 못하는 듯, 로저가 앉은 큰 의자의 팔걸이에 걸터앉아 있다가 그의 무릎으로, 무릎에서 탄탄한 그의 품으로, 그의 심장이 두근거리는 소리로, 그리고 "여기가 네가 속한 곳이야, 앙젤." 이라고 말하는 속삭임 속으로 옮겨 갔다. 모든 게 차근차근 순조로

이 진행되었다. 로저는 안젤라의 연약하고 불안한 인생 돛단배의 닻과 같았다.

간간이 로저는 그들이 알고 있는 몇몇 사람들에 대해 놀라운 일들을 이야기해 주었다. 폴렛에 대한 얘기는 별로 없었다.

"내 생각에는," 로저가 심판하듯 말했다. "폴렛은 타고난 로맨스 모험가야. 폴렛 안에는 끊임없이 변화를 갈구하는 무언가가 있지. 하지만 결코 만족하지 않아. 훌륭한 협상가지. 준 만큼 받거든. 영원한 것을 바라지도 않고, 그렇게 서약하지도 않지."

안젤라는 조금 안타깝다고 생각했다. 그러나 로저는 '그런' 남자가 있듯이 여자도 그렇다고 다소 가볍게 논평하며 그 얘기를 그만두었다. 안젤라는 로저가 약간 무정한 사람이 아닐까 자문했다.

그들은 두어 번 마사 버든에 관해 얘기를 나누었다. 안젤라는, 생각이 깊고 신중한 마사의 성품에 대단히 자극을 받았노라고 고백했다. 마사는 대의명분을 위해 목숨을 바치는 속성이 있고, 이론과 실재 사이에서 끊임없이 상처를 받는다는 것을 안젤라는 알았다.

"마사는 가장 허풍스런 선구자적 생각들로 꽉 차 있지." 로저가 말했다. "아, 평생 오랫동안 마사를 알았어. 우리는 함께 성장했거든. 도시의 이쪽 편 사람들을 알게 된 건 순전히 마사를 통해서야. 마사는 언제나 누나 같았으니까. 마사가 스스로 만든 곤경에 빠졌을 때 내가 어깨를 잡고 끌어냈던 게 한두 번이 아니야. 스타와 결혼한 것도 내 덕분이지."

"스타와 결혼한 게 네 덕분이라고……. 마사는 스타를 원하지 않았어?"

"원했지. 스타를 원하기는 했는데, 마사는 결혼이라는 걸 믿지 않았어. 그 신념에 확신이 있었지. 내가 유럽에 있던 2년 동안, 마사는 스타와 동거를 했어. 내가 돌아와서 무슨 일이 있었는지 알게 되었지. 스타에게 화해하지 않으면 내가 패서 묵사발을 만들어 버리겠다고 했지."

"웬 폭력? 스타가 원하질 않았어?"

"아니, 단지," 로저는 돌연 자신의 소망을 기억했다. "모든 남자가 그를 위해 원칙을 넘어서는 여자를 받아들일 수 있는 건 아니야. 어떤 남자들은 그런 행동을 싸구려로 취급하지만, 다른 남자들은 그게 무슨 의미인지를 알고 더 깊이 사랑하지." 로저는 부드럽게, 망설이듯 안젤라의 보드라운 머리카락을 만졌다. 머리카락은 고개를 돌린 안젤라의 볼에 그늘을 드리웠다. "나는 그 다른 남자들 중 하나야, 앙젤."

'그런데 왜 우리는 결혼하면 안 되지? 왜 마사처럼 나를 안전하게 만들 수는 없는 거야?'라고 안젤라는 묻고 싶었다. 그러나 다시 자존심이 가로막았다. 대신 마사가 항상 행복해 보이는 건 아니라고 돌려 말했다.

"맞아. 그건 마사가 어리석은 생각을 하기 때문이야. 그들이 서로 얽매여 있어서 자연스러움이 떨어진다는 거지. 마사는 의무 때문에 주는 것이 아니라 자의적으로 주는 걸 원하고, 주어졌기에 취하는 게 아니라 자신이 선택한 것을 갖고 싶어 해. 음, 마사는 강철같이 정직하고, 명분을 위해서라면 끝까지 싸우지. 마사가 자기 성질대로 늙은 스타를 이끈다는 건 의심할 여지가 없어."

안젤라는 이 추측에 양면성이 있을 것이라 생각했다. 약간 긴장하며 앤서니 크로스를 아느냐고 로저에게 물었다.

"크로스라, 크로스! 누리끼리하고 약간 홀쭉한 녀석? 폴렛 집에서 한두 번 본 것 같은데. 아니, 잘 몰라. 부루퉁하고 생각이 많은 놈이라고나 할까. 놀라울 정도로 자신에게 몰두해 있는 그런 형이지."

어떤 이유에서인지 안젤라 안에 작은 반감이 튀어 올랐다. 앤서니는 생각이 많을지도 모른다. 어둡고 힘든 노선을 따라 인생을 겪으면서 생각을 많이 해야만 했다. 로저가 살아온 넓은 황금빛 고속도로를 그는 알지 못했다. 어쨌든 앤서니라면, 마사 버든을 누나처럼 막역한 친구로 여긴다 해도 자기 애인이나 아내에게 그녀의 고달픈 인생사를 떠벌리지는 않을 것이다. 그러니까, 안젤라는 로저에게 많은 걸 가르쳐야 할 것이다. 안젤라는 칼로타 팍스에 대해 크게 말했다.

"팍스 양은 흥미로운 사람 같아. 그녀에 대해 얘기해 줘."

그러나 로저는 딱히 할 말이 없다고 짧게 말했다.

"그냥 마음이 착하고 활발한 아이야. 그게 전부야. 자기감정을 숨김없이 세상에 드러내지."

* * * *

폴렛에 따르자면 팍스 양에 대한 이야기는 그게 전부가 아니었다.

"나도 잘 몰라. 그 무리에 속해 있는 게 아니니까. 근데 로저와 칼로타가 어릴 적 소꿉 단짝이었다는 소리는 항상 있었어. 단지 이루어지지 못했지. 칼로타 가족도 로저의 가족만큼이나 유서 있는 집안이야. 칼로타 쪽 사람들은 늘 정치를 했거든. 아버지 쪽 사람들은 상원에 있고. 지금은 돈이 많지 않을 거야. 하지만 중요한 건, 늙은 필딩이 칼로타를 좋아한다는 거야. 어느 누구보다도 칼로타를 로저의 아내로 삼고 싶어 할걸. 내가 잘못 알고 있을 수도 있지만, 칼로타도 그럴 거야. 정말 그러고 싶을 거야."

"로저는 칼로타한테 관심 없어?"

폴렛의 말을 듣자니 안젤라는 이상하게 심장이 조여 오는 것 같았다.

"있지. 근데 문제는 칼로타가 그를 너무 좋아하고, 그걸 밖으로 표현한다는 거야. 그것 때문에 로저는 그녀를 원하지 않지. 로저는 부르자마자 달려오는 여자를 결코 좋아하지 않아. 너도 그런 남자는 싫지 않니? 그런 사람들은 잡기가 너무 쉽잖아. 그쪽에서 조금이라도 관심을 보이면, 너는 유혹의 눈빛 한 번 보내고 느긋이 뒤로 물러나 있는 거야. 그러면 그쪽에서 다가오지…… 악 소리에 놀란 양처럼. 하여튼 난 그런 남자는 별로야. 내 스타일을 구기잖아. 그런 남자는 여자가 그의 뜻에 맞춰 감정을 억누르거나 만들어 낼 것이라 기대하지. 건방지게! 여자는 남자처럼 느끼거나, 남자보다 먼저 느낄 권리가 없는 거야? 신경 쓰지 마, 머지않아 누군가 로저를 '잡을' 거야. 로저는 자기가 부자이고 지위가 있기 때문에 그게 불가능할 거라고 믿지. 그때가 되면, 아마 칼로타에게 달려가고 싶을걸. 내가 칼로타에게 그리 관심이 많은 건 아니야…… 칼로타는 너무 시끄러워." 보수적인 새침데기 폴렛이 투덜댔다. "그렇지만 내 생각엔, 칼로타는 로저를 좋아하지. 그가 줄 수 있는 것 때문이 아니라, 로저 그 자체를."

* * * *

이 정보가 새로운 가능성을 연 것은 당연했다. 이제 이 모험이 신선한 관심을 끌기 시작했다. 모든 것이 안젤라의 손에 달린 것 같았다. 로저의 관심과 열망은 분명 시들지 않았다. 마사 버든의 조언은 폴렛의 누설로 확증되었고, 결과를 가져올 것이다. 안젤라는 단지 '물러나 있기'만 하면 됐다.

그러나 안젤라가 미처 깨닫지 못한 적이 하나 있었다. 안젤라는 본성의 힘이 무너지리라고는 생각하지 않았다. 그 힘이 까닭 없이 약해지리라고는 꿈도 꾸지 못했다. 안젤라가 가진 무기는 전통으로 장식된 것들이었지만, 싸움은 조건에 대항한 것이었다. 충동과 열정은 안젤라의 무기나 그것을 장식한 전통보다 앞섰다. 안젤라는 막연히 로저를 물리적 난관을 탈출할 수 있는 황금 통로 이상으로 보기 시작했다. 로저는 그녀가 특권 계층에, 세상의 모든 것이 그들을 위해 존재하는 계층에 합류할 수 있는 수단 이상이 되어 가고 있었다. 안젤라의 눈앞에 로저는 가장 친절하고 사려 깊은 사람, 온정과 안녕을 보장하는 존재로 변화하고 있었다. 게다가 지속된 관심과 듣기 좋은 말, 애정의 몸짓은 필연적인 결실을 가져왔다. 안젤라는 천성적으로 차가웠다. 폴렛과는 달리 그녀는 일생에 겨우 한 번, 어쩌면 두 번, 커다란 열정을 경험할 여자였다. 외부 누군가에 의해 불이 붙여져야만 했다. 마지막 분석에서 보듯, 안젤라에게 순결은 도덕이나 종교, 인종적 자존감의 문제가 아니었다. 그건 세심함의 문제였다. 로저는 그녀의 삶 속으로 조금씩 더 가까이 밀고 들어왔다. 그가 다가오는 것이 그 세심함을 거스르지는 않았다. 그의 요구는 서서히 아주 자연스럽고 아름다운 충동인 것처럼 보였고, 그의 주장과 예시는 열매를 맺기 시작했다. 안젤라의 눈에 전통은 남녀의 경험이 수많은 세대에 걸쳐 집약된 지혜라기보다는 고상한 체하는 불필요한 것으로 보였다. 마침내 안젤라의 입장은 이렇게 요약되었다. 로저가 고집스럽게 바라는 관계는 맺지 않을 것이다. 그녀가 받아 왔던 교육에 견주어 볼 때 그것이 비합법적이어서가 아니라, 쾌락과 보호와 권력을 위해 치르는 거대한 전쟁에 비춰 볼 때 부적절하기 때문이다.

여름이 지나고, 가을도 이미 들어섰다. 춥고 비가 많은 가을이 깊어지고 있었다. 반갑지 않은 날씨 덕분에 차를 몰고 돌아다니는 것이 힘들어졌다. 언제라도 극장과 나이트클럽은 갈 수 있었다. 하지만 로저는 안젤라의 난롯가보다 행복한 곳은 없다고 토로했다. 안젤라도 그와 함께 난롯가에 있는 게 좋았다. 키가 크고 단단하고 잘생긴 로저. 가끔은 희망으로 빛났고, 가끔은 패배감에 씨무룩했다. 어느 날, 표면상으로는 안젤라와 차를 마시려고 로저가 왔다. 저녁에 중요한 약속이 있었고, 안젤라를 보지 않고는 하루를 보낼 수 없었다. 안젤라는 피곤하고 다소 기운이 없었다. 지니는 집을 팔아 그녀 몫으로 1200달러를 보내왔다. 처음 3000달러는 바닥을 드러내고 있었다. 하늘이 내려 준 이 선물은 절대 손대지 말아야 했다. 안젤라는 목표에 전혀 가까워지지 않고 있었다. 반면에 별로 내키지 않는 교직의 기회는 꾸준히 들어왔다. 더욱이 안젤라는 이렇게 끊임없이 다가오는 사람의 위험을 비로소 깨달아 가고 있었다. 자신이 가진 생각과 그리움에 오싹했다. 로저뿐만 아니라 그녀 자신에 대한 두려움이 스며들고 있었다.

안젤라는 멍한 상태였다. 늘 주의 깊은 로저는 곧 그것을 감지하고 스스로 원인을 찾으려고 궁리했다. 그들은 긴장감이 감도는 침묵 속에 앉아 차를 마시며, 난로에서 튀어 오르는 금빛 불꽃들을 멀거니 바라보았다. 찌무룩한 밤이 다가왔다. 안젤라는 갈 시간이 되었다고 상기시켰지만 로저는 계속 앉아 있었다. 8시가 되자 안젤라가 다시 상기시켰다. 로저는 시계를 꺼내 무심히 쳐다보았다.

"약속 시간은 이미 늦었어. 게다가 가고 싶지 않아, 앙젤. 친절을 베풀어, 나를 보내지 마."

"그렇지만 저녁을 안 먹었잖아."

"너도 마찬가지지. 난 이렇게 너를 지키는 야생 동물 같아. 나갈까?"

하지만 안젤라는 의욕이 없었다. 따스한 난로 변에서 싸늘한 밤으로 나가고 싶지 않았다.

"아니, 나가고 싶지 않아. 그래도 너는 가, 로저. 나는 여기서 먹을 만한 것을 찾아볼게. 너 줄 건 없을 거야. 대접을 할 수 없어 미안해."

"이렇게 하면 어떨까. 내가 식료품 가게에 가서 무얼 좀 사 올게.

소풍 점심처럼 간단히 꾸릴 수는 있겠지?"

30분 후 로저는 비에 흠뻑 젖어 돌아왔다.

"비가 억수로 쏟아지는데! 이런 밤은 처음이야!"

그가 몸을 흔들자 빗방울이 작은 아파트 사방으로 튀었다.

"로저! 코트를 벗어!"

로저는 소매가 있는 셔츠 차림으로 불 앞에 앉았다. 젖은 머리가 곱실거렸다. 머리를 손으로 괴고 앉아 있었다. 조그만 남자아이 같은 그의 모습에 안젤라는 마음이 흔들렸다. 고개를 돌리다 그녀의 눈에 어린 표정을 보고 로저가 튀어 올랐다.

"앙젤, 너도 알잖아. 네가 나를 좋아한다는 걸. 너도 알아!"

"너를 정말 좋아해."

로저는 안젤라를 두 팔로 안고 키스했다. 안젤라의 뼈들은 물처럼 녹아 흘렀다. 그녀는 부엌에 가야 한다고 핑계를 대며 그곳을 벗어났다. 그러나 로저는 가까이 문간에 우뚝 서서 안젤라의 행동 하나하나를 지켜보았다. 마치 차를 마시는 것처럼 그들은 조용히 식사를 했다. 훌륭한 식사였다. 각각 상대편 존재를 지독하게 의식했고, 그곳 공기는 욕망으로 채워졌다. 밖에서는 비바람이 두드리며 소리를 질렀다.

"굉장한 밤이네." 안젤라가 말했다. 로저는 대답하지 않았다. 안젤라가 다시 말했다. "로저, 늦었어? 너 집에 가야지."

로저는 안젤라에게서 시선을 떼지 않으며 마지못해 일어나 코트를 입었다. 모자를 손에 들고 안젤라에게 굿 나이트 키스를 하려고 몸을 구부렸다. 로저는 팔로 슬쩍 그녀를 안고 가까이 당겼다. 로저의 몸이 떨리는 걸 안젤라는 느낄 수 있었다. 안젤라 또한 떨고 있었다. 그리고 다음 순간, 로저가 나가고 문이 닫혔다.

혼자, 안젤라는 불꽃을 바라보며 앉아 있었다.

'끔찍하다. 여기서 나아질 것 같지는 않아. 내일 쪽지를 보내야겠어. 다시는 오지 말라고.'

누군가 문을 두드렸다. 이 시간에 누가 왔을까 의아했지만 무섭지는 않았다. 안젤라는 문을 열었다. 로저였다. 그는 젖은 코트를 날리며 방으로 성큼 들어오면서 동시에 그녀를 팔로 안았다.

"밖은 끔찍한 밤이야, 앙젤. 그 어둠 속으로 나를 내보내지 마. 여기 불이 있고, 무척 따스하고 부드럽고 달콤한 네가 있는데, 난 갈 수 없어!"

안젤라는 맥이 풀렸다. 몸부림칠 수도, 말을 할 수도 없었다. 로저는 그녀를 두 팔로 획 들어 올려 아기처럼 안았다. 그녀의 얼굴에 그의 얼굴을 마주했다.

"우리가 운명으로 맺어진 걸 너도 알잖아. 우리는 함께할 운명이야!"

안젤라는 주체할 수 없는 나른함에 빠졌다. 그 속에서 그녀는 자신이 헉헉거리는 소리를 들었다.

"로저, 로저, 나를 놔 줘! 오, 로저, 꼭 이래야 해? 다른 방법은 없는 거야?"

그러고는, 말을 가로막고, 호소하고, 다짐하는 그의 음성이 아련히 들렸다.

"다 괜찮을 거야, 달링, 달링. 내가 맹세할게. 나만 믿어, 나를 믿어!"

* * * *

솟구치는 거대한 조류를 따라 돌진하는 인생. 안젤라는 완전히 행복한지, 완전히 비참한지 알 수 없었다. 할 수 있는 것이라곤 그녀가 완전히 로저의 것이 되었다고 느끼는 것뿐이었다. 그녀의 모든 부분은 꽃이 태양을 향하듯 그를 향했다. 로저 없이는 삶에 의미가 없었다. 그와 함께라면 그게 전부였다. 당분간 그녀에게는 감동만 있었다. 로저는 자신이 깨운 그녀 속 감정의 깊이에 자못 놀랐다.

처음으로 안젤라는 소유욕을 느꼈다. 로저의 안녕에 대단한 관심을 가졌다. 로저는 그녀의 것이었고, 그녀가 소유한 사람의 상황을 모르는 건 참을 수 없었다. 재산이나 사업에 호기심이 있었던 것은 아니다. 하지만 그녀와 떨어져 있는 동안 그가 어떻게 시간을 보내는지, 누구를 만나는지, 어디를 자주 가는지 무척 궁금했다. 한순간이라도 떠나보내기 싫어서 그러는 게 아니었다. 그녀는 그 순간에 무슨 일이 일어나는지 알아야만 했다.

안젤라가 그에 대한 소유욕을 느꼈다면, 한편 로저 또한 그녀에게 푹 빠져 있었다. 너무 완전히, 너무 철저히 빠져서 그의 삶이 안젤라를 덮어 버린 것 같았다. 한동안 안젤라는 그의 소원과 쾌락을 위해 존재했다. 그것은 안젤라의 존재 목적이자 결과였다. 그것이 바로 존재, 그녀가 존재하는 이유라고, 스스로를 비웃듯 안젤라는 혼잣말했다. 남자들은 다른 목적, 다른 용도가 있었다. 그러나 여자에게는 오직 하나의 이유만 있었다. 여자가 되는 것. 미술에 대한 안젤라의 꿈은 잊혀졌다. 살롱을 차리겠다는 야망도, 다른 사람들을 돕고 싶은 바람도, 미래를 보장받을 수 있는 결혼을 하겠다는 의지도 잊혀졌다. 그녀 안에 타오르는 열정이나 환희와는 거리가 있는, 그녀 밖의 무엇, 조심스럽고 자부심 강한 그 무엇 덕분에 안젤라는 자유롭고 독립적이었다. 돈을 받지 않을 것이다. 72번가 아파트로 이주하지 않을 것이다. 너무 화려해 사실상 뇌물 같은 선물은 어김없이 거절했다. 안젤라는 설명하지 않았지만, 그도 알고 그녀도 알았다. 아낌없이 주고 싶은 마음과 아량 때문에 그녀가 받아들였다는 것을. 뒤에 감춘 계산 따위는 없다는 것을. 이게 프리러브라면, 프리(자유)는 그 감정보다 강조되어야 하는 특성이었다.

종종 안젤라는 자신이 행복하다 느낄 때, 혹은 말로 표현할 수 없는 미완의 강렬한 느낌을 받을 때, 멈춰 서서 예전의 삶을 되새겨 보았다. 일찍이 그녀가 알던 다른 삶. 쿠퍼 유니언에 가기 전, 처음 뉴욕에 왔을 당시의 삶. 그때 안젤라는 14번가를 배회했고, 유니언 스퀘어를 어슬렁거렸다. 그리고 수억 년 전, 또 하나의 실존, 오팔가에서의 다른 삶. 뉴욕에서 처음 몇 개월은 쉬이 지나갔다. 그때는, 꿈에도 생각지 못한 새로운 실존의 단계로 들어갈 준비를 하며 출발점에 다가서고 있었다. 그럼에도 가끔 밤에 누워 몇 시간씩, 들썩거리던 어린 시절을 그리워하며 회상했다. 아카데미에서의 무료한 날들, 매슈 헨슨의 결실 없는 구애. 헨슨 씨 부부, 할로웰 씨 부부, 헤티 다니얼즈, 그리고…… 지니! 지금은 그들의 울타리에서 얼마나 멀어져 있는가! 안젤라 앞에 간절한, 굶주린 헤티 다니얼즈의 얼굴이 나타났다. 안젤라는 지금, 헤티가 갈망하면서도 비난하던 삶의 형태를 마주하고 있었다. 헤티가 알았다면 이런 생활방식을 꾸짖었을 것이다. 그러면서도 헤티의 어투에는 부러움이 묻어날 것이라 안젤라는 상상했다. "매티 머레이 딸 안젤라는 아주 배려 부렸네. 뉴욕에서 어떤 머슴아랑 죄를 지으며 살고 있응께." 그리고 힐난하는 마지막 한마디. "그것도 백인이여. 이보다 더 할 수 있겄어?"

3장

로저의 아버지는 아들이 조지아의 제재소 문제를 잘 처리한 것에 상당히 만족한 듯했다. 그 결과, 로저의 시간을 점점 더 많이 요구했다. 반은 자부심으로 반은 부친의 뜻을 거스르지 않겠다는 확고한 다짐으로 젊은이는 아버지의 명령을 따르려고 항상 대기하고 있었다. 안젤라는 연인의 효성스런 태도를 인정하고 좋아했다. 그에게 따스한 관심을 주면서도, 한편 의지하려는 성향이 강한 그가 탐탁지 않았다. 내심 경멸스러웠다. 로저는 젊고, 훌륭한 교육을 받았다. 자신의 성품에 힘입어 친구들을 사귀는 재주가 있었다. 하지만 그 재능을 신뢰하지 않거나 게을렀다. 어느 쪽인지 안젤라는 결정할 수 없었다. 서로를 알아 가면서 자신이 정말 그를 사랑하는지 확신하지 못했다. 만약 지금이라도, 그가 아버지의 재산에 대한 비굴한 복종을 접고, 그녀에게 "앙젤, 네가 도운다면, 우리는 새로운 인생, 우리만의 재산을 쌓을 거야."라고 말한다면, 분명 그를 존경할 것이다.

안젤라는 성격이 강하고 독립적이었다. 인종 편견에 대한 마찰로 끊임없이 시달리고 고통받으며 단련되었다. 그녀는 로저의 정신 상태를 추측할 수도, 이해할 수도 없었다. 그 정세가 이미 압도적으로 우호적인데도 로저는 삶과의 전쟁에 뛰어들지 않았다. 반면에 안젤라는 불구가 된 다리나 노쇠한 신체처럼 장애가 될 수 있는 핸디캡이 있음에도 홀로 과감히 참전해 왔었다. 그리고 승리로 향하는 길

목에 있었다. 예상했던 것보다 더 많이 비용을 치러야 했고, 그것을 알아 가고 있었다. 일단 참전한 이상, 목표가 바뀌지 않는 한 뒤로 물러서지 않을 것이다. 그녀의 목표는 물질주의와 쾌락주의의 기묘한 혼합이었다. 현 시점에서는 쾌락적인 면이 삶의 가장 윗부분에 있었다. 그의 열정에 만족하고 있었다. 하지만 막연히, 미래 어느 순간에는 로저와 결혼하리라 가정했다.

안젤라는 이런 내적 갈등과 경계를 전혀 의식하지 못했다. 그저 너무 행복할 따름이었다. 이 미묘한 일탈에 익숙해지고 있었다. 야릇이 냉소받는 인생을 향하는 일탈. 그녀는 자신에게 말했다. "규범이란 보통 사람들에게나 적용되는 것이지, 나는 아니야." 유색인 여성 시인이 쓴 구절이 생각났다. 종종 생각나던 시인이었다. 시구는 이랬다.

> 강력한 요구, 투쟁, 승리.
> 그 가난뱅이는 바보다!

결코 가난뱅이는 되지 않을 것이다. 더 이상 누구에게도 상담이나 조언을 구하지 않을 것이다. 생각과 행동이 독립적인 두 사람, 폴렛과 마사 버든에게서 지금껏 조언을 얻은 것은 행운이었다. 그들은 안젤라를 전혀 구속하지 않았다. 하지만 이제부터는 그들과도 상담하지 않을 것이다. 개인주의자로서, 기존의 생활양식과 전통을 무시하고 그녀에게 알맞은 삶을 살 것이다. 천성적인 세심함으로 그녀 자신이 제 눈에 들보가 되게 하지는 않을 것이다.

안젤라의 자존감과 자족감은 향상되었다. 그러나 로저의 잦은 출타로 외로웠다. 그즈음 안젤라는 의식적으로 계획을 세우지 않아도 미술 작업에 관심과 열의를 갖기 시작했다. 자신감도 생겼다. 기교에서 보다 발전된 전문성이 엿보였다. 무엇보다도 한 폭에 함축할 수 있는 공감 능력, 그리고 이것을 손끝으로 전달해 표출할 수 있는 풀이 능력이 나아졌다. 안젤라는 자신이 이 능력을 오래전부터 가지고 있었다고 느꼈다. 강사 패짓 씨는 그녀의 그림을 한층 높게 평가하며 방문객들의 관심을 그쪽으로 이끌었다. 안젤라가 준비에 몰입할 때면, 마사 버든과 폴렛조차도 나름 확신을 가졌다. 그리고 그들만의 유대감 속에 안젤라를 인정했다. 앤서니는 프랑스 퐁텐블로에서 유학하는 미국 학생들에 대해 언급했다. 그러나 안젤라는 사려 깊은 미소를 지을 뿐이었다. 그렇게까지 공부할 필요는 없을 것이다. 하지만 포웰 양은 상을 받아 그곳에 갈 수 있기를, 진심으로 바랐다.

'포웰 양이 상을 받지 못한다면,' 안젤라는 내심 다짐했다. '로저가 비용을 대도록 해야지. 포웰 양을 위해서라면 나는 기꺼이 돈을 받아 낼 거야.'

그림과 더불어, 지니를 방문하는 것에 관심이 갔다. 그건 그녀 자신도 예상치 못한 일이었다. 누군가 그녀에게 지금 삶에 만족하느냐고 물으면 그녀는 즉각 그렇다고 대답할 것이다. 하지만 동생이 자기와 같은 삶을 사는 것은 원치 않았다. 지니에게는 위험이 없어야 했다. 비밀도, 불확실성도 없어야 했다. 동생이 여가 시간을 어떻게 보내는지 알려고 여러 번 시도를 했다. 자신이 왜 그러는지 스스로도 의아했다. 결실이 없자 안젤라는 계속 짜증이 났다. 하지만 지니는 안젤라를 달래는 데 관심이 없었다. 어린 숙녀는 시험에 통과했고, 임용되었다. 지니는 성공적이고 열정적인 선생님이 되었다. 그게 안젤라가 아는 전부였다. 더 이상은 없었다. 지니는 젊은 유색인들 모임에서 많은 시간을 보내는 듯했다. 다소 독자적인, 즐겁고 지적인 모임이었다. 이따금 연극이나 댄스, 작은 클럽, 등산, 뉴욕시립대 혹은 컬럼비아대의 수업 이야기도 들렸다. 지니와 친구들이 어우러져 명랑하게 웃고 떠들며 지나가는 것을 본 적도 있었다. 브루클린에 가던 길이었다고 나중에 짧게 들었다. 그 여자애들은 파라다이스의 멋진 새들 같았다. 예술가의 눈에, 남자들은 명랑하고 활력 넘치는 파우누스*였다. 지하철에서, 웃음 가득히 행복한 그 무리 옆으로는 핏기 없이 창백한 백인 얼굴들이 보였다. 활기 없고 절망적인 다른 유색인 얼굴들도 어렴풋이 나타났다. 안젤라는 동생이 '최고의' 유색인 부류에 합류했다는 것을 서서히 인식하고 있었다. 특별하고 제한된, 그럼에도 약동하는 부류였다. '당신이 익숙한 사람들'이라는 옛 필라델피아 문구가 떠올랐다. 지니가 가끔 밴 마이어의 집에서 보낸 저녁 시간을 간결하게 묘사하면서 흘리는 이름들을 들으며 안젤라는 놀랐다. 밴 마이어는 훌륭한 미국 유색인이자 문인이자 인권을 옹호하는 겁 없고 용감한 사도였다. 강**의 양편 전역에 그

* 로마 신화에 나오는 숲의 신. 반은 인간이고 반은 염소처럼 생겼다.

** 허드슨강. 뉴욕주 동부에 흐르며 뉴저지주와 뉴욕주의 경계가 되기도 한다.

의 명성은 자자하다고 마사 버든은 장담했다.

안젤라는 할 수 있는 한 이런 정보를 주워들었다. 지니는 아무것도 알려 주지 않았다. 어쩌다 마주치면 동생은 알은척조차 하지 않았다. 그건 어리석은 짓이라고 안젤라는 지적했다.

"그냥 말은 할 수 있잖아." 안젤라는 지니에게 성마르게 말했다. 뉴욕에 생소했던 동생을 잘라 버렸던 일이 생각나 안젤라는 불편했다. "많은 백인과 유색인들이 서로 알아 가고, 언제든지 서로 알은척은 하잖아. 우리는 왜 안 되니? 해로울 게 뭐야."

하지만 지니의 냉정한 견지에서는 긍정적인 반응이 나오지 않았다. 동생은 보통 신중히 침묵을 지켰다. 언니와의 불화를 해결할 수 있는 방법이 무엇이든지 간에 지니는 자신만의 방침을 고수했다. 완벽하면서도 약간 건성인 지니의 태도에서 내밀한 생활이나 견해를 엿보기는 어려웠다. 지니는 자주 진지하게 몰입했고, 그것에서 깨어나면 한마디씩 했는데, 삶에 대한 어린 아가씨의 흔한 반응이었다. 즐겁고 무난하고 멋들어진, 잔잔한 행복의 색조를 띤 삶. 그건 지금 안젤라의 삶, 격렬하고 분별없고 과장된 황홀경과는 완전히 다른 것이었다.

* * * *

위층에 사는 유대인 여자 레이첼 솔팅이 안젤라 집에 들렀다.

"우리는 젊은데, 우리만 여기 있네요." 레이첼이 웃으며 말했다. "서로를 모르고 지내는 건 말이 안 되겠죠. 그렇지 않아요?"

레이첼은 호감이 가는 미소와 태도를 지녔다. 진짜 예쁜 숙녀라고 안젤라는 평가했다. 진주처럼 피부가 하얬다. 머리는 칠흑처럼 새까맣고 곱실거렸다. 눈은 커다란 아몬드 모양이었다. 몸매는 반듯하고 훌쭉했지만, 그럼에도 은근히 이국적인 관능미가 풍겼다. 레이첼은 무대와 연관된 일에 관심이 쏠려 있고, 이상형은 라켈 멜러*라고 말했다. 친근히 대하는 레이첼이 반가웠다.

안젤라에게는 미묘한 무덤덤함이 엄습해 왔었다. 흔치 않은 경험이었다. 그림은 많은 시간과 집중을 요했다. 지니와 보내는 시간이 항상 만족스러운 것은 아니었지만 적어도 흥미진진했다. 하지만 평생 처음으로, 안젤라의 모든 삶이 다른 이의 말과 기분과 행동에 달려 있었다. 로저! 그가 없을 때 안젤라는 어찌할 줄 몰랐다. 그를 마음에 두지 않고는 계획을 세울 수 없었다. 예전에는 곧잘 했던 새로운 모험을 탐색하는 일조차 할 수 없었다. 그러다 보니 이 위협적인 단조로움을 깰 수 있는 어떤 것, 일상을 벗어나는 어떤 것이라도 안젤라는 두 팔 벌려 환영했다.

레이첼 솔팅은 신선한 산들바람 같았다. 유대인의 보수주의와 현대적 감각이 묘하게 혼합된 사람이었다. 머리가 예리하고 명석했다. 흥미로운 분야가 많은 뉴욕의 학교와 대학에서 교육을 받았고, 정신의학과 주택 문제, 시온주의,** 아동 복지에 대해 얘기했다. 레이첼의 지식과 열정에 안젤라는 놀랐다. 안젤라의 교육은 다소 깊이가 없었다. 안젤라는 자신이 모범이라 믿는 일반적인 사항에 대해서는 폴

---

* 1920-30년대에 인기를 끌었던 스페인 가수 겸 배우

** 유대인 국가 건립을 위한 민족 운동

렛의 영악함과 마사 버든의 어설프게 전문적인, 훈육적인 자세를 따랐다. 레이첼은 다양한 독서를 통해 꽤나 학구적으로 토론했다. 그러나 유대인 문제가 아니라면 딱히 내세울 만한 특이한 소견은 없어 보였다. 누군가를 개종시키려는 의도도 없었고, 혁신가도 아니었다. 레이첼은 그저 '좋은', 꽤나 명랑하고 건강한 숙녀였다. 매 순간 즐거움을 추구하며 인생을 살아가는 방관자였다.

레이첼은 지니처럼 매우 행복했다. 안젤라가 행복이라 부르는 것과는 상당히 달랐다. 숨을 헐떡거리고 지치지 않는 웃음이 머무는 행복이었다. 세상 모든 사람이 보도록 명백하고 투명한 행복. 인사하고 몇 주 되지 않아 레이첼은 붉게 물든 얼굴에 미소를 지으며 큰 비밀을 털어놓았다. 결혼할 예정이었다.

"이 세상 최고의 남자와, 앙젤."

"그래. 의심할 여지가 없지."

"정말 잘 생겼어. 키도 크고……."

"내가 그걸 모를 것 같아."

"어떻게 아니?"

"달링, 내가 그를 못 봤을까 봐? 적어도 형체는 봤지. 내가 돌아와서 낡은 등을 켜면, 너희들이 복도에 서 있었잖아. 내가 자꾸 불을 켜서 네가 싫어할 줄 알았어. 내가 고의로 그러는 것처럼 보이잖아."

"아, 고의가 아니라는 것 알아. 그럼 그 사람 봤니?"

"응. 키가 크고 금발이던데. 네 검은 머리가 돋보여 보여. 나 예술가 맞지!"

"그래." 레이첼이 천천히 말했다. "금발이야."

안젤라는, 지금껏 의기양양하던 레이첼의 목소리에 희미하게 근심이 깔린 것을 느꼈지만, 그럴 리가 없다고 생각했다.

하지만 레이첼은 다음 말로 그 느낌을 확인시켰다.

"모든 게 잘 풀리기만 한다면."

다소 실질적인 안젤라가 즉각 반문했다.

"뭐가 문제야, 그 사람 가난해?"

레이첼은 빤히 보았다.

"가난? 마치 그게 문제라도 되는 것처럼 말하네. 그래. 가난하지. 그런데 난 그런 건 관심 없어."

"그런 것에 관심 없다면, 무슨 일로 그러는데? 자유롭고, 백인이고, 스물한 살이지, 그렇지?"

"그래, 맞아. 근데, 그게…… 아, 너처럼 운이 좋은 애는 이해하지 못할 거야! 너는 이런 걱정은 하지 않을 테니까. 우리는 먼저 부모님의 승낙을 받아야 해. 근데 아직 말하지 않았거든. 말하면, 난리가 날까 무서워."

레이첼의 민족과 연관된 어떤 관습, 안젤라는 더 이상 묻지 않기로 마음먹었다. 사실 안젤라에게는 그럴 필요가 없었다. 일단 말문을 튼 레이첼이 결혼에 대한 자신의 신념을 풀어놓았기 때문이다. 아주 옛날 이야기였다. 어쩌면 안젤라는 눈을 감고, 어머니가 주니어스와의 미래에 대해 열정적으로 이야기하는 것을 상상할 수 있었다. 그들은 가난할 것이다. 처음에는, 단지 처음에는 무척 가난했지만 그들은 가난을 전혀 마음에 두지 않을 것이다. 함께라면 즐거울 것이다. 브롱크스에는 싸게 빌릴 수 있는 작은 목조 가옥들이 있었다. 아마 안젤라도 알 것이다.

안젤라는 내심 전율을 느끼며, 그 가옥들을 보았다고 인정했다. 현관 계단 위에 위태롭게 자리 잡은, 높게 솟은 추레한 건물들. 방들은 작고, 네모지고, 보기 흉한…….

레이첼은 그녀의 존을 모든 방면에서 도울 것이다. 그들은 절약하며 살 것이다.

"세탁과 다림질은 하지 않을 거야. 그건 마음을 아프게 하는 일이니까. 그를 위해 난 계속 고상하고 예쁘게 살고 싶어. 살림이 좀 더 나아졌을 때 그가 나를 부끄러워하지 않도록. 그리고 언제나, 심지어 최악의 날에도, 나는 희곡을 쓰는 데 운을 걸겠어." 레이첼이 잠재울 수 없는 야망에 차 말했다. 이런 야망은 레이첼이 조상에게서 이어받은 자질이었다. "가장 성공적인 연극이 있는 곳에서 강의도 듣고, 극장 갤러리에도 앉아 있을 거야. 그리고 언젠가는 나도 자리를 잡겠지." 레이첼은 몇 년을 앞서서 상상의 나래를 펴고 있었다. "첫 공연에는, 앙젤, 너도 박스 칸에 있어야 해. 난 담비 코트를 입을 거야. 멋지지 않니? 하지만 우리가 완전히 서로를 의지하는 처음 몇 년만큼 황홀한 건 없을걸. 그 사람이 만드는 것에 내가 있고, 내가 꾸리는 집에 그가 있지. 그건 천국일 거야."

이런 비밀 이야기에 안젤라는 태연해 보였지만 사실 상당히 동요되었다. 희생의 삶이 레이첼이 묘사하는 것처럼 고된 일일지라도 거기에는 틀림없이 무언가가 있었다. 그렇지 않다면 어떻게 분별 있는 수많은 여자들이 그 위험을 감수하겠는가? 하지만 거기, 그런 그림과 장면에 안주하는 것은 안젤라에게 어리석은 일이었다. 그런 삶은 그녀에게 오지 않으리라. 로저와 그런 삶을 꾸리는 건 불가능했다. 그럼에도 안젤라는 고독한 자신의 방에서 그림을 그리며 오래 깊이 생각할 때가 있었다. 어느 여름날일 것이다. 안젤라는 하얀 드레스를 입고 뉴욕 근교 어느 집 입구에 서 있다. 식탁에는 최고의 만찬이 차려져 있다. 안젤라는 요리하는 것이 좋았다. 그리고 키가 크고 건장한 형체가 서둘러 걸어온다. "오늘은 최고의 날이었어, 앙젤. 그래서 선물을 가져왔어." 이내 그들은 저녁 식사를 마친다. 안젤라는 그를 위층 작은 작업실로 데려 간다. 커튼을 걷고, 저명한 사교계 여성의 초상화를 보여 준다. "그녀가 무척 좋아할 거야. 나한테 주문을 많이 할걸……." 어찌 되었건 그 환상 속의 형체는 로저가 아니었다. 안젤라는 분명히 알고 있었다.

* * * *

시카고로 3주간 출장을 다녀온 안젤라의 연인은 그 확신을 해체시켰다. 로저는 돌아오게 되어 기뻤다. 그의 앙젤을 보는 것에 기뻐 어쩔 줄 몰랐다. 기차에서 내려 곧바로 안젤라의 아파트로 왔다. 아버지에게 들러 보고조차 하지 않았다.

"아버지는 내일 보지. 오늘 밤은 전적으로 당신 거야. 앙젤, 무엇을 할까? 나가서 저녁 먹고 극장에 가도 좋고, 컨트리클럽으로 직행해도 좋아, 아니면 여기 있어도 좋아. 너는 어때?"

"여기 있는 게 좋겠어, 로저. 내가 맛있는 저녁 식사를 준비할게. 그 구식 호텔에서 먹던 것보다 훨씬 나을 거야. 하지만 거기까지만 하고 나는 나가야 해. 저녁에 마사 버든과 강연에 가기로 약속했거든."

"네가 강연에 관심 있는 줄은 몰랐는데."

안젤라는 난처해했고 그것이 드러났다.

"그런데 이건 다른 유의 강의야. 마사가 인종 문제와 사회 운동에 얼마나 광적인지 너도 알지. 음, 밴 마이어가 오늘 밤에 강연하기로 되어 있어. 마사는 많은 친구들이 꼭 그의 강연을 들어야 한대. 마사, 라디슬라스와 함께 갈 거야."

"나는 가면 안 돼?"

"아니, 단지 강연자가 유색인이야. 알지."

"음, 상관없어. 그 사람 얘기하는 것 들어 봤어. 그는 머리가 있다고 말들 하더군. 난 아직껏 그런 검둥이를 본 적이 없어서. 그러니 꽤 감흥이 돋는데. 어쨌든, 내가 집에 오자마자 내 여자가 나가는 걸 허락하리라고는 생각지 않았겠지? 레이놀즈에게 큰 차를 가지고 오라고 해서 라디슬라스, 마사, 그리고 마사가 데려가고 싶은 사람들이랑 모두 같이 가자."

강연은 이스트 135번가 할렘에서 열렸다. 강연장은 가득 찼다. 절제된 흥분과 어느 정도 과열된 분위기로 뜨거웠다. 안젤라는 빛을 발했고, 로저가 헌신적으로 곁에 있어 차분했다. 안젤라는 예리한 시선으로 주의 깊게 주변을 둘러보았다. 다시 한번, 할렘을 처음 방문했을 때 느꼈던 삶의 충만함과 풍요함, 심오한 깊이까지도 느꼈다. 사람들은 물 흐르듯 거의 녹아들었다. 청중석 무리들에서 흘러나온 미세한 감정의 물결은 안젤라의 의식에, 그리고 친구들의 의식에 와닿았다. 하지만 친구들에게는 안젤라가 가진 은밀한 해석 능력이 없었다. 이 행사는 분명 중요한 것이었다.

"밴 마이어 강연을 들을 수 있다면 난 어디라도 갈 거야." 그들 뒤에서 마른 얼굴의 흑인 젊은이가 말했다. "그는 늘 할 말이 있고, 너를 무시하지 않지. 그가 말하는 것을 듣자면, 클래식을 읽는 것 같아. 명확하고, 아름답고, 진솔하지."

안젤라는 지니에게 들은 정보를 기억하며 청중의 패턴에 집중했다. 유형별로 그룹을 지을 수가 있었다. 저기에 가장 잘 나가는 유색 미국인들이 앉아 있었다. 멋지게 차려입고, 훌륭한 교육을 받고, 변덕스럽고, 익살스럽고, 씁쓸하고, 성급히 책임지려고 하는, 그래도 변함없이 책임을 지는 사람들. 한 구역에는 열성적인, 거무스름한 얼굴의 서부 인디언들이 어렴풋이 보였다. 거칠고 다소 야성적인 면이 드러나는 그들의 생김새는 평범한 미국인들과 확연히 달랐다. 그들은 밴 마이어의 추종자여서 온 것이 아니라 진정으로 진리를 추구하기에 온 것이었다. 하지만 안타깝게도 그들의 진정성에는 설득되기 싫어하는 마음과 고집이 섞여 있었다. 서너 명의 유색 미국인들, 키가 크고 말쑥한 흑인 청년들은 부르면 들릴 만한 곳에 앉아 설교하듯 확신에 차 이야기했다.

"저 사람들은 세상 모든 사회주의자들의 말을 인용하는군."

라디슬라스 스타는 의아해하며 함께 온 작은 무리에게 말했다.

평소 꼼꼼한 마사는 그들을 잘 알고 있었다. 그들은 작은 매거진의 편집인들로 매월 밴 마이어에 반대하는 기사를 실어 유명세를 타려고 했다. 보통은 그 위대한 이름을 페이지에 싣는 것으로 영예를 얻으려고 했지만, 경우에 따라서는 비열한 질투심으로 기사를 썼다.

여기저기 흩뿌려 놓은 듯 백인 얼굴들도 눈에 띄었다. 놀라우리만큼 도드라져 보였다. 느긋하고 덤덤한 흑인 얼굴들이 그 배경을 이루고 있기 때문이었다. 바위같이 견고한 인내의 거푸집 속에서, 흔들림 없이 굴복하지 않는 신앙의 거푸집 속에서 부딪히고 변형된 얼굴들. 이런 얼굴들을 안젤라는 전에 필라델피아 교회에서 보았다. 그들은 오래된 사진처럼 그녀의 마음에 떠올랐다.

"그 사람 나왔어!" 마사가 흥분하며 소리 질렀다. "밴 마이어! 멋지지 않니?"

안젤라는 구릿빛 남자를 보았다. 그리 크지 않은 키에 매혹적으로 균형을 이룬 완벽한 체구였다. 남자는 단상을 가로질러 사회자 테이블 옆 의자에 앉았다. 높고 깊은 의자였다. 그는 동인도 신상처럼 앞을 응시하며 움직임이 없이 진중하게 앉아 있었다. 그에게는 동양을 생각나게 하는 이국적인 분위기가 있었다. 완전함, 자신을 의식하지 않는 당당한 면모, 곧게 뻗은 잘생긴 코와 지적으로 보이는 훤칠한 이마의 완벽함이 자아내는, 미묘하게 관심을 끄는 아름다움이 있었다. 일단 한 번 보면, 아무리 무심결에 보는 것이라도, 여기에 두려움 없고 굴하지 않은 운명의 선장이 있음을 장담할 수 있었다.

밴 마이어는 선명하고 굵은 종소리처럼 울림이 있는 음성으로 강연을 시작했다. 안젤라는 이처럼 아름답고 세련되고 감동스런 말을, 이에 버금가는 말을 들어 본 적이 없었다. 한 젊은이가 말했듯이, 밴 마이어는 경멸의 말을 하지 않았다. 그의 영어는 주의 깊게 선별된 학자의 언어였다. 미사여구는 다듬어졌다. 마치 시와 가까웠다. 그의 사회학적, 경제학적 공헌은 두 대륙에 걸쳐 주목받았지만, 주제는 인종적 희생이었다. 그는 의도적으로, 미국 흑인들의 고된 삶 속에 나타난 미와 기쁨을 소개했다. 이 미와 기쁨은 인종적 유산이자 보상으로 흑인들의 것이 되어야만 했다. 그러나 그들은 한동안, 꽤 오랫동안, 희생을 치러야만 했다. 전체의 이익을 위해 많은 희생을 치렀다.

"우리 인종은 독특합니다." 세련되고 교양 있는 음성이 읊조렸다. "우리 중 앞서 가는 사람들은, 재산과 교육에 있어 상위층에 오른 사람들은, 불결하고 무지한 군중들을 외면하고 다른 길을 가서는 안 됩니다. 물론 가지도 않을 겁니다. 우리는 끊임없이 뒤를 돌아보고, 우리보다 나약하고 운이 없는 형제들을 돌봐야 합니다. 이것을 가능케 하는 첫 걸음은 인종적 사랑보다는 인종적 자긍심을 갖는 것입니다. 자긍심은 우리 자신의 아름다움과 우수성을 찾게 합니다. 그 공동체 안에서 완전함을 추구하고, 그 유형에 만족하는 강렬한 우월주의입니다. 프랑스인들이 프랑스를 사랑하는 이유는, 프랑스가 바로 그들의 것이기 때문입니다. 마찬가지로 자긍심은 우리의 것을 사랑하게 합니다. 불가능을 가능하게 합니다." 그는 다음과 같이 인용했다.

> 용기 때문이 아니다. 아니, 증오 때문이 아니다.
> 우리가 할 일을 하게 하는 것은 바로 자긍심이다.
> 자긍심은 우리의 존재를 더욱 위대하게 만든다.

밴 마이어는 건물을 뒤흔드는 폭포수 같은 환호를 받으며 자리에 앉았다. 어둡고 축 처졌던 얼굴들에는 무아경의 고취된 표정이 어렸다. 인종적 자긍심으로 그들 모두가 갑자기 임시 농노제도가 시행되는 이상한 나라의 왕자들로 변형된 것 같았다. 왕자의 자식들은 자유를 알 것이다.

마사 버든과 라디슬라스는 밴 마이어와 얘기하려고 올라갔다. 그들은 오랜 친구였다. 로저는 눈에 띄게 고무되어 있었다. 안젤라는 그와 함께 한쪽 편에 서서 기다렸다. 폴렛과 허드슨이 군중 사이를 비집고 나왔다. 폴렛은 흥분해 불그스레했다. 작은 무리의 유색인들이 서성거렸다. 일부는 일종의 대리 만족을 느끼며 대단히 흡족해 있고, 일부는 논쟁을 하고 있었다. 안젤라의 시야에 지니가 들어왔다. 지니는 청년 셋, 숙녀 둘과 무리지어 서 있었다. 너무 열광한 나머지 그들은 대체로 몸을 들썩거리고 있었다. 하지만 지니는 냉담하고 무심한 듯 보였다. 앳된 얼굴은 야위고 어느 때보다 쓸쓸히 어려 보였다. 앤서니와 스페인 사람임이 분명해 보이는 키가 큰 남자는 작은 무리를 지나 그 남자들 중 하나와 얘기하고, 소개를 받았다. 앤서니가 돌연 고개를 돌렸다. 안젤라와 로저를 보았다. 그는 얼굴이 빨개지며 황급히 고개를 숙였다. 그러고는 동료의 팔을 잡고 서둘러 강연장을 빠져 나갔다. 머리는 당당히 쳐들고, 훌쭉한 체구는 항상 곧게 폈다. 앤서니는 어느 때보다 꼿꼿한 자세로 걸어 나갔다.

이내 마사의 무리는 모두 인도로 나갔다. 기분이 좋은 로저는 폴렛과 허드슨에게 그의 차로 시내까지 태워 주겠다고 했다. 폴렛은 밴 마이어가 얼마나 훌륭한지 신명나게 떠들었다.

"그는 인간이 아니야, 신이지." 폴렛이 선언했다. "그처럼 월등한 인격을 본 적이 있니? 그는 뛰어난 유색인 남자가 아니야. '그저 백인 남자처럼 훌륭한' 게 아니라고. 그는 남자야. 그냥 남자. 그의 경우에는 색깔, 인종, 조건들이 모두 우연일 뿐이지. 그의 자아가 그 모든 것을 초월하거든. 그 앞에서는 내가 벌레가 된 것 같아. 나는 가장 예쁘게 웃어 보였어. '비범한 니그로'에게 잘 보이려고 애쓰는 잘난 백인 숙녀처럼. 아쉽게도 그는 나를 보지 못했어. 그러나 내 손을 잡았어. 내가 손이 잘 잡히도록 몸부림을 쳤지. 그런데 그는 오이처럼 차갑게 알은척도 하지 않고 바로 내 옆을 지나가더라. 유색인 숙녀에게 자리를 만들어 주면서 말이야." 폴렛은 미련이 남은 듯 말을 맺었다. "흠, 그가 혼자 있을 때는 어떨까."

"신경 꺼, 폴렛."

로저가 인상을 찌푸리며 말했다.

허드슨이 웃었다.

"폴렛이 그 작은 사람한테 완전 뿅 갔군. 나도 인정하지. 폴렛이 유혹하지 못하도록 내가 매번 밴 마이어를 보호해야겠어. 밴 마이어는 단순히 예언자나 예언자의 아들이 아니야. 자긍심의 화신이지.”

로저는 깊이 생각하듯 말했다.

“밴 마이어의 혈관에 백인 피가 어느 정도 흐르는지 궁금하군. 당연히 그게 바로 그가 능력을 얻는 원천이지.”

“참 피곤하게 만드네.” 마사가 말했다. “당연히, 그 능력이 백인 피에서 나오는 건 아니지. 그가 가진 모든 피에서 나오는 거야. 지금의 그를 만든 건 바로 그 조합이라고. 그렇지 않다면 모든 백인이 다 신이게. 그것은 조합이야. 그리고 그가 미국에서 유색인으로 살아가면서 배운 인내와 인생을 씁쓸하게 보지 않겠다는 다짐…….”

“아, 그만, 그만.” 로저가 소리를 질렀다. “오늘 밤 강연은 그만해요. 여기 봐요, 앙젤이 지루해 죽을 지경이잖아요.”

“전혀 아닌데.” 안젤라는 말했다. “그 반대야. 평생 오늘처럼 재미있던 적이 없었어.”

안젤라는 손을 뒤로 뻗어 마사의 손을 의미심장하게 꼭 잡았다.

* * * *

미술 수업 첫날에 그랬던 것처럼, 그들 다섯 — 포웰 양, 폴렛, 앤서니, 마사, 안젤라 — 은 가끔 수업 시작 몇 시간 전에 만났다. 포웰 양은 늘 조용했다. 그녀는 오직 일 때문에 왔다. 하지만 다른 사람들은 시작 전 짧은 수다를 즐겼다. 밴 마이어 강연이 있고 한 주 정도가 지났을 때 폴렛을 제외한 나머지 사람들이 어느 오후에 모였다. 폴렛은 뒤늦게 뛰어왔다. 웃느라고 얼굴은 벌겋고 눈에는 눈물이 고여 있었다.

"내가 엄청난 장난을 쳤어." 폴렛이 공표했다. "밴 마이어를 보러 갔어."

마사는 즉각 반응을 보였다.

"밴 마이어에게 장난을 쳤다고?"

"아니, 나한테요. 들어 봐요."

보아하니 폴렛은 포웰 양을 통해 그 위대한 지도자의 사무실에서 일하는 직원 하나를 소개 받았다. 의도적으로 그 여자에게 점심을 먹자고 했고, 사무실로 돌아오는 길에 그녀의 고용주를 만나고 싶다는 의사를 표시했다. 밴 마이어는 대단히 바쁘다고 양해를 구하면서도 친절히 맞아 주었다.

"그래서 내가 앉지 않겠다고 말했어요. 물론 그가 앉으라고 하리라 생각했죠. 그런데 미심쩍은 듯이 눈썹을 치켜올리면서 '그래요?' 라고 말하더군요. 당연히 그렇게 끝낼 수는 없었죠. 그래서 앉아서 이야기를 시작했어요. 별것은 아니고, 그가 얼마나 훌륭한지, 그를 좀 더 잘 알고 싶다는 둥 그런 얘기를 했어요. 마이어가 말없이 나를 쳐다보는 모습을 당신들도 봤어야 해요. 그가 곧 손을 뻗어 벨을 눌렀고, 그 아무개 양이 들어왔어요. — 당신 친구 말이에요, 포웰 양. — 마이어는 그녀를 보고, 나를 향해 고개를 끄덕이며 말했어요. '이 아가씨를 데리고 나가세요.' 평생 내 자신이 그렇게 초라해 보인 적이 없었어요. 그가 유명 인사인 건 확실히 맞아요. 멋지지 않아요?"

마사는 그 모든 일이 지독히 천박하게 보인다고 암상스레 대꾸했다. 포웰 양은 그 만담꾼을 믿지 못하겠다는 듯이 쳐다보다, 더욱 공을 들여 작업을 했다. 앤서니도 습관적인 침울함에서 깨어나 소견을 발표했다.

"그건 너무한데, 리스터 양."

안젤라는 자긍심이 부풀어 오르는 것을 느끼며, 지니에게 속닥거릴 요량으로 그 사건을 잘 챙겨 두었다.

4장

어찌하다 보니 인생은 정체기에 이르렀다. 신나는 모험의 분위기는 가라앉았다. 하지만 확실한 것이나 영원한 것에 대한 어떠한 보장도 없이, 감각은 길들여졌다. 안젤라는 이에 대해 깊이 고민했다. 천성적으로 모든 것을 분명히 해 두고 싶었다. 자기 삶이 감정적으로 흘러가는 것을 이해하기 위해 자신의 내면을 들여다보았다. 그리고 결론을 내렸다. 로저와 관계를 맺은 것은 실수였다. 지금 이 시점에서, 어떤 부분은 그를 위해 사노라고 말할 수 있을 것이다. 적어도 그를 중심으로 그녀의 삶이 결정되고 운영되었다. 하지만 예전처럼, 완전히 그의 것이 되고 싶고, 또 그를 그녀의 것이라 공언하고 싶은 바람은 사라졌다. 그가 주는 안정감도, 부요함도, 로저 그 자체도 원하지 않았다. 어떤 이유에서인지 그가 매력을 잃었다. 자신과 같은 처지의 여자들도 같은 이유로 애인의 매력을 잃을 것이라고 안젤라는 생각했다.

이 깨달음은 안도감을 주지 못했다. 대신 어쨌든 이건 엄청난 수치라는 현실을 인식하게 했다. 이 관계가 지속될 가능성이 없다면, 그리고 결혼 문제를 단념해야 한다면, 이건 품위가 떨어지는 일이었다. 서로를 향한 욕구나 교감, 오랜 관계에서 오는 우아함은 없었다. 안젤라가 어린 시절에 배웠던 규범이나 각 성장 단계의 규범에 견주어 보면, 그녀는 변명할 수 없는 비천한 궁지로 자신을 몰아넣은 셈이었다. 재정적 불안이 문제가 될 때도, 그 불안을 해소하기 위해 로저의 애원을 들어주는 상상을 할 때도, 어떤 핑계가 있었을 것이다. 삶이란 신념이나 규범, 전통에 앞선다고 생각했다. 아니면 자신이 사랑에 빠졌고, 삶의 최고 경험으로서 이보다 나은 경험은 없다고 주장했을지도 모른다. 하지만 더 이상 로저와 결혼하려 애쓰지 않았다. 사랑에 관한 한, 안젤라는 감사의 마음과 강렬한 관심, 강렬한 소유욕이 있었다. 그러나 그녀가 사랑을 안다고는 생각하지 않았다.

이런 수치와 책망이 뒤섞여 있었기에, 안젤라는 그 상황 속에서 그들의 관계를 최우선으로 유지하려고 노력했다. 지금, 안정을 주던 평범한 가정과 지니를 떠나지 말았어야 했다고 후회하는 것은 아니었다. 그 필요성은 느끼지 못했다. 불현듯 안젤라는 외로움에 빠졌다. 뉴욕에 온 지 3년이 되어 가지만 아직까지도 신실한 우정의 샘에 깊이 빠져들지 못했다. 폴렛은 친절하고 관대했다. 친한 여자 친구를 원한다고 말했지만, 그녀는 여전히 모험가였다. 거주지나 직업을 바꾸는 것처럼 애인을 바꾸었다. 반면에 마사 버든은 일단 결정하면 우정을 가꾸는 데 이해심이 깊고 안정적이었다. 친절을 베푸는 데는 훨씬 보수적이었다. 게다가 마사의 성품은 폴렛이 개방적인 만큼 내성적이었다. 천성적으로 진중하고 생각과 원칙이 단단히 굳어 있었다. 그래서 상대방의 문제가 자신의 생각과 원칙에 어긋나면 그 사람의 요구에 오래 따르는 것을 힘들어했다.

앤서니에 관해서라면, 안젤라는 우정 가능성에 대해 깊이 고민하지 않았다. 전혀 설명할 수 없는 묘한 감정의 격변이 있었다. 지금 상태에서, 지난날 밴 코트랜드 공원에서의 기억을 되새기는 것은 신성모독처럼 느껴졌다. 앤서니의 모습이 떠오르자 그녀는 무시해 버렸다. 그럼에도 앤서니가 떠오를 때면 사랑과 자기희생에 관한 레이첼 솔팅의 철학이 어김없이 생각났다. 글쎄, 그런 꿈은 자신과 상관없다고 안젤라는 성마르게 혼잣말했다. 안젤라는 영혼의 진정성을 지키기 위해 자신이 처한 현재 상황에 최선을 다해야만 했다. 그렇게 함으로써 안정과 보장과 유용한 결과라는 이유를 들어 결혼을 이끌어 내든지, 아니면 인내와 불변과 애정으로 이 관계를 '프리러브'라 미화하며 삭여야만 했다. 결혼이란 모든 가능한 관계 속에 피는 존중과 헌신의 가장 아름다운 꽃, 간절한 소원임에 틀림없다. 적어도 외형상으로는 그렇다.

*　*　*　*

안젤라는 이렇게 생각하며, 한때 무척 자의적이었던 로저와의 관계를 되찾는 데 안간힘을 썼다. 하지만 로저는 이에 대해 예상치 못했던 장벽을 쌓았다. 안젤라의 노력이 눈에 보이자 그는 점점 거칠어졌다. 일찍이 안젤라가 무관심을 보이면 격렬히 저항하던 그가, 이제 소유욕을 보인 것에 똑같이 격렬히 화를 냈다. 안젤라가 그를 향해 어떤 권리를 행사하는 것을 싫어했다. 그는 어떤 것도 인정하지 않았다. 처음에는 아버지의 사업 때문에 자리를 비웠지만, 점점 다른 이유로 혹은 아무런 이유 없이 나타나지 않았다. 안젤라는 이 모든 것을 한번에 소화할 수 없었다. 친절이 어떻게 무관심을 초래하는지 이해할 수 없었다. 자신이 들었던 이야기나 책에서 읽었던 확증적인 스토리에도 불구하고, 때로는 헌신이 배신과 배은을 낳는다는 것을 믿을 수가 없었다. 정말 그렇다면, 이성 관계의 성공은 서로에게 맞는 기호나 교육, 이상과는 별개로 전적으로 결혼 여부에 달린 것이다. 안젤라는 이것을 인정하기 힘들었다. 어떤 면에서 그녀가 뭔가 잘못했음이 틀림없었다.

신혼의 첫 열정에 빠진 어떤 새댁도 안젤라가 로저를 기쁘게 하려고 애쓰는 만큼 고군분투하지는 않았을 것이다. 로저는 채광 엔지니어였다. 로저가 받은 교육을 이해하기 위해 안젤라는 책을 읽고 질문을 했다. 로저는 아버지를 좋아했다. 그래서 안젤라는 아버지 필딩 씨의 관심이나 일에 관해 질문을 많이 했다. 로저가 여가 시간에 할 수 있는 일을 제안하기도 했다. 하지만 그녀의 태도나 어투가 아무리 순수할지라도, 로저는 늘 시큰둥했다. 거리를 두고, 경계적인 자세를 취했다. 그는 간교한 여자들을 만난 경험이 있었다. 그들의 관심은 오직 하나였다. 결혼! 로저는 아버지의 견해와 기준에 맞지 않는 여자나 안젤라와는 결혼할 의사가 없었다. 고려해 본 적도 없었다. 안젤라가 그걸 알았다면 좋았을 텐데.

자기만의 이상에 빠진 안젤라는 전혀 이해할 수 없었다. 그들 사이가 벌어졌다. 흔히 이런 유의 관계는 오래가지 못했다. 그것 때문에 안젤라는 처음부터 이 방식에 반대했었다. 하지만 상대방이 명백한 잘못을 범하지 않았는데도 한 사람이 물러나리라고는 꿈에도 생각하지 못했다. 안젤라는 어느 때보다 멋졌다. 매력적이고 아름다웠다. 훨씬 더 친절하고 사려 깊었다. 그녀는 변하지 않았는데, 어떻게 그가 달라질 수 있을까?

한 주가 지나갔다. 로저는 그녀를 보러 오지 않았다. 관을 덮는 보자기처럼 외로움이 그녀를 덮었다. 이번에는 로저가 그리 그립지 않았다. 이 사실에 그녀는 자못 놀랐다. 일찍이 어머니가 가르쳐 준 이상을 품었던 남자, 동생을 배신하고 멀어지게 했던 남자가 시야 밖으로 멀어지는 것 같았다. 지금껏 그에게 거의 전화하지 않았다. 그러나 안젤라는 갑자기 전화를 하기 시작했다. 사흘 동안, 그의 하인 레이놀즈는 상냥한 음성으로 필딩 씨는 "나갔어요, 부인."이라고 말했다.

"제 말을 전했나요? 들어오는 대로 나에게 전화하라고 말했어요?"

"예, 부인."

"그래서 그가 전화했나요?"

"그건 잘 모르겠습니다, 부인."

안젤라는 하인과 이런 대화를 계속할 수 없었다.

로저는 닷새가 지나서야 나타났다. 안젤라는 그를 향해 뛰었다.

"오, 로저, 보게 돼서 정말 반가워. 레이놀즈가 내가 전화했다고 했어? 왜 이리 오랫동안 오지 않았던 거야?"

"전화를 멈추지 않았다면, 더 오래 안 왔을 거야. 이거 봐, 앙젤, 전화질은 그만둬. 난 여자들이 아무 때나 전화하는 것 싫어. 종들 눈에 내가 뭐가 되겠어. 난 싫으니까 그만둬. 알겠어?"

안젤라는 놀라고 당혹스러워 말을 더듬거렸다.

"하지만 너는 아무 때나 원할 때 전화하잖아."

"그야 그렇지. 하지만 그건 달라. 난 남자잖아." 로저가 잔인하게 덧붙였다. "알지 모르겠지만, 나도 예전처럼 자주 전화하는 건 아니야."

* * * *

안젤라는 자존심을 무장시켰다. 그들의 '관계'는 끝났다고 간단히 메모를 써서 전할까, 몇 번이나 고민했다. 그러나 강한 완고함이 그녀를 붙잡았다. 이런 일이 어떻게 끝나는지 궁금했다. 어른들이 자라나는 소녀들의 귀에 퍼붓는 충고가 진부한 만큼 정말 사실인지 알고 싶었다. 관용, 친절, 헌신보다, 삶의 원초적 충동보다, 관습이 중요하다는 말이 사실일까? 그 근본 동기가 무엇이든지 간에, 안젤라는 필딩과의 관계를 통해 가장 헌신적인 마음을 갖게 되었다. 그리고 삶을 지배하는 규범인 관습을 새로운 관점에서 보기 시작했다. 안젤라는 불현듯 깨달았다. 그들 사이에는 화강암 같은 냉랭함과 깐깐함이 있는데, 관습은 그 근본적인 이유가 무엇인지 보여 주었다. 관습이란 삶의 기교가 함축된 일종의 요약본이었다. 따라서 그것을 진심 어린, 적극적인 마음으로 지키며 존중해야 했다.

로저에게 원한 같은 것은 없었다. 단지 누그러뜨릴 수 없는 냉담함만 있었다. 전화에 관한 대화는 실제 중요도에 비해 지나친 영향을 미쳤다. 안젤라는 이성 간에 이어질 수 없는 명백한 차이를 보았다. 모든 것은 남자에게 달렸다. 아주 사소한 특권일지라도 남자가 허락하지 않으면 여자는 가질 수 없었다. 적어도 그렇게 느끼는 남자들이 있었다. 물론 모든 남자들이 그렇게 불평등한 상태를 용납하지는 않을 것이다. 안젤라는 로저를 홀대하기 시작했다. 벌을 주겠다는 의도나 어떤 특정한 목적이 있는 건 아니었다. 단순히 관심이 사라졌기 때문이었다. 로저와는 다른 어떤 약속도 하지 않았다. 이미 한 약속을 지키려고 애쓰지도 않았다. 그와 함께 있을 때면, 생각에 빠져 있거나, 넋을 놓고 있거나, 무언가에 몰입해 있었다. 사업에 대해서도 더 이상 묻지 않았다.

다투기 오래전에 그들은 마사 버든으로부터 작은 파티에 오라는 초대를 받았었다. 로저가 그 일을 기억하는 것이 안젤라는 의아했지만, 그는 분명 기억하고 있었다. 그는 정확한 날짜와 시간을 가지고 있었고, 둘은 함께 길에 올랐다. 짧은 여정 동안 로저는 정중하고, 은근히 다정하기까지 했다. 그의 태도는 전날 태도와는 확연히 달랐다. 파티는 보통 마사가 후원하는 것보다 경박했다. 라디슬라스의 철없이 어린 사촌을 위한 파티였다. 일반적인 대화는 없고, 주로 커플들이 어우러져 노래를 약간 부르고 춤을 엄청 추었다. 칼로타 팍스는 랄프 애쉴리와 함께 있었다. 안젤라가 칼로타를 처음 만났을 때 함께 왔던 늘씬하고 거무스름한 남자였다. 로저가 나타나자 칼로타는 그에게 달려왔다.

"너를 기다리고 있었어!" 칼로타가 로저의 손을 잡아끌었고, 로저는 싫지 않은 듯 작은 소파로 끌려갔다. 그들은 몇 분간 수다를 떨었다. 그리고 춤을 추었다. 로저는 마사의 새 판화를 보아야만 했다. 저녁 내내 그들은 들러붙어 있었다. 칼로타가 노력해도, 안젤라에게 질투심 따위는 일지 않을 것이다. 하지만 체면에 상처가 났다. 그들이 만나지 않았다면, 칼로타는 옛 애인의 관심을 지켰을지도 모른다. 안젤라는, 처음에는 랄프에게 알랑거려 볼까도 생각했다. 그러나 칼로타의 시선에서 심술궂은 무언가를 발견하고 그만두었다. 아니, 이제 남자라면 신물이 났다. 어린애 같고 신뢰할 수 없는 그들의 방식이 싫었고, 로저와 옥신각신할 만큼 그에게 관심이 가지도 않았다. 그래서 안젤라는 깊은 의자에 조용히 앉아 담배를 피우며 흐트러진 책들을 들춰 보았다. 책 더미는 아파트에 기분 좋게 어수선한 분위기를 자아내고 있었다. 때론 잡담을 나누었다. 라디슬라스 스타는 안젤라의 의자 팔걸이에 걸터앉아, 전쟁 전 비엔나에서 보냈던 유쾌한 대학 생활 이야기로 그녀를 현혹했다.

하지만 그런 모욕을 두 번 다시 참을 수는 없을 것이다. 집에 돌아오는 길에 안젤라는 말이 없었다. 로저는 유심히 그녀를 바라보다가, 그녀가 들어오라고 요청하자 눈썹을 추켜세웠다. 안젤라가 조용히 말했다.

"로저, 이런 대접은 두 번 다시 참지 않을 거야……."

로저는 싸울 준비가 되어 있었다. 심지어 싸우고 싶어 안달하는 듯했다.

"너는 뭐든 참을 것처럼 보이던데. 자존심이 조금이라도 있는 여자라면, 최근에 네가 한 것처럼 참고 살지는 않을 거야."

안젤라가 흔들림 없이 말했다.

"이게 끝이란 말인 거야? 우리 끝났어?"

"그럼, 뭐라 생각해? 이게 영원히 지속될 거라고는 너도 기대하지 않았잖아."

로저의 말투는 믿기 어려울 정도로 무례했다. 안젤라가 헤아려 보듯 그를 보며 대답했다.

“그래, 나도 영원할 거라고는 기대하지 않았어. 하지만 이렇게 끝나리라고는 생각하지 않았지. 이제 보니, 그러지 말란 법도 없겠네.”

로저는 용서할 수 없는 자신의 태도를 의식하면서도, 자신을 더 수치스럽게 몰고 갔다.

“언젠가 네 손에 입 맞추며 ‘나에게 잘해 줘서 고마워. 애정과 감사로 언제나 너를 기억할게, 안녕.’이라고 말할 거라 생각했어?”

“그래, 왜 그렇게 말하지 않았니? 물론, 이런 장면보다 그것을 더 기대했어. 내가 이런 일에 휘말리리라고는 꿈도 꾸지 못했으니까.”

로저는 어떤 추한 악마에 사로잡혔다.

“너도 네가 어디로 가는지 잘 알고 있었잖아!”

그 말은 혼란스럽게 울렸다. 어쩌면 남자는 태초부터 여자에게 이 말을 했을 것이다. 성경에서 보자면, 아브라함이 하갈을 황무지로 떠나보내며 마지막으로 틀림없이 이 말을 했을 것이다.

5장

로저가 떠난 후에도 한참 동안 안젤라는 방에 어린 어두운 그림자들을 응시하며 앉아 있었다. 오래전부터 그들이 끝에 가까이 왔음을 안젤라는 알고 있었다. 어떻게 마무리가 될지 궁금했었다. 그럼에도 거친 말과 무례한 행동으로 끝나리라고는 전혀 예상하지 못했다. 로저와의 결별은 — 안젤라가 손을 오므렸다 폈다 — 아무런 의미가 없었다. 어머니가 아버지에게 보였던 헌신에 비하면, 지니가 매슈에게 베푼 순수한 애정에 비하면, 안젤라는 10분의 1도 사랑하지 않았다. 느끼지 못했다. 최근 몇 주간, 그 이상을 고집스럽게 지키고자 가능한 모든 친절과 관심을 베풀려고 분투하면서도, 마찬가지였다. 안젤라는 처음 기쁨이 시작되던 날들을 돌아보았다. 그때는 그들의 감정이 최고조에 달해 있었다. 세상 모든 사람들 가운데 자신만은 흔한 법칙의 예외가 되리라고 꿈꾸었다. 인생의 신성한 비밀을 마음대로 할 수 있을 거라 착각했었다. 안젤라는 시답지 않게 자문했다. 내가 어떻게 그런 착각에 빠졌을까? 손 안에 황금 열쇠, 사랑을 가졌었다면! 그러나 젊음의 성급한 고집과 열정을 위해 문명의 근본적인 규범을 던져 버리고, 이토록 소란을 벌이며 상스럽고 추하게 끝을 맺다니! 어떻게 자신을 용서할 수 있을까? 로저와 경의에 대한 약속, 그리고 황금빛 추억들!

순간, 로저의 현란한 말과 말솜씨가 혐오스러웠다. 그녀를 속인 그가 싫었다. 안젤라가 무슨 말을 하든, 어떻게 행동하든, 로저는 떠날 작정이었다. 그녀의 중심에 난 상처, 당당한 자존심에 깊이 파인 이 상처보다, 열렬한 사랑으로 생긴 흠집이 더 나을 것이다. "신이시여!" 답답한 우리에 갇힌 성난 호랑이처럼 안젤라는 그 작은 아파트에서 발을 구르며 으르렁거렸다. "신이시여, 여자에 대한 남자의 책임이 시작되는 곳은 어디입니까?"

* * * *

하지만 안젤라는 신중히 삶을 주관하고, 자신만의 길을 닦고, 그 길에 놓인 장애를 제거할 만큼 성숙했다. 그래서 자신을 추락시킨 것 앞에 바짝 엎드리어 자신이 아프도록 내버려 두었다. 안젤라의 동반자 로저는 떠났다. 안젤라는 사랑이라고 핑계 댈 수도 없는 무익한 관계에 사로잡혀 있었다. 로저에게서 아무것도 받지 않은 것은 다행이었다. 안젤라는 자신을 판 게 아니었다. 그저 어리석게, 부끄럽게 자신을 던진 것뿐이었다. 아무리 화가 나고 당혹스러워도 애인을 잃은 것을 마음에 오래 둘 수는 없었다. 고민해야 할 다른 문제가 많았다. 로저가 떠나면서 일찍이 바라던 성공적인 결혼에 대한 마지막 소망이 사라졌다. 한동안 그에 대해 깊이 생각한 것은 아니었지만, 그래도 그 소망은 희미한 가능성이 되어 안정감을 주어 왔었다. 이제 그 신기루는 흩어졌다. 안젤라는 예기치 못한 충격과 더불어 현실로 돌아왔다. 즐겁고 행복한 삶의 방식을 어떻게 찾아 나설지 계획할 수 없었다. 바로 그 삶 자체를 유지하기 위해 정신을 집중해야만 했다. 뉴욕은 문자 그대로 안젤라의 처음 3000달러를 삼켜 버렸다. 지니의 선물 일부도 사라졌다. 절대 빈곤에 이르기까지는 이제 1000달러도 남지 않았다. 지니에게 도움을 청하는 건 상상할 수 없었다. 희망이 보이던, 금빛 찬란하던 삶은 위기의 순간에 의지할 만한 친구 하나 남기지 않았다.

이런 생각이 들자 안젤라는 두려움에 오싹했다. 어찌할 줄을 몰랐다. 일어날지도 모르는 빈곤의 유령은 안젤라의 꿈속을 채웠고, 깨어 있는 시간에도 그녀를 괴롭혔다. 유령은 로저와의 관계에서 비롯된 매서운 치욕을 옆으로 밀치고 걱정과 염려를 들여놓았다. 절망 속에서 안젤라는 어느 때보다 그림에 열정을 쏟았다. 인물 묘사에는 이미 월등했지만 안젤라는 전혀 알려지지 않아 인지도가 낮았다.

이 마음 상태는 외모에도 영향을 미쳤다. 안젤라는 옷을 사는 데 돈을 아꼈다. 달리 어디에서 절약해야 할지 알 수 없었고, 그것을 씁쓸히 인정했다. 얼굴에는 둥그스름한 면이 사라졌다. 따스한 하얀색 피부는 그대로였지만 눈 밑에는 보랏빛 그늘이 졌다. 이마에는 주름이 희미하게 나타났다. 조금 초라해 보였다. 앙젤 모리의 특징인 의기양양한 생동감은 서서히 힘을 잃었다. 뉴욕에 무리 지어 다니는 비루하고 초조한 수많은 여자들 중 하나 같았다. 포웰 양은 안젤라를 흘긋 보며 생각했다. '행복해 보이지 않네. 백인이기에 세상의 모든 기회를 가질 수 있을 텐데, 왜 그럴까?'

앤서니는 안젤라가 명랑함을 잃어 가는 것을 보았다. 왜 그런지 묻고 위로하고 싶었지만, 안젤라의 눈에 그는 위로자의 역할을 하기에 적절하지 않았다. 강사인 패짓 씨만이 안젤라가 처한 곤경을 추측했다. 패짓 씨는 너무 많은 학생들을 보았기에 빈곤의 전조를 느낄 수 있었다. 재앙으로 끝난 사랑의 전조와, 재능이라 믿었던 손재주가 느리게 개화되는 것에서 오는 절망의 전조도 알 수 있었다. 한 번은 수업이 끝나고 패짓 씨가 안젤라를 멈춰 세웠다. 유명한 패션 잡지사에서 디자인 일을 할 사람을 구하는데 적당한 사람을 아느냐고 물었다.

"그리 흥미로운 일은 아닌데, 급여가 세거든. 회사도 믿을 만하고. 마지막으로 일했던 미술가는 거기에 8년이나 있었어. 할 만한 사람이 있으면……."

안젤라가 말을 끊었다.

"제가 할 수 있는데. 저도 괜찮을까요?"

"내가 추천해 줄게. 그 사람들이 나한테 부탁한 거니까 당연히 내 제안을 고려할 거야."

패짓 씨는 매우 친절했다. 모든 필요한 준비를 해 주었다. 회사는 안젤라를 기꺼이 받아들였고, 시답잖고 다소 한심해 보이는 일에 상당한 급여를 제공했다. 무엇보다도, 가능성이 다시 열렸다. 새로운 사람들을 만나고, 어쩌면 친구도 사귀어 변치 않는 인연을 만들 수 있을 것이다.

"오," 안젤라는 들떠 혼자 말했다. "삶은 멋있어! 새로운 기회를 주잖아. 완전히 새롭게 다시 시작해야겠어. 지금 나는 젊고 경험이 많으니까. 세상은 넓고, 어딘가에 나를 위한 행복과 평화가 있겠지. 알맞은 장소가 있을 거야. 나는 그걸 찾아야 해."

그러나 희망이나 낙관은 조금 억지스러운 것이었다. 당당한 자신감은 눈에 띄게 사라졌고, 한때 그녀의 존재를 매 순간 빛내던 광채는 서서히 약해지고 있었다. '평범한 빛'으로 무심히 변하고 있었다.

다시 집으로

1장

뉴욕은 두 얼굴을 가졌다. 미래에 대한 장밋빛 표정을 보일 때도 있고, 가까이 갈 수 없는 비굴한 얼굴을 할 때도 있다. 우쭐한 가능성으로 일곱 번째 천국에 오르게 할 수도 있고, 파괴적인 부정으로 지옥 바닥으로 추락시킬 수도 있다. 그리고, 외로움! 이렇게 위대하고 시끄러운 도시 속에 그런 외로움이 있다는 건 상상하기도 어렵다. 그것을 경험하기 전까지는 아무도 모를 것이다. 퇴근길 기차에 오르면 안젤라는 사람들을 관찰하곤 했다. 무엇 때문에 저런 표정을 짓고 있을까? 특히 젊은 여자들의 얼굴에 관심이 갔다. 네 가지 유형이 보였다. 행복, 무관심, 생각에 잠김, 외로움. 그 분류가 완벽한 것은 아니었지만, 외로움, 텅 빈 표정, 냉담함, 은근히 파고드는 절망의 징후를 결코 놓칠 수 없었다. 안젤라는 유니언 스퀘어 사람들이 떠올랐다. 처음 뉴욕에 왔을 때 그 사람들을 흥미롭게 관찰했었다. 그때는 그들이 '떨어지고 뒤처진' 존재라고 생각했었다. 아무짝에도 쓸모없는 게으름뱅이들. 안젤라에게 가장 심각한 문제가 외로움이 될 거라는 생각은 하지 못했었다. 안젤라의 사무실은 23번가에 있었다. 안젤라는 종종 정오에 음침한 스퀘어로 걸어 내려가며 낙오된 사람들을 다시 보았다. 그들은 반쯤 가로누워 볼썽사납게 퍼져 있었다. 그들과 안젤라 사이에는 어떤 예사롭지 않은 관계가 있는 듯했다. 안젤라는 늘 노트를 가지고 다녔다. 쪼그려 앉아 그들을 관찰하며 스케치를 했다. 오며 가며, 무언가를 응시하는 텅 빈 눈동자. 그 눈동자가 그녀에게서 멀어졌을 때 틈나는 대로 선을 그려 놓았다. 예전에는 그들이 그녀를 보아도 개의치 않았을 것이다. 어깨를 들썩이며 안젤라는 말했을 것이다. "오, 저 사람들, 신경도 안 써. 그러기에는 너무 갔지." 그러나 그 후로 안젤라는 그들을 더 이해하게 되었고, 더 많은 것을 알게 되었다. 사회적으로 우월한 누군가가 그녀를 모델 삼으려 했다면 얼마나 거칠게 반항했을까!

저녁에는 걸작을 만들고 싶은 그림에 대해 생각했다. 여름이라 쿠퍼 유니언의 수업은 휴강이었다. 하지만 가을에는 돌아갈 예정이었다. 장학금도 지원하고, 성공한다면 해외에 갈 수도 있을 것이다. 방황하고 싶은 충동은 조금씩 가라앉았다. 필라델피아에서 살면서 뉴욕을 동경했던 만큼이나 지금 유럽을 동경하는 것은 아니었다. 자리 잡고 살면 좋을 것이다. 친구도 만들고 경험과 추억도 쌓으면서.

* * * *

폴렛은 마지막까지 기세등등하여 허드슨과 러시아로 떠났다. 마사와 라디슬라스는 롱아일랜드에서 마사네 가족들과 여름을 보내고 있었다. 로저는 허공으로 사라졌다. 그러나 그를 그리워할 수는 없었다. 로저는 안젤라의 삶에 가장 무익한 것의 상징이 되었다. 광기 어린 나날들, 로저도, 그녀 자신도 용서할 수 없었다. "그리 지나간다면 가도록 내버려 둬." 안젤라는 혼자 말했다. 다채로운 추억들이, 우정의 언약이, 눈부신 금빛 속으로 사라진다 해도 망설이지 않을 것이다. 그렇지만 일이 이렇게 되고 보니 안젤라는 초조해졌다.

이건 빈틈없는 그녀에게 커다란 오점이었다.

안젤라는 마사가 주말을 함께 보내자고 물어 오길 바랐지만, 마사는 그런 생각을 하지 못한 게 분명했다. "잘 있어. 가을에 보자." 마사가 명랑하게 말했었다. "이번에 집에 가게 되어 정말 기뻐. 옛날 내 방이 그대로 있거든. 다시 인생을 시작하는 것 같아. 물론 뉴욕을 포기하진 않겠지만, 거기서는 사는 게 더 현실 같고, 탄탄한 것 같아. 결국에는 내 뿌리가 있는 곳이니까."

마사의 뿌리! 안젤라는 부러운 듯 그 표현을 따라 말했다. 한번도 연을 끊은 적이 없어 언제라도 돌아갈 수 있는 부모와 친척들, 친구들이 있다면 얼마나 좋을까! 그것이 주는 평안, 안정, 친근함! 이것이 안젤라가 잃어버린 관계였다. 심지어 지니와도. 필라델피아의 다른 지인들, 헨슨, 버틀러, 케이트, 아그네스, 할로웰. 안젤라는 그들의 삶에서 거리낌 없이, 작은 파문 하나 없이 완전히 떨어져 나왔고, 아무리 원해도 다시 예전처럼 편한 관계로 돌아가는 것은 불가능할 것이다.

지니는 별 노력 없이도 친구들과 즐거운 우정, 수천 가지의 흥미로운 관심사 속에 푹 빠져 압도된 듯 보였다. 교사인 사라 펜튼과 함께 아파트를 썼다. '스트라이버의 거리'*라 불리는 139번가 한 주택 꼭대기 층 쓰리 베드룸 아파트라고 지니가 설명했다. 그 별칭이 적절한지 아닌지는 모르겠지만, 그 구역에서 사는 것은 멋져 보였다. 가장자리에 나무들이 심어진 도로, 널찍한 집들, 인자한 이웃. 1, 2층은

* 뉴욕 할렘에 있는 세인트 니콜라스 역사 지구. '스트라이버'는 '투쟁하는 사람'이라는 뜻이다.

의사 부부가 사용했다. 의사 부부는 나이 들고 다소 쓸쓸한 사람들이었다. 두 자식은 결혼해 다른 도시로 나갔다. 사실상 지니와 사라를 입양한 거나 다름없었다. 그들이 감기에 걸리면 돌보고, 손님이 오면 친절히 알렸다. 아내인 브래들리 부인은 가끔 그들을 위해 옷을 다려 주었다. 폭풍우가 치는 날이면 의사는 차로 '공립학교 89'까지 태워다 주었다. 지니와 사라는 그 학교에서 가르쳤다. 두 숙녀는 수년 동안 함께 살아온 것 같은 다정함과 즐거운 추억, 공동 계획으로 넘쳐났다. 그 분위기 속엔 비밀, 별명, 암시가 가득했다. 안젤라는 이런 말 듣는 것에 짜증이 났다.

"물론 언니는 그걸 모를 거야. 터무니없는 건데, 설명하려면 너무 오래 걸려. 게다가 언니는 그 사람들을 하나도 모르잖아."

하물며 그처럼 기분 나쁜 표현도 자주 듣지 못했다. 지니는 안젤라가 기숙사는 물론이고 아파트에 오는 것을 좋아하지 않았다.

"언니가 너무 자주 오면 사라가 이상하게 생각할 거야."

"사라에게 말하면 어떨까," 안젤라가 대꾸했다. "비밀로 해 달라고 하면 되잖아."

하지만 지니는 그렇게 하지 않겠다고 쌀쌀맞게 말했다. 사람들에게 비밀로 부담 주는 건 옳지 않았다.

"언니가 지킬 수 없는 걸 왜 그 사람들이 지켜야 하지?"

지니가 점잖게 물었다. 악의적인 태도는 아니었다. 단지 동생은, 수년 전에 받아들인 견해를 따르는 것뿐이었다.

* * * *

여름 열기는 매력을 잃고 흐트러져 가고 있었다. 안젤라는 빌리지의 외딴 방에 누워 현재 삶의 방식에 대해 곰곰이 생각했다. 지금처럼 이렇게 계속 무작정 살 수는 없을 것이다. 비록 별 노력은 하지 않았지만, 외로움이 지속될 것 같지는 않았다. 안젤라가 무정하게 떠나 모험에 뛰어드는 것을 보고 지니는 이런 상황이 오리라는 것을 짐작했을 것이다. 이 고독, 그리고 매슈와의 유감스런 관계. 안젤라가 감내하기에 힘든 일이었다. 그래서 억지로 변화를 갖고 다른 곳으로 관심을 돌리려고 애썼다. 지니에게는 깊은 내구력이 있었고, 사람에게 필요한 충분한 목적과 기지도 있었다. 지금 여기 뉴욕에서, 지니는 친구들과 직장, 재정적 안정 속에서 비밀이 없고 속임수가 없는 완전히 개방된 삶을 꾸려 나가고 있었다. 교활한 방법으로 이루고자 하는 목표도 없었다.

지니는 인생이 변했고, 성공적이었다. 안젤라도 삶이 바뀌었지만, 고통스럽고 불행했다. 어디서 잘못된 걸까? 분명 다른 인종으로 패싱하려는 결정 때문은 아니다. 필라델피아에서 살았던 것처럼 사는 것은 어리석은 일일 것이다. 안젤라는 본능적으로 그것을 알았다. 자신이 누구인지 처음부터 밝히지 않았다고 끊임없이 비난받고 박해받는 삶. 원하지 않지만 견디기 힘든 자리에 계속 놓이게 되는 삶. 오랜 우정이 떠나고 새 친구를 만들어야만 하는 상황으로 무섭게 내몰리는 삶. 아니, 무슨 잘못이 있어서 그런 게 아니었다. 어쩌면 친구들을 대하는 태도에 문제가 있었을지도 모른다. 너무 차갑게 억지로 그들을 이용하려 했던가? 물론, 로저와의 관계를 이용하려는 계획은 있었다. 하지만 이 점에 있어서 안젤라는 조금도 가책을 느끼지 않았다. 그녀가 얻으려고 했던 이득의 대가는 그에게 충분히 보상했다. 안젤라가 항상 포웰 양에게 친절한 것은 아니었다. "하지만," 안젤라는 혼자 중얼거렸다. "상황이 허락하는 한, 늘 친절했지. 다른 사람들보다 훨씬 더 마음을 썼고." 앤서니, 폴렛, 마사에게는 두말할 필요 없이 잘했다. 불현듯, 근 3년이 지난 지금, 친구라고 할 만한 사람이라고는 이 다섯뿐이라는 사실이 새삼스럽게 다가왔다. 그중 로저는 떨어져 나갔다. 포웰 양은 소극적이고, 폴렛은 러시아로 떠났다. 이리하여 마사와 앤서니만 남았다. 마사는 라디슬라스를 통해 친구를 사귀느라 바빴다. 지니와 사라의 관계처럼, 마사는 편안하고 친밀한 좋은 친구를 만나는 데 정신이 팔려 있었다. 그럼, 앤서니만 남았다. 아, 최근에 만난 레이첼 솔팅.

*　　*　　*　　*

고독 속에 안젤라는 레이첼에게 다가갔다. 그저 자매처럼 친하게 지내고 싶었다. 고향을 떠나 큰 도시로 이주한 외로운 여자들이 바라는 그런 친밀함을 기대했다. 고향에는 젊은 여성의 미와 관대함을 더욱 빛나게 하는 자연스런 도움이 있지만, 도시에는 그런 것이 없었다. "혹시 이 우정을 통해 나에게 무슨 일이 생긴다면," 안젤라는 진지하게 혼잣말했다. "일어날 일이면 일어나겠지. 하지만 나는 다른 생각 없이 순수한 마음으로 다가갈 것이다. 단지 레이첼이 좋아서 그러는 거니까."

로저와 사귀면서 겪었던 열병과 초조함, 폴렛을 약간 불건전하게 생각한 일, 마사 집에서 배운 교훈, 이 모든 일을 겪고 보니, 안젤라는 레이첼과 우정을 쌓는 것에 끌렸고 들뜨기까지 했다. 레이첼은 순진하고 지적이고 열정적인 숙녀였다. 아이처럼 직설적인 신실함과 순박함으로, 타고난 재능과 방대한 독서, 폭넓은 지식층과의 교류에 대해 얘기했다. 가끔 안젤라는 레이첼 옆에 있는 것만으로도 훨씬 세련된 느낌이 들었고, 때론 힘이 빠지기도 했다. 그러나 사실 그들은 아이들 같았다. 로저와의 짧은 에피소드는 안젤라의 타고난 도덕성에 아무런 흔적을 남기지 않았다. 이제 안젤라는 건강한 수치심으로 그 관계가 부끄러웠다. 그건 가치가 없는 관계였다. 하지만 그 이상은 아니었다. 안젤라는 어떤 우울증도 겪지 않았다. 인생에 대한 총체적인 지식이 늘었다. 남자들을 다른 눈으로 보기 시작했다. 사무실의 여섯 남자들이 농담하는 것을 듣다 보면 그 농담 저변에 깔린 의도의 차이를 알 수 있었다. 말하는 것을 듣고 웃으며 그들의 관심을 가늠했고, 아무도 받아들이지 않았다. 사실 그렇게 시시덕거리는 것에 별로 구미가 당기지 않았다. 언젠가 결혼은 하겠지만, 그 모든 게 아직 막연한 미래였다. 그때까지는 '현재'가 손짓을 했다. 실질적으로 안젤라는 다시 한번 안전해졌다. 근질거리던 야망은 잠시 잠잠해졌다. 친구도 있었다. 잠깐이라도 시간이 흘러가도록 내버려 두는 게 좋을 듯했다.

두 숙녀는 저녁 시간을 함께 보냈다. 레이첼의 약혼자 존 아담스는 외판원으로 자주 시외 출장을 나갔다. 그가 집에 있을 때면 안젤라는 약속을 잡는 것에 주의했다. 레이첼은 쾌활하게 웃으며 그 둘은 이미 서로 익숙해서 다른 사람이 방해되지 않는다고 안심시켰다. 더운 여름밤이면 그들 셋은 종종 코니아일랜드나 파로카웨이로 나갔다. 이 소풍은 즐거운 여행이라기보다 호된 시련에 가까웠다. 차들은 속수무책인 사람들과 섞여 뒤죽박죽이었다. 해변에는 인파가 넘쳤고, 집으로 돌아오는 길은 어둠의 늪 같았다. 안젤라는 어느 날 우연히 칼로타의 옛 친구 랄프 애쉴리와 마주쳤다. 랄프는 음울하고 쓸쓸하고 멍한 상태였고, 안젤라에게 가끔 전화할 수 있도록 허락해 달라고 간절히 요청했다. 랄프는 지식이나 책이 없이는 무기력했다. 자신의 잠재 역량을 깨닫지 못한 학구적인, 심각한 젊은이 같았다. 안젤라의 자립심과 명철함이 그에게는 임시 피난처가 되는 듯했다. 칼로타가 여행을 떠나자, 랄프는 무엇을 할지 모르고 빈둥거리고 있었다. 랄프는 암암리에 그 작은 모임에 초대되었다. 그는 자동차가 있고, 그것을 다른 사람들과 기꺼이 공유했다. 이것은 꽤 괜찮은 조합이었다.

*　*　*　*

이 시기가 즐거운 때였다. 시간이 한참 지난 후에도 안젤라는 이때를 뉴욕에서 가장 행복했던 시간으로 기억했다. 특별히 레이첼과 함께 집안일, 가정적인 일로 바빴던 순간들이 좋았다. 옷에 대해 서로 의견을 나누고, 안젤라는 새로운 요리법을 시도했다. 노트를 떠들어 보니 기억이 되살아났다. 늦은 밤 안젤라가 스케치를 하는 동안 레이첼은 큰 의자에 걸터앉아 팔걸이에 발을 걸고 느긋이 건들거리며 의견을 내거나 제언을 덧붙이곤 했다. 레이첼은 '미술 수업'을 받았고, 열여덟 살 나이에 프랑스와 이탈리아에 여행 갔을 때 루브르 박물관과 피티 미술관, 우피치 미술관에도 갔었다. 그래서 레이첼은, 친구의 발전을 위해 어떤 논평을 내거나 비판할 정도의 자격은 있다고 믿었다. 그녀의 소견은 안젤라에게 거의 영향을 주지 않았다. 그럼에도 레이첼의 지식이 '분위기'를 형성하는 데 어느 정도 영향을 미쳤다고 그 둘은 공감했다.

레이첼은 곧 있을 존과의 결혼과 드라마틱한 구애에 대해 자주 얘기했다. 안젤라는, 조금씩 서로를 알아가는 두 연인의 순박한, 거의 목가적인 구애의 세세한 부분을 수년이 지나고서야 직접 느낄 수 있었다. 두려움과 희망을 함께 나누는 것과, 의문과 확신을 통해 이루어 가는 행복한 언약에 관해서도 마찬가지였다. 안젤라는 존이 매주 얼마를 버는지, 얼마를 저축하는지, 검소한 레이첼이 결혼하기 전까지 얼마를 손에 넣어야 하는지도 알았다. 악착스럽게 되풀이되는 얘기가 진즉 지루해졌을 법도 했지만, 안젤라는 꽤나 호의적이었고, 때론 제안도 했다. 신문에서 집안일에 관한 기사를 오리기도 하고, 작은 집의 인테리어 장식에 조언도 덧붙였다. 작고 보잘것없는 집이었지만 레이첼은 그 집에 말할 수 없이 큰 애착을 가졌다. 안젤라는 레이첼보다 나이가 약간 많았다. 그 덕분에 예전에 어머니와 쇼핑을 하고 집을 관리하던 경험이 있었다. 어쩌다 레이첼이 물건을 구입할 때면 안젤라가 잔소리를 늘어놓곤 했다. 만난 지 1년도 채 되지 않았지만, 우연히 알게 된 지인이라기보다는 친 자매 같았다.

그들의 관계는 대단히 만족스러운, 이상적인 관계였다. 다만 한

줄의 염려가 그 결을 따라 흘렀다. 레이첼은 존과 조만간 결혼할 것이고, 그러면 안젤라는 다시 새 친구를 찾아야 한다. 브롱크스의 친구나 그리니치빌리지의 친구를 자주 만나는 것은 물리적으로 쉽지 않았다. 안젤라가 이에 대해 하소연할 때면 레이첼은 묘하게 음울한 기운에 휩싸이곤 했다. 레이첼은 침울히 말했다.

"앞으로도 걱정할 시간은 많아. 행여 우리가 결혼하지 않을 수도 있고. 누가 알겠어."

안젤라는 그녀의 말을 이해할 수 없었다. 장난이라고 보기에는 터무니없었지만 그래도 장난이라 결론을 내렸다.

2장

이 잔잔함 속에, 맑은 하늘에 날벼락이 쳤다. 도서관 사서로 일하던 레이첼은 브루클린 먼 교외 지역의 도서관장에 임용되었다. 게다가 몬태나주 뷰트시에 사는 한 부자 부인은 레이첼이 사는 불편한 아파트를 원했다. 부인은 뉴욕에 몇 달 머물 계획인데, 제인가의 우중충한 환상에 빠져 다른 어떤 곳보다 꼭 그곳에 살아야만 한다고 했다. 시내 전역 어느 곳도 그곳을 대체할 순 없었다. 세를 사는 레이첼에게 액수에 관계없이 다시 세를 내겠다고 했다. 마지못해 레이첼은 가격을 불렀다. 레이첼은 내심 날강도 같은 가격이라 생각했지만, 덴버 부인에게는 전혀 문제가 되지 않았다. 부인은 원하는 것이라면 기꺼이 지불했다. 레이첼은 거절할 수 없었다. 두 곳에서 돈을 받으면, 브롱크스의 거무칙칙한 작은 집에 가구를 장만할 밑천을 대폭 늘릴 수 있었다. 현실적으로, 이건 예기치 못한 특별한 행운이었다. 흠이 하나 있다면, 새 친구와 어쩔 수 없이 헤어져야 한다는 거였다. 사실 이건 안젤라에게 재앙이었다. 하지만 안젤라는 한 순간도 낙담한 기색을 내보이지 않았다. 처음 무심결에 놀라는 표정을 지은 후, 안젤라는 흔들리지 않고 그 계획에 철저히 침묵했다. 그러나 마음은 아렸다.

갑작스런 이사로 일이 많아지고, 소동이 벌어졌다. 안젤라가 깔끔한 만큼, 반대로 레이첼은 지저분했다. 흩어진 소지품들을 각기 따로 모아야 했다. 옷더미는 정리되지 않아 한꺼번에 들어서 입을 벌린 트렁크에 넣을 수 없었다. 이내 정리되었고, 트렁크는 남들에게 주거나 버려야 할 잡동사니로 넘쳤다. 덴버 부인이 이 아파트에 살려면, 남은 잔해들을 반드시 정리해야만 했다.

소란스럽게 짐을 싸는 일이 악몽처럼 계속되었다. 서둘러 식사를 하고 집 청소를 했다. 안젤라는 맥이 풀리는 것을 막으려고 열심히 일에 집중했다. 하지만 밤이 되자, 평소와는 다른 일과로 지쳤고, 모든 것을 삼키는 거대한 파도 같은 고통스런 절망감에 낙담했다. 다시 고독과 싸울 수는 없을 듯했다. 새롭게 친구를 찾고 생생한 친밀감을 쌓을 만한 힘이 없었다. 안젤라는 스물여섯이었고, 기나긴 시간을 살았음에도 여전히 혼자라는 사실이 섬뜩했다. 중세 전설에서나 읽을 법한 저주가 그녀에게 떨어졌는지도 모른다. "난 친구가 없을 운명인가." 무더위에 지친 유월의 밤에 안젤라는 베개에 얼굴을 묻으며 말했다. 그리고 영원히 변치 않는 실재적인 어떤 것에 대한 향수에 젖었다. 어린 시절로 돌아가 다시 한번 아버지의 품에서 보호를 받으며 마음 편히 지냈으면 하고 바랐다. 그게 아니라면, 아주 늙어 버렸으면 좋겠다.

* * * *

안젤라처럼 천성이 강하고 자립적인 사람은 오래 침체되지 않는다. 안젤라는 처음에 좋지 않았던 것들이 시간이 지나면서 결과적으로 좋아지는 것을 자주 보았다. 안젤라가 타고난 가장 유익한 능력 중 하나는 눈앞에 놓인 어려움들을 객관적으로 보는 능력이었다. 이 능력으로 안젤라는 여러 문제를 해결했다. 레이첼이 떠나던 날 밤, 안젤라는 레이첼을 따라 브루클린에 갔다가 돌아오는 긴 시간 동안 지하철에 앉아 이 방식을 좇기로 결심했다. 다행히 그 끔찍한 열기는 가라앉았다. 열린 창문으로 가느다란 바람이 새어들었다. 하얀 띠 커튼이 흔들리고, 테이블 위 신문도 들썩거렸다. 안젤라는 차분히 저녁 식사를 했다. 레이첼이 살던 아파트로 뛰어 올라가 덴버 부인과 인사를 나눌까 잠깐 생각했다. 부유한 새 세입자가 달가워하지 않더라도 기분은 좋을 것이다. 조만간 세입자는 친절에 보답할 것이고, 새로운 우정이 싹틀지도 몰랐다. 다시 가능성들이 열릴 수 있었다. 하지만 안젤라 안에 무언가가 그런 시도에 반대했다. 불확실한 우연에 근거한 친밀함이 지겨웠다. 다시는 그런 것에 매달리지 않을 것이다. 그날 이후, 안젤라는 영원한 것을 쌓는 데 전념했다.

식사를 마치고 접시들을 치웠다. 그리고 사색에 잠기려고 앉았다. 전화를 할 만한 사람은 없었다. 랄프가 주말여행을 갔기 때문에, 전화할 사람이 진짜 없었다. 하지만 이 사실에 개의치 않았다. 오늘 밤에는 고독을 환영했다.

어머니가 이따금 하시던 말씀이 머릿속을 맴돌았다. "사는 문제, 인생 자체에 푹 빠져 살다 보면, 유색인인가 아닌가는 그냥저냥 네가 만족하고 살아야 하는 한 가지가 된단다." 안젤라는 오랜만에 색깔에 대해 생각했다. 한때 색깔은 인생을 엄청 복잡하게 만드는 것 같았다. 하지만 지금은 그리 중요해 보이지 않았다. 인종 문제가 삶을 얼마나 힘들게 만들 수 있는지 알기에 안젤라는 그 주제를 경계하며 회피했다. 하지만 지금 그것은 이차적인 문제였다. 현재로서는 어떻게 살 것인가가 가장 절실한 문제였다. 이 문제를 해결해야만 했다. 안젤라는 먼저 자신이 원하는 것이 무엇인지를 알아야 했다. 가장 원하는 것은 친구 관계였다. 방대한 야망을 이루는 길에서도, 가장 고귀한 소원을 실현시키는 과정에서도, 더 이상 외롭지 않을 것이다. 이를 위해 안젤라는 희생을 치를 각오가 되어 있었다. 그녀가 바라던 자립에 필요하다면, 두 그룹의 친구들 사이를 오가며 이중적 삶을 이끌어 갈 수도 있었다.

안젤라의 마음 깊은 곳에는 다시 지니와 운명을 같이하고 싶은 바람이 있었다. 어린 동생을 떠나지 말았어야 했다. 사실 지니는 딱히 안젤라를 그리워하지 않았다. 안젤라의 존재조차 의식하지 못하는 것 같았다. 억지로 그렇게 하는 것일 거다. 안젤라는 생각했다. '나는 지니를 원치 않았어, 그 소중한 아이를. 그래서 지니가 인생에서 나를 지우도록 만들었어.' 어린애 같은 지니의 모습 뒤에 숨겨진 결단력, 불굴의 의지를 안젤라는 익히 알고 있었다. 지니에게는 변함없는 깊은 층의 다정함과 사랑과 믿음이 있었다. 그게 진짜 지니였다. 안젤라는 이 부분에 호소할 생각이었다. 자신이 어리석고 이기적이었음을 인정하고, 진심을 내보이며 용서를 구할 것이다. 그리고 다시 함께 살 것이다. 어쩔 수 없다면, 사라 펜튼도 함께. 사라에게는 얼마나 웃길까! 사라는 가족의 행복과 기쁨을 새삼 느낄 것이다. 그저 우연한 우정이 아니라 믿을 만한 사람들과 어우러진 든든한 우정을 경험할 것이다. 은혜로운 일요일 아침, 식사, 긴 산책. 헤어져 있던 날들을 회상하는 멋스런 가을 저녁. 폴렛과 마사 이야기를 하면 지니는 눈이 동그래지겠지! 로저에 대해서는 말하지 않을 것이다. 색깔에 관한 한, 유색인이 되는 게 좋다면 유색인이 될 것이다. 중요한 것은, 안젤라가 다시 한번 평범한 삶, 가족, 우정, 충성, 안전, 그리고 소유하고 소유되는 것의 행복을 느끼는 것이다. 이 모든 게 가능하고, 그녀가 이루길 바라고 있었다. 그것은 단지 몇 시간, 몇 킬로미터의 문제일 뿐이었다.

안젤라에게 평정이 찾아오고, 야릇한 흥분이 일었다. 안젤라는 거의 이렇게 말할 뻔했다. "일어나서 아버지에게 가야지."

* * * *

일요일에 안젤라는 139번가에 있는 동생의 아파트로 향했다. 사라가 외출했을 것이라 예상했다. 안젤라는, 사라가 요즘 교회에 가는 걸 좋아하고 성가대에 관심이 있다고 여자들이 말하는 것을 들었다. 음악 이야기를 하려고 사라를 종종 집까지 데려다 주던 성가대원이 있었는데, 그 덕분에 관심이 확연히 커졌다고 했다. 지니는 더 이상 교회에 가지 않았다. 그녀에게 일요일은 '회복의 날'이었다. 일주일에 한 번, 편지를 쓰고 옷가지를 정리하는 시간이었다. 몸에 긴장을 풀고, 한창 물오른 미모를 아름답고 생기 나게 하는 신비한 의식을 치렀다. 수개월 만에 처음으로 자매가 홀로 마주하는 셈이었다. 기대에 찬 안젤라는 갈색 돌계단을 오르고 벨을 눌러 지니를 찾았다.

동생이 있었다. 사라도 있었다. 그리고 루이스 앤드루스라는 여자도 있었다. 방은 젊음과 더없는 행복 속에 명랑과 장난과 웃음으로 넘쳐 났다. 한가운데에는 커다란 트렁크가 입을 벌리고 있었다. 지니가 환하게 미소 지으며 거기서 얼굴을 들어 올렸다. 안젤라는 동생의 얼굴이 발하는 환희를 보며 놀랐다. 사라 펜튼은 건성으로 옷을 개고 있었다. 앤드루스 양은 소파에 퍼드러져 앉아 띄엄띄엄 우쿨렐레를 튕기며 이런저런 명령을 했지만 아무도 신경 쓰지 않았다.

"안녕." 지니가 무심히 말했다. "들어올 수 있겠어? 편지를 쓰려고 했는데."

"오," 안젤라는 희망이 퍼덕거리다 주저앉는 게 느껴졌다. "어디 가는 건 아니지?"

지니가 예전에 고함치던 말이 가슴에 울렸다. '그래서 나를 떠나겠다고…… 난 언니에게 갈 준비가 다 되었는데, 정말 지독히 언니가 필요한데!'

물론 지니는 아무것도 눈치채지 못했다.

"그대로야." 지니가 활기차게 말했다. "오후에 필라델피아 메리언, 남서쪽으로 떠날 거야. 에드나 브라운과 함께 머물 계획이야."

안젤라는 할 말을 잃었다.

"너를 보고 싶었어, 지니. 조금 중요한 일인데." 안젤라는 소심하게 덧붙였다. "나한테는 중요해."

그리고는 다소 조급하게 두 여자를 흘끗 보았다. 그들이 눈치를 채고 나가 주었으면 하고 바랐다. 그러나 그들은 안젤라가 하는 말을 듣지 못하고, 원피스와 투피스 스포츠 의류의 상대적 장점을 이야기하는 데 빠져 있었다.

동생은 친절했지만 별 관심을 주지 않았다.

"영혼 구원과 관계된 문제가 아니라면 미안하지만 좀 기다려 줘." 동생이 쾌활하게 말했다. "2시 기차를 타야 해. 이 트렁크를 다 싸야 되거든. 사라는 짐을 꾸리는 데는 꽝이야. 그렇지 않다면 사라에게 맡겼을 텐데. 내가 떠난 후에 사라가 이대로 부칠 거야. 그렇지, 친구?" 안젤라의 요청은 이미 잊혀졌다. "이것을 끝내면," 명랑한 음성이 계속되었다. "전화할 데가 있어…… 오, 할 일이 태산이네."

"내가 도와줄게." 안젤라가 문득 영감을 받고 말했다. "그리고 택시를 불러서 함께 역으로 가자. 우리가 한참 이야기할 수 있을 거야. 설명할 게 있거든."

지니는 단지 절반 정도만 주의를 기울였다.

"모리 양이 나랑 같이 역에 가고 싶대." 익살스런 표정으로 친구들을 바라보며 지니가 말했다. "데려갈까?"

지니는 침실로 사라졌다. 루이스 앤드루스도 뒤쫓아 갔다. 그 둘은 어떤 비밀의 샘이 부글거리는 것처럼 신나게 웃느라 정신이 없었다.

단절되고 굴욕당한 안젤라는 말없이 서 있었다. 그들이 침실로 사라지는 것을 보고 있던 사라 펜튼은 돌아서서 안젤라의 표정을 보았다.

"지니가 미쳤나 봐요. 신경 쓰지 마요. 오늘은 꽤 무책임하네요." 사라가 다가왔다. "그런데 내가 말한 거 누설하면 안 돼요. 지니, 약혼했어요."

새로운 소식이었다.

"약혼이요? 누구랑?"

"오, 지니가 항상 미치게 좋아하는 사람이에요." 필연적 구절이 뒤를 이었다. "아마 당신은 모를 거예요."

그 사람이 누군지 모른다고, 매슈를! 안젤라는 입을 열었다.

"지니보다 내가 먼저 알았을 걸요." 하지만 안젤라는 멍청하고 어리석은 역할을 해야 하는 걸 깨닫고 가만히 서 있었다.

"그러니까," 사라는 침실 쪽으로 눈치를 주며 비밀스럽게 계속했다. "역에 같이 간다고 하면 안 돼요. 그 사람이 배웅을 나갈 테니까."

"정말, 그 사람이 여기 있어요?"

"어제 왔어요. 아침 내내 우리가 가만두지 않겠다고 위협하고 있었지요. 그래서 당신이 간다고 하는 말에 지니가 그렇게 대꾸하는 거예요. 우리한테는 직접 말했는데, 내 생각엔, 당신한테는 말하지 않을 것 같네요."

"그렇겠죠."

안젤라가 답했다. 심장이 차가워졌다. 어린 동생이 약혼을 했고, 안젤라는 그걸 다른 사람에게서 들었다. 할 수 있는 일이라고는 눈물을 삼키는 것뿐이었다. '너 말고 누굴 비난하겠어.' 안젤라는 씩씩하게 자신을 상기시켰다.

두 숙녀가 돌아왔다. 지니는 여전히 웃고 있었지만, 재밌어하는 모습 뒷면에 가린 당혹스런 긴장감을 안젤라는 감지할 수 있었다. 어차피 지니는 아직 어린애였다. 더불어 무척 행복해 보였다. 안젤라는 조금이라도 침울하거나 불편한 기색을 보여 그 행복을 망치고 싶지 않았다.

방문객이 일어섰다.

"가는 게 좋겠어."

지니는 안젤라를 잡지 않았다. 하지만 언니를 바라보는 눈빛이 돌연 따스하고 다정했다.

"잠깐, 내가 문까지 같이 갈게. 사라, 달링, 저기 스타킹 중에 좋은 것 좀 골라서 모아 줄래. 나는 그런 거 잘 못하는 거 너도 알지."

복도로 나오자 지니는 충동적으로 팔을 들어 언니를 껴안았다.

"오, 언니, 난 너무, 너무 행복해. 바로 편지 쓸게. 언니도 놀랄 거야."

갑자기 지니는 안젤라를 꼭 껴안고 뽀뽀를 해 댔다.

"오," 안젤라는 눈물을 쏟으며 말했다. "오, 지니, 나를 용서하지, 그렇지? 미안해, 전부 다. 나는 오랫동안 타락했었어. 지니, 너를 잃어버렸다고 생각했어."

"나도 알아." 지니가 말했다. "나도 몰인정한 나쁜 년이었으니까." 지니는 울면서도 킥킥거리며 아이 같은 다갈색 손등으로 눈물을 훔쳤다. "그냥 언니를 힘들게 했잖아. 언니도 백인 여자들에게 지쳤을 거야. 나에게 돌아와. 오, 언니, 네가 무척 보고 싶었어. 그렇지만 지금은 괜찮아. 10주 동안 떠나 있을 거야. 돌아오면 이야기하자! 우리 둘을 위해 정말 대단한 계획이 있거든. 우리 모두를 위해 말이야." 지니는 영리한 아이 같았다. "며칠 안에 편지를 쓸게. 거기에 다 설명할게. 언니, 난 정말 행복해. 아, 서둘러야겠다. 잘 있어, 언니."

냉랭하고 어두운 넓은 복도 안쪽에 그들은 잠시 달라붙어 있었다.

* * * *

안젤라는 거리로 나오자 춤이라도 추고 싶었다. 안젤라가 7번길을 타고 110번가로 활기차게 내려와 숲이 우거진 공원으로 접어들었을 즈음, 지니는 안젤라를 용서했다. 언니가 그립고 보고 싶었다. 지금껏 안젤라가 힘들어한다는 걸 알고 있었지만 고의로 벌을 주었다. 그래, 지니가 옳았다. 기억하고 싶은 찬연한 날에 모든 것이 괜찮아졌다. 지니는 다시 언니가 생겼다. 그녀와 피를 나눈 사람. 사소한 기쁨, 시시한 걱정거리를 함께 나누는 기쁨을 누릴 것이다. 똑똑한 지니, 훌륭한 지니!

예쁜 지니, 안젤라 역시 생각했다. 동생이 얼마나 사랑스럽고, 고상하고, 생기 있고, 순수한가. 이렇게 생각하자, 매슈가 떠올랐다. 그는 커다란 행운을 잡았다. '매슈도 보고 싶네.' 짓궂게 웃으며 안젤라는 생각에 잠겼다. '당연히 나를 잊었겠지. 그의 기억을 되살리는 것도 재미있을 텐데.' 물론 이제 매슈는 지니의 남자였다. 사랑하는 동생의 길을 가로막지 않을 것이다. '내가 진심으로 원하는 타입이 아니어서가 아니야. 난 그저 매슈가 끌리지 않아.' 매슈를 다시 보는 것도 즐거울 것이다. 든든하고 다정한, 믿을 만한 훌륭한 오빠가 되겠지. 젊은 혈기에 한동안 안젤라를 선망했던 것이 지속되리라 짐작해선 안 되었다. 안젤라는 행복에 겨워 미소 지으며 집에 도착했다. 방까지 난 계단을 건너뛰다시피 올라갔다. 아파트는 더 이상 외롭지 않았다. 지니의 아파트처럼 아름답지도 훤하지도 않았지만 아늑하고 품위가 있었다. 지니와 사라를 초대하는 것도 나쁘지 않을 것이다. 아, 그리고 그 새로운 숙녀 앤드루스 양도. 그 집에 사는 다른 사람들이 어떻게 생각해도 상관없다. 그 친구들이 진실을 알면 얼마나 놀랄까! 안젤라는 문득 덴버 부인이 생각나 그녀를 보러 다시 나갔다. 돈도 있고 맘껏 즐길 수 있는 방법이 있는데도 부인은 늘 고독했다. 안젤라는 뉴욕에 처음 도착했던 날을 재밌게 이야기하며 분위기를 띄웠다. 자신도 외로웠노라고 말하며 낙담한 부인을 위로했다. 부인은 활력을 얻고 즐거워했다.

"당신 같은 위치에 있는 사람이 외롭다니 믿을 수가 없군요."

덴버 부인은 부러운 듯 말했다. 부인은 하루 종일 위태로울 만큼 침울해 있었다.

또렷이 보이는 구름처럼 안젤라 주위를 맴돌던 불쾌한 우울함, 암담함이 완전히 사라졌다. 안젤라는 젊고 매력적이었다. 다시 행복해질 것이다. 또다시! 안젤라는 호흡을 가다듬었다. 오, 좋으신 하느님! 안젤라는 오랫동안 잊고 살았던 홀가분함, 생의 활력을 되찾았다. 로저를 만나기 시작했던 후로 이런 자유를 느껴 본 적이 없었다. 새가 된 것 같았다. 저녁에는 랄프 애쉴리가 차를 가지고 와 롱아일랜드 절반을 드라이브했다. 절반이 아닐 수도 있지만 안젤라는 그렇게 느꼈다. 그들은 환상적인 호텔에 들러 황홀한 저녁 식사를 했다. 랄프는 생동감 넘치는 안젤라의 모습에 넋을 잃었다. 제인가 집 입구에서 안젤라는 매혹적으로 미소 지으며 손을 내밀었다.

"내가 얼마나 즐거웠는지 넌 모를 거야. 오늘을 항상 기억할게."

안젤라가 진심으로 말했다. 이런 일은 금세 잊히기 때문이었다.

"넌 마녀야." 랄프가 약간 떨리는 음성으로 말했다. "원한다면 넌 이런 일은 언제든지 할 수 있어. 너도 알잖아. 나에게 잘해라, 앙젤. 나, 나쁜 사람 아니다."

안젤라는 깜짝 놀라 그를 뒤로 밀치고 뛰어 들어가 문을 닫았다. 안 돼, 안 돼, 안 돼. 안젤라의 심장이 마구 뛰었다. 로저로부터 얻은 교훈을 잊을 수는 없었다. 조만간, 안젤라는 지니, 매슈와 함께 있을 것이다. 안전하게, 보호를 받으면서.

3장

한밤중에 안젤라는 침대에 앉아 있었다. 잠자리에 들기 전에 홀연히 떠오른 생각이 그녀의 의식을 날카롭게 파고들었다. 누군가가 갑자기 얼음처럼 차가운 손을 어깨에 내려놓은 느낌이었다. 지니와 매슈가 결혼한다…… 그 말은…… 그건 물론 그들이 필라델피아에 산다는 의미였다. 얼마나 어리석었던가! 안젤라는 그곳으로 돌아갈 수 없었다. 절대로 안 될 말이었다. 어렸을 때 겪었던 어려움 때문이 아니었다. 뉴욕에서도 유색인들과 기꺼이 함께 살아갈 수 있다. 하지만 뉴욕은 달랐다. 여기도 확연히 드러나는 부당한 대우는 있었다. 아주 많았다. 그러나 동시에 기회도 분명 많았다. 반면에 필라델피아에는, 자유 수호의 전통과 더불어 실질적인 사회적·경제적 노예제도, 부당한 학교 시스템, 편견에 찬 극장, 제한된 취업 기회가 있었다. 그 도시는 지난 50년 동안 손가락 까닥하지 않고 잠만 자는 거대한 괴물 같았다. 안젤라 안에 뜨거운 증오심이 솟구쳐 올라왔다. 그들은 공공복리에 나름 자부심을 느끼면서도, 어떤 거리낌이나 당혹감도 없이 유색인들에게 거침없이 욕설을 퍼붓는 습관이 있었다. 결코 변하지 않았다. 여유 있을 때, 지니가 아그네스 할로웰이 보낸 편지 이야기를 해 주었다. 아그네스는 여자의과대학 졸업생이었다. 그녀는 안젤라만큼이나 피부가 하얬다. 그러나 인종에 대해서는 숨김이 없었다. 자랑스러워하기까지 했다. "내가 세상에 부끄러워할 건 없어.” 볼이 달아오르고 검은 눈동자를 부라리며 아그네스가 그렇게 말하는 것을 안젤라는 상상할 수 있었다. 아그네스는 졸업하면서 유명한 정신병원의 수련의 자리에 지원했다. 다양한 병리학 사례를 접할 수 있었기 때문에 열정 있는 의대생들이라면 모두가 탐내는 자리였다. 인사 담당자는 아그네스의 눈을 똑바로 쳐다보며 상냥하게 말했다. “천 명의 백인 지원자들을 물리치지 않고서는” 그녀가 그런 자리에 가는 일은 없을 거라고.

외로움이라는 오래된 문제가 안젤라에게 다시 돌아왔다. 지니가 당장 결혼할 리는 없었다. 그들은 함께 몇 달간 행복한 시간을 보낼 것이다. 그러나 그 후로는……. 안젤라는 이제 완연히 잠에서 깨어, 좁은 침대에 움직이지 않고 똑바로 누웠다. 두터운 어둠이 연해지고 침침함이 점점 약해지고 있었다. 그러다 돌연 지난 일처럼 결혼에 대한 생각이 스며들었다. 음, 왜 안 되지? 한때 안젤라는 결혼을 빈곤으로부터 탈출할 수 있는 방법, 편견의 늑대 무리를 뛰어넘기 위한 마지막 장벽이라 생각했다. 지금 외로움을 피하는 수단으로 볼 수는 없는 걸까? ‘주변을 둘러봐야겠어.’ 머리가 바삐 돌아갔다. 이런 얄팍한 생각을 하며 안젤라는 어둠 속에서 얼굴을 붉히며 웃음 지었다. 그건 남자들이 주로 하는 소리였다. ‘그는 정착할 준비가 됐어. 이제 아내 될 사람을 찾아봐야지.’라는 말을 안젤라는 자주 들었다. 그게 남자가 사는 과정이라면 여자도 그렇게 살아야 했다. 남자와 여자의 운명은 서로 깊이 연관되어 있기 때문이다. 방이 서서히 밝아지고 있었다. 벽이 훤해지면서 벽에 걸린 그림이 더 어두워 보였다. 부끄러운 생각은 그대로 지나갔다. 어쨌든 실제 안젤라가 아는 남자는 없었다. 랄프가 있었지만, 그와 같은 유의 남자라면 관심이 없었다. 안젤라는 무심히 생각했다. '사무실의 남자들은 구제불능이지만, 그리 끔찍하지 않은 남자가 셋 있어.'

"아니야." 안젤라가 소리 내어 말했다. "그중 하나와 살면서 평생 걱정하느니 혼자 외로이 지내는 게 나아. 다른 누군가가 있겠지." 앤서니 크로스가 떠올랐다. 물론 앤서니가 있었다. "마음 한구석에는 늘 그가 있었던 것 같아." 가물거리는 빛을 향해 안젤라가 말했다. 그러고는 베개에 머리를 묻고 웃으며 다시 잠이 들었다.

* * * *

월요일은 바쁜 날이었다. 조판공에게 건네 줄 사본을 준비해야 하고, 이번 호 매거진의 교정쇄를 검토해야 했다. 안젤라의 책임인 프랑스 패션 원판이 순간 사라졌다. 다시 찾아야만 했다. 안젤라는 4시 반이 되어서야 덴버 부인과 차를 마실 수 있었다. 그리고 이내 영화와 저녁 식사로 이어졌다. 9시까지는 새로운 생각의 열차에 오를 수 없었다. 과거를 돌아보는 습관을 즐길 만한 여유가 있을 때조차 안젤라는 어떤 저항, 예상치 못한 거북함을 느꼈다. 행복을 보장하는 비결을 생각하려면 시간이 필요했다. 그녀를 따라다니는 외로움과 연약함에서 탈출할 수 있는 방법 말이다. 로저가 떠난 후 안젤라는 더 무력해진 것 같았다. 의지할 수 있는 누군가가 있다면 안도감을 느낄 것이다. 기꺼이 그녀를 보호하고 이끌어 줄 사람, 그녀를 사랑할 사람! 마지막 생각이 황홀하게 느껴졌다. 안젤라는 혼잣말을 되풀이했다. “앤서니는 나를 사랑해. 분명해. 생각해 봐, 나를 사랑하잖아!” 안젤라는 얼굴과 목 언저리가 발갛게 달아올랐다. 막 사랑에 빠지려는 어린 소녀 같았다. 정말 처음으로 그런 경험을 하고 있었다. 안젤라는 처음부터 앤서니가 좋았다. 로저를 좋아했던 것과는 차원이 달랐다. 그 모습 그대로, 그의 성실함, 강한 자부심, 가난, 정직하며 열정적인 사랑. “이제,” 안젤라가 숙연하게 말했다. “나는 앤서니를 사랑할 거야. 난 이미 사랑에 빠진 것 같아.”

고려해야 할 것이 많았다. 가난, 안젤라는 더 이상 그것에 신경 쓰지 않았다. 레이첼 솔팅과 친분을 쌓으면서 그녀의 계획을 알게 되고, 또 가난을 가벼이 여기는 그녀의 태도를 보면서, 안젤라는 은연중에 영향을 받았다. 절약하고, 깐깐이 모으고, 고쳐 쓰면서, 맨바닥부터 시작하는 것은 재밌을 것이다. 레이첼처럼, 세탁이나 다림질은 하지 않을 것이다. 깔끔하고 초라하지 않은 자신을 유지할 것이다. 그 외에는 어떤 일이라도 하리라. 요리사, 요리는 할 수 있다. 요리의 축복을 받은 어머니가 있었다. 순간 안젤라는 오팔가의 집에 있었다. 월요일 저녁을 먹으며, 헨리에타 존스 부인 이야기를 하며 웃고 있다. 모두 테이블에 모여 앉았다. 아름다운 어머니, 검은 얼굴…… 잘생긴 아버지의 검은 얼굴, 안젤라는 그걸 잊고 있었다.

색깔, 다시 오래된 문제가 떠올랐다. 안젤라는 초조하게 방 안을 걸었다. 손가락 사이에서는 담배 연기가 피어올랐다. 담배를 거의 피우지 않았지만, 종종 그 무감각한 작은 기통에 동료 의식 같은 것을 느꼈다. 색깔, 그걸 잊고 있었다. 이제 어떻게 해야 할까? 앤서니에게 말해? 그가 스페인계라는 게 생각났다. 아니면, 브라질에서 왔다니 포르투갈 사람일 수도 있다. 흑인 피에 대한 편견이 없는, 편견이 없는 걸로 잘 알려진 민족. 하지만 앤서니는 견해가 바뀔 만큼 미국에 오래 살았다. 그가 유색인에 대해 말한 적이 있었던가, 그 화제를 꺼낸 적이 있던가? 잠깐, 포웰 양이 있었다. 앤서니가 유색인 숙녀에게 언제나 눈에 띄게 바르게 처신했음이 기억났다. 포웰 양을 위해 의자를 놓아 주고, 문을 열어 주고, 이젤을 설치해 주었다. 한번은 그들 셋이 함께 쿠퍼 유니언을 걸어 나왔는데, 앤서니는 포웰 양이 자동차에 오르는 것을 돕고 모자를 벗어 이국적인 제스처를 취했다. 퍽 인상적이었다. 안젤라가 아는 한 앤서니는 로저처럼 잔인하게 경멸하는 표정을 짓지 않았다. '멍청이', '검둥이', '깜씨' 같은 말은 결코 입에 올리지 않았다. 앤서니에게는 분명 그녀 같은 사람들을 싫어하는 감정이 없었다. "나 같은 사람들." 안젤라는 미소 지으며 중얼거렸다. 자신이 말하는 나 같은 사람들이란 누굴 의미하는 걸까 궁금해졌다. 안젤라는 두 인종에 속해 있지만 겉으로는 한쪽에 가까워 보였다. 참, 앤서니는 밴 마이어 강연에도 참석했었다. 안젤라는 문득 자신의 문제를 밴 마이어에게 가져가면 뭐라 말할까 궁금했다. 밴 마이어는 다른 인종과 결혼하는 것에 반대하지 않았다. 하지만 그에 따른 사회적 비용이 크기 때문에 미국에서 하는 것은 추천하지 않았다.

안젤라는 밴 마이어에게 조언을 구하면 어떨까 잠깐 상상했다. 그러나 그가 인종적 자부심에 대해 말할 것 같아 불편했다. 그것에 대해 생각하고 싶지 않았다. 인생…… 인생을 위해, 행복하게 살 권리를 위해 안젤라는 버둥거리고 있었다. 다시 한번 어머니의 말씀이 머릿속에 스쳐 지나갔다. "인생이란 색깔보다 훨씬 중요하단다." 이것은 어머니가 그녀를 돌보며 인도하고 있다는 징조라고 안젤라가 혼자 말했다. 그리고 얼굴을 손에 묻으며 무릎을 꿇고 울며 기도했다.

* * * *

지니는 명랑한 편지를 보냈다.

"언니가 떠나자마자, 사라라는 년이 그 멋진 소식을 언니한테 전했다고 하더라. 내가 그걸 알았으면 좋았을 텐데. 그러면 거기 현관에서 말했겠지. 설명할 게 많거든. 중요한 사실은 언니도 알고 있으니, 나머지는 다시 만날 때까지 기다리기로 하지. 정말 좋은 소식이지 않아, 언니? 나는 세상에서 가장 행복한 소녀 같아.

여기 정말 좋아. 에드나는 친절해. 내가 항상 펜실베이니아를 좋아한 건 언니도 알잖아. 매슈는 거의 매일 나와. 여기 와서 옛날이야기를 하면 활력이 돋는대. 한 문장 걸러 '기억하니?'로 말을 시작하지. 그러고는 추억을 되새겨. 누군가 우리 얘기를 듣는다면 구십 살은 되었다고 생각할 거야. 매슈가 한때 언니를 좋아했잖아. 이제 그걸 완전히 극복한 것처럼 보이던데. 이런 말 해도 기분 나쁘지 않지, 나쁠까? 아마 우리 가족을 좋아했던 것 같아. 자신도 그걸 몰랐던 거지.

우리는 거의 매일 필라델피아에 가. 도시가 변하는 걸 보면 놀라워. 뉴욕에 운을 맡기고 보니, '옛 필라델피아 사람들'의 촘촘한 조직에는 평온하고 안전한 무언가가 있더라고. 여기로 온 뒤 얼마 되지 않아 초기에 정착했던 사람들을 많이 만났거든. 어릴 때 이름만 들어봤던 사람들 말이야. 그들은 아버지 어머니를 기억하는 것 같더라. 이렇게 말을 시작하지. '오 허니, 기억난다. 주니어스 머레이가 말이야…….' 매슈가 그 사람들을 어른, 아이 할 것 없이 모두 소개시켜 줬어. 여기서는 매슈가 인기가 많아. 어디든 나타나지. 예전과는 달라. 머리 스타일도 불가사의하게 변했고. 그렇다고 싫은 건 아니야. 너무 친절해서 세상의 좋은 말들을 그에게 다 갖다 붙이고 싶을 정도지. 요 전날, 결혼에 대한 이야기를 나누었어. 그가 얼마나 멋져 보일까 생각했지. 사랑스런 매슈, 그가 두각을 나타낼 때까지 내가 결혼을 미룬 건 잘한 것 같아. 언니, 편지를 쓰고 싶을 땐 그렇게 해. 그렇지만 답장을 기대하지는 마. 난 너무 흥분돼서 가만히 앉아서 편지를 쓸 수 없거든. 뉴욕에 돌아가면 언니랑 끝없이 얘기하고 싶어. 그런 적이 없었던 것처럼."

*　*　*　*

덴버 부인은 기분이 날로 좋아졌다. 뉴욕 그 자체로 만족스러웠다. 더불어 도시의 창고에 감춰졌을 거라 의심했던 그 모든 풍성함이 모습을 드러내고 있었다. 참견하기 좋아하는 지인이 억지로 쥐어 준 소개서를 들고 뷰트를 떠나야만 하는 게 유감스러웠다. 뷰트는 가장 친절하고 행복한 뉴욕의 다양한 모임으로 통하는 창구였다. 작가, 칼럼니스트, 출판업자, 비평가 들의 무리를 만날 수 있는 곳이었다. 중서부에서 온 부인은 학구적인 가식이 없었지만, 그런 가식을 가진 사람들을 좋아했고 그에 맞춰 지냈다. 문학계 가십에 정통했고, 『베니티 페어』, 『뉴요커』, 『머큐리』 매거진을 읽었다. 부인은 젊고 고상하고 부유하고 관대했으며, 가시 돋친 말 따위는 하지 않았다. 그래서 사람들이 즐거운 시간을 보내는 다과 모임, 점심 모임, 극장 파티, '바비큐' 파티의 은하수를 따라 떠돌아다녔다. 머지않아 부인은 참석할 수 있는 것보다 더 많은 초대에 압도되었다. 관심 있는 사람들에게는 언제나 같은 조건으로 초대에 응했다. "내 친구 앙젤 모리를 데려가도 괜찮으면 갈게. 화가인데, 그녀를 알아 두면 나중에 기뻐하게 될 거야." 부인이 외롭고 지루했을 때 안젤라가 베풀었던 우연한 친절이 돌밭에 떨어진 것은 아니었다.

지금 안젤라는 그리니치빌리지의 친숙했던 환경과는 동떨어져 살고 있었다. 그곳에서 마주했던 자유분방함은 부르주아 성향으로 대체되었다. 그래도 교양 있는 부르주아였다. 이곳 사람들은 '빌리지'를 있는 그대로 보았다. 즉 몇 안 되는 예술가의 집들이 허세를 부리는 사람들 집 사이에 위치해 도로가 엉성하게 짜인 곳, 어색하지만 불편하지는 않은 곳. 안젤라의 새 친구들은 솔직히 이 세상의 재물에 관심이 많았다. 돈이란 삶의 으뜸이고, 수반이며, 절대 필요한 것이라고 믿었다. 일단 돈이 생기면 멋진 아파트, 우아한 옷, 맛좋은 음식, 그리고 파리와 비엔나 여행에 썼다. 그들의 대화에는 말을 주고받는 것 이상의 무언가가 있었다. '빈정거림과 농담'이 오갔는데, 거기에는 연극과 책에 대한 암시가 곁들여 있었다. 그래서 안젤라는 가끔 대화의 흐름을 따라가기가 쉽지 않았다. 어쩌면 이 모임이 손

실된 예술품을 복원하는 일에 힘쓰는 모임이기 때문에 그럴 거라고 추측했다. 런던에는 이와 비슷한 협회가 있었지만 그것을 예외로 두면, 이 모임은 세상의 어떤 모임보다 열심이었다.

다시 한번 여유 시간은 다정함과 즐거움과 지적 흥분으로 넘쳐났다. 하루는, 이런 분위기가 바로 자신이 꿈꿔 왔던 것이라 느꼈다. 하지만 행복하지 않았다. 경제적 상황이 발목을 잡고 있었다. 안젤라는 모든 면에서 덴버 부인이나 새롭게 만난 지인이 조건 없이 베푸는 선행의 혜택을 받고 있었다. 그러나 그에 적절히 보답할 수 없었다. 이런 명사들을 초대하기에는 그녀의 아파트가 너무 초라했다. 차 한잔 나누기도 어려웠다. 부자 친구들은 레이첼 솔팅이 남기고 간 가구에 안쓰러워하며, 그녀의 아파트를 경이로운 세련됨과 우아함으로 탈바꿈시킬 것이다. 작지만 매력 있는 아파트로. 덴버 부인은 진솔하고 세심한 다정함을 가진 영혼이었다. 하지만 부인의 호의를 끝없이 받을 수는 없었다. 안젤라는 자신이 풍요의 뿔에서 끊임없이 흘러나오는 물결에 익숙해질까 봐 두려웠다. 그것은 그녀가 어떤 권리도 주장할 수 없는 것들이었다. 이 껄끄러운 경험을 3년간 지속하면서 배운 게 있다면 인간관계의 무상함이었다. 안젤라는 부유하고 덕망 있는 사람들이 떠났을 때를 대비해 반드시 생계 수단을 스스로 확보해야만 했다. 그래서 점차 덴버 부인의 초대에 응하지 않았다. 직장 일과 더불어 다른 일도 해야 한다는 핑계를 댔다. 게다가 흐릿한 옛날 사진으로 기억을 되살리며 어머니의 초상화를 그리느라 바빴다. 지니가 돌아오면 깜짝 놀래 줄 생각이었다.

그 모임에서 완전히 벗어나기 전, 안젤라는 한 젊은 부부를 만났다. 부부는 정말 재능 있고 진실하고 순수했다. 그래서 안젤라는 뉴욕 사회의 매혹적인 부분과 인연을 끊겠다는 맹세를 문자 그대로 지킬 수 없었다. 남편인 월터 샌드버그는 극작가였다. 누구나 아는 이름이었다. 그가 쓴 한두 작품은 매일 밤 브로드웨이를 빛냈다. 아내인 엘리자베스는 유명한 뉴욕 주간지에 서평을 썼다. 그들이 사는 멋들어진 아파트는 55번가에 있었고, 그곳은 영리하고 매력적인 사람들의 중심지였다. 안젤라는 그들과 신실한 우정을 쌓았다. 그들에게는 자신의 초라한 아파트를 보이는 게 부끄럽지 않았다. 빌리지 카페나 아파트 식당에서 엘리자베스에게 점심을 대접할 때면 알곤킨에서 우아한 식사를 한 것만큼이나 만족스러웠다. 알곤킨은 바쁘고 행복한, 마음 편한 직장인들이 선호하는 만남의 장소였다.

랄프 애쉴리가 돌아왔다. 칼로타가 뉴욕에 없는 까닭에 랄프는 다시 외로움에 빠져 안젤라를 거듭 찾아왔다. 랄프의 매너는 완벽했다. 말이나 눈빛에서 예전의 불쾌한 인상은 전혀 보이지 않았다. 실제로, 환상이 아닌 현실적 의미에서 안젤라는 그가 점점 좋아지고 있었다. 그는 수줍어하고, 세심하고, 정이 많고, 절실히 외로웠다. 로저처럼 재산이 엄청난 건 아닌 듯싶었지만, 풍기는 분위기로 보자니 로저와 같은 사회 계층에 속한 것이 분명했다. 그럼에도 그는 묘하게 소심했다. 랄프와 같은 '부류'의 여자들은 그를 능력이 부족한 사람으로 간주해 관심을 주지 않았다. 다른 부류의 여전사들은 그를 '쉬운' 상대로 낙인찍고, 소문이 무성한 그의 재산을 향해 미친 듯이 달려들었다. 이렇게 다른 대우에 랄프는 놀라며 당혹해했고, 해가 거듭할수록 점점 자기만의 은둔처로 물러났다. 어쩌다 칼로타가 무심히 부르거나, 안젤라가 무언가에 정신이 팔려 별다른 소식이 없으면, 그에 대한 반응으로 랄프는 모습을 드러낼 뿐이었다. 하지만 이건 안젤라가 원하는 세계가 아니었다. 안젤라는 오랫동안 그저 자신을 찾기 위해 이런 환경을 원했다. 겉으로 보기에는 더할 나위 없이 편안해 보였지만, 일단 이 세계로 들어와 보니, 안은 혼란스럽고 당혹스러웠다. 안젤라는 색깔에 대해 거의 생각하지 않았다. 하지만 여전히 복잡한 관계, 거짓된 환경 속에 사는 것을 의식했다. 안젤라는 마사 버든이나 마사의 남편에 관해 자주 이야기를 나누었다. 극작가 월터 샌드버그는 라디슬라스 스타와 친분이 있었다. 엘리자베스는 신문과 관련된 일을 하면서 폴렛 리스터를 만났고, 랄프는 물론 안젤라가 로저와 어울렸던 것을 알고 있었다. 이 서너 명의 이름과 그들이 서로 친분이 있음을 고려하자면, 안젤라는 감히 나설 수가 없었다. 즐거운 순간에도 영원히 삶을 공유할 수 있는 진실한 누군가를 그리며 마음이 흔들렸다. 물론 지니와 사이좋게 지낼 것이다. 하지만 지니는 필라델피아에 살 것이고, 안젤라는 그곳에 머물지 않을 것이다. 그래서 어떻게 해야 할지 고민이었다.

안젤라의 마음은 앤서니를 향해 끊임없이 날갯짓하고 있었다. 안젤라는 마음을 굳혔다. 혈관 속에 흐르는, 보이지 않는 흑인 피를 무시한다면, 그와 동등하게 만날 수 있었다. 안젤라와 앤서니는 젊고, 재능이 있고, 꿈이 있고, 운 좋게 가난했다. 함께라면 더 행복하고 더 밝은 곳으로 올라갈 수 있었다. 앤서니와 더불어 가난하게 살면서 노력하고, 그가 비밀 맹세를 지키도록 도우며 그에게서 뜻밖에 후한 칭송을 받고, 마침내 버둥거리는 가난한 수재들에게 집을 개방할 수 있는 위치에 이른다면, 인생에서 이보다 즐거운 일은 없을 것이다. 안젤라는 이 이방인들에게 진심으로 친절하리라! 그녀 자신이 그랬던 것처럼, 운명의 한계를 뛰어넘기 위해 몸부림치는 소녀가 그 중에 있다면 좋겠다. 묘한 공감대와 어떤 은밀함으로 안젤라는 분명 그런 소녀를 알아볼 것이다. 소녀가 질주할 수 있도록 성심껏 도와주리라! 안젤라는 그 공동체를 향해 겸손히 말했다. "저한테는 이 방법이 괜찮을 것 같아요. 저는 힘없고 지친 사람들과 앤서니를 중심으로 계획을 세우고 있어요. 제 자신을 위해서가 아니라 안정과 사랑을 위해서요. 저는 성공과 행복을 위해 일할 작정입니다." 이렇게 말을 하면서도 안젤라는 알았다. 그녀와 앤서니가 아직 가난하고 힘겹게 살아가면서도 그런 일을 이루도록 최선을 다하는 날들이 가장 행복하리라는 것을.

월터와의 신혼 초 추억에 잠겨 있던 엘리자베스는 안젤라의 생각에 자극을 주었다. 엘리자베스가 말했다.

"월터와 나는 가난 밑바닥에 있었어요. 한 주에 겨우 20달러를 벌었으니까. 그 절반은 값싼 호텔 사용료를 냈죠. 보잘것없는 곳에서 밥을 먹어도 너무 비쌌어요. 나는 대개 가스버너로 요리를 하곤 했죠. 요리할 줄도 몰랐는데, 아마 지독히 맛이 없었을 거예요. 그래도 우리는 개의치 않았어요. 아무도 우리를 방해하지 못했어요. 우리는 서로가 있었고, 그래서 걱정 없었죠."

엘리자베스의 미소가 빛났다. 그녀는 안젤라에게 자신의 초상화와 남편의 초상화 선수금을 주었다.

"가격은 당신이 정해요. 이번 일을 잘하면 다른 사람들을 소개시켜 줄게. 아니, 감사할 필요는 없어요. 친구 좋다는 게 뭔데? 이건 내가 늘 하는 말이지."

4장

안젤라는 가끔 이 생각과 마주했다. '어쩌면 앤서니는 더 이상 내가 필요하지 않을 거야. 나를 잊어버렸겠지.' 이 엉큼한 생각에 심장이 실제로 움츠러드는 것 같았다. 이제 앤서니는 외로움을 멈추게 했고, 평온과 안전을 가져왔다. 단순히 사회 속의 안식처가 아니라 큰 의미에서 세상 속의 안식처가 되었다. 결혼 또한 다른 각도에서 보였다. 로저를 만나기 전에는 결혼을 한낱 모험적인 로맨스나 목적에 이르는 수단으로 간주했다. 안젤라에게는 일찍이 꿈꾸었던 이상을 이루는 방법이었다. 하지만 지금은 결혼을 목적 그 자체로 보았다. 여자에게는 분명 그랬다. 가장 원하고 자연스러운, 유일한 목적. 재능 있고 꿈이 있는 여자라면 이런 자세로 나아가고 바르게 처신해야 할 것이다. 하지만 결혼이 무엇보다 먼저이고, 근간이며, 토대여야만 한다. 물론 여자도 남자처럼 지적 호기심을 존재의 주요리로, 사랑과 결혼을 양념으로 보기도 한다. 예를 들면 폴렛이 그랬다. 이제 드는 생각인데, 폴렛은 애인이 많은 듯했지만, 활동적이고 영리한 그녀가 정신력을 집중하는 대상은 결코 많지 않았다. 지적 호기심을 방해하는 '애정 생활'—그 정신분석가는 그렇게 불렀다—은 절대 허락하지 않았다. 마찬가지로, 색다르고 도전적인 성적 매력을 이용해 이런 호기심을 확장시키는 데는 가책을 느끼지 않았다. 그게 바로 폴렛이었다. 여자라는 것을 떠나 그녀는 대단한 인물이었다.

하지만 대부분의 여자들은 결혼을 관계의 보증, 안전장치로 여긴다. 정말로, 많은 여자들이 '나는 당신 거야' 대신 '당신은 내 거야'라고 말할 수 있어야 한다.

안젤라는 어떤 날카로운 부끄러움에 움찔했다. 모든 인간관계에서 그녀가 얼마나 이기적이었던가! 지니를 버렸고, 자기 욕심을 채우고자 로저와 어울렸다. 뜨겁고 미숙한 젊은 날의 열정에, 소란스럽고 무모한 열정에, 잠깐 동안 로저를 사랑했는지도 모른다. 하지만 이런 감정이 가라앉자 안젤라는 자신의 영혼을 구원하겠다는 욕심에 한 장의 이상주의를 끌어들였다. 공원에서 앤서니를 만났던 날이 떠올랐다. 앤서니는 그녀의 결정을 불평 없이 받아들였다. 아쉬워하면서도 기꺼이 인정하던 그의 모습. "행복을 거의 잡을 뻔했는데." 안젤라가 생각을 바꿔 그의 요구를 받아들였다면, 그가 얼마나 행복했을까! 하지만 안젤라는 그런 생각을 해 본 적이 없었다. 언제나 자신의 행복에 너무 집중되어 있었다. 아버지와 어머니와 지니는 늘 베풀었고, 그녀는 늘 받았다. 왜 그랬을까? 지니의 한숨 소리가 들렸다. "언니 혈관에는 흑인보다 백인 피가 많아서 그럴 거야." 어쩌면 이 이기주의가 바로 백인 피를 가졌다는 의미일 것이다. 게르만족 우월주의의 근본적 정의.

돌연 앤서니가 백인이라는 걸 기억하고 안젤라는 당황했다. 요리조리 궁리하고, 생각을 풀어 보고, 해석하고 판단하는 걸 그만두었다. 안젤라는 외로웠고, 사랑했다. 동반자를 찾고 싶었다. 사랑받고 싶었다.

행동으로 옮겨야만 했다.

안젤라의 새 친구 누구도 앤서니를 알지 못했다. 랄프 애쉴리에게 시험 삼아 물었더니 그를 기억하지 못했다. 8월이었다. 앤서니는 분명 학교에 있을 터였다. 전화번호부에서는 아무것도 찾을 수 없었다. "위대한 도시에서 길을 잃다!" 안젤라는 혼잣말하며 싸구려 소설풍의 어구에 웃었다. 앤서니와 마지막으로 함께 보냈던 시간으로, 마지막 진솔한 대화로 상상의 날개를 퍼덕거렸다. 그녀가 지니와 결별한 날, 그들은 만났다. 자신의 뛰어난 기억력에 미소 지으며 안젤라는 할렘 버스에서 그를 우연히 만났을 때 받았던 야릇한 떨림을 떠올렸다. 차 마시는 것에 대해 말장난하다가 그가 주소를 주었고, 그녀는 그것을 놓았는데…… 어디에 두었더라? 주소록은 아니었다. 작은 책상을 열심히 뒤지다가 어릴 때 사용하던 기도서 안에서 발견했다. 예감이 좋았다. 종이는 구겨지고 얼룩졌지만 114번가 주소를 알아 볼 수 있었다. 앤서니가 거기에 살지 않으면 어쩌지! 불확실한 하룻밤을 또 보내야 한다는 생각에 안젤라는 참을 수가 없었다. 10시였지만, 그녀는 114번가와 7번길이 만나는 곳으로 가기 위해 버스에 올랐다. 모퉁이를 돌자 심장이 쿵쾅거렸다. 이 허름한 지역의 주민들이 이 인간 발전기 소리를 듣고 창문을 열어젖힐 것 같았다. 뉴욕의 많은 거리처럼 이 거리에도 그럴듯한 우아함과 감동이 있었다. 거대한 현관이 있는 갈색 돌집들의 꾸밈새, 호사스런 조화, 소박함에서 풍기는 것들이었다. 하지만 다시 보면 궁색함이 드러났다. 살짝 열린 창문 사이로, 가식적인 외면 뒤에 움츠린 초라한 작은 방들이 보였다. 이 위선적인 궁전에 갇혀 사는 것에는 은근히 우습고 아이러니한 무언가가 있었다. 이 건물들은 인간 동력의 생산물이었다. 하지만 그것들을 창조한 생기를 쥐어짜고, 가두고, 심지어 파괴할 수도 있었다. 어찌 생각하느냐에 따라, 어떤 이는 웃고 또 어떤 이는 울 것이다.

안젤라는 번지수를 찾아 계단에 올랐다. 어두침침한 광장에서 초인종에 적힌 이름들을 정신없이 훑어보았다. 설리번, 브라운, 헨드릭슨, 산체즈, 그리고 같은 카드에 산체즈 밑에 앤서니의 깔끔한 글자체로 보이는 조그만 세 글자, 크로스. 안젤라는 안도감에 거의 쓰러질 뻔했다. 손가락을 벨에 살짝 올려놓았다. 함께 수업받던 그 학생이 지금 집에 있을지도 모른다. 이 천연수지 조각과 그것에 연결된 선이 그들 사이에 오랫동안 놓여 있던 시간과 공간의 간극을 연결한다는 게 신기했다. 하지만 그것을 누를 수 없었다. 앤서니가 관례를 깨는 사소한 일에 충격받을 사람은 아니라고 안젤라는 확신했다. 그럼에도 밤 11시에, 일 년 동안 한 번도 보지 못한 남자의 집에 예고도 없이 불쑥 찾아오는 것은, 아마 '너무 심하다'고 말할 것이다.

안젤라가 남긴 작은 메모는 품위와 예절의 본보기였다. "앤서니에게," 이렇게 쓰여 있었다. "내가 다음에 쿠키를 만들면 너를 초대하겠다는 약속, 기억하니? 음, 그게 바로 내일이야. 5시 30분. 꼭 오렴!"

앤서니는 변했다. 주의 깊고 호기심 많은 눈동자가 이내 그걸 말하고 있었다. 언제나 신중하고, 언제나 꾸밈없고, 언제나 책임감 있는 태도. 그 태도가 지금은, 헤아리기 어렵지만 눈에 띄게 더 짙어졌다. 그게 전부가 아니었다. 음울한 옛 모습은 찾을 수 없었다. 그를 감싼 균형감, 평온함, 그가 바라는 것을 포기했거나 성취해서 얻은 평정. 이것은 또한 노력의 중단을 의미하기도 했다. 어느 쪽이든 별반 차이가 없다.

이 모든 것이 안젤라의 마음을 빠르게 관통해 갔다. 안젤라는 크게 말했다.

"잘 있었어, 앤서니? 너 정말 좋아 보인다. 다시 보게 돼서 반가워."

"나도 반가워."

앤서니가 대답했다. 그들 대화에는 딱히 주목할 만한 것이 없었다. 안젤라가 샌드버그 집에서 듣곤 했던 농담과 암시, 놀림 말 — 덴버 부인의 '무리'가 하는 은어에 비하자면, 이건 진부하다 못해 시시했다. 안젤라는 웃음을 터뜨렸고, 앤서니는 눈썹을 추켜세웠다.

"뭐가 그렇게 재밌어? 내가 모르는 장난이야?"

"아니, 그저 오랫동안 심각하게 너를 생각했었어." 안젤라가 대담한 일격을 가했다. "짐작컨대 너도 나를 가끔 생각했겠지. 근데 우리가 만나니, 하얀 면장갑을 낀 멋쟁이와 미망인처럼 앉아 있잖아. 서로의 외모에 대해 말하면서. 아마 다음에 할 말은 날씨에 대한 얘기겠지. 114번가에는 비가 얼마나 내렸나요, 크로스 씨?"

그가 약간 흠칫했다. 뚜렷이 배어 있던 평정은 찢긴 면사포처럼 그를 버렸다.

"오랫동안 나를 생각했었다고? 얼마나?"

"언제부터인지는 모르겠어." 안젤라가 다시 한번 과감한 일격을 시도했다. "하지만 너는 내 마음 한구석에 있었지, 아주 오랫동안."

이제 침착, 평정, 평온은 모두 사라졌다. 앤서니는 허둥지둥 찻잔을 내려놓고 그녀 곁에 다가와 우뚝 섰다. 안젤라는 떨림을 감추려고 입술을 물었다. 아, 앤서니는 안젤라가 상상했던 것보다 훨씬 더 사랑스럽고 사랑스러웠다. 그는 너무 투명하고 진솔했다. 그녀에게 과분한 사람이지 않을까?

앤서니의 얼굴이 떨렸다. 이 숙녀에게 결코 다가가지 말았어야 했다! 앤서니는 의자에서 벌떡 일어나더니 곧 다시 앉았다. 편안하게 자리를 잡으며 안경을 들었다.

"너무 오래 떨어져 있어서 잊었군."

"뭘 잊었다는 거야?"

"네가 얼마나 위험한지 말이야. 너 같은 여자가 어떻게 나처럼 가난한 바보를 가지고 노는지. 왜 나를 오라고 했어? 네 장단에 맞춰 다시 춤을 추게 하려고?"

앤서니의 신랄함에 안젤라는 놀랐다.

"앤서니, 그렇게 말하지 마! 네가 보고 싶어서, 옛 친구와 이야기하고 싶어서 오라고 했던 거야."

앤서니는 안정을 되찾으며, 그 유명하고 독특한 안락의자에 느긋이 기대 담배에 불을 붙였다. 안젤라는 노트를 가져와 그녀가 그린 스케치를 보여 주었다. 앤서니는 특별히 〈14번가의 유형들〉에 관심을 가졌고, 그녀 어머니의 초상화를 좋아했다.

“어머니를 닮지 않았네. 머리와 진주색 피부는 이어받은 것 같은데. 아마 코는 아버지를 닮았나 봐. 얼굴 다른 부분들은,” 앤서니의 시선은 그녀의 얼굴에 꿈꾸듯 머물렀다. “입술이나 눈, 곱슬한 속눈썹은 매혹적으로 여성스러워. 하지만 반듯한 코에는 힘이 있지.” 가까이에 흐릿하지만 강렬한 사진이 있었다. 앤서니는 그것을 들고 면밀히 쳐다보았다. “아름다운 여성이네. 모두 다 말이야. 너는 어머니의 영향을 많이 받았니?”

“아, 아니, 그랬다고 하기는 어려워.” 안젤라는 토요일 소풍과, 악의는 없지만 위태롭던 패싱 모험을 기억했다. “그래, 어떤 면에서는 영향을 받았지. 내 삶이 완전히 바뀌었으니까.”

앤서니가 사진을 감성적으로 응시하며 고개를 끄덕였다.

“나는 확실히 어머니의 영향을 받았는데.”

안젤라가 재잘거리기 시작했다.

“지금의 네가 된 것이 어머니 덕분이구나.”

하지만 생각에 잠긴 그의 모습을 보자니 그렇지 않은 것 같았다.

“이건 뭐지?” 앤서니는 다시 스케치북으로 시선을 돌렸다. 초췌하게 여윈 키 큰 여자가 망토를 두르고 있었다. 그녀는 뼈만 앙상한 엉덩이에 손을 대고 살짝 앞으로 구부리며 어떤 악의에 차 미친 듯이 웃고 있었다. 그리고 그 앞으로는 어렴풋이 그려진 형체들이 그녀를 주시하며 지나가고 있었다. “뭔지 모르겠네.”

안젤라는 쑥스러운 표정을 지으며 노트를 가져갔다.

“계속 그릴지 말지, 나도 아직 몰라. 내가…… 뉴욕에 온 후 마음에 서서히 자리 잡은 생각이 하나 있어. 그 키 큰 여자는 운명이야. 그녀가 우리를 비웃고 있다는 생각. 그녀가 만든 함정에 빠진 가난한 인간들을 비웃지.”

앤서니의 얼굴에 도장이 찍힌 것처럼 슬픔이 선명하게 어렸다. 그가 다가왔다.

“너도 그렇게 생각하니? 내가 그것을 막을 수 있었다면, 너는 결코 몰랐을 텐데. 네가 그런 것을 몰랐으면 했는데.” 그의 태도가 돌연 변했다. “나, 가야 해. 완벽한 오후였어. 어떻게 고마워해야 할지 모르겠다. 하지만 다시 오진 않을 거야.”

“다시는 오지 않는다고! 말도 안 되는 소리 하지 마! 왜, 왜 그래? 앤서니, 지금 그런 맹세 따위는 말하지 마. 오늘은 완벽했고, 최고였어. 내가 이제야 진정으로 알기 시작한 친구를 그냥 보내리라고는 생각하지 않겠지!”

서로의 시간을 축내는 건 어리석은 짓이라고 앤서니는 들릴 듯 말 듯 중얼거렸다.

“그러니까 우리가 더 자주 만나야 하는 거야.”

앤서니의 시선이 완성되지 않은 스케치에 떨어졌다.

“한 번만이라도 내가 운명을 비웃을 수 있다면…… 그래, 언제 다시 만날까? 지금 나는 내 뜻대로 살지. 네가 원한다면 내 시간을 얼마든지 줄게.”

다음 날 오후 그들은 안젤라의 사무실 밖에서 만나 저녁을 같이했다. 금요일에는 애틀랜틱 하이랜즈까지 배를 타고 나갔다. 토요일, 일요일, 월요일, 화요일이 번쩍번쩍 지나갔다. 둘이 함께 보낸 몇 시간을 빼고는 그 날들은 아무 의미가 없었다. 화요일은 여유가 있는 날이었다. 안젤라는 일을 조정해 오후에 자유 시간을 가졌다. 그들은 밴 코트랜드 공원에서 꿈같은 시간을 보냈다. 시간이 빨리 흘러갔다. 웃고 장난하며 예전에 가졌던 꿈들을 이야기하고, 말보다 친밀한 침묵에 빠져들며 서로의 존재에 행복을 느끼고, 몇 년 전 이 공원에서 가졌던 대화에 여전히 심장이 두근거렸다. 그때 제인가의 조그만 현관에서 앤서니는 안젤라를 안고 천천히, 황홀하게, 애정을 담아 키스를 했다. 안젤라 또한 키스로 응답했다. 슬며시 눈을 떴을 때 안젤라는 앤서니의 강렬한 시선과 맞닥뜨렸다. 본다는 표현보다 느낀다는 표현이 맞을 것이다. 앤서니는 목에서 그녀의 팔을 풀어 내려놓았다.

"엔젤, 너를 영원히 사랑할 거야. 운명이 너를 빼앗아 갈 수는 없어. 잘 있어, 내 사랑."

앤서니는 어두운 밤 속으로 사라졌다.

다음 날이 지나고, 또 다음 날이 갔다. 한 주가 흘렀다. 절대적 침묵. 글이든 전화든, 앤서니에게서는 연락이 없었다.

* * * *

열흘째가 되던 날, 일요일 오후, 안젤라는 앤서니를 찾아갔다. 이 날을 절대 잊지 못할 것이다. 안젤라는 한 순간 제인가 그녀의 아파트에 아무 생각 없이 있다가, 한 시간 후 114번가 어느 현관에서 크로스라고 적힌 버튼을 누르고 있었다. 문이 찰깍 열리는 소리를 듣고, 동굴같이 어두운 계단을 올라 '스튜디오'라는 명패가 달린 문을 두드렸다.

차가운 음성이 들려왔다.

"들어와요."

키가 크고 늘씬한, 셔츠 차림의 젊은 남자가 등을 돌리고 앉아 있었다. 그는 테이블 위의 사진을 자세히 보고 있었지만, 한편 기운이 없어 보였다. 그가 말했다.

"무엇을 도와 드릴까요?"

좁은 폭의 기다란 방은 양호한 격자 마루와 깨끗하고 수수한 벽지를 뽐내고 있었다. 벽은 틀이 없는 그림과 스케치로 덮여 있고, 한쪽 구석에는 이젤이 서 있었다. 가구는 대부분 볼품이 없지만 쓸 만하고 편안해 보였다. 하지만 고풍적인 말갈기 소파만은 달랐다. 안젤라는 그것처럼 검게 빛나고 불편해 보이는 소파를 본 적이 없었다.

스튜디오에 들어서자 안젤라는 혼란스러웠다. 앤서니는 아직 마무리되지 않은 그림을 응시하고 있었다. 안젤라 그녀였다. 앤서니를 보고 또 그 그림을 보자니, 근심이 사라졌다. 앤서니는 아직까지 뒤돌아보지 않은 채 물었고, 그래서 안젤라는 등에 대고 말했다.

"어디서 이런 끔찍한 소파를 발견했는지 알려 줄래. 이런 게 있다니 정말 놀랍네. 도도새와 함께 멸종했다고 생각했는데."

그 음성을 들은 앤서니가 그녀 옆으로 다가왔다.

"앙젤, 여기서 뭐하는 거야?"

안젤라는 그 가벼운 화제를 이어가려 했다. "소파가 어디서 났는지 알려 주면 말하지." 하지만 그녀가 지난주에 받았던 스트레스와 어둡고 괴로워 보이는 그의 얼굴에 방어벽이 무너졌다. 안젤라는 동요하며 그의 손을 잡았다. "오, 앤서니, 네가 어떻게 그럴 수 있어?"

앤서니는 안젤라를 안고 그 끔찍한 소파로 데려갔다. 우울하게 그녀를 보았다.

"왜 나를 보러 온 거야, 앙젤?"

평소 같으면 재밌는 말싸움을 벌이듯 적당히 받아넘겼을 것이다. 하지만 이건 평범한 경우가 아니었다. 평범한 상황이라면 여기 오지도 않았을 것이다. 안젤라는 침울해하면서도 떳떳하게 말했다.

"너를 사랑하기 때문이야. 내가 너를 사랑하는 것 같아." 돌연 지독한 두려움이 안젤라를 덮쳤다. "그저 장난이었다고는 말하지 마, 앤서니!"

"내가? 네가 관심이 있다고 느낀 순간, 장난은 생각도 못했어…… 마지막으로 공원에서 만났던 날 전에는 꿈도 꾸지 못했지…… 난 도망갔어. 너는 능력이 많잖아. 남자들은 너를 항상 흠모하고, 원하지. 그래서 네가 금세 잊을 거라고 생각했어. 수많은 추종자들 사이에서 나에게 갑자기 관심을 보인 것처럼 곧 다른 사람에게 갈 거라고."

안젤라는 고개를 저었다. 가슴이 두근거렸다. 이름 없는 두려움이 심장을 두드리고 있었다.

"누가 있었던 게 아니야. 네 말처럼, 뉴욕에서 '추종자'가 딱 한 명 있었어. 근데 아주 오래전에 그만두었어. 오, 앤서니, 내가 여기 온 건, 난 네가 필요해. 뉴욕 모든 남자들 중에 너, 네가 전부라고. 너도 내가 필요할 거라 생각했어."

그들은 그 끔찍한 소파에 말없이 앉아 있었다. 앤서니는 안젤라의 손을 잡고 마구 키스를 했다. 그녀를 안으려 하다가 좌절하듯 손을 내려놓았다.

"소용없어, 엔젤. 운명에 부딪쳐 봐야 소용없어. 삶은 다시 우리 발목을 잡을 거야. 네가 말하는 건 완전히 불가능한 일이야."

"불가능하다니, 무슨 말이지?" 그가 자신감을 준 덕분에 오랫동안 말이 없던 그녀 안의 작은 두려움이 입을 열었다. "앤서니, 그 남자들, 아버지를 죽였다던 그 나쁜 사람들 말이야…… 혹시 네가 그 중 한 사람을 죽였어?" 안젤라가 그를 안았다. "이렇게 묻는 건 의미가 없겠지. 아니, 말하지 마. 네 과거는 네 것이니까. 내가 관심 있는 건, 내가 원하는 건, 너의 미래야."

마침내 앤서니는 그녀를 떼어 놓았다. 그 행동이 거칠기까지 했다.

"아니, 난 절대 죽이지 않았어. 그러고 싶었지. 그 일이 일어났을 때 난 아직 어렸고, 나중에는 어머니 때문에 다시 가지 않았어." 앤서니는 서랍장으로 가 리볼버를 꺼냈다. "미치기 전에 반쯤은 자살하고 싶었어. 이제껏, 수년이 흐르도록, 내가 했던 맹세를 지키지 못한 것을 생각하면 미칠 것 같아." 앤서니는 안젤라를 흠모하면서도 받아들일 수 없는 듯 바라보았다. "아름답고 사랑스런 네 얼굴이 증오와 불안, 분노로 바뀌기 전에 내가 죽었으면 좋겠어."

안젤라는 그가 말도 안 되는 소리를 한다고 생각하며 달래려고 애썼다.

"염려하지 마, 앤서니. 네가 무엇을 했든지 나는 신경 안 써. 그런데 왜 우리가 불가능한지 말해 줄래? 왜 서로에게 의미 있는 사람이 될 수 없는 거지, 결혼도 하고……."

"왜냐하면, 나는 유색인이기 때문이야." 안젤라는 안도하면서도 갈피를 잡지 못하고 물러섰다. "그래, 맞아. 너는 빌어먹을 미국인이지! 이제 나를 만질 수조차 없겠지, 그렇지? 내가 살인자거나 야바위꾼이나 범죄자인 것은 괜찮지만, 내 안에 흑인 피가 있다면 용납할 수 없지, 그렇지?" 앤서니는 어찌할 줄 모르고 창문 쪽으로 뛰었다. 평온한 교회 사람들이 갈색 돌담 집 현관 계단을 꽃 줄처럼 장식하고 서 있는 게 보였다. "이제 어떻게 할래? 이웃에게 경고라도 할 거야? 내가 알려 주지, 아가씨. 그 사람들이 오기 전에 나는 이미 죽어 있을 거야." 앤서니는 리볼버로 시선을 돌렸다. "그들이 아버지처럼 나를 잡지는 못할 거야."

이제 안젤라가 비밀을 털어놓아야 할 시점이 되었다. 이 히스테리를 얼마나 쉽게 끝낼 수 있는지, 흑인에 대한 광기를 어떻게 가라앉힐지 생각하니 그녀의 심장이 웃으며 부글거렸다. 이 광기는 앤서니의 안에서도 미친 듯이 끓어오르고, 인생이 꽃피는 시기의 그에게 독을 주었다. 하지만 앤서니의 마지막 말을 듣자니 안젤라는 다른 생각이 들었다. 그녀가 비밀을 밝혀야 할 또 다른 이유. 앤서니는 자신이 배신당할 줄 알면서도, 그 속임수에 냉소를 보내면서도, 한 여자를 사랑했다. 얼마나 고통스러웠을까!

안젤라가 부드럽게 말했다.

"앤서니, 내가 그럴 거라고 생각했어?"

앤서니의 대답에는 깊숙이 사무친 편견의 경험과 치유할 수 없는 냉소주의가 풍겼다.

"너는 백인 미국인이야. 색깔과 연관되면 그들은 어떤 비겁한 일도 서슴지 않지."

안젤라는 허무맹랑한 생각에 사로잡혔다. 물론, 자신은 유색인이며 유색인과 함께 살 의향이 있다고 말할 것이다. 앤서니가 사랑의 확신을 원한다면, 안젤라는 자신이 패싱하며 편의를 누리려고 백인들과의 관계를 비밀로 한 게 아니라고 고백할 것이다. 그러면 앤서니는 그녀를 더욱 굳건히 믿을 것이다. 하지만 먼저, 앤서니가 선한 인간성을 믿도록 만들어야 했다. 그 믿음을 회복시켜야 했다. 안젤라가 다정하게 말했다.

"좀 더 얘기해 줄래, 앤서니."

볼품없지만 깔끔한 그 방에는 여름날 초저녁 어스레한 햇빛이 들었다. 반쯤 가라앉은 거리의 소음이 그곳까지 올라왔다. 앤서니는 이야기를 풀었다. 예전에 들었을 법한 이야기였다. 하지만 이야기의 배경이 달랐다. 게다가 안젤라는 남자들이 '다르다'는 이유로 종종 처벌받는다는 사실을 오랫동안 무시해 왔었다. 그러다 보니 그의 이야기는 종교재판소에서나 들을 법한 믿을 수 없는 이야기 같았다.

앤서니의 아버지 존 홀은 조지아에 살았다. 그는 뱃사람이자 유랑자였다. 그러나 할아버지는 잘 알려진 능력 있는 농부로 작은 마을에 살면서 조금씩 돈을 모았다. 주변에 가난하고 무식한 백인들이 보기에는 큰 재산이었다. 존은 이리저리 배회하다 리우데자네이루에 정착해 마리아 크루즈를 만났다. 마리아는 많은 인종의 피를 이어받은 브라질 여자였다. 외관상으로는 백인이었다. 그녀는 건장한 다갈색 피부의 선원에게 마음이 끌렸다. 피부색이 그녀의 아버지와 비슷했던 까닭에 마리아는 전혀 신경 쓰지 않았다. 둘은 결혼해 많은 나라를 다녔다. 마침내 존은 떠돌이 인생에 지쳐 아버지께로 돌아갔다. 그리고 한 달 후, 늙은 아버지의 축복과 재산을 물려받았다. 그 뒤부터가 문제였다. 이웃에 살던 백인들이 늙은 앤서니 홀의 재산에 탐욕의 눈을 들이대고 있었다. 의심할 여지 없이 그는 죽었고, 그의 아들은 수년 동안 방랑자였다. 수년이 지난 후 그 아들이 고향땅으로 돌아오리라고는 전혀 예상치 못했다. 남부를 떠난 검둥이는 대부분 다시 돌아오지 않았다. 건방 떨며 돌아올 만큼 그들은 어리석지 않았다.

존 홀이 돌아온 것은 부당함의 신호였다. 그리고 실망감을 불러일으켰다. 외관상 백인인 어여쁜 여자와 결혼한 것 또한 부정한 짓이었다. 앤서니는 어렸을 때, 아버지가 어머니에게 절대 집 밖에 나가지 말라고 끊임없이 경고했던 것이 생각났다. 아버지는 갑작스레 가정에 대해 강조하면서도 조지아에 산다는 게 무슨 의미인지 한동안 잊어버렸다. 그러나 기억은 곧 되살아났고, 아버지는 모든 것을 잃기 전에 새 재산을 처분하려고 갖은 애를 썼다. 그것은 시간과 인내가 필요한 일이었다. 그들이 이 저주받은 구덩이의 먼지까지 탈탈 털어 버리기 전에 한두 달만이라도 여유가 있기를 바랐다.

"조금만 참아, 마리아." 존은 사랑스런 아내에게 말했다.

하지만 마리아는 이해할 수 없었다. 시내에 감히 나가지 않은 것은 사실이다. 그러나 작은 가게에 가끔씩 가는 것은 어쩔 수 없었다. 이따금 흠모의 눈길을 받는 것도 나쁘지 않았다. 그래서 마리아는 남편의 경고가 탐탁지 않은 질투심 때문이라 생각했다. 앤서니는 늘 진지한 아이였고, 어머니의 성실한 보호자였다. 아버지는 거래를 마무리 짓기 위해 근교 지역에 나가 있었다. 어린 소년은 어리석게 안일한 어머니가 가는 곳마다 같이 갔다. 그들을 쳐다보며 지껄이는 남자들을 지나칠 때면 앤서니는 어머니의 관심을 돌리기 위해 일부러 손가락을 다치거나 발가락이 돌부리에 걸리게 했다. 유치한 꾀를 내었지만, 사실 그것 때문에 치안 판사 아들 탐 해일리가 그녀에게 관심을 갖게 되었다. 보아하니 아들은 손을 다쳤고 어머니는 근심에 차 허리를 굽혀 살펴보고 있었다. 그 모습이 너무 매력적이고 도발적이라 해일리는 그냥 지나칠 수 없었다. 해일리가 다가가 인사하듯 모자에 손을 댔다. "제가 도와 드릴까요, 부인?" 마리아는 녹는 듯한 사랑스런 눈동자로 그를 보며 이국적 억양으로 물 흐르듯 말했다. 해일리는 관심을 얻었다고 확신했다. 나중에 구경하던 사람들이 '기껏해야 존 홀의 마누라'인 검둥이 계집에게 친절을 베푼다고 놀렸다. 해일리는 그 조롱에 분개하며 벌건 먼지를 뒤꿈치로 짓이겼다. 그녀에게 한두 가지 가르쳐 줄 것이다.

뜨거운 그날 오후 마리아는 낮잠을 자다가 예기치 않은 노크 소리에 꼈다. 아침에 만났던 추종자를 현관에서 맞았다. 그의 눈빛이 그리 달갑지 않았다. 하지만 악의는 느낄 수 없었다. 해일리는 자기 말에 의하면 이곳저곳 돌아다녔고 스페인어 낱말 몇 개를 알았다. 해일리는 모욕적인 말 한두 마디를 흘렸다. 화가 난 마리아는 아연실색하며 그의 얼굴을 때렸다. 불안하게 보고 있던 어린 앤서니가 소리를 질렀다. 갑작스럽게 소란스러워지자, 검둥이들 소리라 걱정할 필요가 없다는 것도 잊은 채 해일리는 황급히 달아났다. 한 유색인 노인은 "신이 너를 용서하실 거여. 일단은 끝이 났는디."라고 괴로운 듯 구시렁거리며 아이와 공황에 빠진 어머니를 늪지대로 데려갔다. 거기 숨어 있는데, 밤이 되자 불꽃이 보였다. 앤서니 홀이 60년간 노동해 이룬 집과 건물들이 불길에 타고 있었다. 잠시 조용하다가 총소리가 들렸다. 총알은 존 홀의 몸을 관통했다.

"누군가 아버지에게 경고를 했어." 앤서니 크로스는 진저리가 난 듯 말했다. "그래도 아버지는 집에 갔지. 어쨌든 마을에 돌아오면 끌려갔을 거야. 마을 광장에서 두들겨 맞고 화형을 당했겠지. 사람들은 아버지가 집에 가게 내버려 뒀어. 아버지는 씻고, 옷을 갈아입고, 죽음을 준비했어. 땅거미가 내리기 전, 폭도들은 마누라에게 백인 대하는 법을 제대로 가르치지 못한 검둥이를 혼내러 왔어. 먼저 집에 불을 지르고, 창문으로 아버지를 불렀지. 작은 베란다로 아버지가 나오니까 해일리가 총을 쏜 거야. 아버지는 20개의 총에서 뿜어져 나온 걸 맞고, 땅에 닿기도 전에 난간에 고꾸라져 죽었어. 기념품 수집가들은 아버지의 손가락이며 발가락, 귀를 잘라 갔어. 할아버지 친구가 밤에 시신을 찾아 묻었대. 그런 것을 본 적이 없을 정도였대. 너무 잔인하게 훼손돼서. 나는 그 이야기를 듣고 몇 날 잠을 못 잤어. 어머니는……."

안젤라가 그의 머리를 기울여 어깨에 기댔다. 이런 일은 말로 표현할 수 없었다. 그저 따스한 살을 맞대는 것뿐.

앤서니는 창백한 얼굴로 말을 이었다.

"어머니는 제 정신이 아니었어. 혹독한 공포에 떨며 나머지 인생을 보냈어."

"백인들 때문에." 안젤라는 조용히 덧붙였다. "그래, 어머니가 어땠을지 알겠어."

앤서니는 안젤라를 서글프게 바라보았다.

"아니, 흑인들 때문이야. 어머니는 우리가, 특히 검은 사람들이, 저주를 받았다고 믿었지. 그렇지 않다면 어떻게 그렇게 학대당하고 쫓겨 다니느냐고. 아버지가 돌아가시고 2년 있다가 어머니는 백인과 결혼했어. 미국인은 아니야. 나한테는 다행이었지. 독일인이었는데, 내 생각엔 어머니에게 친절했던 것 같아. 난 아직 어렸지만, 어머니에게 그 인종 문제는 내버려 두라고 빌며 간청했어. 아버지를 기억하며 그렇게 해야 한다고. 하지만 어머니는, 여자는 불쌍하고 무력한 피조물이라 보호를 받을 수 있을 때 받아야 한다고만 말했어."

안젤라는 이 비극적인 일에 충격을 받아 할 말을 잃었다. 그저 입술이 하얘져 그를 바라볼 뿐이었다.

"내가 어떻게 빠져나왔는지 묻지 마, 앙젤. 한동안 나는 아무것도 아니었어. 쓸모가 없었지. 그래도 색깔만은 부정하지 않았어. 항상 유색인 무리들과 어울렸어. 결정을 해야 할 특별한 시점에서 나는 숨지 않았어. 내가 인연을 끊기 전에는 내 혈관에 흑인 피가 흐른다고 늘 말하곤 했거든. 그러다가 아버지를 위해서 나도 무언가를 해야 한다는 생각이 들었지. 그래서 한낱 허세만 부리던 역겨운 생활에서 벗어나 뉴욕으로 온 거야. 그리고 쓸모 있는 사람이 되길 바라며 조용히 살고 있어. 분노는 내 안에 가두어 두고. 그곳에서는 다른 사람을 해치지 못하니까. 나는 맹세를 하나 했고, 지켰어. 어떠한 경우라도 백인들과 엮이지 말자. 그들의 감언에 절대 귀 기울이지 말고, 항상 지독한 증오심으로 그들을 혐오하자. 그러다가 너를 만난 거야. 사랑에 빠지고, 우연히 치유가 시작된 거지. 그녀가 나를 사랑한다면 내 말을 끝까지 들을 거라 생각했어. 다 듣고서 나를 받아 줄 수 있다면, 흑인 피까지도…… 하지만," 앤서니는 힘겹게 말하고 있었다. "나는 내 피가 부끄럽지 않아. 가끔 이 피가 효모라고 생각하지. 게르만족의 잔인함과 권력을 향한 야만적 탐욕을 정화시킬 수 있는 효모."

안젤라는 이 부분에 신경 쓰지 않았다.

"그래서 항상 나한테 말하고 싶었구나."

"말하고 싶었다고? 당연히 말했을 거야. 난 남자잖아, 엔젤. 남자로서의 행적이 있어. 배를 탔을 때…… 내 인생에는 너에게 알려주고 싶지 않은 부분이 있어. 하지만 이건 너에게 말했겠지. 극히 치명적이고 중대한 일이니까. 혼혈이 정말 큰 의미가 있다고 생각해서 그러는 게 아니야. 운명이 그렇듯, 신이 뜻한 바대로 세상이 흘러가

듯, 혼혈이란 그런 거야. 하지만 여기 미국에서는 이것 때문에 살기도 하고 죽기도 하지. 그러니 당연히 너에게 말했겠지."

여기에 명예가 있고, 남자가 있다! 아버지도 그랬을 것이다. 이런 유사점을 깨닫자 안젤라는 더 이상 마음이 흔들리지 않았다.

그들 사이에 깊은 침묵이 내려앉았다. 앤서니는 너무 지쳐 말이 없었다. 안젤라는 그의 비극적 삶을 생각하고 있었다. 어떻게 완벽하게, 어떻게 놀랍게 그 삶을 변화시킬 수 있을까. 안젤라는 미소를 머금으며 행복과 찬연한 미래에 대해 말했다.

"나도 깜짝 놀랄 만한 이야기가 있어. 하지만 당장 흩뿌리지는 않을 거야. 내일 저녁에 밴 코트랜드 공원에 갈까?"

앤서니는 그녀의 손을 잡았다.

"네가 착한 마음으로 무슨 계획을 세우는지는 모르겠지만 너와 나 사이에는 전혀 미래가 없어, 엔젤, 전혀. 너 자신을 속이지 마. 나도 속이지 말고. 너랑 같이 있노라면 가끔 잊어버리곤 하지. 하지만 오늘 오후에 다시 깨달았어. 나는 내가 누군지 절대 잊지 않을 거야. 내가 한 맹세도 그렇고."

초인종이 서너 번 날카롭게 울렸다.

앤서니가 인상을 찌푸리며 돌아보았다. "산체즈야. 열쇠를 깜빡했나 봐. 사랑스런 아가씨, 나의 천사, 이제 가는 게 좋겠어…… 그리고 다시 오지 마, 절대로. 어서 서둘러! 산체즈가 널 보면 안 돼." 안젤라가 머뭇거리는 것을 재촉하며 문으로 데려갔다. "곧 편지 쓸게. 어서 가. 신께서 너를 보호하고 축복하시길 바랄게."

다음 순간 안젤라는 계단에서 바삐 올라가는 검은 형체를 지나 어스름한 현관으로 나왔다. 무거운 문은 안젤라를 칠흑 같은 여름밤 속으로 무정하게 밀어내고 닫혔다. 안젤라와 가슴 아픈 혹독한 과거를 지닌 앤서니 사이에는 겉만 번듯한 추레한 집이 다시 놓였다.

5장

다음 날도, 그다음 날도 안젤라는 내내 앤서니의 이야기를 곱씹었다. 자신을 그의 자리에 놓아 보려고 했다. 그의 마음과 생각이 수년 동안 머물렀던 음험한 고문의 방을 어렴풋이나마 느끼려고 애썼다. 그리고 자신의 조그만 고통도 더했다. 안젤라는 너무 무심했고 단호했었다. 삶의 질병, 무지근한 고통에 신경이 무뎌져 있었다. 그래서 가까스로 예리한 통렬함을 콕 찔러 넣었다. 이에 대해 그에게 보답할 것이다. 사랑이 없고 기만적인 그의 삶에 기쁨과 달콤함을 넘치도록 붓고, 끔찍한 과거는 잊도록 달랠 것이다. 언젠가 앤서니는 이렇게 말하리라. "너는 내게 새 삶뿐만 아니라, 삶 그 자체를 주었어." 아기가 태어나면 엄마 뱃속에서 보낸 날들을 기억하지 못하듯, 지난날들은 그에게 아무 의미가 없을 것이다.

안젤라는 사랑의 온갖 달콤함으로 희롱하며 상상을 이어갔다. 두 사람을 완벽한 조화로 묶을 섬세한 속박. 그녀가 꿈꿨던 모든 야망을 희생하고서라도 앤서니를 행복하게 만들 것이다. 남자들이 그러는 것처럼 앤서니는 세상에서 가장 큰 일을 이룰 것이다. 그리고 그녀에게 세상에서 가장 큰 일은 바로 그가 될 것이다. 과업이자, '일'이자, 야망의 완성이 되리라. 아나톨 프랑스*의 구절이 안젤라의 마

* 프랑스 작가로 1921년 노벨 문학상을 받았다.

음에 스며들었다. "사랑에는 기술이 있다." 안젤라는 그것을 발견하고 활용할 것이다. 이 관계가 무심히 위태롭게 흘러가게 내버려 두지 않을 것이다. 불현듯 로저와의 관계가 새롭게 다가왔다. 안젤라는 지금껏 용서할 수 없던 그 만남에 대해 그를 용서하고, 자신을 용서할 수 있었다. 그 경험을 통해 조금이라도 앤서니를 이해하고 그가 원하는 것에 다가갈 수 있다면.

그 주 절반이 지나도록 소식이 오지 않았다. 그러나 안젤라는 그의 침묵에 전혀 염려하지 않았다. 앤서니는 일요일에 그녀가 보인 완벽한 연민의 정을 기억할 것이다. 안젤라가 그녀의 인종을 대표해 모욕을 당했다고 생각하며, 시간이 지나면 그녀에게 오리라. 그러면 안젤라는 진실을 밝혀 그를 놀라게 할 것이다. 구석구석 영향을 미치는 이 어리석고 참혹한 인종 문제를 그녀도 경험했기에 이해한다고. 또 그와 같은 피에 뿌리를 두고 있기에, 그녀의 연민과 애정이 진심이고, 흔들림 없이 영원하리라고 말할 것이다. 앤서니가 그것을 알게 되면 더욱 깊은 애정으로 다가올 것이다. 그가 얼마나 행복하고 안도하며 감격할까! 안젤라는 할렘에서, 아프리카에서, 아니 어느 곳에서라도 그와 함께 살 것이다. 그가 원한다면 안젤라는 자신에게 딱지를 붙일 것이다. 백인 친구들 모임에 나오는 모든 이에게 그녀가 혼혈이라고 밝힐 것이다. 앤서니가 맹세를 지키도록 돕고 격려할 것이다. 단지 백인 외모를 가졌기에 미국 사회에서 누렸던 보장과 안전을 포기하는 것도, 패싱으로 얻었던 평안을 희생하는 것도 문제가 되지 않았다. 그가 물러나는 곳에서는 그녀도 물러나고, 그가 증오하는 것을 그녀도 증오할 것이다.

* * * *

목요일에 편지가 왔다. 안젤라가 상상하던 자기희생의 멋진 꿈과 생각이 끊겼다. 글은 간단하고 단호했다.

> 앙젤, 일요일 일에 내가 감사하지 않는다고는 생각하지 마. 네가 그때 보인 것을 생각하면 심장이라도 내놓고 싶어. 하지만 우리는 공통점이 없어. 전에도 없었고, 앞으로도 없을 거야. 이건 인종 이상의 문제야. 나는 내 길을 가는 게 좋겠어. 너는 나를 잊어 줘. 너와 같은 인종의 남자에게 매혹적이고 마음을 끄는 아름다운 천사가 되렴. 나는 내 인종에게 맡겨 두고.
>
> 앤서니.

낯설기만 한 편지였다. 냉담함과 확고함에 안젤라는 가슴이 아렸다. 그의 서명은 외롭게 놓여 있었다. '앤서니.' 그것뿐이었다. 사랑이나 애정을 담은 말은 없었다. '이건 인종 이상의 문제야.'라는 구절은 절박함을 내포하고 있었다.

직장에서 돌아오니 이 편지가 기다리고 있었다. 안젤라는 미래의 약속을 가슴에 품고 상기된 모습으로 집으로 돌아왔었다. 하지만 마치 얼음 바람이 한창 피어오르던 이른 봄 꽃봉오리를 내리치듯 그 차가운 말들은 그녀의 황홀한 희망을 죽여 버렸다. 안젤라는 편지를 손에 들고 어디서 그를 만나 이야기할까 궁리하느라 저녁 식사는 잊고 손대지 않았다. 그의 어투를 보니, 평범한 확신에 그런 것 같지는 않았다. 안젤라는 또다시 혼란과 고통에 빠졌다. 인생에서 가장 중요하면서도 가장 평범한 일을 수행하면서 여자이기에 부딪히는 난관을 새로이 마주했다. 일요일에는 앤서니 방에 제 발로 찾아가면서 자존심에 상처를 받았고, 아직 그 상처는 완전히 아물지 않았다. 안젤라는 이것이 상투적인 단계라고 생각했다. 성공하면 이 일은 합리화될 수 있었다. 그녀가 성공적이라 판단했을 때는 이것을 자의식 속 망각의 구렁으로 밀어 버릴 수 있었다. 하지만 지금은 그럴 가능성이 없어 보였다. 이것이 사회적으로 무슨 의미인지, 눈앞이 희미하기만 했다. 안젤라는, 이기적인 불안에 갇힌 남자들이 가장 추악한 인간으로 보는 그런 부류의 여자였다. '남자 뒤꽁무니나 쫓아다니는 계집.' 그 표현이 안젤라의 경우에는 부당하고 부적절하게 사용되었다 할지라도, 그렇게 불리는 건 참을 수 없었다.

안젤라는 위안을 주는 말을 찾으려고 다시 그 쪽지를 읽었다. '심장이라도 내놓고 싶어.'라는 구절에 어느 정도 안심이 되었다. 그녀 또한 며칠 전 일요일에 본 그의 진심을 기억했다. 남자, 진짜 남자, 앤서니 같은 남자는 변하지 않는다. 그렇다. 마지막으로 한 번 더 시도하지 않고서는 그를 보낼 수가 없다. 한 번 더 할렘에, 그의 집에 갈 것이다. 그를 만나 진정시키고, 걱정을 누그러뜨리고, 서로 맞지 않는다는 바보 같은 우려를 털어 낼 것이다. 안젤라도 유색인이라는 사실을 아는 순간, 앤서니는 그의 뜻을 접을 것이다. 지금 그는 너무 예민해 있다. 안젤라는 자신이 유색이어서 기쁠 거라는 생각을 과거에는 해 본 적이 없었다. 그녀는 모자를 쓰고 천천히 문으로 갔다. 묘한 예감이 들어 혼잣말했다. "이 방에 다시 돌아올 때는 무척 행복하든지, 아니면 정말, 정말 슬프겠지." 용기가 솟아올라 그녀에게 힘을 주었다. 하지만 그녀는 용감한 것에 지쳤다. 이제 사랑받는 여자가 되고 싶었다. 의지하고 연약하고 추종받고 여성스런 여자. 이 마지막 호된 시련이 끝나면, 그녀는 어리석으리만큼 '여성스러울' 것이다.

차를 타고 가는 동안 기분이 약간 풀렸다. 따지고 보면 그의 태도는 필연에 가까웠다. 그는 안젤라가 불신과 학대를 대표하는 인종에 속했다고 믿었다. 안젤라가 바람둥이 부자 로저와 함께 있는 것을 보았고, 그녀가 돈과 쾌락만 추구한다고 추측했다. 그가 보기에, 안젤라는 인종 그리고 그 이상의 측면에서 당연히 그와 달랐다.

* * * *

안젤라는 오랫동안 그 장면을 마음에 다시 그려 볼 수 없었다. 그렇게 하기에는 마음이 너무 지치고 따끔거렸다.

꿈에서처럼, 단호히 굳은 그의 표정을 보았고, 흔들림 없이 확고한 음성을 들었다.

"엔젤 아가씨…… 앙젤, 오지 말라고 했잖아. 내가 말했듯이, 가능성이 없어."

안젤라는 앞서 생각했던 정교한 계획, 꼼꼼히 설계했던 극적 연출은 잊고, 그의 팔을 부여잡고 사실을 터트렸다.

"하지만 앤서니, 들어 봐. 다 괜찮아. 나 유색인이야. 나도 힘들었어. 우리 사이에는 아무것도 없다고."

순간 경계가 풀리고 앤서니는 흔들렸다.

"앙젤, 거짓말은 아니지."

안젤라는 답답한 마음에 눈물을 흘렸다.

"거짓말 아니야, 앤서니. 백 퍼센트 사실이라고."

"네 어머니 사진을 봤는데. 한눈에 봐도 백인……."

"맞아. 그렇지만 백인 유색인이야. 아버지는 흑인, 완전 흑인이고, 동생이 있는데 다갈색이야. 어머니와 나는 종종 재미 삼아 패싱을 했지. 어머니는 유색이라는 걸 마음에 두지 않았어. 하지만 나는 심하게 신경 썼지…… 아주 최근까지는. 그래서 필라델피아 집을 떠나 여기로 왔어. 백인으로 사니까 인생이 편하더군. 너도 알잖아, 앤서니." 파랗게 질린 험상궂은 그의 얼굴을 보며 안젤라는 놀랐다. "화난 건 아니지, 그치? 너도 패싱했다고 네 입으로 말했잖아. 오, 앤서니, 그렇게 보지 마! 왜 그래?"

안젤라는 그의 손을 움켜쥐었다. 그가 그 번들거리는 소파로 물러나자 그녀도 따라갔다. 그들은 잠시 숨도 쉬지 않고 앉아 있었다.

"젠장!" 그가 돌연 말했다. 미친 사람처럼 손을 들어 허공에 내저었다. "너는 어리석고, 나는 조심성이 없어. '패싱, 패싱,' 운명이 웃는구나. 장난을 치며 배꼽잡고 웃어. …… 아, 너 때문에 그런 거 아니야. 하지만 사람들이 나를 백인으로 보든 유색인으로 보든 상관없어……. 우리가 알았다면……."

"도대체 무슨 말을 하는 거야? 이제 괜찮지."

"아니, 그렇지 않아. 정말 최악이야." 앤서니가 그녀의 손목을 잡았다. "엔젤, 너 장난하는 거 아니지?"

"그럼. 진짜 장난 아니야. 증거도 있어. 여기 뉴욕에 동생이 살거든. 지금은 어디를 갔지만 돌아오면 만나게 해 줄게. 다갈색이고 예뻐…… 아마 네가 그리고 싶을 거야……. 나를 안 믿는 거야, 앤서니?"

"아니야, 믿어." 앤서니가 다시 팔을 올려 부드럽고 우아한 몸짓을 하더니 내려놓았다. "이런 망할 놈의 운명…… 고통의 끝이 없구나!"

놀란 안젤라는 그 옆에 무릎을 꿇었다.

"앤서니, 뭐가 문제야? 모든 게 괜찮은 거지. 우리 앞으로 행복할 거지."

"너는 그럴 수 있을 거야. 난 결코 행복하지 않겠지. 너는 내가 원하던 여자였는데…… 네가 백인이라고 생각했지. 아버지를 생각하면 백인과 결혼할 수 없었어. 그래서 포기했어."

"그렇지만 이제 포기하지 않을 거지? 내가 여기 돌아왔잖아. 절대 나를 돌려보내지 마."

쑥스러이 웃으며 안젤라가 그의 품에 안기려 했다.

"안 돼, 엔젤, 안 돼! 넌 이해할 수 없겠지만, 다른 사람이 있어……."

안젤라는 받아들일 수 없었다.

"다른 사람…… 네가 결혼했다는 말이야? 오 앤서니, 결혼했다는 말 아니지!"

"아니, 당연히 그건 아니야! 그런데, 약혼했어."

"약혼, 약혼이라고…… 나 말고 다른 여자와? 나하고 키스하고 어울려 다니면서? 그렇게 하는 남자들을 알지만, 설마 네가 그러리라고는! 너는 우리 아빠랑 같다고 생각했는데!"

안젤라가 어린 여자 아이처럼 엉엉 울었다.

앤서니는 손을 주머니에 쑤셔 넣고 겸연쩍어하며 지켜보았다.

"너를 아프게 할 마음은 없었어. 우리가 공원에서 만났던 날, 네가 관심 있는 걸 알았어. 그전에는 전혀 몰랐지. 그리고 나는 끔찍하게 너에게 빠졌어! 생각해 봐. 난 너를 포기했었다고, 앙젤 — 이게 진짜 이름이 아니겠지, 그렇지? — 그리고 갑자기 네가 내 삶 속으로 들어온 거야. 나는 말했어. '결국 언젠가 이 엉망인 상황에 웃음을 터트리겠지. 며칠만 그녀와 시간을 보내자. 약간, 아주 조금만 사랑하자, 그녀 모르게. 나는 금빛 추억을 간직할 거야!' 아, 그래서 그랬던 거야, 엔젤! 그리고 네가 관심을 가지기 시작하자, 나는 물러섰지."

예전에 들었던 한 구절이 머릿속에 떠올랐다 사라지며 안젤라는 할 말을 잃고 무기력해졌다. 그녀는 다시 필라델피아 교회의 작은 소녀가 되었다. 목사가 읊조리고 있었다. "우리는 모두 길을 잃은 양과 같습니다." 목사는 '모두'라는 말에 강세를 두어 말하곤 했다. 그러면 그녀는 지니와 서로 쳐다보며 의미 있는 웃음을 교환했다. 목사는 서인도 사람이었고, 서인도 사람들은 강세를 잘못 두는 경향이 있었다. 그래서 그 구절이 웃기게 들렸다. "우리는 모두 양과 같아……." 하지만 이제 보니 그리 웃기지 않은 것 같았다. 그가 서인도 사람이어서가 아니라 인간의 삶과 본성을 알기에 그렇게 읽은 것일 거다. 안젤라가 로저와 함께 있을 때는 분명 길을 잃었었다. 지금 여기에는 앤서니가 있었다. 앤서니는 그녀를 언제나 무척 사랑했다. 하지만 그 뒤에 한 여자가 있고, 그는 약혼했다.

안젤라는 누군지 모르는 그의 약혼녀를 생각했다. 경쟁 상대. 안젤라가 이렇게 부른 것은 의도적이었다. 아직 끝나지 않았기 때문이다. 그 여자가 누군지도 모르고, 짐작할 수도 없었다. 한밤의 도둑처럼 몰래 끼어든 여자…….

"얼마나 됐어?"

안젤라가 날카롭게 물었다.

"뭐가? 아, 내…… 친구. 너보다는 짧아."

새로 등장한 인물, 뜨내기. 적어도 그녀에게, 안젤라에게 우선권이 있었다.

"당연히 유색인이겠지?"

"응."

그들은 지쳐 말이 없었다. 돌연 앤서니가 그녀를 팔로 안더니 목언저리에 머리를 묻었다.

순간 고통이 그녀 존재의 중심까지 박혔다. 앤서니는 아주 예쁜 아기였을 것이다…… 앤서니와 아이들!

'신이시여, 운명이시여, 누구든지 능력이 있는 분이라면, 지금 이 순간 나를 도우소서!' 안젤라는 속으로 외쳤다. 그리고 그에게 부드럽게 말했다.

"앤서니, 내가 사랑하는 거 알지. 지금도 나를 사랑하니?"

"그럼, 변함없이, 엔젤."

"그래…… 오 앤서니, 내가 그럴 가치가 있는지 모르겠지만, 혹시 나를 숭배하는 거니?"

"그럼, 당연히 그렇지. 너를 숭배하고 흠모해. 너는, 나에게 신이야. 오 앙젤, 내가 네 마음을 알았다면……. 하지만 이미 늦었어."

"아니, 그렇게 말하지 마. 아직 늦은 게 아닐 거야. 이것에 달렸지. 앤서니, 그 여자를 숭배해?"

그가 초췌한 얼굴을 들었다.

"아니…… 하지만 그 친구가 나를 숭배하지. 난 그녀에게 신이야, 알겠어? 내가 실망시키면 그녀는 아무 말도 하지 않을 거야. 단지 힘없는 새끼 고양이처럼 물러나겠지. 길 잃은 양처럼, 아기처럼. 그녀는 죽을 거야." 앤서니는 자신의 말을 아무도 듣지 않는 것처럼 말했다. "그녀는 그렇게 연약한 사람이야. 다정하기도 하고."

안젤라는 부드럽게 말했다. "그 친구에 대해 조금 더 말해 봐. 이 모든 게 갑자기 일어난 일이 아니었던가? 오래 만난 건 아니라고 했잖아."

앤서니는 유순히 시작했다. "너를…… 너를 잃고 얼마 되지 않아 만났어. 갑자기 그녀가 나타났지. 실수로 내 방에 걸어 들어온 거야. 내가 있는 걸 모르고 손에 얼굴을 묻더니 서글프게 울더군. 사실 나도 울고 있었어. 속으로 말이야. 왜 그런지는 너도 알 거야. 그때 그 우는 소리를 들으며, 나는 내 울음소리가 울려서 나는 소린 줄 알았어. 그 울음 자체의 소리. 약간 취해 있었거든. 백인이네 뭐네 하는 이유로 너는 아주 멀리 있었지. 내가 백인 여자와 결혼할 순 없잖아. 백인 미국인은 안 되지. 아버지를 생각해서라도 안 돼. 마침내 여자애를 보았지. 진짜 여자애였어. 그녀에게 가서 어깨에 손을 얹고 말했지. '얘야, 괜찮니?' 그녀는 팔을 굽힌 채로 고개를 들었어. 애들이 흔히 하는 식으로. 그리고 말했지. '언니를 잃어버렸어요.' 처음에는 길거리에서 잃어버린 거라 생각하고 내가 말했지. '그래, 나랑 경찰서에 가자. 내가 함께 갈게. 어떻게 생겼는지 설명하면 찾을 수 있을 거야. 이 시간에 사람을 잃어버리긴 쉽지 않거든.' 그녀 머리를 내 어깨에 기대고, 내가 무릎을 꿇어 들려고 했어. 앙젤, 그녀는 그렇게 순진하고 절망적이었어. 그녀가 말했지. '아니에요. 그게 아니라, 언니가 떠났다는 말이에요. 저를 더 이상 보고 싶어 하지 않아요. 언니는 다른 사람들이 좋대요.' 그게 전부였지. 다음 날 아침 그녀에게 전화를 걸었어. 괜찮은지 꼭 봐야겠더라고. 나중에는 그녀가 더 편해졌어. 태양처럼, 꽃처럼, 무척 쾌활하고 사랑스럽고 위안과 축복을 주었어. 그녀가 나를 좋아하는 게 눈에 보였어. 나는 거리를 두었지. 그리고 그날 밤 너와 그 로저란 녀석이 밴 마이어 강의에 온 걸 우연히 보았어. 너는 꽤 명랑했고 환한 표정이었어. 로저는 집착이 강했고…… 나쁜 놈! 나쁜 놈! 그가…… 너를 아프게 하지는 않았어, 앙젤?"

안젤라의 인생에 이처럼 고통스런 일이 있었던가! 이전에는 고통이란 걸 몰랐다. 입술이 하얘지며 안젤라는 고개를 흔들었다.

"아니, 아프게 하지 않았어."

"그래서 다음 날 그녀를 보러 갔어. 그녀는 그림자처럼 방에 들어왔어. 수척해져 있더군. 친절하고, 다정하고, 동떨어져 있었어. 희미하고 잡을 수 없었지만, 거기 있었어. 나 때문에 죽어 가고 있는 게 눈에 보였어. 문득, 누군가에게 이런 관심을 받다니 얼마나 멋진가, 라는 생각이 들더군. 그녀에게 다가가 두 팔로 안으며 말했지. '아이야, 내 마음 전부를 줄 수는 없지만, 그래도 너는 나를 사랑할 수 있겠니?' 그 뒤론 그녀를 떠나보낼 수가 없었어."

"그래." 안젤라의 음성이 무미건조했다. 생기가 없었다. "그럴 수 없지. 그 애가 죽을 테니까."

"맞아. 바로 그것 때문이야. 그리고 넌 죽지 않을 거라는 걸 알아, 엔젤."

"그래. 네 말이 맞다. 난 죽지 않아."

앤서니가 처음 했던 말이 얼음처럼 차가운 손이 되어 마음에 앉았다. '그녀가 내 방에 걸어 들어온 거야…….' 차가운 울림은 그녀의 의식 안쪽 깊고 깊은 곳의 기억을 흔들었다. 지니가 그렇게 말하는 것을 들었다. "내가 그의 방에 걸어 들어갔어……."

괴로운, 죽을 듯이 괴로운 무언가가 안젤라의 얼굴에 어렸고, 앤서니는 그것을 보았다.

"그런 표정 짓지 마, 사랑스런 나의 엔젤…… 우리 셋은 난처한 곤경에 빠졌어…… 내가 알기만 했어도…… 나는 두 사람의 사랑을 받을 만한 자격이 없어. 하지만 둘 중 하나가 고통받는다면, 너처럼 그녀도 고통받겠지. 음, 우리 떠나 버리자. 우리가 함께하는 한, 불행이나 후회도 값진 것이 될 거야."

안젤라가 머리를 흔들었다.

"안 돼. 그건 불가능해. 내가 모르는 다른 사람이라면, 어쩌면…… 불행하기 싫어. 나는 도박을 할 수 있겠지만, 그 애의 경우는 달라."

앤서니는 의아하게 그녀를 보았다.

"'그 애의 경우'라니, 무슨 뜻이니?"

"그 애는 내 동생이야. 앙젤 모리…… 안젤라 머레이. 모르겠어. 같은 이름이잖아. 모든 게 내 잘못이야. 내가 그 아일 밀어 낸 거야. 억지로 너의 품으로 밀어 넣은 거라고."

그는 그저 빤히 바라볼 뿐이었다.

"난 몰인정한 언니였어. 그 애를 원하지 않았어. 아, 넌 이해할 수 없겠지? 그날 밤, 그 애가 실수로 네 방에 걸어 들어간 날, 나는 그 애를 만나러 역에 갔었어. 그런데 로저가 나타났지. 내가 유색인이라는 걸 밝히고 싶지 않았어. 그래서 나는…… 난 그 애를 모르는 체했어. 잘라 버린 거야."

"정말." 앤서니가 놀라며 어색하게 말했다. "지니처럼 어린 애에게 그렇게 하는 건 상상이 안 돼. 그녀가 뉴욕에 와 봤던가?"

"아니."

안젤라는 눈에 띄게 풀이 죽었다. 그를 잃는다 해도 마땅한 비난이었다. 더 이상 할 말이 없는 듯 보였다.

이내 앤서니가 그녀에게 가까이 왔다.

"가여운 앙젤. 미래를 예견할 수 있다면! 그게 바로 운명이란 거지. 우리를 무척 천박한, 순진한 함정으로 이끌지. 우리가 거기서 돌아서려고 하면, 족쇄에 걸려 잡혀……."

안젤라가 가련하게 그를 보았다.

"나는 금세 후회했어. 바로 그날 저녁, 지니와 연락하려고 많은 노력을 했어. 하지만 찾을 수가 없었어. 이미 운명은 나에게 앙갚음을 하고 있었지. 그 애가 네 방에 잘못 들어간 거지."

앤서니가 고개를 끄덕였다.

"맞아. 모든 것을 분명히 기억해. 나는 나가려던 참이었어. 사실 준비도 다 했었고. 바로 그날 밤 밖으로 나갔어. 오랫동안 어슬렁어슬렁 걸었지. 너를 생각하면서. 정말 안타까운 건, 내가 너를 줄곧 생각했었다는 거야. 아, 앙젤, 우리가 그냥 계속 이렇게 만나면 안 될까? 망할 놈의 색깔, 그게 행복의 기회를 망칠까? 나는 지금껏 살면서 늘 걱정하고 고통을 겪었지. 지독히 파괴적인 고통이었어. 그리고 너도 고통받았잖아. 우리가 함께라면, 평안을 찾을 수 있을 거야. 네 동생에게 가서 설명을 하자. 그녀는 친절하고 다정하니까, 분명 이해할 거야."

앤서니가 그녀를 안았다. 둘은 마치 아이들처럼 진지하게, 절망스럽게 서로 달라붙었다.

"난 고통이 싫어, 앤서니. 기다림도, 외로움도 싫어. 내가 얼마나 외로웠는지 너는 짐작도 못할 거야."

"아니, 할 수 있어. 짐작해. 너를 지켜보곤 했으니까. 네가 속으로 많이 외로울 거라고 생각했지. 너는 리스터 양이나 스타 부인과는 다르니까. 나랑 떠나자. 우리, 외로움을 함께 나누며 사는 거야. 어딘지 알 수 없는 곳으로……."

"그럼 지니는? 네 입으로 그랬잖아, 그 애가 죽을 거라고……."

"그녀는 아직 어려. 그녀는…… 극복할 수 있을 거야."

하지만 그의 음성이 약간 떨렸다. 확신이 없었다.

안젤라가 그에게서 벗어났다.

"아니, 난 지니가 언니를 잃게 만들었어. 애인마저 빼앗을 수는 없어. 이별의 키스를 해 줘, 앤서니."

그들은 딱딱한 소파에 앉았다.

"우리가 서로를 만난 것은 헤어지기 위해서지! 우리는 모든 게 완벽하게 잘 맞지만, 어리석은 운명 때문에 헤어진다고 생각해. 사실을 모르는 게 나았을지도 몰라. 나를 꼭 안아 줘. 더 가까이, 엔젤, 엔젤. 너의 따스함이, 달콤함이 내 심장 깊숙이 박혔으면 좋겠어. 그곳에 영원히 간직하고 싶어. 앙젤, 어떻게 나를 보낼 수 있어?"

안젤라는 그에게 달라붙어 흐느꼈다. 버림받은 아이처럼 고통스럽게 울었다.

초인종이 네 번 날카롭게 울렸다.

앤서니가 서둘러 일어났다.

"산체즈야. 열쇠를 잊어버렸을 거야. 열쇠를 잊다니 천만다행이네. 앙젤, 너는 가는 게 좋겠어. 잠깐 밖에서 기다려. 나도 갈게. 너의 집으로 가자. 방법을 찾아보자. 이렇게 헤어질 수는 없어!"

그가 숨을 가쁘게 쉬었다. 그의 입과 코 주위에 어렴풋이 골이 깊어지는 것을 보았다. 안젤라는 주저하며 모자를 집었다.

"잘 있어, 앤서니, 안녕. 이제 다시는 너를 만나지 않을 거야."

어두운 계단을 반쯤 내려가다 무심히 들어오는 산체즈를 만났다. 그는 키가 크고 창백하며 홀쭉했다. 살짝 의아한 미소를 지으며 호기심 어린 눈으로 안젤라를 보았다. 그녀가 지나가도록 한 손을 가볍게 엉덩이에 대며 예의바르게 비켜섰다. 그의 태도를 보면서 안젤라는 아직 끝내지 못한 운명의 스케치가 불현듯 생각났다. 그러다 어찌할 줄 몰라 발작적으로 남은 계단을 뛰어 내려갔다. 그 홀쭉한 검은 형체가 쫓아올까 무서워 뒤돌아보지 않았다. 그 희미한 의미심장한 미소가 시끄럽게 깔깔대는 위협적인 웃음으로 번질까 두려웠다.

6장

예전에 오팔가 집에 살 때, 안젤라가 묘하게 아픈 적이 있었다. 사실 귀밑샘염이라는 창피한 병에 걸린 거였다. 의사를 만나는 경비가 만만치 않은지라, 안젤라는 스물네 시간 동안 집안의 근심거리가 되었다. 어머니는 밤새 그녀를 돌보았고, 아버지는 하루에 두 번씩 어떤지 보러 왔다. 지니는, 안젤라가 그렇게 달라고 해도 주지 않던 인형을 마지못해 내주었다. 어린애 같은 고통과 아픔 속에서도 어쨌든 가족이 있어 괴로움을 함께 나누고 어려움을 이해해 주었다. 그러나 지금은 마음의 병으로 아팠지만 누구와도 이 고통을 함께 나눌 수 없었다.

이틀 동안 안젤라는 조그만 방에 누워 있었다. 우연히 들어왔던 덴버 부인은 그녀를 아낌없이 보살펴 주었다. 작은 부인이 안절부절못하며 필요한 게 없냐고 진지하게 물었다. 안젤라는 딱히 할 말이 없었다. 그냥 자신을 혼자 내버려 두었으면 하고 바랐다. 하지만 부인은 다른 사람들의 어려움에 대단히 민감했다. 안젤라는 경험을 통해 그것을 익히 알고 있었다. 부인은 돈이 많았지만 책임감이 약했고, 쾌락을 좇는 유치한 욕구 때문에 외로워했다. 그녀보다 어리고 불행한 여자를 돌보는 건 자신이 유익한 존재임을 느끼게 했다. 얼마나 비싸든지 소소하든지 간에 소녀가 필요한 것을 말할 때면 부인은 우스꽝스러우리만큼 기뻐했다. 안젤라가 그 미덥지 않은 즐거움을 완전히 뺏을 수는 없었다. 물론 부인이 다른 곳에 친절한 참견을 베풀게 할 때도 있었다. 환자는 혼자 생각을 하고 싶었다.

일 분 일 분, 마흔여덟 시간 내내 안젤라는 자신의 삶을 돌아보았다. 그녀가 저지른 범법 행위가 있었던가? 반드시 속죄해야 할 일을 저질렀던가? 그녀는 이기적이었다. 맞는 말이다. 하지만 이성적이며 지치지 않는 그녀의 마음이 말했다. '누구나 생존을 위해서는 이기적이지. 그건 살기 위한 전제 조건이야.' 다른 인종으로 패싱하면서도 누구에게 해를 끼치지는 않았다. 사실 어쩔 수 없어 패싱한 거였다. 하지만 지니를 버리지 말았어야 했다. 다른 노선에서는 명석하고 역동적이었던 그녀의 두뇌가 이 지점에 이르러서는 어김없이 멈춰 섰다. 어디로 가야 할지 알 수 없었다. 필라델피아를 떠난 것은 좀 더 나은 상황에서 운명이 어디로 이끄는지 보고 싶었기 때문이다. 그녀가 남자였다면, 집을 떠난 것에 대해 아무도 비난하지 않을 것이다. 그럴 수도 있다고 간주하고 너그러이 받아 줄 것이다. 그러면 이제, 잊을 수 없는 그 밤의 일만 남았다. 역에서 지니를 잘라 버렸던 비범한 사건. 그것은 평생을 두고 봐도 정말 잔인하고 불공평한 행동이었다.

'인정해.' 극도의 상식 아니면 엄청난 궤변에 뿌리를 둔, 그녀 안의 무언가가 말했다. '인정해. 그렇지만 그 벌로 삶 전체가 파괴되어야 할까? 수년 동안 고통을 받아야 해? 이건 분명 과도한 형벌이다.' 안젤라는 지쳤다. 절망하고 혼란에 빠졌다. 더 이상 운명의 횡포를 감당하지 못하고 뒤로 누웠다. 알 수도 없고 무의미해 보이는 횡포였다. 이것이 한 번의 실수에 대한 합당한 형벌이라면, 여러 해 동안 책임감 있는 딸로, 다정한 언니로 지낸 것에 대한 보상은 무엇일까? 불현듯, 맹목적인 신앙을 가진 사람들이 부러워졌다. '당신의 뜻이 이루어지이다'를 중얼거리며 공손히 머리를 조아리는 사람들. 얼마나 힘들고 고통스러웠으면 그들이 있는 그대로를 인정하고 맹목적인 복종에 빠져드는지 알 것 같았다. 반면, 이해할 수 없는 힘이 있었다. 커다란 욕망을 그리며 상상을 하게 하고 집착하게 하는, 그것의 실현 가능성에 감성적으로 매달리게 하는 힘. 그 힘은 인간이 타고난 상상력을 발휘해 창조한 그림을 아무렇지도 않게 손으로 쓱 지워버리곤 했다.

몇 번 죽음을 생각했다. 하지만 포기하고 싶지 않았다. 육체적 의지보다 강한 영혼의 무언가가, 내면의 무언가가 집요한 싸움을 걸었다. 그녀 역시 싸우면서 멍이 들고 욱신거렸다. "괜찮아." 안젤라는 자신에게 힘겹게 말했다. "끝까지 사는 거야." 혹독한 운명이 참으라고 명령한 삶, 그 속에서 부닥치는 힘든 일들을 생각했다. 어머니 아버지의 인종, 흑인들을 생각했다. 그들은 생명의 정수를 거의 압도당할 정도로 강렬하게 이어받은 민족이었다. 그들은 억척스러워야만 했다. 살아남아야 했다. 그들은 죽는 방법을 몰랐다.

* * * *

3일째 되던 날 안젤라는 침대에서 나와 안락의자에 멍하니 앉아 있었다. 그러고 싶지 않았지만, 언젠가는 운행 중인 삶에 다시 올라타야만 했다. 내일은 직장에 돌아가야지…… 달갑지 않은 고뇌 속으로, 그녀의 마음이 서글프고 괴로운 생각에서 눈앞에 놓인 따분한 일로 향하게 만드는 곳으로. 아, 얼마나 지겨울까! 어릴 때 공부하던 일이 기억났다. 강력한 흡수력으로 집중하곤 했다. 그녀는 가끔 궁금했었다. '어른이 된다는 건 어떤 의미일까. 공부는 그만해야지…….' 그런데 어른이 된다는 건, 바로 이렇게 사는 거였다. 그리고, 아아, 공부는 지금도 하고 있다. 똑같은 집중력으로. 삶이 가르치는 수업에 끔찍하게, 고통스럽게 집중하며. 고통의 원인을 머릿속에 되뇌어 봐야 소용없었다. 그 원인이라는 것들은 보잘것없고 어리석은 것이었다. 그녀는 혼잣말했다. "세상에 나보다 슬픈 사람이 있을까." 이렇게 말하면서도 그녀는 옆 동네, 옆집의 누군가가 똑같은 말을 하고 있으리라는 걸 알았다.

덴버 부인이 가볍게 문을 두드리더니, 안으로 들어와 비밀스레 닫았다.

"깜짝 놀랄 소식이 있어." 부인은 그 유치한 절차를 진행했다. "지금 듣고 싶어, 아니면 네가 받을 때까지 기다릴래?"

안젤라는 얼굴을 찡그리며 힘없이 미소 지었다.

"지금 듣는 게 낫겠어요. 깜짝 뉴스든 뭐든 생각하고 싶지 않아요."

"이건 좋아할 거야." 부인은 문으로 가더니 레이첼 솔팅을 들어오게 했다. "둘이 하고 싶은 말이 많을걸." 덴버 부인이 어깨 너머로 말했다. "앙젤이 힘이 나게 해 줘, 레이첼. 내가 맛있는 것 가지고 올게. 한 시간 정도 걸릴 거야."

부인은 조심스레 문을 닫고 나갔다.

안젤라가 말했다.

"무슨 일이야, 레이첼?" 그리고 이렇게 덧붙일 뻔했다. '너를 몰라보겠다.'

친구는 근심과 절망으로 얼굴이 창백하고 아파 보였다. 고상한 푸릇함이나 아름다운 색조는 모두 사라졌다. 검은 눈이 쑥 들어가고, 주변에는 다크서클이 내려앉았다. 지독히 하얀 피부에 유일하게 안식을 주는, 비참한 부분이었다.

안젤라는 기운이 빠지는 것 같았다. 자리에서 일어나 비틀거리며 침대의 안락함 속으로 되돌아갔다. 갑작스런 현기증을 피할 수 있는 그 피난처에 그녀는 억누르기 힘든 고마움을 느끼며 누웠다. 그리고 잠깐 기운을 내 레이첼에게 옆에 와서 앉으라는 손짓을 했다.

"오," 레이첼이 말했다. "너 정말 아프구나…… 덴버 부인이 말했어. 내 근심으로 너를 괴롭히지 말아야 하는데. 오, 앙젤, 나 완전히 망했어! 어떻게 해야 할까?"

안젤라는 친구를 너그러이 바라보았다.

"세상에는 끔찍한 일들이 많아. 그건 분명해, 레이첼. 네 문제가 해결하지 못할 만큼 나쁜 건 아닐지도 몰라. 존이랑 얘기해 봤어?"

하지만 그렇게 말하면서도 안젤라는 그 어려움이 존과 연관되었음을 느꼈다. 참아야 할 고통과 아픔을 생각하자니 가슴이 조였다.

"응, 존도 알아…… 그에 관한 거니까. 앙젤, 우리 결혼하지 못해."

"결혼 못한다고, 왜, 그 사람…… 그럴 일이야 없겠지만…… 혹시 다른 여자를 만나니!"

레이첼의 얼굴에 순간 분노가 번득이며 생기와 색깔이 되돌아왔다. 예전에 행복했을 때 보았던 레이첼 솔팅의 모습이 얼핏 스쳤다.

"다른 여자를 만난다!" 분노는 절망으로 바뀌었다. "그러면 얼마나 좋을까! 적어도 해결할 수 있잖아. 하지만 이건 바뀔 수가 없어. 존, 나, 우리 부모님, 모두 꿈쩍도 안 해. 눈치채지 못 하겠니, 앙젤? 그는 이방인이고, 난 유대인이야."

"하지만 유대인과 이방인도 많이 결혼하잖아."

"맞아. 나도 알아. 다만…… 존은 가톨릭 신자야. 우리 부모님은 정통파이고…… 이 결혼은 절대 승낙하지 않으실 거야. 아버지는 차라리 내가 죽는 걸 보는 게 낫겠대. 어머니는 앉아서 울고만 있고. 어머니에겐 가능한 한 말하지 않고 있었거든…… 난 기도했었어. 하느님이 잘되게 하실 줄로 믿었지. 우리는 서로를 사랑하고. 하지만 며칠 전 유티카에 갔을 때, 존도 같이 가서 부모님께 말씀드렸는데 아버지가 그를 쫓아내 버리더라. 그 사람하고 결혼하면 나를 저주하겠대. 난 그 저주가 두려워. 부모님의 뜻을 거스를 수는 없잖아. 오, 앙젤, 차라리 태어나지 말 걸 그랬어."

조심스런 상황이었다. 안젤라는 신중해야 했다. 명백하고 진부한 것 말고는 달리 생각할 수 없었다.

"레이첼, 어차피 네 부모님은 부모님 인생을 사는 거야. 네 인생을 살려고 해서는 안 되지. 내 생각엔, 인종이나 교리, 색깔로 이렇게 야단법석을 떠는 건 모두 난센스야. 내가 너라면, 내가 원하는 것을 좋을 거야. 존은 너한테 잘 맞는 남자로 보이던데."

그러나 레이첼은 효심에 젖어 눈물을 흘렸다. 그렇게 하는 것은 이기적이라 생각했다.

"그래도 부모님이 네 인생에 간섭하며 이래라저래라 하는 것보다 더 이기적인 건 아니야."

"하지만 난 두려워." 레이첼이 떨면서 말했다. "아버지의 저주."

안젤라는 그 구시대적 발상에 동조하기가 쉽지 않았다. 꽤나 교육을 잘 받은 친구의 마음 한구석에 그런 생각이 있다니, 놀라울 따름이었다.

"사랑." 친구에게라기보단 스스로 감회에 젖어 안젤라가 말했다. "세상에서 가장 멋진 일인 것 같아. 그런데 우리가 어떻게 그것을 억누르고 제한하는지 좀 봐. 유대인은 가톨릭교도와 결혼하면 안 되고, 백인은 유색인과 결혼해선 안 되고……."

"음, 그건 당연하지." 레이첼은 순진하게 놀라며 끼어들었다. "나라면 무슨 일이 있어도 검둥이랑은 결혼하지 않을 거야. 왜, 너는 할 거야?"

안젤라가 할 수 있는 답이라고는 머리를 베개에 묻고 씁쓸한 웃음을 참지 못하고 쏟아 내는 것뿐이었다. 레이첼은 황급히 덴버 부인을 불렀다.

"오, 빨리 와 보세요. 빨리요! 안젤라가 발작을 일으켜요. 어떻게 해야 할지 모르겠어요."

*　*　*　*

또 한번 적응의 시간. 안젤라가 인생을 알아가듯, 또 한번, 생을 위한 결정. 달콤함 뒤에 오는 씁쓸한 경험, 달콤함 뒤 씁쓸함. 달콤함과 씁쓸함은 모험을 향한 고조된 감정과 더불어 모두 그녀 뒤에 놓인 것처럼 보였다. 다가오는 무미건조한 날들을 어떻게 지내야 할까? 곧 스물일곱이 된다. 10년, 5년, 아니 1년 후 삶이 어떻게 변할까, 안젤라는 궁금했다. 변화는 한번에 몰려온다. 하지만 그녀의 경우, 이런 변화의 자극에 너무 힘이 들었다. 이제 자신이 어느 쪽으로 가야 할지 가늠할 수 없었다. 음울함이 매일 새롭게 그녀 위로 기어올라왔다. 그녀가 말했다. "내가 어느 쪽으로 가든 늘 틀렸어. 삶이 흘러가는 대로 내버려 두자." 안젤라는 인생을, 자신의 인생도, 자신이 정한 방향과 시야 밖에 있는 실체로 보았다. 과거에 대해서는 별로 괘념치 않았다. 죽든 살든 상관없었다. 하지만 그녀가 스스로 목숨을 끊는 일은 없을 것이다. 정말 사실이다. 마음속에 그런 생각이 자리 잡았다면 그녀는 순간 자신을 불쌍히 여겼을 것이다. '아직 젊고, 재능 있고, 혈기왕성한 내가 죽음을 맞다니, 참 안됐다!' 그러나 지금 그녀는 감각이 무뎌지고 있었다. 엄청난 고통과 혼란으로 기운이 빠지는 건 어쩔 수 없었다. "불행한 게 나을지도 몰라. 아니면 다른 사람들처럼 생을 마감하든지." 점점 차오르는 우울함에 안젤라는 혼잣말했다.

안젤라가 만나는 사람은 덴버 부인, 샌드버그 부부, 랄프 애쉴리뿐이었다. 안젤라는 쾌활해 보이려고 했지만, 덴버 부인에게는 그 태도가 약간 어두워 보였다. 자신의 즐겁고 명랑한 어휘가 그렇게 해석되는 걸 알았다면 안젤라는 그 비관적인 태도에 덧칠을 했을 것이다. 샌드버그의 집, 어설프게 지적인 그 집 분위기는 완벽했다. 안젤라는 아련한 씁쓸함에 말을 하지 않았지만, 사람들은 그것을 지적이고 생각이 깊어 침묵하는 것으로 받아들였다. 어느 정도는, 눈부신 외모와 주위에서 풍기는 은은한 신비감 덕분에 안젤라는 그 모임의 주요 인사가 되었다. 샌드버그 부부는 안젤라를 근사한 발견으로 간주하며 자신들이 '그녀를 키웠다'고 우쭐댔다.

* * * *

기나긴 황금빛 여름이 지나고, 지니가 집으로 돌아왔다. 여름날 행복에 대한 기약으로 지니는 무척 사랑스러웠다. 그리고 절묘한 9월로 성숙해 가는 고통스런 현실에 힘겨워했다. 완전히 익어 가는 과일처럼 점점 진해지는 황금빛, 은근히 더해 가는 풍성함. 안젤라가 평생 본 것 중 가장 완벽한 만족감으로 찰랑거리는 행복과 흥분.

지니는 언니를 불렀다. 일요일 아침, 둘은 사라와 고집불통 친구들로부터 벗어나 리버사이드길에 앉아 강을 바라보았다. 강은 보드라운 가을 안개 속에 구불구불한 자줏빛을 내비치며 유혹하고 있었다.

"놀랐지?" 지니가 물었다. 안젤라는 놀라는 표정 없이 그랬다고 말했다. 변함없이 동생을 사랑했다. 하지만 전보다 덜 고통스럽고 더 겸허히 사랑했다. 그들의 삶이 이제 서로 맞닿지 않고 그렇게 될 수도 없다고 생각하며 타협했다. 게다가 지니가 한 말에도 그런 조건을 인정하는 암시가 있었다. 하여간 그들은 회복할 수 없게 분리되어 있었다. 좁지만 깊숙한 나락의 양편에 서서 서로를 바라볼 것이다. 영원히.

어린 소녀가 재잘거렸다.

“사라가 이름을 말했는지 모르겠네…… 앤서니 크로스? 이름이 정감 있지 않아?”

“그래, 멋진 이름이구나. 예뻐.”

안젤라는 진심으로 말했다. 그를 이미 알고 있다고 싱겁게 덧붙였다. 쿠퍼 유니언에서 수업을 같이 받았다고. 언제 알았느냐는 중요하지 않았다.

“별로 안 친했던 것처럼 말하네.” 지니가 얼굴을 찌푸리며 말했다. “하지만 신경 쓰지 마. 다른 사람과 어울리든 말든 나에게는 잘 어울려.”

지니의 표정에는 젊은 영혼의 확고부동함이 어렸다. 안젤라는 다시 한번 실감하고 뜨끔했다. 부모의 어떠한 저주도 지니를 앤서니의 품에서 떼어놓지 못할 것이다. 앤서니가 사랑하는 한, 그녀의 사랑에 만족하는 한, 아무도 그들 사이에 끼어들지 못할 것이다. 만약 그가 지니를 버린다면, 지니는 시들어 죽을 것이다.

이 생각 말미에 지니가 흥미로운 말을 꺼냈다.

“내가 앤서니를 만난 건 진짜 완벽해. 그는 정말 거친 땅의 바위 같아. 세상의 어떤 남자보다 나를 행복하게 만들어 줄 거야. 매슈를 예외로 한다면 말이야.” 지니는 꿈꾸듯 곱씹으며 덧붙였다. “그래 나도 그를 행복하게 할 거야. 그렇지만 언니, 나는 늘 매슈와 결혼하고 싶었어!"

* * * *

안젤라는 딜레마에 빠져 집으로 돌아왔다. 지니는 매슈를 원하면서도 앤서니와 결혼하려고 하고, 앤서니는 안젤라를 원하면서도 지니와 결혼하려고 한다. 안젤라는 다른 사람이 아닌 오직 앤서니와 결혼하고 싶다. 이건 분명 딜레마였다. 웃음이 나올 정도로 너무 뻔해 보였다. 덕분에 안젤라는 기분이 좋아졌다. 인생은 씁쓸하다. 재미있게 씁쓸하다. 비웃을 수만 있다면, 이미 그렇게 했을 것이다. 이렇게 생각하다 보니 앤서니가 떠올랐다. '한 번만이라도 내가 운명을 비웃을 수 있다면, 앙젤!'

안젤라는 제인가의 버스 정류장에 내려 차분히 걸어오다 그 좁고 긴 계단을 힘겹게 올라가는 한 남자를 보았다. 그가 문 앞에 섰다. "앤서니?" 심장이 고통으로 비틀리는 것을 느끼며 그녀가 혼잣말했다.

"저이가 앤서니라면……." 안젤라는 한숨을 내쉬며 멈춰 섰다.

그녀의 머릿속은 치명적인, 잔인한, 고집스런 무언가로 채워졌다. '저 사람이 앤서니라면…… 아침에 지니가 말한 것을 듣고…… 그가 지니의 첫 번째 선택이 아니란 것을, 지니에게 다른 사람이 있었다는 것을, 그리고 다른 사람이 다시 생길 수 있다는 것을 안다면…… 명랑하고 단단하며 얄팍한 청춘의 지니가 매슈를 위해 죽을지언정 그를 위해서는 죽지 않을 거라는 것을…… 매슈와 헤어져 스스로를 위로하듯, 앤서니와 헤어져도 그렇게 하리라는 것을!' 하지만 그러면 안 된다. 지니가 말한 것은 비밀이었다. 자매간의 비밀. 다시는 지니를 배신하지 않을 것이다. 마찬가지로 그녀 자신을 배신하지 않을 것이다.

"하지만 앤서니," 계단에 다가가는 몇 초 동안 안젤라는 자신에게 말했다. "넌 나의 첫사랑이야. 나는 너의 것이야."

그러나 문 앞의 남자는 앤서니가 아니었다. 모르는 사람처럼 보였다. 안젤라의 발소리에 그가 고개를 돌렸다. 안젤라는 로저의 푸른 눈동자를 보고 있었다. 전혀 예상치 못한 상황에 당황하며 알은척을 했다.

"설마, 네가 로저는 아니겠지?"

"맞아." 로저가 쑥스러워하며 정중히 말했다. "들어오란 말도 안 할 거야, 앙젤?"

"오, 아니야. 들어가자."

안젤라는 로저가 오래 머물지 않기를 은근히 바랐다. 이런저런 생각을 하고, 그림을 그리고 싶었다. 지니 집을 나오면서부터 줄곧 머릿속 한편에 있던 생각이 있었다. 그리고 뒤이어 다른 생각이 들었다. '여기 로저가 있군. 이 방에서 다시 볼 거라고는 기대하지 않았는데. 언젠가 앤서니가 돌아오겠지. 오, 맙소사, 친절한 마음을 가지렴!'

하지만 안젤라는 앤서니 생각에서 멀어져야만 한다. 안젤라는 의아하게, 답을 찾듯 로저를 보았다. 책에서는, 연인을 무례히 대했던 남자가 지치고 낙담하고 심지어는 거지꼴이 되어 돌아오곤 했다. 하지만 로저는, 태도에 약간 망설이는 면이 있었지만, 어느 때보다 쾌활하고 부유하고 멋져 보였다. 살짝 통통하기까지 했다.

고뇌에 차 야윈 앤서니와 대조를 이루는 그를 보며 안젤라는 별 생각 없이 말했다.

"너 정말 살쪘구나!"

그 지적에 순간 예민하게 반응하며 로저는 얼굴이 붉어졌다. 하지만 그는 공손했다.

"괜찮아, 앙젤. 그걸 말하는 거라면, 네가 어떻게 말해도 난 말 못해."

안젤라는 그의 기분에 무심히 둔감했다. 너무 무심했던 까닭에 자신의 태도조차 의식하지 못했다.

"참, 깜빡했네. 예전에도 지적받는 걸 별로 안 좋아했다는 걸 잊어버렸어!"

로저가 말꼬리를 잡았다.

"잊어버렸다고! 지난날들을, 한때 우리에게 의미가 있던 모든 것을 잊어버렸다는 말은 아니지?"

안젤라는 인내심이 바닥나 참기 어려울 지경이었다. 그가 떠났으면, 그녀가 생각에 잠기고 그림을 그릴 수 있도록 내버려 두었으면 하고 바랐다. 일을 하고 싶은 생각이 든 건 몇 주 만에 처음 있는 일이었다. 이 황홀한 생각이 그녀에게 온 것이다. 안젤라는 흥미 있는 일에 몰두하며 느끼는 마약성 희열을 알기에, 그가 어서 떠나길 고대했다. 그가 떠나면 한시름 놓을 것이다. 이렇게 말하며 그가 어서 떠나길 바랐다.

"로저, 연극하는 것처럼 말하려고 더운 9월 일요일에 나를 찾아온 건 아니겠지? 오후에 할 일이 쌓였어. 본론으로 들어가자. 그리고 일어나서 할 일 해야지."

안젤라는 큰 의자에 앉아 있었다. 그를 의식하지 않은 채 편안하게 축 늘어져, 아무 생각 없이 손가락으로 스카프를 꼬고 있었다. 그를 올려다보았다. 그의 푸른 눈동자에 뜨거운 무언가가 있었다. 그녀가 자세를 반듯이 고쳐 잡고 정신을 차려 경청했다.

"앙젤, 나를 다시 받아 주지 않을래."

"받아 달라고! 무슨 소리를 하는지 모르겠네. 우리 사이에는 과거가 없어. 그러니 그런 말 하지 마. 달리 할 말이 없으면 지금 가는 게 좋겠어."

로저는 그녀의 손을 잡으려고 했지만, 그녀는 감정을 숨기지 않고 화내며 성급히 뿌리쳤다.

"나가, 로저. 너한테 신경 쓰기 싫어!" 그녀를 향한 앤서니의 진심, 앤서니를 향한 그녀의 감정을 깨달은 후, 다시 보는 이 겉만 번지르르한 감성주의! "난 가만히 있지 않을 거야. 네가 안 가면, 내가 나갈게."

그녀가 문을 향해 나섰고, 돌연 직설적이고 진지한 그녀를 그가 막아섰다.

"잠깐 들어 봐, 앙젤. 듣고 얘기해. 이번에는 진심이야. 과거, 내가 한 말들, 나를 용서해 줘. 정말, 난 말도 못할 정도였어! 하지만 머릿속에서는 알고 있었어…… 남자가 가지고 태어난 것들, 여자를 갖추는 것, 넌 몰라…… 가문, 돈, 그가 모든 것을 가졌다면…….” 그가 얼마나 능력 있는 사람인지 드러내지 않으려고 애쓰는 걸 안젤라는 볼 수 있었다. “네가 나를 ‘잡으려’ 한다고 생각했어. 그래서 의심이 들고 화가 났지. 나도 알거든, 네가 가난하고…….”

“아무도 아니라는 거! 그냥, 말을 해, 말을 하라고!”

“그러니까, 내 말은, 우리 아버지 기준에 따르자면, 아무도 아니라는 거지. 네가 나에게, 내 일에 관심을 보이기 시작하니까…….”

“너랑 결혼하려 한다고 생각했다고. 그래, 처음에는 그랬지. 난 가난하고, 난 아무도 아니니까! 부자가 되고 싶고, 세상을 보고 싶고, 사람들을 돕고 싶었지. 그런데 너랑 매우 가까워졌을 때는 결혼에 대해 전혀 신경 쓰지 않았어…… 그냥 사는 것만 생각했어! 내가 완전 속물 같은 자세를 취한 거지. 그렇게 살고 싶었던 것은 아니야. 내가 받은 교육은 그런 게 아니었으니까. 내가 얼마나 철저히 그러면 안 된다고 배웠는지 너는 상상도 못할 거야. 잠시 동안은 행복했어. 유감이지만 진심으로 너를 사랑했던 게 아니야, 로저. 이제 분명히 알겠어. 내가 너를 사랑했던 건 아니지만, 삶은 절대적 완벽함에 초점을 맞추고 있는 듯이 보였지. 그런데 너는 내가 주는 관심에, 다정함에 부담스러워하고, 의심하고, 트집 잡고, 추해졌지. 그래서 나는 생각했어. ‘추함의 화염 속에 이대로 그만둘 순 없다. 연인이었다가 친구가 되는 사람들도 있으니까.’ 적어도 이 모든 게 즐거운 추억으로 남도록 난 무던히 노력했어. 하지만 넌 내 노력에 분개하더라. 내가 이해할 수 없는 것은…… 내가 원한다면, 나는 왜 너랑 결혼하면 안 되지, 우리 관계를 이상적인 관계로 만들려고 하면 왜 안 돼? 왜 너 같은 남자들은 여자들이 품위 있게 교제하려고 노력하면 분노하지? 아무튼, 이제 다 끝났어…… '프리러브'라는 것, 아니 네가 뭐라 부르든지 관계없어, 이론적으로는 괜찮아 보여. 그런데 실지로는 완전 틀렸어. 너랑은 그런 관계를 맺고 싶지 않아. 세상 어떤 남자하고도 싫어. 우리 어머니는 결혼이면 족했어. 나도 그래. 결혼이면 충분해."

"너는 무엇으로도 충분하지 않아, 앙젤. 하지만 내가 최고로 제안할 수 있는 거라고는 결혼이야. 지금 프러포즈하는 거야. 내가 돌아온 건, 엄밀히 말해, 네가 거짓 없고 솔직하고 예의 바르기 때문이야. 그리고 예전 우리 관계가 추잡한 것으로 타락하지 않도록 네가 노력했기 때문이지."

안젤라는 눈에 띄게 멈칫거렸다. 로저와의 결혼은 안전, 지위, 막대한 부, 좋은 일을 할 수 있는 무한한 기회를 의미했다. 일찍이 이런 제안을 받았다면 얼마나 기뻐 날뛰었을까!

"칼로타는 뭐가 되지?"

안젤라가 퉁명스럽게 물었다.

"칼로타는 톰 에스티스와 곧 결혼해. 나랑 같이 대학에 다녔던 친구. 나보다 돈이 더 많지. 칼로타는, 그를 택하는 게 더 좋다고 생각했어."

"그래." 안젤라가 사려 깊게 그를 보았다. 그리고 자신의 비밀이 떠올랐다. 로저에게 결코 말할 수 없는 비밀. 안 돼! 혼란은 그만, 결과적 재앙도 그만! "아니, 이제 그만 이야기하자. 네가 원하는 건 불가능해. 얼마나 불가능한 일인지 넌 상상도 못할 거야.”

로저가 그녀에게 성큼 다가와 손을 잡았다.

“나 진심이야, 앙젤. 내가 얼마나 고독과 불안에 지쳤는지 넌 모를 거야…… 여자를 찾기도 힘들고. 난 내가 사랑하고 믿을 수 있는, 내가 나를 사랑하게 가르칠 수 있는 누군가를 원해…… 우린 내일이라도 결혼할 수 있어. 우리의 길에 장애는 없어.”

안젤라는 그의 진지함에 흔들리지 않았다.

“네 아버지는 뭐라 하실까?”

“어, 아직 아버지께는 말씀드리지 않을 거야. 절대 허락하지 않겠지! 우리는 당연히 조용히 일을 치를 거야. 우리하고 한두 친구들, 마사와 라디슬라스 정도 알겠지.”

또 다른 비밀! 안젤라는 손을 뺐다.

“로저! 그렇게는 생각하지 않을래. 내가 결혼하면, 진짜 남자, 용감히 자신의 뜻을 지킬 수 있는 남자랑 할 거야!” 사실 안젤라는 그를 문 쪽으로 밀었다. “어떤 사람들은 죽은 재를 살려내기도 하지. 그러나 너와 나는…… 난 결코 너를 다시 믿을 수 없어. 비밀이라면 질색이야. 인간관계를 가지고 장난치는 것도 지겨워. 이제부터 나는 우정을 똑바로 지킬 거야. 제발 가. 힘든 여름이었고, 난 무척 피곤해. 게다가 일을 하고 싶어.”

로저는 당황하며 그녀를 보았다. 그의 얼굴에는 놀람과 분노가 버둥거리고 있었다.

“앙젤, 네가 무슨 짓을 하고 있는지 알기나 해? 난 다시 돌아오지 않아. 그러니 지금 나를 받아들이는 게 좋을 거야."

"당연히 너는 다시 오지 않겠지! 나도 네가 그렇게 하지 않았으면 좋겠어. 내 결정은 확고해." 비통한 그의 얼굴에 안젤라는 매정하지 않게 웃음을 터트렸다. 실제로 그의 얼굴을 만졌다. "네가 크로스 녀석이랑 얼마나 닮았는지 안다면!"

* * * *

안젤라는 한 단계 성숙된 동정과 이해로 랄프 애쉴리를 생각했다. 물론 랄프는 칼로타의 변심에 큰 충격을 받았을 것이다. 안젤라의 예상이 옳았지만, 그 충격이 기대했던 것과는 달랐다. 랄프는 다시 새로이 우정을 만들고 유지하는 일은 못할 것이라 짐작했지만, 사실 칼로타를 잃은 것에 그렇게까지 동요된 것은 아니었다. 그가 가진 재산에도 불구하고 타고난 소심함 때문에, 자신과 같은 부류의 여자를 대하는 데 자신감이 없었다. 랄프는 진정한 토니 하드캐슬*이었고, 그런 까닭에 자신이 존경하지 않는, 진정 혐오하는 여자들과 많은 시간을 보냈다. 그 여자들만이 그를 진지하게 대하기 때문이라고, 그는 안젤라에게 불만스럽게 투덜댔다.

"너하고 칼로타만 나에게 관심을 주었어. 나를 늘 있는 그대로 좋아했지, 앙젤."

그들은 자주 만났다. 감정이 쏠리지 않고 차분하게 깊은 우정을 쌓았다. 안젤라는 다시 그림을 그리기 시작했다. 쿠퍼 유니언에 강

---

* 올리버 골드스미스가 쓴 희곡 『지는 것이 이기는 것』(*She Stoops to Conquer*)에 등장하는 부자의 아들로, 술집 여자를 좋아한다.

좌를 재등록했고, 퐁텐블로에 있는 학교에 갈 장학금을 지원하는 대회에 참가하려고 한 주제에 열성으로 몰입했다. 랄프는 좋은 시를 썼다. 자유 형식인 듯 보이는 난해한 모던 양식의 시였다. 랄프는 자신의 일을 안젤라의 작은 거실로 가져오는 버릇이 생겼다. 긴 가을 저녁, 둘은 집중해서 진지하게 일했다. 랄프는 폭넓게 여행했고 인생의 다양한 면을 보았다. 하지만 흔히 방관자적 입장에서 본 것이었다. 안젤라는 비록 방랑을 많이 하지 않았지만 깊이 있는 삶을 살았다. 랄프는 그녀가 겪은 고난을 들으며 철학적인 생각에 잠겨 이렇게 말하곤 했다.

"너에게는 상당히 불가사의한 면이 있다는 거 알지, 앙젤. 너는 미스터리에 싸여 있어. 자신감이 넘치고 유머러스하고…… 넌 두제* 같아. 너무 예민한 감성 때문에 고통과 수난의 분위기에 빠져드는. 아직 젊은데, 어떻게 그럴 수 있지? 인생이 얼마나 힘든지, 너를 얼마나 저주스런 곳으로 오도할 수 있는지, 그런 것을 아는 사람을 많이 만나지 못했을 텐데……."

안젤라의 얼굴에 미심쩍은 미소가 어렸다.

"내가 인생을 모른다고, 랄프? 그럼, 내가 어떻게 이 걸작의 아이디어를 얻었다고 생각하니?"

그녀가 그리던 그림을 가리켰다.

"맞다, 맞아. 나도 그 대회에 대해 종종 궁금했어. 어떻게 그런 그

* 19세기 말에 유명했던 이탈리아의 여배우

림을 그리게 되었는지 몇 번이나 물어보고 싶었는데……. 그냥 미스터리는 혼자 간직하렴, 아이야. 그게 더 매력적이니까."

안젤라는 자신만의 생각이 있었다. 미스터리가 사람을 매력적으로 보이게 할 수도 있지만, 분명 삶을 매력적으로 바꾸지는 못했다. 한때 안젤라는 훔친 사과가 가장 달콤하다고 생각했었다. 하지만 지금은 뒤틀리지 않은 길과 호기심을 끄는 펼쳐진 책이 가장 달콤했다.

랄프가 부끄럼을 많이 타지만 자신만의 견고한 생각과 확신을 가지고 있다는 걸 안젤라는 알게 되었다. 랄프는 생각하는 방식이 대단히 자유로웠다. 사회 전통이나 규범에 영향을 받지 않았다. 그럼에도 불구하고 귀족이란 게 있다면, 랄프는 귀족이었다. 인간의 기본 성품을 믿었고, 인위적이고 비현실적인 장벽을 쌓아 계급을 나누는 경제 환경을 개탄했다.

안젤라는 색깔이라는 주제로 랄프와 이야기하게 되었다. 약간 불안한 마음이 들었다. 랄프는 선입견을 미국의 가장 큰 오점으로 보았다.

"우리가 잘못이야. 그 사람들에게 잘못하고 있는 거지. 결국 그 사람들이 미국을 살 만한 곳으로 만든 거잖아! 언젠가는 정신을 차리고 부끄러워하겠지. 너무 늦지 않기를 바랄 뿐이야."

"하지만 네 여동생을 검둥이에게 시집보낼 수 있겠어!"

"배척의 의미로 그런 단어를 사용하다니, 뜻밖인데, 앙젤. 나는 훌륭한 유색인들을 알아. 미국인 중에 피가 섞이지 않은 사람은 거의 없지. 그래서 일반적으로 '니그로'라는 말은 잘못된 표현이야. 여동생은 없지만, 만약 있다면 유색인 미국 남자와 결혼하는 건 반대할 거야. 여기는 사회적 압박이 너무 커. 하지만 그게 내가 반대하는 유일한 이유야. 난 말이야, 콩고 여자랑 결혼하는 것도 싫지 않아. 하지만 건강하고 아름답고 정이 많은, 국적이 같은 유색인 여자라면 혼혈이라는 이유로 망설이지는 않을 거야. 그건 확실해."

* * * *

안젤라의 시야에 이차적인 관심거리가 들어오고 있었다. 그 최고의 하이라이트는 시야에서 점점 희미해져 갔다. 안젤라는 로저와 앤서니를 향해 느꼈던 적극적인 감정과 태도를 다시 경험하지 못할 것이다. 예전처럼 순진한 기대감으로, 일이 어떻게 진행되는지 두고 볼 요량으로, 실존적 경험에 다가가지는 못할 것이다. 안젤라는 젊었지만, 상이용사가 된 것 같았다. 격렬한 전투에 지쳐 갓길에 앉아, 전쟁의 모든 상황을 동요 없이 주시하며 만족했다.

안젤라는 지니와 함께 살 계획이 없었지만, 자신과 유색인 사이에 장벽을 세우는 일은 더 이상 하지 않았다. 사람들이 원하는 대로 생각하라고 내버려 두었다. 할렘에 있을 때면 안젤라는 지니, 사라와 함께 저녁을 먹으러 나갔다. 사람이 많아 시끌벅적해도 친절한 '와이' 레스토랑, '거츠' 카페, 깨끗해서 들어가고 싶은 잡화점. 잡화점에는 감칠맛 나는 '선디' 아이스크림이 있었다. 동생과 함께 쇼핑도 가고, 극장에도 자주 갔다. 동생에게 랄프와 마사를 소개시켰다. 하지만 이들과 함께 있을 때면, 인종 문제에 대해 어떤 태도를 가졌는지 모르거나 적대적인 사람은 만나지 않으려고 주의했다.

안젤라에게 할렘은 흥미로운 곳이자, 황홀한 도시였다. 인종의 자존감과 고결성 그리고 더 나아가 자기희생까지, 인종에 관한 한 완전한 결정판이었다. 야비하거나 버릇없거나 심지어는 범죄를 저지른, 확실히 냉정한 흑인들. 그리고 그들과 바싹 붙어사는 근본적으로 품위 있는 사람들, 현실주의의 대표 주자들, 매우 지적인 부류의 사람들. 물론 그들이 가까이에 사는 것은 어느 정도 외부의 압박에 의한 것이지만, 한편 인종적 책임감이 내재되어 있는 것도 사실이었다. 이렇게 해석할 수 있을 것이다. '너는 내가 올라간 높은 곳에서 나를 아래로 약간 끌어내린다. 하지만 달리 생각하면, 네가 올라갈 수 있도록 내가 돕는 것이다.'

136번가에는 헤어숍이 있다. 지니는 그곳에서 멋진 머리를 하곤 했다. 매슈처럼 머리털이 들쑥날쑥한 사라도 난리 난 머리를 그곳에서 '다림질'로 진정시켰다. 토요일에는 안젤라가 그들과 함께 갔다. 머리를 하는 오랜 시간 동안 안젤라는 사람들이 진지하고 씩씩하고 쾌활하게 대화하는 것을 들었다. 그들은 그녀와 피를 나누었지만, 그녀가 피할 수 있었던 요행수에 재수 없게 피해를 입은 사람들이었다. 앤서니를 위해 이 고군분투의 삶에 다시 뛰어들 수 있겠지만, 그 불이익을, 그 제약을 무시할 수는 없었다. 이들이 살아가기 위해서는 얼마나 대단한 용기가 필요했을까! 얼마나 고차원적인 유머와, 결단과, 흔들리지 않는 신념과, 불굴의 의지가 필요했을까…… 쏟아부었으리라! 사장의 이름이 '모드'여서, 그 숍을 간단히 '모드네'라고 불렀다. 모드는 벨벳처럼 부드러운 암갈색 피부와 매혹적인 음성을 가진 늘씬하고 예쁘장한 여자였다. 그녀에게서는 세련된 분위기가 물씬 풍겼다. 모드는 텍사스 출신으로 부자가 되려고 뉴욕에 왔다. 하녀로 일하면서 런던과 파리를 여행했고, 그녀가 소명을 받은 예술 분야라면 뤼 드 라페* 근교나 5번길의 헤어드레서만큼이나 정통했다. 그녀는 보기 드물게 사람들을 극진히 환대했다. 그 숍은, 단골손님은 말할 것도 없이, '아랫동네'** 에서 온 방문객이나 한창 상연 중인 유색인 '쇼'에 나가는 여배우들로 언제나 붐볐다. 윤기 흐르는 갈색 피부, 이국적인 눈, 컬러풀한 의상. 무심결에 걸친 스타일이 그들에게 딱 맞았다. 여배우들은 파라다이스의 찬란한 새처럼 훨훨 날아다녔다.

이 분위기에는 야비함도, 제약도 없었다. 바쁜 할렘의 삶은 여기에 멈춰 서 압박과 문제 속으로 되돌아가기 전 잠깐 맛스럽게 하품을 했다. 몇 주간 '큰 도시'를 다니러 텍사스에서 온 여자는, 거울 앞에 서서 폼을 재며, 맵시 있고 경이롭게 '정리된' 머리를 마지막으로 빤히 쳐다보다, 아무렇지도 않게 말했다.

"음, 잘 있어요, 모드. 난 시골 숲으로 돌아갑니다. 하지만 할렘은 절대 잊지 못할 거예요."

그녀는 우아한 물결 모양 캐리어를 끌고 나갔다. 7번길에 몇 주 머무는 동안 구입한 것이었다.

머리에서 발끝까지 빈틈없이 하얗게 치장한 흑인 여자가 물었다.

---

* 파리 중심지의 쇼핑가

** 미국의 남부 지역

"뭐 하러 남부로 돌아가는 거야? 텍사스가 아직도 안 지겨운가?"

모드는 그녀가 재산 문제로 돌아가야만 한다고 답했다.

"그들이 살고 있는 조그만 마을 대부분이 그녀 아버지 것이래요."

"허어, 저 아래 텍사스에서는 백인들이 벌거니 눈을 뜨고 있는 한, 우리가 재산을 절대 가질 수 없다는 걸 아직도 몰라? 쿠 클럭스*들이 원하는 것을 당신이 가지고 있다고 해 봐. 어차피 서둘러 거길 떠나는 게 좋을 거야. 언젠가는 그래야 하지. 그것이 그냥 말뚝을 쑥 뽑아서 낯선 기후의 낯선 마을에 다시 박는 것처럼 쉬운 게 아니란 걸 나도 알아. 하지만 이건 죽고 사는 문제야. 나도 해 봐서 안다고. 난 다시는 안 가."

깔끔하게 옷을 입고 신발을 신은 노쇠한 부인이 말했다. 조용하고 느릿한 말투였다. 하지만 안젤라는 그 남부 여자를 흑인의 본보기로 보았다. 삶을 포기할 줄 모르는, 쇠처럼 단단한 인종.

---

* 백인우월주의자들의 비밀 단체

시장은 끝났다

1장

삶은 흐르던 대로 변함없이 흘러갔다. 밥 먹고, 잠자고, 말하고, 일하고. 이 모든 것이 무의미했다. 어디서 오는지, 어디로 가는지 모를 공허함. '버티며 보내는' 하루하루. 하지만 점차 두 점이 안젤라의 지평선 위에 자리를 잡았다. 그리고 그 두 점을 위주로 그녀의 삶이 펼쳐졌다. 하나는 일이었다. 그림. 그녀는 한 주에 서너 번씩 이젤 앞에서 밤을 보냈다. 5월에 개최되는 대회에서 꼭 상을 받고 싶어 초조했다. 성공하면, 퐁텐블로 예술학교에 지원서를 낼 작정이었다. 홍보지에 쓰여 있듯이, '미국인 건축가, 화가, 조각가를 위한 여름학교'로 설립된 곳으로 미국인이 재원을 댔다. 입상에 성공하면, 한두 해 미국을 떠날 것이다. 이 새 계획에는 미련이 없다고 자신했다. 이 계획에 대한 고집이 얼마나 완강했던지 그녀 자신도 놀랄 지경이었다. 더불어 적절한 추천서가 있으면 유학 자금을 넉넉히 빌릴 수 있는 방법도 알게 되었다. 그녀가 이해하기로는, 천천히 조금씩 갚아 나갈 수 있는 돈이었다. 이 값진 정보를 찾은 건 랄프였다. 이것으로 안젤라는 가끔 그녀를 거의 얼어붙게 만드는 걱정으로부터 해방되었다. 한때는 속박에서 벗어나 뉴욕으로 가는 진짜 동기를 숨기는 장막으로 자신의 재능을 사용했다. 그러나 이제 이것은 인생의 가장 훌륭한, 가장 현실적인 원동력이 되었다. 안젤라는 이 사실을 깨달으며 놀랍기도 하고 서글프기도 했다.

포웰 양은, 마음가짐이 달라진 안젤라와 안정적 휴전에 이르렀다. 안젤라의 야망을 듣고 진심으로 공감했다. 포웰 자신이 상을 받는다면, 상금은 아메리카 위원회가 정한 조건에 맞춰 사용할 수 있었다. 상금과 더불어 그녀가 모아 놓은 조그만 저금이 있었다. 그건 그녀가 간절히 꿈꿔 왔던 것의 결실을 뜻했다. 포웰 양은 이 모든 것을 두 일요일 아침에 걸쳐 털어놓았다. 그때 안젤라는 다소 꽉 찬 포웰의 134번가 숙소에서 시간을 보냈다. 근처의 주택 하나는 유색인들의 마음에 감동을 주는 어떤 종교, 특정 교단의 예배 장소였다. 예배는 대부분 노래로 채워진 듯했다. 두 여자가 몇 시간 신실한 이야기를 나누는 동안, 교회에서는 신앙이 깊은 이의 결연한 음성으로 시작된 노래가 간간이 터져 나왔다.

안젤라의 생각이 집중된 또 다른 하나는 자신의 특이한 위치였다. 하지만 자신의 자리가 본질적으로 나쁘거나 비열하거나 부끄러운 것은 아니라고 믿었다. 맑은 정신으로 누누이 이렇게 자신을 독려했다. 어쩌면 그 방법에는 비난받을 만한 여지가 있을지도 모른다. 하지만 그게 아니라면, 어떤 혹독한 비평가도, 그가 편견이 없다면, 단지 이렇게만 말할 수 있을 것이다. 안젤라가 공동체의 짐을 나누어지지 않고 개인적으로 쉽고 편한 길을 따라 탈선했었다고. 안젤라는 이미 오래전에 행복 찾는 일을 그만두었다. 하지만 우연히 유색인에 관해 대화를 나누다 보면, 상대방이 유색인을 유별나게 잔인하게 표현하는 경우가 있었다. 그것은 백인의 미국에 영향을 받은 것이었다. 안젤라는 이에 피가 끓었다. 백인 여자로 보이는 안젤라도 자기

와 같은 견해를 가졌을 거라는 무언의 가정. 이렇게 말해 모욕을 주고 싶었다. '나도 그 사람들 중 하나예요. 당신 눈에는 나도 그렇게 보잘것없어 보이나요? 부정직하거나 불량스러워 보여요?' 이런 응대가 대단원의 막을 장식하리라 안젤라는 생각했다. 하지만 그녀가 아는 한, 운명은 그런 멋진 행동을 가만두지 않았다. 비난이나 대가 없이 흘러가도록 내버려 두지 않았다. 딱히 큰 문제가 없는데도 미국에서 평범한 백인성의 혜택을 버릴 필요가 있을까? 큰 쟁점에 엮였을 때 그 혜택 없이도 정말 괜찮을까? 물질 만능의 시대에 살며 물질 국가의 일원임을 고려하자니, 안젤라는 확신이 없었다. 어머니가 들려주던 옛 금언이 떠올랐다. "인생은 색깔보다 중요하단다."

* * * *

어느덧 세월이 흘렀다. 지니는 결혼을 서둘지 않았다. 안젤라는 미술학교에서 앤서니와 종종 마주쳤다. 그가 고의로 냉담한 것이 눈에 보였다. 행동이나 태도에서 그가 곧 변할 거라는 느낌도 받지 못했다. 안젤라가 맞게 판단했다면, 오히려 앤서니도 그녀처럼 그들 셋이 얽히고설킨 것에 지쳐 포기한 채 운명을 받아들이고 있었다. 그는 어느 때보다 과묵했고 서름서름해 보였지만, 미묘한 평온함과 포기에서 오는 평정을 발하고 있었다.

5월에 대회 수상자가 공표되었다. 안젤라는 〈14번가의 유형들〉로 존 T. 스튜워트 상을 받았다. 포웰 양은 〈할렘의 거리〉라는 작품으로 느헤미야 슬로안 상을 받았다. 이 소식에 안젤라의 기쁨은 두 배가 되었다. 느헤미야 슬로안 상은 안젤라가 받은 상과 똑같이 의미

있는 상이었다. 그 유색인 숙녀는 여전히 어렵고 서먹서먹했지만, 마침내 조금씩 누그러지기 시작했다. 안젤라가 우정 어린 마음으로 친구의 어려움을 이해하고, 공감하려고 노력한 덕분이었다. 그들이 프랑스에서 함께 살 계획은 아니었다. 함께 지내기에는 각기 취향이 달랐다. 하지만 서로에게 영감을 주며 즐겁게 일 년을 지낼 것이다. 그들은 '색다른' 삶을 고대하고 있었다. 안젤라는 안도했고, 포웰 양은 고취되었다. 포웰 양은 제 힘으로 자신의 소명에, 자신과 인종에 정당성을 부여했다는 인상을 풍겼다. 불쾌하게 그런 것은 아니었다. 색깔에 대한 자의식, 인종적 책임감이 그녀 깊은 곳에 놓여 있음을 안젤라는 깨달았다.

프랑스까지의 여행 경비가 지급되었다. 퐁텐블로의 미국인 학교 위원회에서 제공한 조건에 따라 상당한 자금이 생겼다. 그들은 6월에 배를 탈 예정이었다. 시간이 다가오자 안젤라는 점점 흥분되었다. 처음에는 해외에 가는 것이 그녀가 단조롭고 힘든 형편에서 벗어나도록 하늘이 내린 휴식이라고 생각했다. 하지만 최근에는 엄청난 모험에 오른다는 생각에 다시 상기되었다. 그래도 문득문득 철부지처럼 반응하기도 했다. 기분이 점차 들떠 올랐다.

어느 날 저녁, 안젤라는 여행에 대해 이야기를 나누려고 마사 집에 갔다. 돈이나 옷에 대한 정보나 가능한 자료를 얻고 싶었다.

"생각나는 건 뭐라도 좋아요, 마사." 안젤라가 예전처럼 생기 있는 태도로 말했다. "이건 옛날이야기가 되겠죠. 당신은 해외여행을 많이 다녀서, '유럽에 갈 때 가져갈 것'에 대한 백과사전을 쓸 수 있을 거예요. 저는 무조건 당신의 조언을 따를 작정이에요. 그리고 다음에 포웰 양을 만나면 전해 줄게요."

"아냐, 그럴 필요 없어." 마사는 음울히 짧게 말했다. "포웰은 안 가."

"안 간다고요! 정말로요? 2주 전에는 간다고 했는데."

"그랬지. 그런데 유감스럽게도 이번 주에는, 아니 다음에도 못 가. 적어도 퐁텐블로 예술학교의 아메리카 위원회를 통해서는 안 돼. 포웰의 여행비를 돌려줘 버렸대. 몰랐어? 난 모두 들었다고 생각했는데."

안젤라는 순간 속이 메스꺼워 힘들었다.

"아뇨. 몰랐어요. 오랫동안 포웰 양을 못 봤어요. 내 일 처리하느라 바빠서. 마사, 어떻게 된 거예요? 유색인이라서 그래요? 정말 유색인이라서 그런 건 아니죠?"

"그래, 그것 때문이야. 그 사람들 말로는, 자기들은 편견이 없대. 그런데 배 안에서 다른 수많은 학생들이 불쾌해할 거래. 미국 전역에서 온 애들이 모두 모였을 테니까. 게다가 그렇게 사람들을 만나는 게 포웰 양도 곤혹스러울 거라고 생각했대. 허, 그 사람들이 하는 말이나 글을 보면, 말도 안 되는 소리가 끝이 없어. 나는 작은 학생, 강사 모임을 내보내서 여론을 움직여 보려고 하는 중이야. 크로스 씨가 돕고 있고, 패짓도 돕지. 폴렛이 여기 있으면 좋을 텐데. 그녀라면 선정적인 잡지에 선전할 수 있을 거야. 밴 마이어가 신랄한 논평을 냈더군. 그는 우스운 구식 문예집에 자주 나오던데. 놀랄 일도 아니지. 하지만 우리가 계속 이런 일을 하다 보면 뭐든 될 거야." 마사는 잠깐 생각했다. "아이러니한 건, 포웰 양이 싸우게 하는 게 힘들어. 난 그 애를 이해할 수 없어."

아마도 포웰 양은 사람들의 편견을 바꾸지 못한다고 믿을 거라고, 안젤라가 중얼거렸다.

"정말 비이성적이고, 가까이 다가가기가 어려워. 그녀가 생각하기에 무의미한 투쟁이라서, 그것 때문에 마음의 평화를 잃고 싶지 않은가 보지. 크로스 씨가 그렇게 말하더군. 크로스 씨는 포웰에게도 아주 잘하고, 지칠 줄 모르는 일꾼이야. 당연히 너야 곧 떠나니까 이런 게 와닿지 않겠지. 그래도 모임에 한두 번 나와 봐, 올 거지? 여기서 만나기로 했거든. 나중에 내가 전화할게."

"음," 그날 밤 집에 돌아온 안젤라는 방에 앉아 혼잣말했다. "나는 이제 어떻게 해야 할까?" 그때까지도 안젤라는 종종 기자들의 관심을 받고 있었다. 수상하며 명성을 얻었고, 아직 그 소소한 흥분이 사그라지지 않았다. 포웰 양에게 준 지원을 취소했기 때문에 그녀 또한 아메리카 위원회의 기금을 거부한다고 기자에게 알리면 어떨까. 그리고 태연히 이렇게 마무리 짓는다면, "나 또한 니그로입니다." 그럼 무슨 일이 벌어질까? 유학 지원을 포기하면 기대했던 힐링도, 지평선을 넓히는 것도 불가능해진다. 색깔에 연관된 문제는 끝이 없었다. 어떤 문제들은 그저 피상적이지만, 이번 경우처럼 어떤 것들은 심각하게 실질적이다. 이 지루한 퍼즐을 풀려고 헛되이 노력하다 보니 머리가 아팠다.

어릴 적 안젤라와 지니는 당시 5센트, 10센트 하던 책자를 보면 안 되었다. 그러나 어찌하다 『누가 크론린 박사를 죽였을까?』라는 제목의 미스터리 책을 한 권 손에 넣었다. 창문 뒤 그림자, 알코올액에 보관된 손, 수염이 많은 남자들의 섬뜩한 이야기였다. 어머니 아버지가 잠이 든 자정 후나 아침에 정신이 팔려 떨면서 게걸스럽게 탐독했다. 미스터리가 풀릴까 기대하며 한 쪽 한 쪽 읽었다. 하지만 마지막 쪽 마지막 줄에 와서도 그들의 인내는 보상받지 못했다. 이렇게 쓰여 있었다. "누가 크론린 박사를 죽였을까?"

안젤라는 그때를 떠올리며 웃다가 한숨을 내쉬었다. 그리고 자신에게 물었다. "색깔의 문제에 윤리적인 것은 무엇이고, 비윤리적인 것은 무엇일까?" 정말 훌륭한 질문이었다. 퐁텐블로에서 공부하면 포웰 양은 삶의 태도를 완전히 바꿀 것이다. 그건 의심의 여지가 없었다. 심혈을 기울인 공부에 대한 적절한 보상을 받는다면 포웰 양은 본질적으로 정의가 승리한다고 판단할 것이다. 더욱 고취되어 그녀의 잠재 능력과 새로운 가능성을 깨울 것이다. 포웰 양이 불운의 공격을 받아 모든 것을 잃는다면, 그게 꼭 안젤라에게 해가 될까? 만약 해가 된다면, 어떻게 해가 될까?

답을 찾지 못하고 안젤라는 잠이 들었다.

분주히 여행 준비를 하며 안젤라는 두 주를 흘려보냈다. 마사의 초대가 생각나, 자칭 위원회라는 모임에 참석하기 위해 어느 저녁 다시 스타 씨 댁으로 갔다. 거기서 앤서니와 패짓 씨, 라디슬라스, 마사를 보았다. 마사는 어느 때보다 어수선했다. 그 모임 전체가 음울한 절망의 분위기에 덮여 있었다.

"그러니까," 새로 온 사람이 물었다. 그는 앤서니가 옆에 있어도 편한 듯이 보이려고 작정한 것 같았다. "일이 좀 풀렸어요?"

"전혀요." 패짓 씨가 대답했다. "투쟁을 전부 그만두려던 참이에요."

포웰 양이 스스로 수건을 던졌다고, 기가 막힌다는 듯 라디슬라스가 설명했다.

"빠질 뿐만 아니라, 저녁에 연락이 왔는데, 우리가 투쟁해서 고맙기는 한데 자기 이름은 빼 주면 좋겠대요."

"허, 그런 식으로 말하면 안 되죠!" 마사가 심술궂게 가로챘다. "유색인은 천성적으로 자포자기를 잘하는지 몰라요. 난 가끔 그들을 위해 손가락 하나도 까딱하기 싫을 때가 있죠."

"당신은 지금 당신이 무슨 소리를 하는지도 몰라요." 앤서니가 따끔하게 얘기했다. "유색인들이 치르는 끝없는 전쟁에 대해 안다면, 그들이 인생을 정돈하기 위해 가끔 쉬어야 한다는 걸 이해할 거예요. 그들은 근본을 지켜야 하죠. 그리고 그걸 위해 처음처럼 힘들게 하루하루 싸워야만 해요. 아니, 그들은 쉽게 포기하는 사람들이 아니에요. 그냥 내버려두는 법을 배웠어요. 또 다른 힘든 날을 위해 힘을 비축하는 거예요. 나도 유색인이라, 그걸 알아요."

순간 무거운 침묵이 흘렀다. 백인 세 명이 의아해하며 할 말을 잃고 서로를 쳐다보았다. 그때 아직 충격에서 깨어나지 못한 목소리로 마사가 말했다.

"유색인이라고! 진짜! 못 믿겠는데. 당신이 유색인이라고 말한 적이 없잖아.”

“그래서 지금 말하는 거예요.” 앤서니는 무뚝뚝이 차갑게 말했다. “그러니까 당신이 우리에 대해 아무렇게나 판단하지 않았으면 해요.” 그는 문을 향해 일어났다. “오늘 모임은 의미가 없는 것 같군요. 자연스럽게 끝났다고 생각할게요. 잘 있어요.”

마사는 그를 뒤쫓아 갔다.

“오, 크로스 씨, 그렇게 가면 안 돼. 그게 무슨 큰일이라도 되는 것처럼! 왜 우리가 그것에 신경 써야 하지?”

“정말 왜 그래야 하지요?” 앤서니가 다소 지나치게, 애매하게 물었다. “그렇지 않길 바랄게요. 하지만 난 가야 해요.”

그는 방을 나갔다. 패짓과 라디슬라스도 종종걸음으로 서둘러 나갔다.

마사는 난감하게 그의 뒷모습을 보았다.

“내가 말을 잘못했지. 난 깜짝 놀랐어! 내가 무슨 말을 할 수 있겠어?” 그녀가 안젤라에게 돌아섰다. “그리고 난 그가 유색인이라는 걸 받아들일 수가 없어, 너는 받아들일 수 있어?”

“아니요,” 안젤라는 숙연하게 대답했다. “나는 할 수 없어요…….”

그러고는 갑자기 울음을 터트렸다. 그녀 자신도, 마사도 놀랐다.

* * * *

어찌된 영문인지 안젤라는 이 일로 마음을 굳혔다. 앤서니가 대속 제물이었을지도 모른다고 중얼거렸다. 그러나 이 가정은 순전히 허황된 것이었다. 그녀도 그것을 알았고, 그렇게 말하면서 스스로도 깨달았다. 앤서니는 자신이 제물이 되었다고 생각하지 않았다. 혈통에 대한 그의 고백은 — 아니 공언에 가까웠다 — 자기 방의 쓰레기를 치우는 행동만큼이나 의미 있는 일이었다. 앤서니는 자기 생각의 방이 속임수와 혼돈의 부스러기로 뒤덮이는 걸 원치 않았다. 자신에게 어떤 딱지도 붙이지 않았다. 대신 가끔 대청소를 즐겼다. 그는 삶이 곤혹스럽고 어지러워지는 걸 원치 않았다.

색깔의 문제와 그에 딸린 고통을 끝낼 수만 있다면 안젤라는 더 이상 바랄 게 없었다. 유럽에서 이 문제들을 지금과 같은 상태로 마주할 수는 없었다. 그렇게 되면 사실상 모든 면에서 인생을 다시 시작해야 할 것이다. 프랑스나 이탈리아에서는 그녀가 느끼는 니그로 혈통의 중압감을 털어놓고, 그런 폭로에 따른 어떤 결과도 감수할 것이다. 하지만 그 결과가 여기와는 다를 것이다. 이곳에서 그런 결과가 초래하는 고통과 수난을 만들지는 못할 것이다.

약간 다른 각도에서 안젤라는 포웰 양을 만나러 가는 것을 고심했다. 딜레마의 두 뿔은 결국, 실망한 급우 앞에 자신의 행운을 과시하고 싶지 않은 마음과, 그저 차가운 동정을 종이에 몇 글자로 남기고 프랑스로 떠나고 싶지 않은 마음으로 귀결되었다. 더불어 단순히 호의를 베푸는 차원을 넘어 좀 더 강렬하고 집요한 무언가가 안젤라를 재촉했다. 어찌되었든 간에 이 숙녀는 그녀와 같은 인종이었다. 변덕스런 운명이 그들의 길을 멀리 떨쳐 놓았지만, 다른 흑인들과 마찬가지로 '피부 밑으로는 자매' 이상이었다. 그들은 진정, 피와 인종과 고통의 공동체로 밀접하게 연결되어 있었다. 안젤라는 몇 년 전

레스토랑에서 거절당한 그 유색인 소녀를 다시 한번 떠올렸다. '그게 지니였을 수도 있겠지.'

안젤라는 미리 알리지 않고 할렘으로 갔다. 아파트 문 앞에서 포웰 양을 만날 수 있는지 묻고 있었다. 지난번에는 당당하고 유쾌하게 맞아 주셨던 어머니가 이번에는 낙담하고 부루퉁한 음성으로 그녀를 맞았다. 그 백인 숙녀는 그렇게 느꼈다. "불쌍한 내 자식을 동정하러 오는 게 니한테는 쉬운 일이겄지. 높고 마른 땅에서는 모든 게 안전하고 걱정 읎스니께." 안젤라의 방문을 달가워하는 기운은 찾을 수 없었다.

안젤라의 요청에 포웰 부인이 답했다.

"그래, 못 볼 이유가 읎제. 지금 서너 명이 와서 그 애를 죽도록 괴롭히고 있응께. 하나 더한다고 뭐가 바뀌겄어."

부인은 좁고 긴 복도를 따라 안젤라를 안내했다. 방문객은 저승의 강처럼 침침해 보이는 방 두 개를 지나갔다. 방금 떠나온 눈부신 햇살과는 대조적이었다. 복도 끝에는 다소 크고 밝은, 평범하고 편해 보이는 다이닝룸이 열려 있었다. 포웰 양은 서너 명을 상대하고 있었다. 모두 백인인 것을 보고 안젤라는 놀랐다. 그중에는 자신과 프랑스 계획에 대해 종종 인터뷰를 했던 존 뱅키도 있었다. 그를 보자 은근히 마음이 놓였다. 그들은 모두 존과 같은 직종에 있었다. 포웰 양의 좌절과 곤욕으로 그들 칼럼의 절반을 채우려고 하는 것 같아 기분이 나빴다.

안젤라는 포웰 양처럼 옆모습이 매혹적이고 이국적인 여자를 본

적이 없었다. 포웰 양은 얇은 실크 원피스를 입고 있었다. 이글거리는 붉은색 사이로 검은 목이 올라오고, 곧은 몸통 위에는 약간 큰 모난 머리가 있었다. 다소 납작한, 검고 얇은 입술은 눈부시게 고른 치아들과 극명한 대조를 이루었다. 솟은 광대뼈는 붉은 색조를 띠었다. 이상적인 미美의 기준이 확실히 서지 않았거나 몹시 제한된 사람에게 포웰 양은 흠칫할 만큼 매력적일 것이다. 살짝 부루퉁하게 말없이 앉아 있는 그녀의 모습은 경이로운 조화를 자아냈다. 포웰 양은 그 작은 모임에 몰입해 있었다. 세 개의 창문을 통해서 들어오는 햇빛이 그녀를 비추고, 검은 피부와 머리는 그 밝은 빛을 빨아들여 머물게 했다.

하지만 포웰 양이 입을 떼는 순간 이 완벽함이 살짝 손상되었다. 정숙한 기품을 잃지는 않았지만, 그녀 음성에는 고뇌와 당황, 처절한 절망에서 오는 침울함이 있었다. 그녀는 분명 이 침입자들을 몰아낼 방법을 몰랐다. 그래서 그들을 일정한 거리에 두고 균형과 초연함을 간신히 유지하고 있었다. 안젤라는 그 어리석고 무례한 질문들을 들으며, 이 사람들에게 이런 것들은 아무 의미가 없다고 느꼈다. 그들은 꼬맹이가 동물원에서 외롭고 풀이 죽은 동물을 괴롭히는 것처럼 계속 미끼를 던져 댔다.

"여기 포웰 양과 아카데믹한 대화를 나누고 있어요." 안젤라를 돌아보며 뱅키가 말했다. "이 분은," 뱅키는 그녀를 소개했다. "모리 양이야. 포웰 양의 급우이자 미술 출품전 수상자 중 한 분이지. 포웰 양과는 길이 엇갈렸나 봐요. 어, 당신이 룸메이트라고 했나요?"

"아니요." 안젤라가 말했다. 포웰 양을 생각하니 얼굴이 화끈거렸다. 이 질문의 중의성을 이해했기 때문이었다. "우리는 룸메이트를 할 계획이 없어요. 물론 지금껏 나는 그렇게 생각했지만." 안젤라는 이렇게 말하는 자신에게 스스로 놀랐다. "포웰 양이 괜찮다면 선실을 같이 쓰는 것도 좋을 거라 생각해요." 안젤라는 이 주제로부터 벗어나고 싶었다. "아카데믹한 대화라니 무슨 말이죠?"

포웰 양이 쉰 듯한, 다소 반항적인 목소리로 말을 가로막았다. "아카데믹이든 뭐든, 아무런 대화도 하고 있지 않았어요, 모리 양. 패짓 씨가 여기 이 신사 분들과 틸든 양에게 내가 해외 아메리카 예술학교 위원회와 싸우는 걸 완전히 포기했다고 말했나 봐요. 내가 그 혜택을 받도록 해 달라고 싸우는 거. 그래서 나한테 성명을 내라고 이렇게 온 거예요. 이 모든 것이 지겹고 지치는 것 말고는, 달리 성명이 없다고 말했어요. 그만들 두었으면 좋겠어요."

"그리고 나는," 팔다리가 껑충한 젊은 여자, 틸든 양이 말했다. 그녀는 어울리지 않는 회색 드레스에 특이하게 뻗치고 흉측한 단발머리를 하고 있었다. "포웰 양이 해명할 거리를 찾지 못하는 걸 보면, 정말 마음속으로는 포기할 수 없어서 그러는 게 아닌가 하고 물었어요."

안젤라는 자신 안에 주의를 요하는 무언가가 점점 달아오르는 걸 느꼈다. 하지만 도전적으로 되물었다.

"해명할 거리를 찾지 못한다니, 그게 무슨 말이죠?"

"그러니까, 이렇게 말하는 게 아주 솔직히 말하는 거라, 포웰 양이 기분 나쁘지 않았으면 좋겠어요." 포웰 양이 기분 나쁘든 말든 신경 쓰지 않는다는 걸 너무나 뻔히 드러내며 틸든 양이 말을 이었다. "어차피 많은 사람들이, 아, 그, 니그로들을 불편해한다는 걸 우리는 알죠. 그리고 그 사람들은 자존감이 없어서 환대받지 않는 곳에는 가지 않을 거고요."

포웰 양의 어머니는 뒤에서 계속 얼쩡거리다, "위원회가 그 배를 소유하고 있는지"는 몰랐다며 "딸이 배에 오를 수만 있다면, 누구에게도 도움을 청하지 않고 목적지에 얼마나 빨리 갈 수 있는지 보여줄 거여."라고 의견을 냈다. 어떤 특정인에게 말하는 건 아니었다.

"아, 그렇지만," 틸든 양이 재판관처럼 말했다. "거기엔 오류가 있어요. 다른 무언가가 개입되죠. 이 주제에 대한 사회적 측면, 밖으로 표출되지 않는다면 내재되어 있는 것. 그게 바로 문제예요." 그녀는 포웰 양을 향해 핏기 없이 가느다란 손가락을 흔들었다. "당신들이 학교나 클럽, 레스토랑 같은 곳에 들어가려고 애쓰던 것을 다시 생각해 봐요. 거기엔 정말 사회적 평등에 대한 욕구가 없나요? 자, 포웰 양, 솔직하게 말해 봐요."

방 안의 모든 시선을 끌어당길 만큼 날카롭게 안젤라가 말했다.

"허, 틸든 양, 그건 공정하지 않아요. 당신도 알잖아요. 포웰 양은 사회적 평등에 대해 생각해 보지 않았어요. 그녀가 원하는 건 프랑스에 가는 거예요. 그것도 가능한 한 저렴하게."

뱅키는 점잖은 체하며 안젤라의 말에 힘을 더했다.

"내 생각에도 그건 너무 갔어, 틸든 양. 우리가 포웰 양의 생각을 우리 마음대로 해석할 권리는 없으니까."

붉은빛 얼굴의 작달막한 남자가 끼어들었다.

"하지만 그 질문에 똑같이 연관된 것 아닌가요? 이 주제가 모두 이렇게 귀결되지 않나요. 포웰 양이나 미국의 사정을 잘 아는 다른 젊은 유색인 여자가 예술을 빼고는 전혀 공통부분이 없는 사람들에게 자신의 동행을 강요할 권리가 있는가? 그녀가 잠깐 멈춰 생각해 보면, 그 배에 함께 타고 가기로 예정된 학생 누구도 그녀를 진심으로 환영하지 않으리라는 것을 인정해야만 할 거예요. 예를 들어 볼까요. 여기 모리 양이 있어요. 동료 학생이죠. 다른 상황이라면, 모리 양이 포웰 양과 함께 여행 계획을 세우는 건 지극히 당연한 일일 겁니다. 누군가와 같이 객실을 써야 한다는 걸 알고 있으니까요. 그러나 모리 양은 이런 생각을 전혀 하지 않습니다. 왜일까요? 그 답은 자명합니다. 다 알겠죠. 만약 포웰 양을 아는 사람이 이렇게 느낀다면, 전혀 모르는 사람들은 어떻겠어요?"

방 안은 충격으로 침묵이 흘렀다. 답이 없는 상황이었다. 양면을 모두 잘 아는 안젤라는 절망적인 생각이 들었다. 포웰 양의 야망과 냉담한 자존감, 급우들을 대할 때 두었던 거리감, 우정이 아니라 교육을 함께 나누려고 애쓰던 모습. 이 독선적이고 득의만만한 사람들에게 어떻게 설명할 수 있을까. 안젤라는 서둘러, 거의 노골적으로 이를 해결하려고 했다. 포웰 양을 부끄러워하는 자기 자신이 부끄러웠다. 포웰 양은 걱정 어린 시선으로 침묵을 요구하고 있었다.

마침내 유색인 숙녀가 입을 열었다.

"이런 식으로 도와주니 정말 고마워요, 모리 양. 당신이 그렇게 잘 이해하고 있는지는 몰랐어요. 하지만 그걸 설명해 봐야 소용이 없다는 걸 이제 당신도 알겠죠? 이건 알아보는 사람이 있고 그렇지 못한 사람이 있는, 그런 문제예요." 포웰 양은 말을 듣고 있는 사람들을 지긋이, 부드럽고 침울하게, 잠깐 쳐다보았다. "애석하게도, 이 사람들은 당신이 하는 말을 이해할 만한 능력이 없어요."

땅딸막한 젊은 남자는 살짝 불그스름해졌다.

"우리도 이해한다고 생각해요, 포웰 양. 모리 양은 그저 내가 처음에 했던 생각을 지지하고 있어요. 그렇지 않다면, 당신을 이해하고 동정하면서도, 이를테면, 왜 당신과 친구가 되려고 성심껏 노력하지 않았죠? 나는 당신 둘이 같이 가는 것으로 알고 있는데, 이번 여행에 동반자가 되어 달라고 왜 묻지 않았을까요? 그랬다면 아마 위원회가 대답하기 어려운 반박이 되었을 겁니다. 하지만 그렇게 하지 않았죠. 당신이 평생 바라던 야망이 좌절되는데도 모리 양은 아무것도 하지 않았어요. 모리 양을 비난하는 게 아니에요. 모리 양은 자연의 법칙에 따라 행동하고 있는 거니까. 난 단지 그런 법칙이 적용되는 것을 피할 수 없다는 걸 포웰 양에게 보여 주려는 것뿐입니다."

그것은 어리석고 거짓된 논리였다. 하지만 따끔거렸다. 어느 정도 사실을 포함하고 있었다. 안젤라의 가슴속에 맺힌 얼음 껍질이 달싹거리고, 너풀거리고, 깨져 녹았다. 돌연 포웰 양이 처한 상황의 매서움을 누그러뜨리는 것이 세상에서 가장 값진 일인 것처럼 보였다. 안젤라는 돈키호테처럼 결정했다. 이보다 값진 일은 없다. 안젤라는 자신이 전에 들어본 적이 없는 어투로 냉정하게 말했다.

"맞아요, 여태껏 포웰 양을 위해 어떤 입장을 취한 적이 없어요. 포웰 양이 그게 필요하다는 걸 몰랐으니까요. 하지만 그 질문이 표면에 올라왔으니, 대답하죠. 나는 포웰 양과 객실을 함께 쓰고, 그녀가 괜찮다면, 동행하고픈 의향이 충분히 있어요. 그러나 지금 포웰 양이 아메리카 위원회 기금으로 프랑스에 가지 않는 이상, 말해 봐야 소용이 없죠. 그리고, 나도 가지 않을 작정입니다." 안젤라는 잠깐 멈췄다가 조용히 덧붙였다. "같은 이유로."

누군가 혼란스러워하며 말했다.

"당신도 가지 않는다니 무슨 뜻인가요? 게다가 같은 이유라고요?"

"내 말은 포웰 양이 환영받지 못한다면, 나도 그럴 거라는 겁니다. 당신들은 포웰 양이 유색인이라 환영받지 못할 거라고 빗대어 말하죠. 그러니까, 나 역시 유색인이에요."

남자 중 하나가 속삭였다.

"허, 완전 특종인데!"

그러고는 모자에 손을 뻗었다. 하지만 뱅키는 창백하게 굳어진 얼굴로 그를 잡아 앉혔다.

"당신은 지금 당신이 무슨 말을 하는지 모르는 것 같아요, 모리 양. 여하튼 그게 사실이든 아니든 간에, 제발 그 말 취소해요!" 뱅키는 우려에 찬 음성으로 마지막 말을 덧붙였다. "취소해요!"

안젤라는 그 얼굴에 냉소를 던졌다. 자신을 주체할 수 없었다.

"유색인이라는 게 그렇게나 끔찍한 일이라고 당신은 생각하나요?

오늘 아침 당신들처럼 비열한 인간이 되는 것보다 유색인인 것이, 음, 장학금이나 명예, 승급을 포기하는 것이 훨씬 더 낫지 않나요? 그렇게 생각하는 저를 이해 못하겠어요? 당신들은 여기 와서 이 불쌍한 소녀와 어머니에게 덫을 놓고, 이분들 목구멍에 당신들의 자가당착을 밀어 넣으면서 아주 스스로를 여물통에 빠진 개라고 낙인찍고 있죠?" 안젤라는 유색인 소녀의 어머니를 향했다. "포웰 부인, 이 사람들을 여기 두어서는 절대 안 돼요. 제가 나가는 길로 안내해도 될까요?" 안젤라는 당당하게 방을 가로질러 문을 열었다. "이쪽입니다. 그리고 제발 다시 오지 마세요. 당신들이 못 오게 할 방법을 찾을 거라고 분명히 말해 두죠."

말없이 작은 행렬이 이어졌다. 털든 양은 멈춰 서 안젤라의 어깨에 손을 얹으며 탐욕스럽게 말했다.

"우리 틀림없이 다시 만날 수 있겠죠? 내가 훌륭한 유명세를 얻게 해 줄 수 있어요. 좀 더 많은 정보가 있다면. 독점 인터뷰는 어때요?"

안젤라는 덤덤히 말했다.

"포웰 부인이 현관으로 나가는 길을 보여 줄 거예요."

그리고 그녀는 옛 급우와 서로 마주 보며 섰다. 흑인 소녀는 방을 가로질러 그녀의 손을 잡고 입 맞추었다.

"오," 포웰이 말했다. "대단했어요…… 나는 전혀 생각하지 못했어요…… 그렇지만, 그러지 말았어야 했어요. 이 모든 게 너무 불공평해요. 너무…… 어리석고…… 너무 지겨워요. 당신의 경우는, 물론 당신 자신이 직접 그것을 밝히면서 이제 알게 되겠지만, 난 흑인이

어서 평생 그래 왔어요. 내 손으로 잡은 상을 색깔 때문에 빼앗긴 마음을 당신은 몰라요." 포웰이 방에 들어서는 어머니를 향해 돌아보았다. "어머니, 이 사람 대단하지 않아요?"

"그 애는 멍충이다."

포웰 부인이 짧게 대답했다.

의기양양하던 안젤라는 부인의 말에 다시 바닥으로 떨어졌다.

"맞아요." 안젤라가 생뚱맞게 웃으며 말했다. "저는 꼭 그래요. 멍청이. 내가 뭐에 씌었는지 모르겠어요. 난 쪼들리고 힘든 상황에 있죠. 새로운 계획을 원했어요. 그런데 지금은, 어디로 가야 할지 모르겠어요. 내일 아침이면 그 이야기가 뉴욕 전역에 퍼져 있겠죠." 안젤라가 웃음을 터트렸다. "내가 고백하려고 선택한 네 명의 리포터를 생각해 보세요!" 안젤라는 포웰 양의 손을 잡았다. "안녕히 계세요. 두 분 다. 저에 대해서는 걱정하지 말고요. 이런 일이 생길 거라고는 꿈에도 생각지 못했는데. 하지만 이런 경우, 진실은 어느 순간에든 나오기 마련이니까요. 그러니 자책하지는 마세요. 그럼, 안녕히 계세요."

* * * *

뱅키는 아래 현관에서 안젤라를 기다리고 있었다.

"이 망할 놈의 사건에 유감이에요, 모리 양." 그는 점잖게 말했다. "이건 저주스런 수치예요. 내가 도울 수 있는 일이 있다면……."

그런 일은 없다고 안젤라가 짧게 말했다.

"그리고 걱정하지 말아요. 위에서도 말했듯이, 유색인이라는 게 그리 끔찍한 건 아니에요. 잘 살아갈 거예요."

안젤라는 그의 손을 무시하고 지나쳐 거리로 나갔다. 토요일 오후였다. 지니가 집에 있을 수도 있었다.

"집에 없으면 기다리면 돼." 안젤라가 혼잣말했다. 동생이 주는 안정감에 내심 신께 감사했다.

지니는 집에 있었다. 자신을 작은 소녀로 만드는 작은 사건들을 행복하게 되새기고 있었다. 잔잔한 사랑스러움이 깃든 동생의 얼굴을 보며 안젤라는 딴청을 부렸다.

"너를 보면 내가 늙은이가 된 것 같아."

"글쎄," 지니가 대꾸했다. "언니는 분명 시간이 파괴한 것을 숨기는 데 재능이 있어. 젊게 보일 뿐 아니라 방금 백만 달러를 주운 사람처럼 행동하잖아. 어서 와, 어떻게 그런지 알려줘."

"백만 달러를 주웠다고! 흠, 잃었다고 해야 할 것 같은데!" 하지만 기대치 않았던 안식과 만족의 물결이 안젤라에게 몰려왔다. "오, 지니, 내가 정말 바보였어, 들어 봐! 세상에서 얻은 모든 기회를 날려 버렸어…… 순간 기분에."

그들은 순식간에 가장 애틋한 자매의 정을 느끼며 친근해졌다. 안젤라가 이야기를 하는 동안 그들은 편안한 소파에 마주보고 앉아 있었다.

"그렇게 말할 거라고는 전혀 생각하지 않았어. 며칠 전에는 포웰 양과 비교해 내가 얼마나 행운아인지 생각했었지. 내가 깨달았을 때는, 혀가 풀려서 모든 것을 술술 말하고 있었어. 하지만 꼭 해야 할 일이었어. 돼지 같은 기자놈들과 혹독한 심문을 받고 있던 포웰 양의 얼굴을 네가 보았다면. 그리고 연로한 포웰 부인. 절망하고, 푸념하고, 진땀 흘리고. 나를 멍청이라 생각하셨지. 부인이 그렇게 말했어. 알겠어…… 왜 그래, 지니 달링, 너는 절대 울지 않잖아! 달링, 울게 뭐 있어. 왜 그래, 허니!"

"언니 네가 진짜 멍청이라서 우는 거야." 지니는 손가락으로 눈물을 훔치고 훌쩍거리며 말했다. "넌 멍청이야. 그리고 세상에서 가장 멋진 숙녀, 소중하고 다정한, 훌륭한 내 언니로 다시 돌아왔지. 오, 안젤라, 난 정말 행복해. 그 사람들한테 언니 여행비를 다시 보내 달라고 해. 못 주겠다고 하면, 너도 됐다고 해 버려. 연연해하지 마. 언니를 언니 자체로 좋아하는 사람이 아니라면 모두 잊어버려. 그리고 한두 해 정도 인색하게 참고 사는 거야. 계획했던 대로 부지런히 산다면, 우리가 기어이 언니를 유럽으로 보내 줄게. 집을 팔아서 내가 돈이 많다는 거 언니도 알잖아. 아직 손대지 않았거든. 언니 네가 원하는 만큼 가져가. 그리고 나중에 갚든지, 안 갚아도 괜찮고."

울다가 웃다가 안젤라는 그럴 수 없다고 말했다.

"네 돈은 결혼 자금으로 놔 둬, 지니. 내 생각엔 시간이 좀 걸릴 거야…… 앤서니가 실질적으로 돈을 벌 때까지는. 하지만 네 조언을 따라 기어이 유럽에 갈게. 이 모든 게 내일 신문에 나겠지. 오늘 밤에 아메리카 위원회에 편지를 써야겠다. 상금은, 그들이 원한다면 돌려줘야지. 하지만 그렇지 않을 것 같아. 포웰 양의 경우도 아무 말 없었거든. 1000달러. 그걸 가지고 파리에 가서 살 수 있을 때까지 사는 거야. 그 1000달러를 받지 못하면, 내가 가지고 있는 몇 백 달러라도 가지고 어차피 갈 거야. 그리고 돌아와서는 옛날 직장에 가든지…… 아니면 학교로 가지. 하지만 아직 먼 얘기잖아. 그 사이에 무슨 일이 있을 수도 있고."

당장 고민해야 할 일이 한두 가지 있었다. 안젤라는 기자들을 대면하면서 처음보다 더 큰 충격을 받았다.

"그들을 다시는 만나고 싶지 않아."

안젤라가 침울하게 말했다. 제인가 아파트 계약이 끝나려면 아직 한 달은 남았다. 오늘 저녁에 곧바로 내려가 짐을 챙겨서 지니 집으로 돌아올 것이다. 배를 타기 전까지 지니와 함께 조용히 지낼 것이다. 보낼 우편물은 청소부에게 맡길 수 있다. 다행히 가구는 그녀 소유가 아니었다. 처리할 그림 몇 점이 있고. 마지막까지 챙겨야 할 만한 친구는 몇 안 됐다. 샌드버그 부부, 마사 버든, 덴버 부인, 랄프 애쉴리, 레이첼 솔팅 정도.

"그들과는 어떻게 해야 할지 모르겠네." 안젤라는 궁리하며 말했다. "어쨌든 이렇게 편지를 쓸 수는 없잖아. '친구에게, 내가 백인이라고 늘 생각했겠지만, 사실 난 백인이 아니야. 유색인이야. 그래서 나 같은 사람들과 살려고 돌아가.' 이렇게 할 수 있어? 오, 지니, 지난 시절이 좋지 않았니?"

예상했던 것처럼 그 이야기가 다음 날 신문에 났을 때, 결국 안젤라는 그것을 오리고 복사해 옛 친구들에게 각각 보냈다. 털든 양의 기사 제목은 이랬다. "사회적 대망을 품은 흑인 여자, 오랜 거짓말을 자백하다"

* * * *

뱅키의 기사를 제외하고는 하나같이 지독히 고약한 관점을 취했다. 그 젊은 헝가리인은 자기희생 요인과 궁극적으로 피는 물보다 진하다는 논리를 크게 다루었다. 그는 할 수만 있다면 그것을 삭제하고 싶었고, 다른 기사들과는 가능한 한 멀리 거리를 두면서 썼을 거라고, 안젤라는 적당히 추측했다. 간악하게 빗대어 쓴 다른 세 개 기사 중 털든 양의 것이 제일 분별없고 위험했다. 털든 양은 혼혈을 국가적 저주라고 표현했다. "그 저주는 그 영향력을 교묘히 숨기고 순결한 인종의 안녕을 지속적으로 위협한다. 이런 사건은 100퍼센트 미국주의를 향한 쿠 클럭스 클랜의 부단한 투쟁과 노력을 규탄하기에 앞서 멈칫하게 한다."

자매가 전혀 예상치 못한 곳에서 안젤라는 유명세를 치렀다. 다음 월요일에 출근하니 즉시 사무실로 오라는 메모가 책상에 있었다. 사장은 그녀의 아침 인사에 건성으로 답했다. 그리고 신문 오린 것을 보이며 기사에 나온 모리 양이 그녀인지 물었다. 안젤라가 그렇다고 확인하자, 그는 경고 대신 한 달 급료를 그녀에게 건넸다. 그리고 회사와 관계가 끝난 것으로 간주하라고 말했다.

"이처럼 조직을 기만하는 사람은 우리가 원하지 않아요."

사장이 위엄 있게 말했다.

이 일로 두 숙녀는 상당히 흔들렸다. 일이 순식간에 가혹하게 터지는 바람에 특히 지니는 숨이 콱콱 막혔다. 안젤라와 비슷한 처지의 사람들이 당하는 변칙적인 편견을 이처럼 가까이에서 본 적이 없었다. 사장은 안젤라가 이 문제에 대해 침묵한 것을 기만으로 여겼다. 지니에게는 사장의 태도가 불공평의 막장 같았다. 정작 안젤라 본인은 그리 동요하지 않았다.

"난 이런 일을 너무 많이 겪은 터라 너처럼 느끼지 않아, 지니. 물론 너도 알겠지만, 온갖 터무니없는 것들이 연관되어 있지. 너는, 색깔이 밖으로 보이니까 시작 전부터 일자리에서 거절당했을 거야. 그들은 유색인들이 무능하다거나, 다른 여자들이 우리와 같이 일하는 것에 강한 혐오감을 가진다고 말하겠지. 그리고 그 혐오감은 자연스러운 것이라고. 지금 여기, 내가 그 처지에 놓였어. 나는 실력을 증명하기 위해 오랫동안 참았지. 여자애들은 내 옆에서 일했고, 나 때문에 더럽혀지는 일은 없었어. 분명히, 무분별한 선천적 혐오감 따위는 없었어. 나는 이제껏 해 왔던 대로 똑같이 살다가, 내가 니그로 혈통을 가졌다고 알린 것뿐이야. 잘 봐, 나는 하나도 바뀌지 않았어. 하지만 즉시 실수를 인정하라고 부산을 떨고, 사기라고 난리가 났지. 이거, 대단한 논리지! 아마 포웰 양 같은 사람에게는 이런 비참한 결말이 넘쳐나겠지. 그렇지 않다면 진짜 황당하게 웃길 거야. 맞지, 지니."

"포웰 이야기는 그만해." 지니가 신경질적으로 말했다. "포웰이 아니었다면, 언니는 이 곤경에 빠지지도 않았을 거야."

안젤라가 미소 지었다.

"포웰 양을 위해서가 아니었다면, 너와 나는 지금도 서로를 찾지 않았을 거야. 그녀를 비난해서는 안 되지. 언젠가 나 스스로도 인정했을 거야. 신문에 쓰여 있듯이, 내 흑인 혈통을 '자백'했겠지. 그게 그렇게 중요하다고 생각하는 건 아니야. 그것으로부터 멀어지고 싶었지만, 그렇게 하지 못했어. 하지만 미국 사람들이 그것을 너무 중요하게 여기니까, 내가 가진 확신에도 불구하고, 내가 무슨 대단한 비밀을 가지고 있는 것처럼 느끼기 시작했어. 하지만 깊이 생각해 보면, 피의 문제는 개성이나 인격, 삶에 비교하면 아무것도 아닌 것 같아. 이 문제의 본질은, 이 모든 것이 나를 죽도록 귀찮게 한다는 거야."

안젤라는 골몰히 생각에 잠겼다.

"이 모든 혼란은 몇 년간 계속됐지…… 패싱 때문에 생긴 혼란이 어땠는지 넌 상상도 못할 거야, 달링. 포웰 양이 왜 싸움을 포기했는지 난 이해해. 그 절차에 대한 불공평한 싸움 말이야. 물론 그녀가 버텼다면 아마 멋진 일이 되었겠지. 하지만 그것을 놓아 버린 것이 정당하지 않은 건 아니야. 더 큰 쓰라림과 절망을 피할 수 있으니까. 그래야 예술에 몰입할 수 있는 무언가가 남을 거 아니야. 투쟁을 하면서 동시에 창의성을 발휘할 수는 없어. 그리고, 앤서니가 몸부림치며 간혹 자신에 대한 고백을 하는 이유도 알겠어. 간단히 말해, 거짓과 방심의 덫에 걸리지 않으려고 그러는 거지. 그날 밤 마사 버든 집에서 있었던 일은 앤서니가 말했겠지?"

"응." 한숨을 내쉬며 지니가 말했다. "앤서니는 굉장한 꿈이 있어. 지독히 고상한 면이 있지. 그가 매슈처럼 편하고 스스럼없었으면 좋겠어. 매슈도 꿈이 있지만 그것 때문에 과로하지는 않아. 앤서니는 사랑스런 사람이야. 둘 다 사랑스러워. 그럼에도 그는 지독히…… 거 뭐라 하지…… 금욕, 금욕적이야. 놀랄 일도 아니지만 그에게는 심장을 갉아먹는 은밀한 상처가 있어."

안젤라는 보다 단호하게 말했다.

"잠깐, 지니, 이제 너는 그 사람을 사랑하지 않는 거니, 그래?"

"그러니까, 속 시원히 말하자면, 요즘 종종 그런 생각이 들기도 하고, 아닌 것 같기도 해. 사실은, 내가 그렇게 미치도록 외롭지 않았다면, 앤서니나 결혼에 대해 당장 생각하지는 않았을 거야. 난 언니와 다르다는 걸 알잖아. 우리가 어릴 때, 나는 직장을 가질 작정이었고, 언니는 언제나 재밌는 것을 찾아다녔어. 근데 지금은 반대야. 직장에 매여 있는 것은 언니이고, 이제 모험에도 들어섰잖아. 언니한테는 어쩔 수 없는 강렬한 무언가가 있어서 전투를 피할 수 없나 봐. 하지만 언니, 난 가정을 원해. 언니가 오래 참을 수만 있다면 언니랑 만들고, 그게 아니라면 남편과 아이들 그리고 그에 따른 것들로 가정을 만들고 싶어. 물론 매슈라면 언제라도 언니를 포기할 수 있다고 인정하지. 그러나 매슈의 아내가 되는 것 다음으로는 언니랑 살래. 그리고 그다음으로 앤서니와 결혼하고. 혼자서 살고 싶지는 않아. 나 자신을 스스로 돌볼 수 있지만, 그래도 혼자는 싫어."

안젤라는 감정을 숨겨야 한다는 생각에 얼굴이 하얘지는 것을 느꼈다.

"가여운 앤서니, 네 인생에서 겨우 세 번째야?"

"응, 미안하지만 그래……. 언니, 저녁으로 가리비는 어때? 오늘은 요리가 당기는데. 금방 시장에 갔다 올게."

지니가 방을 나가고, 안젤라는 지니가 선반 위에 둔 앤서니의 사진으로 고개를 돌렸다. 살짝 어려 보이는 야윈 얼굴에 손가락을 대었다. 이마도 만졌다. "오, 앤서니, 다시 운명이 당신을 속이는 걸까? 당신은 영원히 내 인생의 가장 중요한 사람일 거야, 가장 소중한 사람."

안젤라의 성격에 대한 지니의 진단이 맞았을 것이다. 어쨌든 안젤라는 지금 지나가는 복합적인 난관을 환영했다. 그렇지 않았다면 지니의 마지막 고백을 듣고 새로운 불행에 빠졌을 것이다. 안젤라는 조정하고 맞서야 할 문제들이 많았다. 우선 그녀가 속한 조그만 모임에서 자신의 위치를 새롭게 정립해야 했다. 두 주가 되던 날, 우편물을 챙기러 제인가 옛 아파트에 내려갔을 때, 안젤라는 오싹한 당혹감을 직면하며 아연해하고 상처받았다. 게다가 잠깐 마주친 덴버 부인의 태도에서도 거리감을 느꼈다. 한편 마사 버든이 남긴 메모와 명함이 있었고, 엘리자베스와 월터 샌드버그가 보낸 대여섯 통의 편지가 있었다.

마사의 메모는 이랬다. "너와 크로스 씨가 좋은 사람이란 건 의심의 여지가 없어. 하지만 내가 이런 충격을 또다시 감내할 수는 없을 것 같아. 물론 네가 한 행동은 훌륭했어. 하지만 오, 친구야, 얼마나 비현실적이니. 그래 봐야, *아 쿠아 봉*(무슨 소용 있어)? 이것을 받으면 나를 보러 올래, 아니면 어떻게 너를 만날 수 있는지 쪽지를 보내.

그리고 앙젤, 이런 터무니없는 일로 네가 유럽에 가지 않는다면, 난 용서하지 않을 거야. 라디슬라스와 나는 몇 천 달러 모아놓은 게 있어. 이자 놀이를 하고 싶어 안달이야."

엘리자베스는 이 화제에 대해 말이 없었다. 하지만 안젤라는 행간에서 그녀의 생각을 읽을 수 있었다. 그 마음씨 좋은 부부는 변함없는 관심과 우정을 재촉하는 데 만족하지 않았다. "도대체 왜 우리를 보러 오지 않는 거야?" 엘리자베스는 구불구불한 거대한 필체로 종이 한 장에 낱말을 다섯 개씩 써서 질문을 했다. "우리가 얼마나 너를 그리워하는지 모를 거야. 월터는 잘 먹지도 않아. 네가 작업하고 있는 걸작이 무엇이든지 간에 잠시 멈추고 우리와 함께 주말을 보내자."

레이첼 솔팅과 랄프 애쉴리로부터는 아무런 소식이 없었다.

2장

안젤라는 배를 타겠다는 결심이 더욱 확고해졌다.

"어떤 사람들은," 안젤라가 지니에게 말했다. "여기에 머물면서 싸워야 한다고 생각할지도 몰라. 이를테면 마사는 내 문제를 그 위원회에 맡기지 않는다고 되게 서운해해. 포웰 양을 위해 투쟁하는 위원회 말이야. 마사는 우리가 모두 포기했다고 생각할 거야. 하지만 난 언제 멈춰야 하는지를 알아. 나는 싸우는 것 말고 다른 일에 내 인생을 쓰고 싶다고 마사에게 말했어. 더욱이 그 위원회도 나처럼 이 모든 일에 지쳐 있지. 같은 이유 때문에 그런 건 아니지만. 그리고 내 경우는 포웰 양보다 더 조정 가능성이 낮을 거야."

아메리카 위원회 자문단 단장인 클라크 오터와의 인터뷰에서 안젤라는 이런 느낌을 받았다. 오터 씨는 안젤라가 패싱으로 속였다고 믿으며 반감을 가지고 있었다. 또 돈키호테처럼 구경거리를 만든 것에 격분했다. 그의 태도에는 이 두 감정이 묘하게 뒤섞여 있었다.

"우리는 당신이 위원회가 주선한 혜택을 받지 않기로 공표한 것이 옳았다고 생각합니다. 그것은 이 상황에 남다른 세심한 감정을 보여 줍니다."

그곳을 나올 때 안젤라는 분노로 끓어올랐다.

그 상의 후원자에게 보낸 편지에 간결한 회신이 왔다. 회신을 보낸 사람은 "인종학이 아니라 예술"에 관심이 있다고 했다.

“그 사람들 한 번 보고 싶네.” 안젤라가 여자애 어투로 돌아가 재잘거렸다. “내 생각엔 이 사람은 자기가 하는 말처럼 그렇게 느긋하지 않을 거야. 말도 안 되는 일에 시시덕거리며 무슨 소리를 떠벌리든지 내 알 바는 아니지만.”

사실 안젤라 스스로 시시덕거리며 떠벌리고 있었다. 그게 아니라면, 적어도 그와 비슷했다. 지니가 보기에, 헨리에타 존스 부인 놀이를 하며 어머니와 월요일 저녁을 준비하곤 했던 시절 이후로 안젤라가 이렇게 기분이 좋아 보인 적이 없었다. 그러나 안젤라는 이런 명랑함의 깊이가 깊지 않음을 잘 알고 있었다. 앤서니와 한동안 같이 있을 수 없을 것이다. 그렇다고 멀리 있을 수도 없다. 때로는 궁금했다. 그게 현실이었다.

안젤라가 남은 돈과 상금을 합치니 대략 1400달러가 되었다. 앤서니는 크고 편안한 배의 이등실을 타라고 권했다. 그리고 그녀가 배를 타는 데 무리가 없으면 삼등실로 바꿀 수 있었다.

“여하튼 그것보다 많이 떼어 놓지는 마.” 지니가 어머니처럼 말했다. “그리고 돈이 더 필요하면 나한테 연락해. 언니가 필요한 건 다 보내 줄게.”

한때 쿠퍼 유니언에 다녀갔던 외국 학생들의 말을 듣자면, 안젤라는 남은 몇 백 달러로 8, 9개월을 버텨야 할 것 같았다.

“그때쯤이면 충분히 배워서 내가 진짜 예술가가 될 건지, 아니면 그저 그런 미술 선생이 될 건지 알 수 있을 거야.”

“난, 미술 선생이 되면 좋겠어.” 지니가 슬쩍 질투하며 말했다. “그래야 돌아와서 우리랑 살지. 그렇지 않아요, 앤서니?"

동생의 천진난만한 요구에 그가 인상을 찌푸리는 것을 안젤라는 볼 수 있었다.

"해외에서 8, 9개월을 보내면 앙젤의 삶이 상당히 바뀔 거야." 앤서니가 별 연관성 없이 말했다. "사실 우리의 삶도 바뀌겠지."

그러나 요즘 앤서니와 안젤라는 한 가지 생각만 하고 있었다. 출발 시간이 다가온다는 것. 이것은 자기 절제를 흩트려 놓았다. 그들 누구도 가혹한 이것을 예견하지 못했다.

* * * *

이제 월요일 출발까지 딱 5일 남았다. 안젤라는 샌드버그 댁과 앤서니, 지니를 오가며 남은 날들을 보냈다. 지니는 여름 감기에 걸린 듯했다. 토요일, 안젤라는 문득 필라델피아를 다시 한번 보고 싶다는 생각이 들었다. 그 생각이 너무 강렬한 나머지, 오후 9시에는 이미 열차 안에 있었다. 11시 15분에는 고향 도시의 월튼 호텔 작은 방에서 잠자리에 들 준비를 하고 있었다. 이곳에서의 삶은 제멋대로였지만 그래도 안정감이 있었다. 그 삶의 현장 가까이에 있다는 생각에 막연히 감흥에 젖어 미소를 머금고 잠이 들었다.

가까이 있다는 사실은 안젤라가 꿈꾸던 것보다 훨씬 더 그녀를 흔들었다.

방에서 아침 식사를 하고 아래로 내려가, 아주 오래전 그녀가 어머니와 쇼핑 나온 소녀였을 때처럼 장갑을 끼며 호텔 현관에 서 있었다. 기억이 홍수처럼 밀려왔다. 그중에서도 거리에서 아버지와 지니를 보고도 말없이 지나쳤던 기억. 그때 말없이 지나쳤던 이유가 지금은 얼마나 하찮은 것인지! 몇 년 후 그녀는 그와 비슷한 하찮은 이유로 지니와 단절했었다.

안젤라는 16번가를 향해 걸었다. 일요일이었고, 일요일의 아름다운 적막함이 조용한 도심에 깔려 있었다. 심지어는 그 분위기마저 순화되고 진정되는 것처럼 공기 중에는 신선함과 근엄함이 있었다. 외로움의 감정이 그녀에게 밀어닥쳤다. 이곳은 그녀가 태어나서 자라고, 살아온 날의 대부분을 보낸 곳이었다. 하지만 이 아름다운 날에 그녀를 환대해 줄 사람은 없었다. 옛 지인들은 그녀를 보며 어렴풋이 궁금해하고 적당히 반겨 줄 것이다. 그러나 누구도 진심 어린 기쁨을 드러내지는 않을 것이다. 그녀는 너무 홀연히, 철저하게 그들을 떠나 버렸다. 그러니까, 그녀는 이런 것들을 생각하지 말아야 했다. 어차피 뉴욕에서도 외로웠었다.

16번가 버스는 안젤라를 제퍼슨가에 내려 주었다. 안젤라는 세 블록을 가로질러 천천히 걸었다. 여기 사람들은 늘 조용하고 점잖았다. 일요일 아침, 그 신성함 속에 그들은 두 배로 그랬다. 친구나 연인, 집, 가족이 없는 일요일은 얼마나 끔찍할까. 가정을 위한 심플한, 안정된 주택, 군침 도는 아침 식사, 음악, 도화지에 옮기고 싶은 흥미로운 양식의 교회, 방문객들과 보내는 긴 오후와 저녁, 한가함 속의 시끄러운 대화, 그녀가 이 모든 것을 가졌던 게 5년 전, 아니 5년이 채 안 되었다. 매슈가 그녀를 반길까? 안젤라는 궁금했다. 그러나 여전히 그를 만나고 싶지는 않았다. 안젤라는 그렇게 믿었다.

안젤라는 행복하지 않았다. 그러나 인생을 맛보는 일이, 모험이 아직 끝나지 않았다. 만약 매슈와 산다면, 그것은 모두 멈출 것이다. 안정감과 강직함, 타고난 책임감을 가진 그가 정말 그녀보다 행복했을까? 안젤라는 확신이 들지 않았다.

아, 파리에서의 일요일들은 행복하기를!

불변의 제퍼슨가에서 떨어져 나간 거리의 보잘것없는 그림자, 하나의 선, 오팔가가 눈에 들어왔다. 심장 박동이 빨라졌다. 줄곧 돌아들던 모퉁이, 인생을 맛보고 알기 위해 일찍이 떠났던 그 모퉁이를 돌아서면서 눈에 눈물이 고였다. 뜨거운 7월의 태양 아래, 거리는 거의 사막 같았다. 한 젊은 유색인 남자가 눈에 들어왔다. 티 하나 없이 하얀 와이셔츠 차림에 늘씬하게 쭉 빠졌다. 그는 현관에서 두터운 일요일 신문을 집으려 몸을 숙였다가 반듯이 서더니 그녀가 다가오는 것을 보았다. 근처에 그녀가 살던 집이 있었다. 얼마나 조그마했던가, 그럼에도 그 짧은 인생이 얼마나 많은 비밀과 지식과 기쁨, 좌절, 고통, 소소한 일로 넘쳐났던가! 그녀는 잠시 그 앞에 서서 바라보다가, 이내 올라가 그 빨간 벽돌에 손을 댔다. 이 생명이 없는 것과 교감할 수 있을까 막연히 생각했다. 창에 앉아 있던 유색인 여자가 그녀를 날카롭게 쳐다보다 밖으로 나와 원하는 게 뭐냐고 미심쩍이 물었다.

"아무것도 아니에요." 안젤라는 덤덤히 대답했다. "그냥 집을 보고 싶었어요."

"파는 게 아닌데요."

"네, 네, 당연하죠. 그저 다시 한번 보고 싶었을 뿐이에요. 예전에 여기 살았거든요. 궁금해서……."

안으로 들어가도 좋다고 허락을 받는들 그걸 안젤라가 참아낼 수 있을까? 그 작은 뒷방에 서서 한 번쯤 울고 또 울 수만 있다면…… 어쩌면 후회와 혼란과 헛된 기억들이 모두 눈물에 쓸려 갈 것이다. 백지 위에 새롭게 인생을 시작할 수 있을 것이다. 다행히 안젤라는 젊었다! 문득, 그 집에 들어가 그 방에 서면 모든 게 완전히 치유될 것처럼 보였다. 기대에 차 눈을 들어 그 여자의 얼굴을 보며 입을 열었다.

"친절을 베풀 수 있나……?"

그러나 그 여자는 마지막 의심의 눈빛을 던졌다.

"가난뱅이 백인 쓰레기와는 볼 일이 없어."라고 투덜거리더니, 돌아서서 문을 쾅 닫고 조그만 사각 응접실로 들어가 블라인드를 내렸다.

* * * *

그 늘씬한 젊은 남자는 안젤라를 향해 거리를 뛰어 내려오고 있었다. 그가 가까이 오면서, 다소 짧게 자른 두껍고 보드라운 검붉은 머리, 주근깨 있는 반가운 다갈색 얼굴의 주인이 드러났다.

"안젤라." 그는 미심쩍이 말하다가 확신을 가지고 덧붙였다. "진짜 안젤라 머레이네."

안젤라는 일그러진 표정으로 그를 보았다.

"저 여자가 나를 못 들어오게 해, 매슈. 내일 나는 프랑스로 떠나는데, 옛날 집을 보고 싶었어. 그런데 그녀가 그걸 못 보게 하네. 그리고 나에게 욕했어." 안젤라의 목소리가 고르지 않게 갈라졌다. "가난뱅이 백인 쓰레기라고."

"나도 알아." 매슈가 진중히 고개를 끄덕였다. "저 여자라면 그럴 거야. 그녀는 이해를 못하거든. 알지?" 매슈는 그녀를 자기 집 쪽으로 조신하게 이끌었다. "들어와서 잠깐 쉬는 게 좋겠어. 어머니 아버지는 브리지톤에 여행 가셨어. 매년 가시거든. 그러니까, 거기가 어머니 고향이야. 믿을 만한 옛 친구 집에 들어가는 것, 괜찮지?"

"그럼." 저항하기 힘든 피로감과 내려놓고 싶은 감정을 느끼며 안젤라가 말했다. "괜찮다고 말해야겠지."

문간을 지나며 안젤라는 어렴풋이 미소 지으려 했지만 그건 너무 힘든 일이었다. 그러다가 훌쩍훌쩍, 엉엉 시끄럽게 눈물 보가 터졌다.

매슈는 그녀의 모자를 벗기고 부채질을 했다. 얼음물을 가져오고, 큼지막한 보드라운 손수건을 가져와 그녀가 들고 있던 흠뻑 젖은 작은 것과 바꿨다. 안젤라는 눈물을 흘리면서도 그에게 웃음을 보였다. 지니는 그가 평소에 얼마나 친절한지 강조하곤 했었다. 안젤라는 그 말을 이해할 수 있었다. 주근깨에 다갈색 그대로, 두꺼운 나쁜 머리털을 모자처럼 쓴 모습 그대로, 그는 매슈 헨슨의 모습 그대로였다. 하지만 머리 스타일과 나아진 옷맵시, 배려, 무엇보다도 세심하고 친절한 영혼의 발산은 그를 다른 사람으로 변형시켰다. 옛 모습을 유지하면서도 친절과 진중함과 이해의 본보기를 보이는 사람으로.

안젤라는 감사히 물을 마시고 분첩을 꺼냈다.

“어떻게 지내는지 물어볼 필요가 없겠네.” 발작이 가라앉은 것에 감사 기도를 중얼거리며 매슈가 말했다. “숙녀가 코에 분을 바르기 시작하면 이제 안정을 되찾은 거지. 왜 그러는지 이야기해 볼래?”

“딱히 할 말이 없어. 그저 집을 보고 싶었는데, 예기치 않게 향수병이 도지고, 외롭고, 오해가 생긴 거야. 그 여자가 매정하게 거절하니까, 그냥 참을 수가 없었어.”

안젤라의 시선이 흔들리고, 다시 눈물이 고였다.

“오,” 매슈가 깜짝 놀라며 말했다. “제발 또 울지는 마! 내가 가서 한바탕하고 올게. 그 집 전체를 너한테 맡기게 할게. 쟁반에 그녀 머리라도 가지고 오지. ‘오 눈물만은 흘리지 마오.’”*

매슈는 손수건을 집어 아주 부드럽게 눈물을 닦아 주었다.

안젤라가 그의 손을 잡았다.

“매슈, 넌 사랑스러운 사람이야.”

매슈는 태연히 어깨를 들썩거렸다.

“네가 늘 그렇게 생각했던 건 아니지.”

그것이 결코 바뀌지는 않을 것이다.

“내가 쳐들어오기 전에, 무엇을 할 계획이었어? 여유 있게 신문을 읽으면서 편안히 있으려고 했어?”

“그래. 근데 지금은 그러고 싶지 않아. 있잖아, 안젤라. 황당한 이야기 하나 할까. 여기서 우리가 저녁을 같이 먹는 거야, 어때? 알겠

---

* 〈오, 눈물을 흘리지 마오〉(O Dry Those Tears)는 테레사 델 리에고가 1901년에 발표한 가곡의 이름이다.

지…… 예전에 네가 나한테 물 잔이라도 건네면 내가 왕이 된 것처럼 얼마나 기뻐했는지 기억해? 내일 배를 탄다고 했지. 짐은 다 쌌겠구나. 몇 시까지 돌아가면 돼? 내가 열차까지 배웅해 줄게."

안젤라는 그 생각에 황홀해졌다.

"정말 좋아! 매슈, 재밌을 거야!" 그들은 매슈 어머니의 앞치마를 찾아 입고, 아이스박스에서 차가워진 구운 쇠고기, 필라델피아 사람들이 샐러드라고 부르는 양상추, 그리고 비트와 옥수수를 꺼냈다. "내가 머핀을 만들게." 안젤라가 들떠 말했다. "너는 식사 후에 설거지하고 나가서 아이스크림 사 와. 오, 매슈, 어쩜 모든 게 기억나지! 넌 아직도 여기 시장에서 쇼핑을 하니?"

좁고 어둡고 시원한 다이닝룸에서 식사를 했다. 하지만 어찌된 일인지 이 협소함이 싫지 않았다. 오히려 밀려오는 근심의 바다로부터 불쑥 솟아나 파도를 막고 있는 조그만 대피 섬 같았다. 길 건너 반대편에는 한때 주니어스 머레이가 살던 집의 다이닝룸이 있었다. 안젤라는 25년 전 아버지와 어머니가 이런 집에, 세상으로부터의 작은 피난처에, 당당하게 들어오는 것을 상상했다. 그런 삶을 사랑하는 사람과 나눌 수 있다면 얼마나 멋질까…… 앤서니와 함께! 무심결에 그녀가 한숨을 내쉬었다.

안젤라를 유심히 보고 있던 매슈가 말했다.

"꿈꾸고 있구나, 안젤라. 무슨 꿈이야?"

"이런 집이 얼마나 작은 천국일지 생각하고 있었어. 우리 어머니에게 어떤 의미가 있었을지. 옛날에는 도망가고 싶어 벽을 두드려

부술 뻔했는데, 웃기지. 돌아갈 수 있는 이런 곳이 있다면 무엇보다도 환상적일 텐데. 여기나 저기, 어느 곳이라도."

안젤라에게 이런 말을 듣는 것에 의아해하며 매슈가 말했다.

"지니가 그런 말을 했다면 나는 아주 자연스럽게 받아들였을 거야. 근데 네가 집에 그렇게 관심 있는지는 몰랐네. 참, 지니는 잘 있어?"

"그럼. 더할 나위 없이."

매슈가 그리움에 젖어 물었다. 안젤라는 간신히 그것을 눈치챌 수 있었다.

"엄청 행복하겠지?"

"꽤나 행복하지."

"멋진 소녀야, 어린 지니." 상념에 빠진 자신을 깨우며 매슈가 대답했다. "근데 왜 그 위대한 세상으로 가는 여정과 모험에 대해 말이 없어?"

"별로 할 말이 없어, 매슈. 내가 보고 경험한 운명은 대부분 사람들이 겪는 흔한 것이야. 어쩌면 약간 날카롭고, 약간 생동감이 있었겠지. 간단히 말해, 재미도 있었고 일정 부분 어려움도 겪었어. 예사롭지 않은 일에 자극받고, 괴로움도 배우고, 사랑도, 아픔도 배웠지."

"넌 여전히 흥미진진하구나. 너 같은 숙녀가 아픔이 뭔지 안다는 건 예상치 못했어." 매슈가 인상을 찌푸리며 미소를 지었다. "아프게 하는 법은 분명 알겠지만. 네가 떠나고 처음 며칠은 절망적이었지. 그날들을 돌이켜 생각하면, 심지어 지금도 아픈 것 같아. 다른 어떤 생각도 그런 아픔을 만들지는 못할 거야. 젠장, 고통은 우리가 어릴 때만 받으면 안 되는 건가!"

안젤라가 손을 그의 손 위에 놓으며 고개를 끄덕였다.

"정말 그래. 하지만 나도 힘들었다는 걸 알아 줘, 매슈. 비록 이유야 다르지만. 난 강요받고 찔림을 당하고…… 그래, 그 이야기는 그만하자…… 네가 그 감정을 극복했길 바랄게. 나는 정말 그럴 가치가 없는 사람이었어. 지금껏 여러 해 동안 그것 때문에 괴로웠다고 말하는 건 아니겠지."

매슈가 그녀의 손을 살짝 잡았다 놓았다.

"아니, 그렇지 않았어……. 갑작스런, 필연적인 너와의 이별이 나를 억눌렀지. 어떻게 해야 할지 몰랐어. 힘들었어. 아, 죽을 맛이었어. 괴로웠지만 눈을 떴어. 그때 알았지. 너는 내 사람이 아니라는 것을. 근본적으로 우리는 너무 달라. 그리고 마침내 극복했고. 그 시절이라!" 매슈가 기억을 떠올리다 다시 얼굴을 찌푸리며 웃었다. "그런데 계속 똑같이 고통받고 있어. 단지 다른 방식으로. 지니랑 사랑에 빠졌거든."

안젤라는 가슴속 심장이 멎는 것 같았다.

"매슈, 그럴 리가! 그렇다면 왜 그런 말 하지 않았어?"

"할 수 없었어. 지니는 그런 애잖아. 알잖아. 나를 언니의 애인으로 보았으니까, 그래서 일종의 믿을 만한 오빠라고 생각했지. 네가 떠나고 종종 지니를 보러 가곤 했어. 함께 나가기도 하고. 왜 내 팔짱을 끼고, 얼굴에 굿 나이트 키스를 했는지! 기억나는 일이 있는데, 한번은 우리가 외출했는데 지니가 차멀미를 했어…… 가여운 것! 지니는 되게 창피해했지! 어른 놀이를 하는 아이처럼. 알잖아, 그때 유아기로 돌아가는 게 당혹스러웠을 거야. 다음 날 지니를 보러 갔어. 지니는 너무 조그맣고 허약하고, 사람을 쉽게 믿었지! 그리고 한참 못 봤는데, 다음에 보니 뉴욕에 간다고 하더라. 그땐 너에 대해 오해했었어, 안젤라. 미안. 네가 지니를 데려갔다고 생각했거든. 그게 아니라는 걸 나중에야 알았지. 그리고 뉴욕에서 너희들이 거의 만나지 않는다는 것도. 지니가 왜 떠났는지 아니?"

안젤라는 동생의 자존심을 보호해 줘야 했지만, 자신 또한 도움이 필요했다. 누가 이런 딜레마를 상상이나 했을까? "지니를 배신할 수는 없지." 안젤라가 혼잣말했다. 그리고 그녀가 개인적으로 동생에게 영향을 끼친 것은 없고, 동생이 필라델피아를 떠나야만 했던 충분한 이유가 있었다고만 덧붙였다.

"그랬겠지. 확실히 떠났지. 종종 편지를 받곤 했어. 사랑스런 지니가 직접 오는 것 같았지. 진솔하고 소녀 같고 순진하고…… 내가 사랑을 논하는 것은 불가능하다고, 지니는 독하게 선을 그었어. 나는 '머레이 딸들 때문에 인생을 망치지는 않을 거야'라고 다짐했어. 그리고 우리 우정이 아무것도 아닌 것으로 흘러가도록 내버려 두었어…… 그러다가 이번 여름에 지니가 에드나 브라운을 만나러 온 거야. 지니를 보러 메리언으로 뛰어 갔어. 지니를 보는 순간 깨달았지. 지니는 이제 여자였어. 늘 그렇듯 친절하고 다정하고, 더 예쁘고 어느 때보다 매혹적이었지. 내 운을 시험해 볼까 했는데…… 에드나가, 약혼했다고 하더군. 그는 어떤 친구야, 안젤라?"

"아주 좋아, 좋은 사람이야."

"지니를 미치게 좋아하겠지, 그렇지?"

안젤라가 매슈를 절망적으로 보았다.

"감정을 함부로 드러내는 사람이 아니야. 미치게 좋아하겠지. 그런데…… 앞으로 몇 년 동안은 결혼할 의향이 없는 것처럼 말하던데. 그 생각에 둘 다 만족하는 것 같아."

매슈가 믿을 수 없다는 듯 인상을 찌푸렸다.

"뭐라고! 그들이 진지한 관계가 아닌 것을 내가 알았다면!"

감정에 북받쳐 안젤라가 말했다.

"오, 매슈, 세상에는 정말 많은 고통과 아픔이 있어. 너도 알잖아…… 남자라면 궁극적인 행복을 위해 어떠한 일도 마다할 수 없지…… 지니에게 편지를 써. 뉴욕으로 가서 그녀를 만나는 건 어때?"

주근깨가 있는 매슈의 다갈색 얼굴이 창백해졌다.

"기회가 있을까?"

"내가 감히 그걸 말할 수는 없어. 단지 지니가 너를 너무너무 좋아한다는 건 내가 알지. 그저 오빠로 생각하는 것 같지는 않아."

"안젤라, 나에게 장난치는 건 아니지?"

"내가 왜 그러겠어? 그래도 너에게 확답을 주는 건 아니야. 그건 기억해. 난 그저, 시도해 볼 가치가 있다는 거야. 가만 있자, 그냥 여기를 정리하고, 우리가 함께 비행기라도 탈까!"

역에서 안젤라는 그에게 작별 키스를 했다.

"아무튼 넌 언제나 나에게 가족 같은 사람이야. 내가 한 말 잘 생각해 보고, 매슈. 행동으로 옮겨."

"그럴게. 오, 안젤라, 하느님이 오늘 너를 나에게 보내셨을까?"

"아마 그랬을 거야."

그들은 무겁게 헤어졌다.

세 시간 후, 안젤라는 동생의 아파트에 들어서고 있었다. 감기를 앓던 지니는 눈이 벌겋게 충혈돼 울며 서글프게 그녀를 맞았다.

"나를 봐, 언니. 언니는 내일 가잖아! 나는 그 배까지는 절대 못 나갈 거야!" 전화기가 울렸다. "얼마 전부터 계속 울려 댔어. 누군가 언니를 찾나 봐. 어서 받아 봐."

랄프 애쉴리가 소식을 전해 왔다. 그는 멀리 뉴올리언스에 다녀왔다고. "돌아와서 오려 놓은 그 기사를 봤어. 네가 보낸 것인 줄 알았어. 야, 요즘 내가 이런 식으로 너를 쫓고 있다고! 마침내 마사 버든을 만났어. 네가 어디에 머무는지 알려 주더라. 가도 돼? 30분이면 도착할 수 있는데."

"아니, 오늘 밤은 안 돼, 랄프. 내일 배 타는 곳에 올래?"

"그래, 어쨌든 가게 되는 거야? 고집스럽긴! 하지만 나 보기 전엔 절대 안 돼! 내가 배까지 데려다 줄까?"

"고마워. 그런데 동생이랑 갈 거야."

이때 지니가 갈라지는 소리로 그런 일은 없을 거라고 말했다.

"이렇게 감기에 걸렸는데!"

안젤라는 수화기에 대고 다시 말했다.

"동생이 못 간대. 괜찮다면 너에게 기대야겠다."

안젤라가 전화를 끊었다.

지니는 여행이 어땠는지 듣고 싶었다. 두 자매는 밤이 깊도록 이야기보따리를 풀었다. 하지만 안젤라는 매슈에 관해서는 아무 말도 하지 않았다.

* * * *

월요일은 놀라움의 연속이었다. 배를 타는 곳까지 갈 수 없었던 마사와 라디슬라스는 여행 떠나는 사람을 시내까지 데려다 줄 요량으로 집으로 왔다. 이 계획에 안젤라는 내심 기분이 좋았지만 랄프는 인상을 찌푸렸다.

지니는 지독한 여름 감기로 죽을 맛이었지만 꿋꿋이 힘을 내었다.

"언니를 집에서 보내야 할 것 같아. 배까지는 못 가겠어. 언니, 내 걱정은 조금도 하지 마. 꼭 돌아와야 해…… 행복한 모습으로. 그럴 거라 믿어. 아, 몇 해 전 필라델피아에서 헤어질 때랑은 완전 다르네!"

"그래." 안젤라가 덤덤히 말했다. "그때는 거리상 150킬로 정도 떨어져 있었지만, 지금은 바다를 사이에 두는 거야. 달링, 사랑과 믿음과 이해가 있으면 수천 킬로는 아무것도 아니야. 지니, 잘 들어! 인생은 놀라운 일로 가득 차 있어. 진정한 행복의 기회가 오거든 두려워해서는 안 돼."

"심오한데." 지니가 웃으며 맞장구쳤다. "언니가 무슨 말을 하는지 잘 모르겠지만, 나에게 흘러오는 행복이 있으면 붙잡도록 최선을 다할게."

그들은 서로 담담하게 입을 맞추었다. 눈물도 없이, 냉담하게. 하지만 누구도 감히 입을 열어 안녕이라고 말할 자신이 없었다.

선착장까지 내려가는 동안 안젤라는 친구들의 질문에 짧게 답할 뿐 거의 말을 하지 않았다. 거기에는 덴버 부인이 기다리고 있었다. 잠깐이었지만 부인을 보게 되어 안젤라는 놀랐다.

"한 번 더 보지 않고는," 부인이 서글프게 말했다. "너를 보낼 수가 없었어." 그러고는 안젤라를 꼭 껴안았다. 부인은 울음을 터트리며 떠나보낸 딸에 대해 슬프게 중얼거렸다. "그 애가 살았으면 너 같았을 텐데."

유쾌하고 당당하고 삶에 애착이 강한 엘리자베스 샌드버그가 울며 안젤라를 붙잡았다.

"너를 보내고 어떻게 사니, 앙젤."

월터는 팔로 안젤라를 감쌌다.

"키스하렴, 늙은 아가씨. 뭐든지 필요하면 우리가 있다는 걸 기억하고, 뭐든지 말이야. 네가 아프면, 우리가 돌보러 갈게. 그렇지, 리지?"

"그럼, 당연하지…… 근데 리지라고 부르지 마요…… 좀 떨어져요. 다른 사람들과 인사하게. 랄프가 당신 쳐다보는 거 안 보여요?"

그들은 선착장 더 좋은 지점으로 물러났다.

안젤라는 덴버 부인의 말과 접견실에서 오간 다정한 표현을 기억하며, 뜻밖의 상황에 놀라 흐느끼며 말했다.

"그들이 결국 정말로 나를 사랑했지, 그렇지?"

"그래." 랄프가 진심으로 말했다. "우리 모두 너를 사랑해. 가끔 너를 보러 갈게, 앙젤, 괜찮지? 있잖아, 우리가 하고 싶은 말이 많거든. 네가 생각하기에 나에게 중요한 말일 것 같지만 사실은 별 거 아닐 수도 있고, 반면에 너는 잘 모르지만 나에겐 정말 중요한 말일 수도 있어."

"아," 안젤라는 오래전에 나누었던 비밀을 떠올리며 눈물을 훔쳤다. 그녀가 말했다. "나에게 청혼하러 오는 건 아니지? 그럴 필요는 없어. 게다가 '전에 그런 것과 지금은 달라.'* 더 이상 나에게는 신비함이 없잖아. 그러니 진짜 매력이 사라졌지. 내가 너한테 기대하는 것도 없다는 거, 알지. 그러니까 제발 묻지 말아 줘, 랄프. 내가 나에게 딱지를 붙일 수는 없어. 그리고 나도 모르게 패싱할 때도 많을 거야. 하지만 지금부터는, 한쪽을 선택해야 한다면 나는 유색인 쪽에 설 거야. 네가 그걸 알았으면 해. 그렇다고 네가 그쪽으로 오는 걸 바라지는 않아." 안젤라가 이윽고 고개를 저었다. "그건 너한테도 너무 복잡한 문제야."

랄프의 담대한 말을 믿지만, 그럼에도 안젤라는 미국인을 시험대에 놓는 것에 너무 슬픈 경험이 있었다.

"알았어." 안젤라의 허무맹랑한 어림짐작에 미소 지으며 랄프가

---

* 윌리엄 워즈워스의 〈불멸의 노래〉(Ode on Immortality)에 나오는 구절

말했다. "결혼해 달라고 부탁하지 않을게. 적어도 아직은. 하지만 그래도 너를 보러 갈 거야. 네가 파리를 다 차지할 건 아니잖아."

"물론 그렇지." 안젤라가 슬쩍 키득거렸다. "나도 네가 오고 싶어하는 걸 알아." 돌연 안젤라가 진지한 표정을 지었다. "하지만 오더라도 별 뜻 없이 사랑하려고 오지는 마, 알겠지? 너랑 그런 관계는 싫어."

"그래." 랄프는 즉각 이해하는 듯 부드럽게 말했다. "그러지 않을게."

"친구로서 올 거지?"

"그래, 친구로서."

갑판 선원이 올라와, 몇 분 후면 밧줄을 던지고 배웅 나온 사람들은 배를 떠나야만 한다고 친절하게 말했다.

3장

증기선에 도착한 서신 중에는 앤서니가 보낸 짤막한 글이 있었다.

"안젤라, 나의 엔젤, 나의 사랑스런 연인, 잘 가. 지난 몇 주 동안 천당과 지옥을 오갔어. 네가 가는 걸 차마 볼 수 없었어. 그래서 몇 시간 떠나 있었어…… 내가 지니에게 소홀히 할 거라는 생각은 마. 절대 그렇지 않을 테니까. 네가 아직도 나한테 관심이 있다고 생각하는데, 그거 맞지? 오 안젤라, 나를 잊으려고 노력해 봐…… 아니, 그러지 마! 난 결코 너를 잊지 못할 거야!"

버든 부부가 보낸 서신과 꽃, 랄프 애쉴리와 덴버 부인이 준 여러 선물, 안젤라가 여행 갔을 때 지니가 매일 보냈던 쪽지 꾸러미가 있었다. 서신은 읽었고, 선물은 살펴보고 한쪽에 두었다. 하지만 하루 종일, 앤서니의 글이 안젤라의 마음에 머물렀다. 밤에는 머리맡에 두었다.

* * * *

파리, 안젤라는 첫눈에 홀딱 반했다. 한동안 삶 자체가 주는 기쁨을 되찾은 듯했다. 잊고 있던 기쁨이었다. 처음 뉴욕에 도착했을 때 며칠 동안 탐험하며 보냈던 날들 같았다. 안젤라는 들뜬 기분으로 버스에 올라타 알 수 없는, 예측 불가한 종착역으로 향했다. 구불구불한 센강을 따라가고, 독특한 특색을 지닌 다리들을 건너고 또 건넜다. 세인트 제너비브 교회 근처 판테온 뒤에는 러시안 레스토랑이

하나 있었다. 각이 선 하얀 러시안 블라우스를 입은 키가 큰 금발 머리 웨이터가 미묘하고 이국적인 요리를 가져왔다. 하루는 몽파르나스대로大路를 배회하다 라스파일대로와 교차하는 곳에서 도움 카페를 찾았다. 뉴욕의 예술학교에서 유학을 다녀온 학생들이 이야기하던 학생 레스토랑이었다. 안젤라가 들어서자, 이디스 마틴이 곧바로 그녀를 알아보았다. 마틴 양은 필라델피아에서 함께 공부했던 친구였다.

마틴 양은 파리에서 2년을 살았다. 그래서 그 지역의 인물과 소문에 정통했다. 안젤라에게 장려금이나 카페, 팁, 프랑스인의 기질에 대해 조언해 줄 수 있었다. 마틴은 이 모든 주제에 관해 넘쳐나는 정보를 끊임없이 쏟아 내고, 친구들을 소개시켰다. 신입생 안젤라를 자신의 원룸 아파트로 빈번히 초대하거나, 그렇지 않으면 프란시아나 기숙사에 있는 다른 여자애의 비좁은 거처에 진을 쳤다. 안젤라는 실제 물리적으로 외로움을 느낄 시간이 없었다. 그러나 그 고집스런 우정의 몇 주가 흐른 뒤, 인생에서 이렇게 외로운 적이 없었다는 생각이 들었다. 모험적인 삶 속에서 처음으로 안젤라는 향수병의 파도에 휩쓸렸다.

이 또한 여름과 함께 지나갔다. 안젤라는 9월이 끝날 때까지 일에 파묻혀 지냈다. 하루에 두 번씩 아카데미에 갔다. 루브르 박물관과 뤽상부르 화랑의 분위기에 푹 빠져 있었다. 일은 힘들었지만, 안젤라는 점차 이것이 바로 자신의 삶이라고 스스로를 다독거렸다. 인정받는 주요 초상화가가 되는 것이 목표이자 야망이라는 사실을 되새겼다. 강사는 안젤라의 노력에 칭찬을 아끼지 않았다. 강사의 부친은 꽤 명성이 있는 분이었는데, 그도 부친 덕에 유명해졌다.

가을이 다가오자 안젤라는 모험심을 잃었다. 여름에는 도시가 수천 명의 무리로 들썩이고, 도시의 주인들은 흥에 겨워 고꾸라졌다. 무척 아름답던 여름의 파리는 늦가을 음울한 잿빛 속에 또 다른 옷차림을 했다. 관광객들은 사라지고, 프랑스인들은 흔들림 없고 단단한 노동의 맷돌질에, 먹고 사는 문제에 전념하는 게 자명해 보였다. 일시적 방종은 이제 그 자리를 내주었다. 안젤라도 그런 변화에 보조를 맞추었다. 이것이 좋은 수양이라는 것을 그녀는 깨달았다. 외롭거나 지루할 때면 가끔 묘하게 좌절되고 뒤틀렸던 자신의 인생을 돌아보곤 했다. 하지만 자기 연민에 빠질 여유가 없었다. 처음에는 너무나 분명해 보이던 목표가 그만큼 멀어지는 경우를, 그런 삶을 살았던 사람들을, 많이 알고 있었다. 지니가 매슈에 관해 어떤 소식을 보내리라 믿으며 한동안 국제 우편이 오는 것을 열심히 살폈지만 몇 개월이 덤덤히 지나갔다. 지니의 편지는 학교 일, 앤서니, 사라 펜튼, 영화, 그리고 타의 추종을 불허하는 모우드*를 본 것에 대해 지절댔다. 한결같이 무미건조하고 장황한 서신이었다.

"물론 모든 일이 곧바로 해결되는 것은 아니지." 안젤라는 자신에게 말했다. 매슈가 생각을 바꾸었음에 틀림없었다. 안젤라의 암시에 따르는 것보다 자신의 감정에 충실한 것이 현명하다고 느꼈을 것이

---

* 아담스 모우드는 20세기 초 브로드웨이를 주름잡던 당대 최고의 여배우였다.

다. 그 제안은 특성상 모호하게 제시될 수밖에 없었다.

지난 6개월 동안 안젤라는 젊은 날의 맹목적인 낙관주의를 완전히 잃어버렸다. 앤서니에게 글을 쓰지 않았고, 그에게서 소식도 오지 않았다.

*　*　*　*

크리스마스이브가 밝아 왔다. 아니다. 그것은 음산한 밤의 짙은 안개에서 나와 그 구경꾼의 의식 속으로 우울하게 흘러들어 갔다. 지니가 선물을 약속했다. "도시 전체를 다 뒤졌어." 지니가 썼다. "언니가 만족할 만한 무언가를 찾으려고, 의심할 여지 없이 완벽한 것. 앤서니가 나를 도왔어. 그리고 드디어 찾았어. 바람이나 비, 날씨가 방해하지 않도록 진짜 조심했어. 전혀 예상치 못한 일이 벌어지지 않는 한 크리스마스이브나 어쩌면 그 전날 도착할 거야. 하지만 크리스마스 날까지는 열면 안 돼. 알았지."

그러나 벌써 크리스마스이브 6시였다. 선물은 도착하지 않았다. 편지나 어떤 소식도 없었다. "오," 안젤라가 혼잣말했다. "집에서 이렇게 멀리 오다니, 내가 정말 어리석었어!" 잠깐 침대에 몸을 던지고 마음껏 울어 버릴까 생각했다. 대신 이디스 마틴이 이브를 같이 지내자며 집으로 초대한 걸 기억했다. 댄스와 말장난으로 보내는 밤 시간, 자정 전에 세인트 설피스 성당에서 미사를 드리고, 아파트로 돌아와 말할 것도 없이 더 춤을 추고 농지거리를 하며 웃고 떠드는, 미국인 남자라면 술에 취하는 밤이었다.

10시. 안젤라가 자신의 조그만 방에서 옷매무새를 다듬고 있을 때, 가정부 헬로이스가 전보를 가지고 왔다. 랄프 애쉴리가 보낸 긴 메시지였다. 안젤라에게 건강과 행복을 기원하고, 오기 일주일 전에 미리 연락하고 놀러 오라는 초대였다. 여하튼 안젤라는 이 푸른 종이쪽지에 긴장감이 풀리며 기분이 좋아졌다.

"그럼 그렇지, 나를 기억하고 있었구나. 지니에게서도 곧 소식이 오겠지. 배달이 늦는 건 그 애 잘못이 아니니까. 나에게 무엇을 보냈을까."

크리스마스 새벽 3시, 안젤라는 파티에서 돌아와 현관 근처에 소포가 놓여 있을지 몰라 조심히 문을 잡고 스위치를 찾았다. 하지만 소포는 없었다. "그게 있다 해도 열어 보지 못했을 거야." 안젤라가 중얼거렸다. "너무 피곤해." 댄스와 흥겨움에 취했던 그녀는 이제 주체할 수 없는 나른함에 취했다. 멋진 드레스를 겨우 한쪽으로 던지고, 모든 것을 잊게 하는 피곤에 절어 비몽사몽, 황홀하게 침대 속으로 파고들었다. …… 한 시간도 채 되지 않았을 것이다. 시끄럽게 문을 두드리는 소리가 들렸다.

"*앙트레*(들어와요)." 안젤라는 잠결에 말하고 다시 잠에 빠져 들었다. 공교롭게도 문이 잠겨 있지 않았다. 전날 밤 너무 피곤한 나머지 문 잠글 생각도 하지 못했었다. 헬로이스가 헝클어진 머리로 들어왔다.

"맙소사," 헬로이스는 나중에 요리사에게 말했다. "그 시간에 그녀를 깨워야 했다니! 그녀는 양쪽 귀를 틀어막고 자고 있고, 신사는 아래서 기다리고!"

마침내 안젤라가 부스스 눈을 떴다.

"신사 한 분이," 헬로이스는 똑똑 끊어 다시 말했다. "아래서 기다려요. 그분이 직접 아가씨 손에 전달할 선물이 있대요. 아가씨가 내려갈래요, 아니면 올라오라고 할까요?"

"나중에 다시 오라고 해요." 안젤라가 중얼거렸다. 그리고 무거운 눈꺼풀을 들어올렸다. "오늘이 정말 크리스마스예요, 헬로이스? 그 신사는 어디 있어요?"

"내가 그 신사를 주머니에라도 넣어 온 줄 알았나 보지."

후에 헬로이스는 요리사에게 성실히 일러바쳤다.

하지만 결국 그 메시지가 전달되었다. 안젤라는 겉옷과 슬리퍼를 집어 들고 튀다시피 벌떡 일어나, 작은 계단을 구르듯이 내려와 한 평도 안 되는 응접실로 뛰어들었다. 앤서니는 황갈색과 적갈색이 무분별하게 섞인 소파에 앉아 있다가 그녀를 맞으러 일어났다.

의아해하는 안젤라의 얼굴을 보며 앤서니는 호주머니를 뒤적거리고 조끼를 토닥거리다 열쇠와 손수건을 꺼내 들었다.

"나 어딘가에 상표가 있을 텐데." 그가 변명하듯 말했다. "어쨌든 지니와 매슈가 사랑을 담아 나를 보냈어."

작품 해설

욕망을 따라 떠나는 여행

이 소설의 제목인 '플럼번'은 '플럼'과 '번'이 조합된 합성어이다. 플럼은 자두이고, 번은 햄버거 빵처럼 둥글게 생긴 빵이다. 즉 플럼번은 반죽 위에 마른 자두(혹은 건포도)를 놓고 구운 빵이다. 아주 달콤하다. 막 구워낸 구수한 플럼번은 입 안에 군침이 돌게 하고 엉겁결에 손이 가게 만든다. 주로 커피와 함께 아침 식사나 간식으로 먹는다. 그래서 플럼번은 아주 매혹적인 것 혹은 사양하기 힘든 것의 의미를 내포하기도 한다. 조금 더 거창하게 말하자면, 그것은 곧 인간의 달콤한 욕망을 뜻한다.

주인공 안젤라에게는 여러 욕망이 있다. 진정한 사랑을 찾고 싶은 욕망, 백인이 되고 싶은 욕망, 부자가 되고 싶은 욕망, 사회 상류층에 속하고 싶은 욕망, 행복한 가정을 이루고 싶은 욕망 등. 이 소설은 안젤라가 욕망을 따라 떠나는 여행의 과정을 그린다.

안젤라는 욕망을 이루기 위해 고향인 필라델피아를 떠나 뉴욕에서 새로운 정체성을 가지려고 시도한다. 흑인 연관성을 비밀로 하고 완벽한 백인으로서의 삶을 영위하려고 한다. 그리고 그녀가 꿈꿔 왔던 것들을 이루는 방법으로 백인 남자 로저를 선택한다. 로저는 부유한 상류층이다. 그래서 그녀가 원하는 "널찍한 중앙대로, 휘황찬란한 주택들, 세련되고 우아한 실존으로 이끄는 길"(14쪽)이 될 수 있다.

하지만 로저가 원하는 것은 안젤라가 기대하는 것과 다르다. 그는 결혼을 염두에 둔 심각한 관계를 싫어한다. 또 결혼을 고려하기에는, 안젤라는 사회적 · 경제적으로 격이 맞지 않다. 그는 단지 안젤라와 재밌는 시간을 보내길 원한다. 그는 그것을 사회적 관습과 통념을 뛰어넘는 진정한 사랑이라고 포장한다. 로저가 안젤라에게 말한다.

> 세상에서 제일 사랑하는 아가씨, 서로에 대해 세상의 모든 권리가 있으면서도 그것을 주장하지 않는 두 사람에 대해 생각해 봐. 목사에게 '그렇게 하겠습니다.'라고 서약했기 때문이 아니라 강렬한 애정 때문에 서로에게 관대해져 모든 것을 주는 것을 상상해 보라고. 그게 바로 프리러브(자유연애)의 본질이잖아. 맹세컨대, 세상에서 가장 행복한 커플은 눈에 보이는 계약 없이 사랑하는 사람들이야. 그런 사람들은 가장 튼튼한 끈으로 묶여 있지. 그들은 세상에서 가장 자유롭고 가장 융통성 있는 결합이기 때문에 가장 가까운 상태가 되는 거야. (206쪽)

로저의 프리러브는 안젤라의 보수적 사랑과 대조를 이룬다. 안젤라는 서로를 지극 정성으로 사랑하는 부모를 통해 아름다운 남녀 관계가 무엇인지 직접 보며 자란다. 그래서 정식 결혼을 원하고, 아버지같이 자상한 남편을 꿈꾼다. 하지만 안젤라와 로저의 간격은 좁혀지지 않는다. 서로 자라온 문화와 가정환경이 다르고, 결혼에 대한 철학이 다르기 때문이다. 로저와의 실수를 통해 안젤라는 정말 본인이 원하는 관계가 무엇인지 깨닫기 시작한다. 적어도 로저가 말하는 프리러브는 아니라는 것을 알게 된다.

이런 면에서 볼 때, 『플럼번』은 아름다운 성장소설이라 하겠다. 성장소설이란 미숙의 단계에서 성숙의 단계로 나아가는 과정을 그린 소설을 말한다. 안젤라는 그녀가 이상적으로 그리던 이미지의 사랑 혹은 허황되기까지 한 비현실적인 사랑에서 현실성을 반영한 실재적인 사랑을 찾아가면서 성숙해 간다.

미숙한 안젤라에게 첫 번째 도전은 인종이었다. 흑인의 혈통을 이어받았으면서도 외모는 완벽한 백인인 그녀는 늘 다른 백인들로부터 비난을 받는다. "안젤라, 네가 유색인이라고 한번도 말하지 않았잖아!"(42쪽) 메리, 쉴즈, 직장 사장 등은 마치 안젤라가 흑인임을 밝히지 않은 것이 큰 죄라도 되는 것처럼 질타한다. 백인들의 기준에 따르자면, 안젤라는 그녀가 흑인 혈통을 가지고 태어났다는 사실을 공표해야만 한다. 하지만 안젤라가 그렇게 하지 않았기 때문에, 그녀는 '유죄'인 셈이다.

인종의 갈등을 이해하기 위해서는 이 소설의 배경이 되는 1920년대의 미국에 대해 알 필요가 있다. 1865년 남북전쟁이 끝나고 흑인 노예들은 해방되었다. 적어도 법적으로는 자유가 있었다. 하지만 실상은 달랐다. 교육도 전혀 받지 못했고, 그간 소득이 전혀 없었던 흑인들은 딱히 갈 곳도, 할 수 있는 일도 없었다. 그래서 많은 흑인들은 같은 주인 밑에서 일꾼으로 남았다. 명칭만 바뀌었지 실상 변한 것은 없었다.

그때는 많은 흑인들이 남부에 살았다. 남부에는 농장이 많기 때문에 일손이 많이 필요했다. 백인들은 노동력을 최대한 이용하기 위해서 흑인들을 소나 말처럼 가축으로 취급해야만 했다. 그래야만 인간의 존엄성, 인간애 등에서 비롯된 도의적 책임과 의무에서 자유로울 수 있었다. 흑인 노예를 처음 들여왔던 이유도 바로 남부 농장에 필요한 노동력 때문이었다. 흑인의 무료 노동력이 없었다면 백인들이 중시하는 전통과 부는 존재하지 못했을 것이다.

농업 사회가 그렇듯 남부는 사회적으로나 문화적으로 정적이고 보수적이었다. 반면 북부는 공업화가 일찍 시작되었다. 공업화와 더불어 자유와 개방의 물결이 들어왔다. 남부와 달리 북부는 진보적이고 유동적이었다. 인종차별도 남부보다 덜했다. 따라서 많은 흑인들은 기회를 찾아 북부로 이주했다.

뉴욕 맨해튼 북부 지역에 많은 흑인들이 거주하기 시작하면서 1920년대 할렘은 흑인 문화의 전성시대를 맞는다. 재즈, 블루스, 댄스, 그림, 연극 등 다양한 예술 분야에서 흑인의 문화가 활짝 핀다. 이 시기를 가리켜 '할렘 르네상스'라고 부른다. 안젤라가 할렘에 각별한 애착과 관심을 갖고, 지니가 할렘에 거주하는 것은 이런 이유 때문이다. 안젤라의 예술 활동은 곧 그녀 또한 이 할렘 르네상스의 한몫을 담당하고 있음을 보여 준다.

1920년대는 여전히 인종차별이 무척 심했다. 공공장소에는 백인과 흑인의 공간이 분리되어 있었다. 극장이나 버스는 좌석이 달랐고, 백인 음식점에서는 흑인 손님을 무시하기 일쑤였다. 백인 학교에는 흑인 학생이나 흑인 교사가 없었다. 법적으로는 차별 없는 분리라고 했지만, 현실은 전연 그렇지가 않았다. 흑인이 사용하는 시설은 대단히 낙후되고 지저분했다. 관리가 되지 않아 사용이 불편했다. 인종차별 정부는 당연히 백인 중심의 정책을 폈다. 이런 현실을 안젤라는 이렇게 표현했다.

> 좋은 것들은 모두 백인들의 것이었다. 어떠한 냉철한 논리적 직관으로도 그들이 백인이기 때문에 그렇다고 말할 수는 없었다. 단지 현재로서는 그들이 권력을 가지고 있고, 그 권력의 배지가 백인성이었다. 그것은 권세가의 문장紋章이 그려진 방패의 색깔과 같았다. 안젤라는 그 배지를 소유했고, 누군가 말하지 않는다면, 그 배지가 상징하는 권력을 가질 수 있었다. (80쪽)

안젤라가 패싱을 하려는 이유는 바로 여기에 있다. 현실 사회에서 백인은 단지 피부가 하얗다는 이유만으로 우월한 대접을 받기 때문이다.

사실 패싱은 드문 일이 아니었다. 패싱은 흑인 혈통을 가졌지만 백인의 외모를 가진 사람이 흑인 연관성을 부인하고 백인으로 살아가는 것을 말한다. 이런 삶은 쉽지 않은 삶이었다. 위태롭고 초조하고 불안했다. 그들은 자신의 정체성을 부인하며 살아야만 했다. 이런 위태로움 때문에 패싱은 또한 소설의 단골 소재가 되었다. 가장 잘 알려진 작품은 『플럼번』과 같은 시기에 출간된 넬라 라슨의 『패싱』(*Passing*)이라는 소설일 것이다. 라슨의 작품도 그렇지만, 이 소재를 가진 소설은 대부분 비극으로 끝난다. 정체성의 모호함을 결국 자신도, 그의 주변 사회도 극복하지 못하기 때문이다.

안젤라는 이와 연관해 독자에게 묻고 또 묻는다. 내가 왜 유색임을 밝혀야만 하는가? 그녀 자신은 흑인 정체성을 공개한 전과 후에 실제로 아무런 차이가 없는데, 사람들의 편견이 그녀를 다른 사람으로 만든다는 지적이다. 그럼에도 불구하고, 그녀는 자신의 흑인 연관성을 공개하지 않는 것에 대해 양심의 가책을 느낀다. 왜 그럴까? 그녀를 백인이라고 믿는 상대방을 기만해서 그런 것일까? 하지만 안젤라는 상대방이 그렇게 믿는 것은 그녀 탓이 아니라고 변명한다. 과연 그럴까?

안젤라가 빠진 딜레마는 이 소설의 부제를 상기하게 한다. 이 소설에는 '비도덕적 소설'이라는 부제가 붙어 있다. 니체가 이미 담론한 바 있듯이, 도덕이란 사회와 문화에 따라 그 정의가 달라진다. 이를테면 미국에서 흑인은 백인우월주의 사회가 부여한 흑인 정체성을 인정하고 공표하며 그에 상응하는 위치에서 그에 상응하는 대접을 받으며 사는 것이 '도덕적'이다. 흑인이 백인과 같은 외모를 타고났다고 해서 백인처럼 행동해서는 안 된다. 물론 이런 도덕관념은 권력을 가진 백인이 정한 것이다. 안젤라는 이 도덕의 범주를 넘어선 도전을 한다. '흑인'임에도 뉴욕으로 이주해 백인으로 산다. 이는 피부색에 연관된 고정관념을 이용해 자신의 안위를 확보하려는 시도였다. 동시에 백인들의 인종차별과 고정관념이 얼마나 비합리적이며 비이성적인지를 증명하려는 모험이었다. 이 소설에 '비도덕적 소설'이라는 부제가 달린 것은, 안젤라의 시도가 이처럼 편협하게 고정된 도덕의 범주를 넘나드는 실험이기 때문일 것이다.

이 소설은 또한 페미니즘 소설이라 봐도 무방하다. 안젤라가 남자(남편)를 경제적 안정의 도구로 고려해야만 하는 이유는 (흑인) 여성에 대한 미국 사회의 성 불평등 때문이다. 1900년대 초 미국 사회에서 여성의, 특히 흑인 여성의 사회 활동은 제한적이어서 스스로 생계를 유지하기가 쉽지 않았다. 그런 한계 속에서 여자에게는 다양한 선택권이 없었다. 그래서 종종 자신의 몸을 상품화시키곤 했다. 이 소설에서는 안젤라가 매춘처럼 직접 섹스를 팔지는 않았지만, 결혼이라는 제도적 시장에서 최고의 몸값을 받기 위해 저울질하는 과정이 인상적이다. 재정적으로 풍족하지 않은 안젤라는 끊임없이 자본주의 현실과 타협해야만 한다. 그 과정에서 백인 남자에게 배신을 당하고 상처를 받는다. 종국에는 안젤라가 순수한 관계를 지향하고 긍정적인 결말을 맞는 것은, 그녀가 겪은 고민과 상처에 대한 치유의 시작인 듯하다.

결국 안젤라가 정체성을 찾아가는 여정에서 확립한 것은 자신의 독립성이다. 뉴욕으로 이주한 후로 그녀는 줄곧 의지할 상대를 찾았다. 그리고 그 상대로 로저를 선택한 것이었다. 하지만 그 결정이 옳지 않다는 것을 깨닫고 바로 수정한다. 그리고 파리로 이주한 것은 이제 그녀가 스스로 인생을 영위하기 위한 결단이었다. 물론 이 삶이 힘들다. 그럼에도 "안젤라는 점차 이것이 바로 자신의 삶이라고 스스로를 다독거렸다."(402쪽) 자신의 삶. 다른 사람에게 의지하지 않은 혼자만의 자치적인 삶인 것이다. 이렇게 안젤라는 한 명의 독립된 여성이 되었다.

안젤라의 스토리는 작가인 제시 레드먼 포셋(1882-1961)과 많은 연관성이 있다. 제시의 아버지는 아프리칸 감리교 목사였다. 제시는 그의 첫 부인의 일곱 번째 자식이었다. 불행히도 제시가 아직 어릴 때 어머니가 죽는다. 아버지는 백인 유대인 여자와 재혼하는데, 그녀에게는 이미 세 명의 자식이 있었다. 얼마 지나지 않아 아버지도 죽고, 그 대가족은 궁핍한 생활을 해야만 했다. 교육열이 강했던 제시는 브린마 칼리지에 입학하기를 원했지만 흑인이라는 이유로 거절당한다. 1905년 고전언어 전공으로 코넬 대학을 졸업하고, 후에 펜실베이니아 대학에서 프랑스어로 석사학위를 받는다. 따라서 안젤라가 가족의 가치를 중요시하는 것이나 파리로 유학을 떠나는 것,

그리고 안젤라 가족의 교회 생활 등은 모두 작가 개인의 경험과 연관되어 있다.

제시 포셋은 1920년대 할렘 르네상스에서 주요한 역할을 했던 인물 중 한 명이다. 포셋은 소설을 포함한 다양한 장르의 글을 썼고, 인종 평등과 여성 인권을 옹호하는 교육에 힘썼다. 1919년부터 약 7년 동안 미국 최대 흑인 인권단체인 미국흑인지위향상협회(NAACP)의 기관지인 『크라이시스』(*The Crisis*)의 문학부 편집장을 했고, 주로 패싱, 페미니즘, 인종차별에 대한 글을 썼다. 1920년대에 들어 소설을 발표하기 시작하여 총 네 편의 소설을 출간했다. 포셋은 당대 왕성히 활동했던 랭스턴 휴즈, 진 투머, 카운티 컬른과 같은 흑인 작가들과 깊은 우정을 나누었다. 포셋은 주로 미국 흑인 중산층의 삶과 갈등, 상처 등에 관심이 많았는데, 앞서 설명했듯이 『플럼번』도 같은 배경에서 이야기가 전개된다.

제시 포셋은 오랫동안 간과되어 온 작가였다. 1980년대 들어서면서 잊혔던 여성 작가의 발굴이 활발히 진행되던 시기에 그녀는 다시 빛을 보게 되었다. 1990년에 재출간된 『플럼번』에 서문을 쓴 데보라 맥도웰은 글을 이렇게 시작한다. "내가 제시 포셋을 할렘 르네상스 작가로 인용할 때면 예상되는 반응이 있다 — 그 남자가 누구죠?" 그만큼 포셋은 남성 작가들 사이에 가려져 있었다. 그럼에도 불구하고 1928년 출간 당시 『플럼번』은 세간에서 꽤나 큰 관심을 끌었다. 당대 주요한 잡지였던 『뉴 리퍼블릭』, 『뉴욕타임스』, 『세러데이 리뷰』 등에 리뷰가 실렸다. 그 후 많은 평론가들은 『플럼번』을 가장 훌륭한 포셋의 소설로 꼽았다.*

필자는 미국 대학에서 학부 수업을 받으면서 『플럼번』을 처음 접했다. 그리고 20년이 넘게 흘렀다. 그간 미국에서는 포셋의 전기가 나오고, 그녀의 일대기가 다큐멘터리로 제작되어 TV에 방영되기도 했다. 그녀의 소설은 당연히 전부 재출간되었다. 여전히 대학 수업에서는 포셋의 작품을 읽는다. 제시 포셋을 구글에서 검색하면 4만 개가 넘는 자료가 나온다. 하지만 국내에서 포셋은 여전히 소개되지 않은 작가일 뿐이다. 이 소설의 출간은 그 첫걸음을 떼는 것이다.

오바마 대통령이 당선되고 미국의 인종 문제가 해결되는 듯이 보였지만, 오래가지 못했다. 트럼프 대통령 당선 이후 인종 문제는 또다시 '뜨거운 감자'가 되었다. 그동안 '정치적 올바름'(political correctness)이라는 깃발 아래 억눌렸던 백인우월주의자들이 목소리를 내고 사회 전면에 얼굴을 내민다. 인종 관련된 사건 사고가 끊이지 않고, 많은 사람들이 편견과 오해로 인해 목숨을 잃는다. 인종은 가장 첨예한 사회적·정치적·문화적 이슈이다. 이런 시점에서 『플럼번』은 국내 독자들에게 생각할 거리를 제공할 것으로 믿는다.

인종차별의 문제는 비단 미국만의 문제가 아니다. 우리나라도 해마다 이민자가 늘고 있다. 글로벌 시대에 단일민족이라는 표현은 진

---

* Jerkins, Morgan. "Forgotten Work of Jessie Redmond Fauset." *The New Yorker*. 18 Feb. 2017.

부한 표현이 되었다. 우리 사회가 변하고, 시대가 변하고, 세계가 변하고 있다. 그런 변화 속에서 우리가 잊지 말아야 할 것은 인간으로서 가장 기본적인 인간애일 것이다. 다르다는 이유로 사람을 차별하는 일은 우리가 지양해야 한다. 피부색이나 국적·언어·문화가 달라도, 한 사람의 동료 인간으로서 서로를 존중하고 인정해야 한다. 모두가 행복한 세상을 위해. 아마도 이 소설이 지향하는 바가 바로 이것일 것이다.

제시 레드먼 포셋 연보

1882년: 뉴저지주 캠든 카운티에서 출생.

1900년: 필라델피아 여자고등학교 우등 졸업.

1905년: 코넬 대학 우등 졸업, 고전언어 전공. 대학 졸업 후, 고등학교에서 라틴어와 프랑스어를 가르침.

1919년: 펜실베이니아 대학에서 프랑스어 전공 석사 학위 취득. 미국흑인지위향상협회(NAACP)의 기관지인 『크라이시스』(*The Crisis*)의 문학부 편집장 역임. W.E.B 드 보이스가 당시 협회장이었음. 이 일을 하면서 카운티 컬른, 클로드 맥케이, 진 투머, 넬라 날슨, 아나 본템프스, 랭스턴 휴즈 등 많은 할렘 르네상스 작가들과 교감함. 어린이 월간 잡지 『브라우니스 북』(*The Brownies' Book*) 편집에도 참여.

1924년: 첫 소설 『혼란스럽다』(*There Is Confusion*) 출간.

1927년: 『크라이시스』(*The Crisis*) 일을 사직하고, 뉴욕시에 있는 드윗 클린턴 고등학교에서 교직 생활 시작.

1928년: 두 번째 소설 『플럼번』(*Plum Bum: A Novel Without a Moral*) 출간.

1929년: 보험업에 종사하는 허버트 해리스와 결혼.

1931년: 세 번째 소설 『멀구슬나무』(*The Chinaberry Tree*) 출간.

1933년: 네 번째 소설 『코미디: 아메리칸 스타일』(*Comedy: American Style*) 출간.

1944년: 뉴욕시 공립학교 교직 생활을 마침.

1949년: 햄프턴 연구소에 잠시 방문 교수로 재직, 터스케기 연구소에서 강의.

1958년: 남편 해리스 사망 후, 필라델피아로 이주.

1961년: 심장병으로 사망.

제시 레드먼 포셋(1882–1961)

1920년대 할렘 르네상스(뉴욕시 할렘가를 중심으로 일었던 흑인 문화 · 문학 · 예술 부흥)에서 주요한 역할을 했던 작가 중 한 명이다. 포셋은 소설을 포함한 다양한 장르의 글을 썼고, 인종 평등과 여성 인권을 옹호하는 교육에 힘썼다. 1919년부터 약 7년 동안 미국 최대 흑인 인권단체인 미국흑인지위향상협회(NAACP)의 기관지인『크라이시스』(*The Crisis*)의 문학부 편집장을 했고, 주로 패싱(passing), 페미니즘, 인종차별에 대한 글을 썼다. 1920년대에 들어 소설을 발표하기 시작하여 총 네 편의 소설을 출간했다. 포셋은 당대 왕성히 활동했던 랭스턴 휴즈, 진 투머, 카운티 컬른과 같은 흑인 작가들과 깊은 우정을 나누었다. 포셋은 주로 미국 흑인 중산층의 삶과 갈등, 상처 등에 관심이 많았는데,『플럼번』도 같은 배경에서 나온 소설이다.

옮긴이 박재영

미국 애리조나주립대학교에서 학부와 석 · 박사통합 과정을 공부하고 영문학 박사 학위를 받았다. 현재 전북대학교 영어교육과 교수로 재직하고 있다. 문학과 영화에 관한 30여 편의 논문을 썼고, 초등 영어 교과서와 고등 영어 교과서 집필에 참여했으며, 마빈 피셔 도서상, 윌프레드 페렐 기금상, 전북대 평생지도교수상 등을 수상했다. 옮긴 책으로는 샬럿 대커의『조플로야』(을유세계문학91)가 있다.

달섬 세계고전 8

플럼번

지은이 제시 레드먼 포셋
옮긴이 박재영
펴낸이 김동원
펴낸곳 달섬

초판 1쇄 인쇄 2019. 5. 27
초판 1쇄 발행 2019. 5. 31

달섬 전라북도 전주시 완산구 어진길 32 (풍남동2가)
전화 (063) 219-5322
FAX (063) 219-5323
출판등록 2012년 8월 20일 제465-2012-000021호

값 12,000원

ISBN 979-11-6372-029-4 04840
ISBN 979-11-6372-001-0(세트) 04080

이 도서의 국립중앙도서관 출판예정도서목록(CIP)은 서지정보유통지원시스템 홈페이지(http://seoji.nl.go.kr)와 국가자료종합목록시스템(http://www.nl.go.kr/kolisnet)에서 이용하실 수 있습니다. (CIP제어번호 : CIP2019013423)

'달섬'은 전북대학교출판문화원의 임프린트입니다.